노자와 들뢰즈의 **노마돌로지**

노자와 들뢰즈의 노마돌로지

장시기 지음

당대

노자와 들뢰즈의 노마돌로지

ⓒ 장시기

지은이/장시기
펴낸이/박미옥
펴낸곳/도서출판 당대

제1판 제1쇄 인쇄 2005년 5월 2일
제1판 제1쇄 발행 2005년 5월 9일

등록/1995년 4월 21일(제10-1149호)
주소/서울시 마포구 연남동 509-2, 3층 ㉾ 121-240
전화/323-1316 팩스/323-1317
e-mail/dangbi@chol.com
ISBN 89-8163-123-9 03150

책머리에

노마드 지식인 윤이상과 국가철학의 노예 박정희

국가철학과 노마돌로지 혹은 정착민과 노마드를 설명하는 데 가장 적당한 사람은 윤이상과 박정희이다. 윤이상과 박정희는 모두 1917년생이다. 윤이상은 경상남도 통영 출신이고, 박정희는 경상북도 구미 출신이다. 윤이상은 9월 17일생이고 박정희는 11월 14일생이니 윤이상 선생님이 박정희 전대통령보다 2개월 정도 빠른 셈이다. 윤이상과 박정희는 정말로 불행한 일본제국주의 식민지국가가 지배하던 시대에 태어났다. 그러나 그들은 한반도의 노마드 무리가 겪은 민족적 분운을 개인적 지식과 삶으로 극복했다. 그들은 일제식민주의가 가장 극성을 부리던 시대에 태어나서 일제식민주의의 교육과정을 마치고 자신들의 화려한 삶을 시작했다. 그들의 삶이 화려했다고 말하는 것은. 그들의 삶이 노마드들인 그들 개인을 떠나 '분자적인 노마드의 무리'(the molecular nomadic band)인 가족이나 친구와 같은 주변사람들뿐만 아니라 '군집적인 노마드의 무리'(the mole nomadic band)인 민족과 국가 그리고 세계와 아주 극적으로 연결되어 있기 때문이다.

따라서 윤이상과 박정희는 지난 20세기의 한반도와 대한민국과 한민족을 가장 대표하는 인물들 중에서도 가장 앞자리에 위치할 것이다. 그러나 그들이 지니는 대표성은 개인과 사회, 민족과 국가를 넘어 세계 속에서 전혀 다른, 심지어 정반대의 의미를 지닌다.

박정희는 교사생활을 하면서 '다카키 마사오'라는 일본 이름을 얻는다. 아마도 당시의 윤이상 또한 일본식 이름이 있었을 것이다. 오늘날의 우리가 인터넷상의 수많은 영어 알파벳의 닉네임을 갖고 있듯이 당시의 일본이름은 일본 제국주의와 식민주의 속에 살고 있는 개인을 반영할 뿐이다. 문제는 일본이름으로 식민지 교사생활을 하면서 식민주의의 민족적 차별을 극복하고자 하는 방식에서 두 사람은 명백한 차이에서 보인다. 박정희는 식민지의 민족적 차별을 극복하기 위하여 교사보다 더 권력이 있는 만주군관학교에 들어가서 일본군장교가 되고, 윤이상은 식민지 제국주의에 저항하여 경찰에 체포되어 수감되는 치욕을 겪는다. 제국주의 식민지국가의 한계를 박정희는 국가철학이 요구하는 개인적 출세욕으로 극복하고자 했고, 윤이상은 자신이 속해 있는 노마드무리, 즉 민족집단의 해방으로 극복하고자 했다. 일제시대의 윤이상과 박정희라는 두 식민지지식인이 지니고 있는 개인적 한계를 극복하는 방법의 차이는 해방 이후 두 사람의 삶을 전혀 다른 길로 인도한다.

해방 이후에 윤이상은 음악교사 생활을 한다. 그리고 그는 통영과 부산 지역에 있는 대부분의 중·고등학교 교가를 작사·작곡한다. 이때부터 이 지역의 대부분 중·고등학교 출신은 윤이상 선생님의 노래를 부르고 들으며 자랐다. 그러나 박정희는 해방이 되자마자 과도기의 육군사관학교에 들어가 은밀히 공산당에 가입하고 여순반란사건의 주모자의 한 사람이 된다. 박정희는 당대에 살았던 대부분의 지식인들처럼 해방 이후 한반도 지배권력의 핵심을 공산당으로 파악한 것이다. 그러나 여순반란사건뿐만 아니라 김구 선생이나 여운형 선생 같은 정치지도자들의 한반도 통일노력도 실패하고 한국전쟁을 통하여 한반도는 대한민국과 조선민주주의인민공화국이라는 두 개의 국가로 분할된다. 박정희가 선택한 공산당은 한반도의 북쪽에 있는 조선민주주의인민공화국의 지배권력이 되지만, 그가 살고 있는 한반도 남쪽의 대한민국의 지배권력은 새로운 친미세력과 과거 친일세력의 결합인 이승만 자유당정권이 된다. 이 과정에서 윤이상은 자유로운 노마드의 개인이 되지만 박정희는 개인의 출세를 위한 국가권력의 노예가 된다.

한국전쟁 이후에 윤이상은 서울로 이사하여 수많은 음악인들과 예술인들과 노마드의 무리가 되어 현대음악의 창달과 예술 부흥을 위하여 노력한다. 이 과정에서 윤이상은 1955년 대한민국문화상 음악부문 수상자가 되고, 진주와 경주 등지의 지역문화제와 전국음악제 등을 만들어 자신의 작곡뿐 아니라 동료음악인들의 작곡을 격려한다. 그러나 윤이상은 당시 현대음악의 척박한 한계 때문에 나이 마흔이 넘어서 부인과 자식들을 남겨두고 현대음악의 본고장인 프랑스 파리를 거쳐 독일로 유학을 떠난다. 한국전쟁 이후의 사상적 전향을 통해 복권에 성공한 박정희도 김종필이나 이후락 등 수많은 권력지향의 군인들을 규합하여 군대 내에 자신의 정치세력을 만든다. 군대의 현대화나 민주화를 위한 노마드 무리의 규합이 아니라 자신의 정치적 권력욕을 위한 국가철학적 야합의 집단이다. 이들의 차이는 '4·19혁명'에 대한 반응에서 아주 극적으로 대비된다. 윤이상 선생은 프랑스 파리에서 라디오 뉴스로 4·19혁명 소식에 접하고 피 흘리며 싸운 젊은이들을 애도하고 자신이 4·19혁명 대열에 서지 못하고 홀로 머나먼 타국땅에 있는 것을 한탄한다. 그러나 박정희는 4·19혁명이 성공하여 정착된 민주당정부와 혁명의 열기를 무너뜨리는 군사쿠데타를 일으켜 정권을 잡는다.

우리와 접하고 있는 중국과 일본의 경우에서 보는 바와 같이, 서구가 아닌 비서구지역의 근대화과정은 서구화와 주체화 두 갈래 경로를 겪는다. 일본은 서구화에 성공하여 제국주의 국가가 되었지만 미국에 패배하여 마치 미국의 식민지와 다름없는 종속국가가 되었다. 오늘날의 일본이 필요로 하는 것은 아시아에 속해 있는 독자적이고 주체적인 일본이 되는 것이다. 일본의 우익들은 일본이 잃어버린 주체성을 끊임없이 자신들의 권력유지 수단으로 이용한다. 중국은 주체화에 성공하였지만 서구화에 실패한 가난한 나라가 되어 산업화를 통한 부국을 열망하고 있다. 오늘날의 중국이 필요로 하는 것은 산업화를 통한 경제부국이 되고 서구지식을 수입하여 문화적으로 다른 나라들과 어깨를 나란히 하면서 미국을 견제하는 민주적인 문화국가가 되는 것이다. 중국과 일본의 개별적인 주체화와 서구화는 한반도에서 통합적인 형식으로 나타났다. 그러나 불행하게도 미국제국주의의 개입 때문에 한반도는 분단되어 한반도의 북쪽에 있는 조선민주주의인민공화국(이하 북조선)은 주체적인 국가건설의 근대화과정을 겪고, 한반도의 남쪽에 있는 대한민국(이하 남한)은 서구적인 국가건설의 근대화과정을 겪는다. 윤이상과 박정희는 주체화와 서구화라는 근대화의 두 경로를 모두 경험했다.

그러나 식민지장교, 공산당간부 그리고 군사쿠데타를 통하여 권력장악에 성공한 박정희는 권력유지를 위하여 자신의 과거 삶마저도 부정한다. 그는 자신의 권력유지에만 관심을 갖고 북조선의 국가주의적인 '천리마운동'을 변형시켜 '새마을운동'을 시행하고, 구소련의 국가주도 경제개혁을 모방한 민주당의 경제개발계획을 받아들여 국가주도형 경제개발에 착수한다. 그 결과는 민족경제의 토대인 농촌농업의 파괴이고, 정경유착을 통한 권력유지 자금을 조성하기 위하여 근대적 서구화의 병폐인 신식민지화의 종속을 심화시키는 재벌중심의 경제구조 형성이었다. 따라서 1960년대와 70년대의 경제발전은 삼성, 현대, 기아 등 대기업소유주의 재벌들과 박정희정권의 하수인들 그리고 그들의 곁에서 정치·경제·사회·교육 분야에 종사하면서 식민지적 서구화의 구조적 심화에 기여하는, 남한인구의 20%도 안되는 중산층만을 위한 경제발전이지 나머지 80% 이상을 차지하는 민중의 경제적 안정성은 안중에도 없는 경제발전이었다. 그 결과는, 내부적인 경제성장임에도 불구하고 미국과 일본 다국적기업이 소유한 외부자본의 유출로 IMF 고통으로 드러났고, 오늘날의 수많은 대학졸업생들이 인턴사원이나 비정규직 고용으로 임금착취를 당하는 현상으로 드러난다.

이와 달리 윤이상은 1955년에 대한민국문화상을 수상하고 줄곧 작곡에 매진하는 등 문화활동을 하면서 서울대학교 음대교수가 될 수 있었음에도 불구하고, 근대적 세계성의 절대적 요소라 할 수 있는 서구성의 부족을 절감하여 단신으로 유학을 감행한다. 1956~59년에 파리와 서베를린에서 공부를 마친 윤이상이 최초로 서구 음악계에 선보인 1959년의 음악은 기존 서구음악의 7음계와 고전 동양음악의 5음계가 결합된 12음계의 음악이었다. 윤이상의 12음계 음악은 근대 고전주의와 낭만주의로부터 시작된 근대 서구음악이 표현하는 인간의 정서적 삶과 리듬의 한계를 극복하고 동양과 서양을 아우르는 세계음악으로 나아가는 길을 열었다는 평가를 받았다. 그는 독일과 프랑스는 물론이고 미국과 일본, 사회주의 국가였던 구소련에서도 현대음악의 최고작곡가로 대환영을 받았다. 또한 독일에서 외국인이 거의 전무한 '함부르크와 베를린 예술원회원'(a member of the Hamburg and Berlin Academies of Art)이 되었고, 음악과 미술 분야에 없는 튀빙겐대학교 명예박사학위를 받았다. 전세계에서 그의 예술성과 음악이 지니는 서구적 근대성의 극복가능성을 환영하지 않는 사람들은 박정희와 그를 추종하는 사람들뿐이었다.

음악은 노마드적 인간의 삶과 사유 방식을 리듬으로 표현하는 최고의 노마돌로지 예술이다. 윤이상의 12음계 음악은 서양음악이 지니는 7음계의 리듬과 동양음악이 지니는 5음계의 리듬을 결합한 것이다. 이것은 7음계 리듬과 5음계 리듬의 단순한 결합이 아니라 수백 수천 년 동안 서로 다른 삶과 사유의 방식으로 존재하던 동양과 서양의 노마드문화(the nomadic way of life)를 의미한다. 다른 말로 표현하면, 윤이상 음악이 획득한 동양과 서양의 문화적 결합은 근대화 과정에서 동아시아가 필요로 했던 근대적 서구화와 주체화의 결합을 의미한다. 윤이상에게 서구화의 남한이나 주체화의 북조선은 모두 한반도에 있는 노마드의 무리일 뿐이다. 이런 측면에서 남한은 세계화에 성공했지만 주체화가 필요하고, 북조선은 주체화에 성공했지만 세계화가 필요하다. 윤이상은 박정희정권의 독재에 의한 서구화가 지닌 식민지적 종속의 심화를 개선하기 위하여, 저 멀리 독일에서 주체적 서구화의 근본적인 요소라고 할 수 있는 민주화를 위해 운동한다. 그리고 북조선의 주체화가 폐쇄화로 나아가지 않게 하기 위하여 북조선을 방문하여 세계화의 물결을 불어넣는다. 그의 민주화운동은 자신의 12음계 음악의 추구와 마찬가지로, 근본적으로 한반도의 남한이 추구하는 서구적 근대화와 한반도의 북조선이 추구하는 주체적 근대화의 통일이었다. 서구적 근대화와 주체적 근대화의 결합이 바로 노마돌로지이다.

　박정희는 1979년 10월 26일 그의 심복부하였던 중앙정보부장 김재규의 총탄에 맞아 저승으로 사라졌다. 수많은 사람들이 그의 죽음을 민주화를 통한 주체적 서구화의 신호탄으로 환영했지만, 그와 비슷하게 또한 수많은 사람들이 마치 한반도의 북쪽에서 1994년에 있었던 김일성의 죽음을 애도하듯이 박정희의 죽음을 '아버지의 죽음'으로 애도하기도 했다. 근대화과정에서 한반도는 중국·일본과 달리 김일성과 박정희라는 주체화와 서구화의 두 아버지가 있었던 셈이다. 이들에게는, 주체화와 서구화를 모두 간직하고 있는 노마드 지식인 윤이상이 절대적으로 필요한 존재였다. 그러나 박정희는 권력유지에 혈안이 되어 그를 감옥에 가두었다가 국외로 추방하였고, 김일성은 그를 대대적으로 환영했다. 지금도 북조선에는 '윤이상 앙상블'이라는 교향악단이 구성되어 정기적으로 서유럽을 비롯한 여러 나라에 순회공연을 하여 대대적인 환영을 받는다. 윤이상은 1994년에 자신의 말년을 한반도의 남쪽에 있는 대한민국에서 보내기를 원했다. 그의 고향이 경상남도 통영이기 때문이다. 그러나 박정희의 망령이 살아 있었던 당시 김영삼정권은 그의 사상전향서와 통일운동을 포기하는 각서를 요구했다. 그의 음악이 지니고 있는 세계성과 주체성 중에서 주체성을 포기하라는 것이었다. 주체성이 없는 세계성은 식민지성일 뿐이다. 노마드 지식인 윤이상은 사상전향서와 각서의 요구를 묵살하고 독일에서 생을 마감했다.

　죽은 박정희의 망령과 국가철학의 이데올로기가, 살아 있는 노마드 지식인 윤이상과 노마돌로지를 죽인 것이다. 박정희의 망령은 아직도 살아서 한반도의 통일을 방해하고, 윤이상의 음악도 자유롭게 듣지 못하게 하고, 수많은 새로운 노마드들의 생성을 방해한다. 그러나 역사가 증명하듯이 노마드와 노마돌로지는 끊임없이 부활한다. 통일이 조금 지연되어도 좋다. 윤이상의 음악을 듣지 않아도 좋다. 박정희의 망령은 미국이나 유럽의 서구보다도 더 서구화되어 있는 우리들로 하여금 마치 그것이 독재와 폭력으로 이루어진 식민지화가 아니라 주체화인 것으로 착각하게 만든다. 그래서 마치 우리는 대한민국이 지리적으로 한반도의 남쪽에 위치하고 있는 것이 아니라 태평양 한가운데 떠 있는 미국령 섬인 것처럼 착각하게 만든다. 그의 독재와 권력욕이 얼마나 폭압적이고 막무가내였기에 죽은 망령이 살아 있는 대한민국 사람들마저도 죽음의 저승으로 끌고 가고 있는가? 죽은 독재자의 국가철학을 이용하거나 그것에 속고 있는 대한민국이라는 섬 속에서 윤이상의 음악을 들으며 노마돌로지로 사유하고 한반도, 동아시아 그리고 세계의 노마드 무리 속에 살아 있음을 느끼고 싶다. 그것은 내가 노마드가 되는 것이고, 또한 노마돌로지의 사유방식으로 사유하고 실천하는 것이다. 들뢰즈와 노자를 비롯한 윤이상과 송두율 그리고 이 세상의 모든 노마드들에게 이 책을 바치고 싶은 것이 나의 작은 소망이다.

* * *

이미 알려진 바대로 원효는 『도덕경』을 토대로 불교의 『대승기신론』과 『금강삼매경론』을 해석했다. 노자의 『도덕경』은 윤이상 음악의 토대가 될 뿐만 아니라 그의 삶과 사상의 원천이다. 윤이상뿐만 아니라 서구적 근대의 국가주의가 아닌 동아시아의 (실패한) 자율적인 근대를 꿈꾸었던 중국의 루쉰, 일본의 나쓰메 소세키, 조선의 만해 한용운의 문학과 삶의 토대이기도 하다. 율곡 이이가 말년에

『도덕경』을 해석하고 제자들에게 『도덕경』을 읽지 못하게 금지한 것처럼 『도덕경』에 대한 유교적 해석은 너무나도 많다. 근대에 들어와서 서양 근대철학이나 기독교사상을 통한 노장사상의 해석도 너무나 많다. 그러나 노자와 장자의 사상을 통한 유교의 사서오경(四書五經) 같은 경전들의 해석은 가능하지만 공자와 맹자의 유교적 사상을 통한 『도덕경』이나 『장자』의 해석은 불가능하다. 이와 마찬가지로 서양 근대철학이나 기독교주의에 의한 노장사상의 해석은 불가능하지만, 노장사상의 『도덕경』을 통한 서양 근대철학이나 기독교의 해석은 가능하다. 들뢰즈의 노마돌로지도 마찬가지이다. 고대그리스의 스토아학파를 계승하고 있는 노마돌로지를 통한 국가철학의 해석은 가능하지만, 플라톤과 아리스토텔레스의 국가철학을 통한 노마돌로지의 해석은 불가능하다.

확인된 기록에 의하면 노자의 『도덕경』은 르네상스시대에 유럽으로 전파되었다. 지난 몇백 년 동안 영어로 된 『도덕경』의 번역판도 수십 종에 이른다. 영어와 독일어, 프랑스어로 번역된 노자의 『도덕경』은 수백 종에 이를 것이다. 그러나 기존의 해석들과 다른 『도덕경』에 대한 새로운 해석의 길을 제시하고 있는 스티븐 미첼(Stephen Mitchell)은, 『도덕경』에 대한 올바른 영어해석은 '길의 내재성에 관한 책'(The Book of the Immanence of the Way), '길이 세상에 스스로를 드러내는 방식에 관한 책'(The Book of How the Way Manifests Itself in the World) 혹은 '길에 관한 책'(The Book of the Way)(이 책에 포함되어 있는 『도덕경』 1~37장의 영어번역은 스티븐 미첼의 *Tao Te Ching*(Macmillan London, 1988)을 참조하였고, 한글번역은 국내에 소개되어 있는 『도덕경』의 여러 책들을 참조하여 필자가 번역하였다. 따라서 번역의 오류가 있다면 그것은 전적으로 필자의 책임이다)이라고 이야기한다. 들뢰즈의 노마돌로지가 내재성과 길(탈주선)에 관한 사유이듯이 노자의 『도덕경』도 내재성과 길에 관한 사유의 책이라는 것이다.

　동양과 서양의 고전들에 대한 종횡무진의 독서량을 보여주고 있는 들뢰즈도 비록 그의 여러 책들에서 뚜렷하게 밝히고 있지는 않지만 노자의 『도덕경』을 읽었음에 틀림없다. 들뢰즈의 일차적인 독자는 프랑스인이고 이차적인 독자는 서구유럽인들이다. 따라서 들뢰즈가 탈근대의 지식체계로 노마돌로지를 이야기하면서 『도덕경』을 언급하지 않는 것으로 그를 비난할 수는 없다. 들뢰즈가 서양의 근대 지식체계에서 사라져버린 스토아학파를 새롭게 발견하여 탈근대적인 노마돌로지의 지식체계로 만든 것처럼, 서구적 근대화에 매몰되어 서구적 지식으로 무장한 우리가 노자의 『도덕경』을 새롭게 발견하여 탈근대적인 노마돌로지의 지식체계로 만드는 것은 전적으로 우리의 몫이다.

　노자의 『도덕경』은 흔히 1장에서 37장까지의 "도경"과 38장에서 81장까지의 "덕경"으로 구분한다. 물론 이러한 구분이 명확하게 드러나는 것은 아니지만, 필자도 이와 같은 일반적인 구분을 따르고자 한다. 국가철학이 아닌 노마돌로지의 측면에서 "도경"은 지식의 이론이라고 말할 수 있으며, "덕경"은 지식의 '실천'이라고 말할 수 있다. 따라서 이 책 『노자와 들뢰즈의 노마돌로지』는 1장에서 37장까지를 노마돌로지의 주요 개념들로 나누어 서술하였다. 이 책의 속편으로 들뢰즈의 『영화 1, 2』(*Cinema 1, 2*)를 토대로 38장에서 81장까지를 『들뢰즈와 노자가 읽는 탈근대의 영화들』(가제)이라는 제목으로 출판을 준비하고 있는 중이다. 이 책의 마지막에 있는 "영화예술과 노마돌로지"에 포함된 들뢰즈의 '탈근대의 영화들'에 대한 소개와

〈올드 보이〉〈실미도〉에 대한 노마돌로지의 글쓰기는 『들뢰즈와 노자가 읽는 탈근대의 영화들』의 서론이라고 할 수 있다. 독자들의 무차별적인 질타와 충고가 좋은 책을 쓰는 힘이 될 것이라고 믿는다.

이 책은 동국대학교 영어영문학과에 전공과목으로 개설되어 있는 '텍스트와 번역'을 강의하기 위한 교재로 준비하였다. 그리고 지난 두 차례의 강의에서 학생들의 질문과 다양한 의견들을 들으면서 책의 내용과 문장들을 수정하고 또 수정하였다. 그 과정에서 필자에게 출판의 용기를 준 학생들과 다양한 의견들을 제시하여 새로운 사유의 싹을 만들게 해준 학생들에게 이 책을 선물하고 싶다. 그리고 출판시장의 어려움에도 불구하고 초고의 원고를 보고 기꺼이 출판을 맡아준 당대출판사 사장님과 편집진들, 나의 책을 무던히도 아끼고 자랑스러워하면서 주위에 있는 어른들에게 선물하는 것을 즐기는 나의 딸이며 친구인 장다영, 술꾼이면서 전혀 가정적이지 못한 나를 묵묵히 바라보면서 챙겨주는 나의 아내이며 연인인 엄미옥, 지난 25년의 세월을 훌쩍 뛰어넘어 예술을 삶으로 구현하는 진정한 노마드가 되어 나타난 사랑하는 친구 ○○○, 노마드와 노마돌로지에 대한 확신을 더욱 분명하게 만들어준 송두율 교수와 '송두율교수 무죄석방을 위한 대책위원회'의 학생들과 여러 관계자 선생님들, 들뢰즈와 노마돌로지에 대한 두서없는 논문과 이야기를 즐겨 들어주던 석경징 교수를 비롯한 '서술이론연구회'의 여러 선생님들 그리고 나의 문학적 글쓰기를 다듬어주고 만들어준 김정근 선생님과 김정매 선생님에게 이 책을 선물하고 싶다.

2005년 4월

장시기

차례

책머리에 • 5

I. 노마돌로지란 무엇인가?
1. 노마드와 노마돌로지 • 21
2. 동양과 서양의 국가철학과 노마돌로지 • 30
3. 노마드와 노마돌로지의 역사 • 38
4. 오늘날의 전지구적 탈근대와 노마드 문화 • 52

II. 『도덕경』의 노마돌로지
1. 노마드의 생성(Becoming of Nomad) • 75
2. 노마드 지식인의 미학(Beauty of the Nomadic Intellectual) • 87
3. 노마드의 욕망(Desire of Nomad) • 96
4. 내재성의 장(The Plane of Immanence) • 105
5. 동물 되기(Becoming Animal) • 113
6. 암컷 되기(Becoming Woman) • 122
7. 카오스모스(대지와 영토)[Chaosmos(Earth and Territory)] • 128
8. 리좀의 책(Book of Rhizome) • 137
9. 노마드적 관계의 선분(The Line of Nomadic Relationship) • 146
10. 기관들 없는 몸(The Body Without Organs) • 154

노자와 들뢰즈의 **노마돌로지**

11. 노마드적 주체(The Nomadic Subject) • 160
12. 욕망기계(The Desiring Machine) • 166
13. 사랑과 몸의 생성체계(Becoming System of Love and Body) • 173
14. 사건의 순수내재성(The Pure Immanence of Event) • 184
15. 노마드의 역사와 지식인(Nomadic History and the Intellectual) • 192
16. 노마드의 '운명애'(Nomadic 'Amor Fatie') • 201
17. 사회체(The Social Body, or Socius) • 207
18. 가족주의의 탄생(Oedipus, at Last!) • 216
19. 기호체제와 추상기계(Sign System and Abstract Machine) • 223
20. 노마드 지식인(The Nomadic Intellectual) • 231
21. 대지의 길(The Way of Earth) • 241
22. 영원회귀(1): 절대적 탈영토화(The Eternal Return(1): The Absolute Deterritorialization) • 249
23. 자연의 길(The Way of Nature) • 258
24. 탈주의 예술가(The Artist of Flight) • 268
25. 영원회귀(2): 물질의 운동과 극한(The Eternal Return(2): Movement and Limit of Matter) • 276
26. 벡터의 힘(The Force of Vector) • 286
27. 지식과 실천: 밝음과 오묘함(Knowledge and Practice: Light and Secret) • 293

28. 욕망의 흐름(The Flowing of Desire) • 303

29. 추상기계(The Abstract Machine) • 310

30. 노마드의 정치학(The Nomadic Politics) • 318

31. 힘과 권력(Force and Power) • 326

32. 노마드의 고원: 계곡의 물(The Nomadic Plateau: Water of the Valley) • 334

33. 과학과 예술(Science and Art) • 342

34. 욕망기계의 생태학적 배치(The Ecological Arrangement of Desiring Machines) • 351

35. 우주와 자연(Universe and Nature) • 359

36. 리비도의 욕망(Desire of Libido) • 365

37. 노마드적 욕망의 미학(Ascetics of Nomadic Desire) • 372

Ⅲ. 영화예술의 노마돌로지

1. 들뢰즈의 영화 • 381

2. 근대적 영화와 탈근대적 영화 • 384

3. 영화예술의 노마돌로지 • 391

4. 영화 〈실미도〉의 힘 • 396

5. 박찬욱 감독의 〈올드 보이〉: 기억의 과거와 망각의 과거 • 402

I. 노마돌로지란 무엇인가?

1. 노마드와 노마돌로지

　양차 세계대전을 비롯해 수많은 국지전이 일어나고 있는 근대와 함께 인류의 미래가 종말을 고할 것인가, 아니면 인류가 오늘날의 세계와 다른 새로운 공동체를 만들 것인가가 결정될 수 있는 21세기는 이미 시작되었다. 그러나 21세기인 지금에도 이라크와 아프가니스탄처럼 지구의 어느 모퉁이에서는 여전히 전쟁이 계속되고 있고, 얼마 전 서울지방법원 311호실에서의 '송두율 교수 재판'처럼 국가에 의한 개인의 억압과 폭력은 끊임없이 이어지고 있다. 이러한 억압과 폭력에 신음하거나 죽어가고 있는 것들은 비서구적 문명과 여성적 감성 그리고 자연과 동물의 생태학적 순수내재성이다. 서구적 근대와 더불어 행해지고 있는 개인과 집단에 대한 폭력적인 억압과 전쟁은 서구적 문명의 비서구적 문명에 대한 차별이고, 남성적 이성과 법률에 의한 여성적 감성과 가치의 억압이고, 인간적 이성에 의한 비인간적 감성의 지배이다.

　이러한 차별과 억압·지배의 현상은 서구적 근대가 전지구적으로 확산되어 지구촌시대라고 부르는 오늘날의 우리 인간들이 지니고 있는 삶과 사유의 내용과 형식 속에 그대로 드러나고 있다. 서구적 근대가 비서구, 여성 그리고 비인간에 대한 폭력과 억압이라는 인식은 수많은 지식인들로 하여금 "인간은 무엇인가?"라는 지식의 가장 근원적인 질문을 다시 하게끔 만든다. 그리고 이 질문은 다른 모든 존재와 마찬가지로 인간도 개별적인 존재가 아니라 관계적 존재라는 명확한 사실을 드러낸다.

인간을 포함한 모든 존재가 관계적 존재라는 명확한 사실의 드러냄은 차별과 억압과 지배를 존속시키고 있는 서구적 근대의 삶과 사유에 대해 회의를 품고 있는 인식론적이고 존재론적이며 생태학적인 질문의 결과이다.[1] 그러나 관계는 끊임없이 변화하고 생성된다. 관계에 의해서 A가 B가 되고, 이전에 존재하지 않았던 C가 생겨난다. 따라서 인간을 포함한 모든 존재가 관계적 존재라는 명확한 사유의 결과에도 불구하고, 우리는 우리의 삶과 사유 속에서 모든 존재가 관계적 존재라는 사실을 망각하게 된다. 이러한 사실 때문에 질 들뢰즈(Gilles Deleuze)는 "그것은 무엇인가?"라고 질문하지 말고 "그것은 어떻게 작동되는가?"라고 질문하라고 충고한다.

그러나 우리가 매순간 "나는 누구인가?"가 아니라 "나는 어떻게 존재하는가?"라고 질문할 수는 없다. 우리에게 필요한 것은 이러한 질문을 포함하여 수많은 관계적 삶과 사유를 지속시킬 수 있는 인식론적이며 존재론적이고 생태(관계)론적인 사유의 개념이다. 우리가

---

1) 서구적 근대에 대한 회의에서 출발하여 인간을 관계적 존재로 규명하고자 하는 인식론적·존재론적·생태학적 탐구의 가장 대표적인 사례의 글로는 Lawrence E. Cahoone, *The Dilema of Modernity*(Albany: State University of New York Press, 1988); Luce Irigaray, *Between East and West*(New York: Columbia University Press, 1999); Tim Hayward, *Ecological Thought*(Cambridge: Polity Press, 1994)가 있다. 그러나 이들은 들뢰즈처럼 새로운 관계적 존재에 대한 언어적 개념을 제시하지 못한다.

근대적으로 고착된 서구·백인·남성 중심의 삶과 사유에서 벗어나 끊임없이 변화하고 생성되는 관계적 삶을 영위하기 위해서는 인간을 포함한 모든 존재가 관계적으로 존재하고 인식한다는 언어적 개념이 필요하다. 인간은 언어적 개념으로 사유하고 실천한다. 바로 이러한 개념이 들뢰즈의 '노마드'(nomad)[2]이다.

인간이라는 동물은 고정된 계급 혹은 확고부동한 위치로 존재하는 정착민이 아니라 새로운 삶의 풍요로움과 사랑과 우정의 삶을 찾아서 끊임없이 떠나는 노마드(유목민)이다. 인간과 마찬가지로 모든 존재는 노마드이다. 물고기나 기러기 같은 동물들은 계절에 따라서 혹은 먹이나 산란지를 찾아서 이동하는 노마드이다. 그러나 인간은 이러한 동물들과 달리 일정한 이동루트나 길이 정해져 있지 않다. 인간과 마찬가지로 기러기나 물고기를 제외한 대부분의 동물들 역시 일정한 이동루트나 길이 정해져 있지 않다. 마치 물이 흐르고 바람이 부는 것처럼 인간을 포함한 대부분의 동물은 사랑과 우정이 맺는 관계의 상황과 조건에 따라서 각기 다른 이동루트나 길을 만들어나간다. 따지고 보면 노마드적으로 존재하는 것은 인간을 포함한 동물들만은 아니다. 인간과 동물이 사랑과 우정의 삶을 찾아서 끊임없이 떠나는 노마드인 것처럼, 풀과 나무 혹은 돌과 바람 같은 모든 존재는 그 무엇과 만나는 생성을 찾아서 끊임없이 이동하는 노마드이다.

모든 존재의 노마드적 특질을 가장 뚜렷하게 드러내는 것이 물과 바람이다. 따라서 '물이 흐른다' '바람이 분다'라는 표현은 모든 존재의 노마드적 특질을 가장 잘 보여주는 내용을 지닌다. 즉 '물'이나 '바람'이라는 명사는 기존의 관계에 의하여 규정된 과거의 존재를 의미하고,

---

[2] Gilles Deleuze and Felix Guattari, trans. by Brian Massumi, *A Thousand Plateaus*, Minneapolis: University of Minnesota Press, 1987, pp. 351~423.

'흐른다' '분다'라는 동사는 새로운 관계를 형성시키는 현재의 존재를 의미한다. 이러한 과거의 존재와 현재의 존재는 '강이 된다' 혹은 '폭풍이 된다'는 새로운 관계를 생성시키는 미래의 존재를 내포하고 있다. 따라서 '그는 대학생이다'라는 하나의 문장은 '그'라는 과거의 관계적 존재가 '대학생'이라는 현재의 관계적 존재를 형성하여, '그 무엇이 된다'는 미래의 관계적 존재가 되는 모든 관계적 존재의 의미를 내포하고 있다. 이러한 측면에서 '그는 대학생이다'(He is a university student)라는 현재적 표현은 항상 '그는 대학생이 되고 있다'(He is becoming a university student)는 현재진행형의 내용을 의미한다. 인간을 포함한 모든 존재가 노마드라고 말하는 것은 이러한 모든 존재의 현재진행형의 생성을 내포하는 개념이다. 그러므로 끊임없는 이동과 탈주라는 탈영토화와 재영토화 과정은 노마드의 내용과 표현을 모두 포괄하는 생명성의 본질이라고 할 것이다.

현재진행형으로 이루어지고 있는 모든 노마드적 존재의 이동과 탈주를 가로막는 것은 어떤 존재의 삶을 갉아먹거나 죽이는 것이다. 물고기가 이동하는 길을 가로막고 있는 거대한 댐과 동물들이 이동하는 루트에 만들어놓은 덫은 물고기와 동물들을 직·간접적으로 죽이기 위한 것이다. 물고기와 동물들은 거대한 댐을 넘기 위해, 덫을 피하기 위해 온갖 위험을 무릅쓰거나 심지어 죽음으로 항거한다. 이동과 탈주라는 탈영토화와 재영토화가 없는 삶은 죽음과 마찬가지이기 때문이다.

인간도 마찬가지이다. 거대한 댐과 숲속의 덫이 물고기와 동물들의 삶을 갉아먹거나 죽이고 있는 것처럼, 인간의 이동과 탈주를 가로막는 울타리와 덫은 인간의 삶을 갉아먹거나 죽이는 것이다. 따라서 인간의 이동과 탈주가 가로막히기 시작한 것은 인간들 사이에 지배와 피지배

관계가 만들어지면서 지배자가 자신들의 지배를 용이하게 하기 위하여 피지배자들에게 정착을 강요하면서부터이다. 바로 이것이 성과 감옥의 역사가 동일한 근원을 지니고 있는 이유이다. 지배자는 지배를 용이하게 하기 위하여 물리적(구체적) 폭력과 지식적(추상적) 설득을 동원하여 인간의 이동과 탈주를 가로막는다.

지배자의 물리적 폭력은 눈에 보인다. 따라서 인류의 역사는 지배자의 물리적 폭력으로부터 벗어나기 위한 노마드의 물리적 이동과 탈주의 역사이다. 이러한 노마드의 물리적 이동과 탈주가 이 세계의 새로운 문명을 끊임없이 생성시킨다. 그러나 지배자의 지식적 설득은 눈에 보이지 않는다. 눈에 보이지 않는 지배자의 추상적 설득으로부터 벗어나기 위하여 우리는 스스로 사유하고, 스스로 사유한 지식을 실천해야만 한다. 그러므로 인류의 역사 또한 지배자의 추상적 폭력의 지식으로부터 벗어나기 위한 지식을 통한 이동과 탈주의 사유와 실천의 역사이기도 한 것이다.

우리는 지식을 통한 이동과 탈주를 스스로 사유하고, 스스로 사유한 지식을 실천하는 사람을 노마드 지식인이라고 부를 수 있다. 인간의 존재와 삶이 노마드적인 것과 마찬가지로, 지식인의 사유와 지식 또한 노마드적이어야 한다. 그리하여 노마드적인 삶과 사유의 형식으로 구성된 지식을 노마돌로지(Nomadology)라고 부를 수 있다.

그러나 노마드적인 삶의 기준과 가치에서 벗어나서 지배자의 폭력과 설득을 용이하게 하거나 지배자의 입장을 대변하는 삶과 사유의 형식, 즉 정착민의 삶과 지식도 존재한다. 우리는 이러한 정착민적 삶과 사유의 형식을 국가인(State Man, Citizen)과 국가철학(State Philosophy, State Knowledge)이라고 부른다. 인간에 의한 인간의 지배와 억압은 시간과 공간에 따라서 다양하게 변화하고 다원화되었다, 우리 인간들 무리 속에 지배와 피지배의 구조가 존재하는 한, 노마드와 정착민 그리고 노마돌로지의 지식인과 국가철학의 지식인은 뒤섞여 있는 것이다.

지배와 억압에서 벗어나야 할 뿐 아니라 생성적 삶과 사유를 실천하기 위하여 노마드의 삶과 사유의 방식을 살피는 것이 노마돌로지이다. 노마돌로지의 지식이 지닌 사회적·정치적인 이론과 실천 그리고 끊임없이 지배와 종속의 구조가 도사리고 있는 현실적 삶과 지식체계에 대한 저항 혹은 그같은 삶과 지식체계에 대한 노마드적 분석의 이론과 실천을 고민하는 사람들이 노마돌로지의 지식인이다.

국가나 민족 혹은 자본이나 사회적 위치 등을 우선적으로 사유하지 않고 각각의 삶과 사랑의 생성적 측면이 지니고 있는 생명성의 관계를 최우선으로 사유하는 것이 오늘날의 노마드 지식인들이 사유하는 노마돌로지이다. 고도의 산업문명 속에서도 우리가 우리의 삶과 사랑을 노마돌로지가 지니고 있는 삶의 생명성으로 사유해야 한다는 것은 너무나도 당연하다. 그럼에도 불구하고 "노마돌로지란 무엇인가?"로 이 글을 시작하는 것은, 오늘날의 중·고등학교와 대학에서 가르치는 인문학적 지식이나 오늘날의 국가와 민족 중심의 인간사회와 삶의 구조가 너무나도 노마돌로지와 동떨어져 있기 때문이다.

그러나 이러한 현상은 단지 지식인집단의 현상이거니와 국가적인 형태의 이데올로기일 따름이다. 오늘날에도 사람들의 삶의 구조 속으로 들어가 보면, 우리가 일반적으로 인식하는 것과 달리 사람들은 자신들의 삶을 구성하는 먹을 것, 입을 것, 거주할 곳을 찾아서 끊임없이 이동하는 노마드라는 사실을 발견할 수 있다. 현실에 정착하여 머물러 있는 사람들은 단지 그 사회의 주인 역할을 하거나 노예의 역할에 안주한 사람들일 뿐이다.

하나의 지식이 지니고 있는 국가철학적 특성과 노마돌로지의 특성 사이에 존재하는 차이는 어떤 대상을 사진으로 보는 시각과 영화로 보는 시각의 차이와 같다. 사진은 움직이고 변화하는 모든 것을 고정시켜서 보존하려고 하지만 영화는 움직이고 변화하는 상태로 유지시키고자 한다. 사진은 보존된 과거를 보는 것이지만, 영화는 변화하여 생성되는 미래를 보는 것이다. 사진과 영화처럼 국가철학은 항상 과거를 이야기하고 노마돌로지는 항상 미래를 제시한다. 그러나 긴 안목에서 보면, 사진이 영화의 일부분인 것처럼 국가철학 또한 노마돌로지의 일부분이다. 주인이나 노예도 영화적인 삶의 과정에서 삶의 한 단면을 일시적으로 고정시킨 사진과 마찬가지로, 고정시켜 보존된 과거의 나이지 미래의 나는 아닌 것이다. 미래라는 긴 안목에서 보면, 주인 역할을 하는 사람이나 노예 역할을 하는 사람 모두 노마드의 일부분일 뿐이다. 따라서 노마드와 노마돌로지에 대한 인식론적 사유는 인간을 포함한 모든 존재에 대한 근원적이고 본질적인 개념인 동시에 미래를 생성시키고 창조하는 미래학이다.

노마드와 노마돌로지는 유목민과 유목학을 의미한다. 그러나 이 글에서 굳이 유목학이나 유목주의 혹은 유목민이 아니라 노마돌로지, 노마드라고 부르는 이유는, 원시시대부터 근대 이전이나 오늘날의 몽골 초원이라든가 라틴아메리카의 고산지대, 아프리카의 원시림 속에서 이루어지고 있는 유목주의나 유목민과 달리 서구적 근대화의 과정으로 형성된 근대적인 사람들은 지배와 폭력의 억압적 권력으로 구성된 궁궐이나 성을 도시 밖으로 내쫓고 그 도시의 심장으로 이동하여 도시 속에서 유목민적 삶과 사랑을 찾기 때문이다. 근대화과정을 통해 서구・백인・남성 중심주의의 지배체제를 공고히 한 근대의 국가철학에서 소외된 근대 이후의 노동자, 여성, 흑인, 비서구인들은 모두 초원을 찾아떠나는 옛날의 유목민들과 마찬가지로 황폐한 도시 속으로 들어와서 폭력적이고 억압적인 서구·백인·남성들을 도시 밖으로 몰아내는 도시유목민, 즉 노마드들인 것이다. 결국 노마드는 근대 이전에 존재했던 과거나 아직 근대화되지 않은 근대 바깥의 유목민이 아니라, 근대화과정에서 형성되어 탈근대의 미래를 새롭게 구성하는 미래인을 일컬으며, 노마돌로지는 이러한 탈근대적 미래인의 인식론적·존재론적·생태론적 지식체계 전반을 일컫는 것이다.

우리는 이러한 탈근대적인 미래의 노마드적 삶을 고민하는, 추상적 지식의 이론과 실천을 고민하고 추적하여 새롭게 생성시키는 사람들을 노마돌로지의 지식인이라고 지칭할 수 있다. 이 글은 순전히 노마드적 삶과 지식의 논리를 추구하는 지식인들의 노마돌로지 계보를 살펴보기 위한 것이다. 마치 들판의 나무나 풀 혹은 다람쥐나 개미가 자연과 더불어 유목적으로 살고 있는 것처럼, 뉴욕이나 런던, 서울이나 도쿄에 살고 있는 흑인들이나 여성들, 노동자들이나 유색인, 도시 빈민들은 생명성을 보장하는 풍요로운 삶과 사랑을 찾아서 항상 떠날 준비가 되어 있는 노마드들이다. 이들을 현혹시키는 것은 서구적 근대화과정 속에서 억압적이고 이데올로기적인 국가장치로 이루어진 국가제도와 법률, 매스미디어와 교육기관에 의하여 끊임없이 강요되는 국가나 제도 중심의 허구적인 국가철학 그리고 그 국가철학에 봉사하는 국가철학적 지식인들의 감언이설이라고 할 수 있다.

그러나 오늘날의 국가가 과거의 왕이나 교회를 계승하듯이, 오늘날의 국가철학은 과거의 왕들이 지녔던 통치술과 종교를 계승하고 있다. 이와 마찬가지로 노마드적인 삶은 과거에도 존재했고, 노마돌로지 또한 과거의 억압과 통치로부터 벗어나기 위한 지식체계로 존재했다. 여기서 오늘날의 노마드와 노마돌로지는 과거의 어떤 삶과 지식 계보를 계승하느냐의 문제가 제기된다. 중요한 것은 오늘날의 지식과 지식인이 어떻게 구성되느냐 하는 것이다.

2. 동양과 서양의 국가철학과 노마돌로지

동양과 서양의 지식과 지식인의 근원을 찾아가다 보면, 우리는 고대그리스에서 소크라테스와 플라톤과 아리스토텔레스를 만날 수 있고, 고대중국에서 노자와 공자와 맹자를 만날 수 있다. 그러나 오늘날 우리가 알고 있는 이 세상의 지식은 이들의 관계를 통하여 형성된 것이 아니다. 서양에서는 일방적으로 소크라테스를 이용한 플라톤의 지식 그리고 플라톤을 계승하면서 대항한 아리스토텔레스의 지식으로 구성되어 있고, 동양에서는 노자를 이용한 공자의 지식 그리고 공자를 계승하면서 대항한 맹자의 지식으로 이루어져 있다. 우리는 플라톤을 통해 소크라테스를 이해하고 공자를 통해 노자를 이해하려고 하며, 이러한 측면에서 플라톤은 소크라테스를 신비화하고 공자는 노자를 신비화한다. 소크라테스와 노자를 신비화하고 있는 철학자는 플라톤과 공자만이 아니다. 아리스토텔레스의 철학도 소크라테스를 신비화하고, 맹자의 철학도 노자를 신비화시킨다. 동양과 서양에 존재하는 이 두 철학적 지식은 국가체제의 도움을 받아 서양과 동양에서 서로 대립과 공존을 반복하며 오늘날까지 이어져 왔다.

그리하여 동양과 서양의 공식적인 국가철학은 고대 이래로 서양에서는 플라톤과 아리스토텔레스로 구분되고, 동양에서는 공자와 맹자로 구분된다.

그러나 서양의 플라톤과 아리스토텔레스 그리고 동양의 공자와 맹자의 지식체계가 공식적인 지식의 위치를 획득한 것은 아주 최근의 일이다. 18~19세기에 서구유럽이 근대국가의 틀을 형성하고 대학이라는 교육제도가 만들어진 이후, 공식적으로 고대그리스 철학이라고 불리는 것은 플라톤의 이데아/현실이라는 이분법과 현실분석을 더욱 구체화시킨 아리스토텔리스의 형상/질료의 이분법에 토대를 둔 사유의 방법이었다.[3] 이런 측면에서 서양에서 근대 초기의 철학을 지배한 데카르트와 칸트는 신플라톤주의 철학이라고 부를 수 있고, 19세기 후반과 20세기 초반을 지배한 후설과 하이데거의 현상학은 신아리스토텔레스주의 철학이라고 부를 수 있을 것이다.

그리고 중국과 우리나라의 경우, 서구적으로 근대화되기 전까지는 과거시험이나 통치를 위한 지식은 공자의 인(仁)을 강조하는 도/덕의 이분법과 덕을 더욱 구체화시킨 맹자의 인의예지(仁義禮智)론을 토대로 한 사유의 방법이었다. 서양의 근대와 마찬가지로 서구적인 근대화가 되기 이전의 동양은 공자의 철학과 맹자의 철학만 공식적인 고대의 철학으로 인정하였다. 그러나 서구의 플라톤주의와 아리스토텔레스주의가 상호 대립하면서 공존을 모색한 것처럼 공자철학과 맹자철학 또한 상호 대립과 공존을 반복했다.

---

3) 플라톤과 아리스토텔레스의 국가철학은 근대 이후에 지식인과 근대적 시민이 갖추어야 할 교양(Bildung, or Culture)이라는 이름으로 대학에서 전파되었다. 이에 관해서는 디트리히 슈바니츠, 『사람이 알아야 할 모든 것, 교양』(인성기 외 옮김, 들녘, 2001); 졸고, 「탈근대 영화들의 문학적 장르확산」(『문학과 영상』 제4권/1호, 문학과영상학회, 2003) 참조.

플라톤의 국가철학과 공자의 도덕론이 동양과 서양의 지배적인 지식이 될 수 있었던 배경에는 서구 근대국가가 창출한 대학제도와 중국과 우리나라에서 근대 이전까지 유지된 유교적 국가체제의, 과거시험을 토대로 한 교육제도가 있다. 그러나 서구의 대학이 오늘날의 형태를 지니기 시작한 것은 100여 년밖에 되지 않았으며, 서구적 근대 이전에 송나라와 고려의 불교국가 이후의 500여 년 동안 중국과 우리나라에서 과거시험이라는 권력구도를 토대로 유지되었던 유교적 교육제도는 이미 폐지된 지 오래이다.[4] 그럼에도 불구하고 서구적 근대 이후 유교적 지식을 토대로 한 일본의 근대 제국주의 국가가 서구의 근대 국가체제와 나란히 발전해 나감에 따라 유교적 지식은 서구의 근대적 지식과 동일한 위치를 차지하기 시작하였고, 우리나라에서도 서구적 자본주의의 발전과 더불어 유교적 국가철학과 교육이념이 되살아나고 있다.

플라톤과 아리스토텔레스에 근원을 두고 있는 서구의 근대 국가철학과 공자와 맹자에 근원을 두고 있는 유교적 국가철학의 동질성은, 과거제도나 국가고시제도에서 보는 바와 같이 통치와 지배 수단으로서 지식을 습득한다는 것이다. 헤겔의 법철학에서 가장 두드러지는 서구 근대 국가철학의 공공성과 시민정신 그리고 문학비평의 공평무사함과 숭고함 등은 유교철학에서 이야기하는 인의예지(仁義禮智)와

---

[4] 서구의 근대화과정에서 종종 잊혀지는 것 가운데 하나는 서구의 근대화를 주도한 영국·프랑스·독일이 중국식 과거제도를 받아들여 공무원시험제도를 만들면서 본격적인 근대로 접어들었다는 사실이다. 영국의 경우, 1860년대부터 시작된 공무원시험제도는 귀족과 왕실의 추천으로 이루어졌던 국가적 공직을 근대화시킬 수 있었으며, 공무원시험에 필요한 지식의 습득수단으로 대학을 비롯한 교육제도가 오늘날과 같이 근대적인 면모를 가질 수 있었다. 이런 이유로, 셰익스피어를 인도와 바꾸지 않겠다고 말한 카아라일은 공무원시험제도의 도입을 19세기 최고의 혁명이라고 예찬했다.

중용의 미덕에 다름 아니다. 유교적 국가철학과 서구적 근대의 국가철학은 단지 철학이나 국가장치, 과학교육에만 스며들어 있는 것이 아니라 문학과 역사 등 모든 근대 분과학문 교육체계 속에 스며들어 있다.

그러나 잘 알다시피 플라톤철학의 기초를 이루고 있는 『향연』은 소크라테스의 이야기로 이루어져 있고, 공자철학의 기초를 이루고 있는 『논어』는 노자의 『도덕경』에 그 토대를 두고 있다. 이러한 명명백백한 사실을 우리가 자주 망각하는 이유는 소크라테스와 노자의 지식계보학이 동양의 유교적 지식의 담론과 서양의 근대적 지식의 담론 속에서 사라져버렸기 때문이다. 공적 담론에서 이들을 사라지게 한 사람들은 다름아니라 동양과 서양의 국가철학적 지식인들이다. 이 지식인들은 서구적 근대국가의 교육제도와 중국·조선의 근대 이전의 유교적 교육체제를 통해서 국가나 제도 중심의 통치수단의 지식을 객관적 지식으로 강요하였다. 그리고 이같은 지식을 강요받은 새로운 국가철학적 지식인들은 플라톤과 공자의 지식을 공적으로 자랑할 뿐만 아니라 마치 스스로 사유를 통하여 터득한 것처럼 소크라테스를 모르고 플라톤과 아리스토텔레스를 이해하면 그만이고, 노자를 모르고 공자와 맹자를 이해하면 그만이라고 생각한다.

이러한 상황의 도래는 동양과 서양의 국가철학에 내재해 있는 계몽주의의 정신에서 비롯한다. 동양과 서양의 계몽주의는 항상 무지몽매한 민중을 가정하고 지식인의 통치와 지배 방식에 대한 논의를 시작한다. 국가철학이 가정하는 정착민의 입장에서 민중을 바라보면 그들은 항상 무지몽매하다. 그들은 통치와 지배 방법은 물론이고 통치자와 지배자를 따르는 방법을 알지 못한다. 그러나 노마돌로지가 주장하는 노마드의 입장에서 민중을 바라보면, 그들은 본능적으로 노마드의 삶과 노마돌로지의 지식을 습득하고 있는 사람들이다. 마찬가지로 서구적인 근대의 국가철학에서 규정하는 국민이나 동양의 유교철학에서 규정하는 백성의 관점에서 벗어나 삶과 사랑의 생명성을 좇는 노마드의 측면에서 지식을 바라보면, 우리는 서양의 소크라테스와 플라톤의 지식이 서로 다르고 동양의 노자와 공자의 지식이 서로 다름을 추측할 수 있다. 그리고 소크라테스와 플라톤이 살았던 시대에도 그들 이외에 수많은 지식인들이 있었다. 플라톤은 도시국가인 '시라쿠사'(시칠리아섬의 도시) 정부의 자문위원이었고 아테네에서 '아카데미아'를 창설하였으며, 또 플라톤의 아카데미아에서 20년 동안 공부한 아리스토텔레스는 이후에 황제가 되는 알렉산드로스의 스승이 되었다. 하지만 이와 달리 흔히 플라톤의 아카데미아 학생들로부터 견유학파(Cynic)라는 이름으로 비난받았던 디오게네스와 금욕주의자로 알려진 스토아학파는 대중적인 환대를 받았음에 틀림없다. 바로 이러한 측면에서 오늘날의 노마돌로지를 이야기하는 들뢰즈의 지식체계는 플라톤과 아리스토텔레스가 아니라 소크라테스와 스토아학파에 그 뿌리를 두고 있다.

　디오게네스와 스토아학파의 지식인들만큼이나 희미하게 알려져 있는 소크라테스의 삶과 지식은 그가 국가철학의 지식인이 아니라 노마드였던 스토아학파를 계승한 노마돌로지의 지식인이었음을 보여준다. 플라톤은 소크라테스를 이용하여 '공화국론'이라는 국가철학의 지식을 확립하였지만, 소크라테스는 국가에 의하여 "청소년을 타락시키고 옛 풍습을 거역하도록 사주한다는 죄목으로 고소되"어 "악법도 법"이라는 유명한 말을 남긴 후 독배를 마시고 죽었다. 그리고 플라톤의 『향연』에 나오는, 소크라테스 지식의 요체라 할 수 있는 '산파술'은 계몽과 지도가 아니라 대화를 통하여 상대방의 "독자적인 사고가 탄생하도록 돕는 일" 즉 독자적인 지식의 생성과정으로 규정되어 있다. 청소년을 타락의 구렁텅이로 몰아넣는다는 죄목으로 그리스 폴리스국가에 의해 죽임을 당한 소크라테스가 플라톤의 국가철학에 의하여 그 본연의 모습인 노마돌로지의 지식인과 전혀 다른 국가철학적 지식인으로 재탄생된 것이다. 그리고 끝없는 생성과 창조를 의미하는 소크라테스의 '산파술'이라는 지식은 플라톤의 이데아/현실이라는 이분법에 의하여 '산파술' 본연의 지식이 지녔던 각각의 "독자적인 사고가 탄생하도록 돕는" 역할을 포기하고, 국가운영과 시민지배를 위하여 자신의 주장을 합리적으로 설득하는 계몽주의적인 '변증법적 궤변의 통치술'로 변하게 되었다.

　이러한 차이는 노자와 공자의 관계에서도 찾아볼 수 있다. 물론 노자와 공자의 관계는 소크라테스와 플라톤의 스승과 제자 관계처럼 명확하지는 않다. 그럼에도 불구하고 우리는 소크라테스의 지식을 플라톤의 저서들을 통하여 추측할 수밖에 없는 것과 달리, 공자의 『논어』와 마찬가지로 노자의 지식을 집대성한 『도덕경』을 가지고 있다. 그래서 많은 학자들이 노자와 공자의 관계나 그들의 연배 등을 둘러싸고 갑론을박하고 있다.

　이 가운데 가장 명확하다고 추측되는 것은, 노자의 『도덕경』에서 이야기하는 이론[道]과 실천[德]은 국가나 통치수단이 배제된 순수한 삶의 상태를 논하는 이론과 실천인 반면 공자의 『논어』에 등장하는 이론과 실천은 제왕이나 통치수단으로 설명되고 통치와 지배의 구체적 덕목으로 인(仁)이 강조되고 있다는 점이다. 이런 면에서 중국 근대 초기 호적(胡適)의 다음 말은 노자의 지식에 대한 이론과 실천이 국가나 통치수단이 배제된 순수한 지식임을 알 수 있게 한다. "나는 그 이름을 알지 못한다/억지로 별명을 지어 길[道]이라 하고/억지로 이름을 지어 극한[大]이라 한다."(『도덕경』 25장) 또한 공자는 제왕의 부름을 받아 노나라 재상이 된 반면, 노자는 제왕의 부름을 받고 나아가지 않고 국가와 속세를 떠나 은거를 하였다. 따라서 소크라테스와 플라톤의 지식이 다르듯이, 노자와 공자의 지식이 서로 다름을 그 누구도 부정할 수 없다.

공자와 플라톤의 지식이 지배와 통치를 기반으로 한 (동양과 서양의) 국가철학이라고 한다면, 노자와 소크라테스의 지식은 국가지배를 배제하고 지배와 통치로부터 스스로 탈주하여 새로운 삶과 사랑의 생명성을 찾고자 하는 동양과 서양의 노마돌로지라고 부를 수 있을 것이다. 국가철학이 국가의 지배와 통치를 위하여 국가-개인이라는 이분법에 근거한 지식이라면, 노마돌로지는 국가라는 매개물 없이 사물과 사물, 인간과 인간, 인간과 사회의 관계를 노마드적 생명성의 입장에서 사유하는 지식이다.

그러므로 국가철학과 노마돌로지의 지식이 전제하는 인간은 근원적으로 서로 다르다. 국가철학은 인간을 국가나 사회적 집단의 지배를 받는 '왕-신하' 혹은 '국가-국민'의 관계를 지닌 '주인-노예'의 정착민이라는 주체나 타자로 보는 반면에, 노마돌로지의 인간은 자유로운 삶의 터전을 찾아서 끊임없이 이동하는 인간과 인간의 결연관계나 동맹관계를 토대로 한 친구와 연인으로 구성된 노마드이다. 이에 따라 국가철학은 국가나 사회집단의 변천사, 즉 문명의 관점에서 인류역사를 조망하지만, 노마돌로지는 노마드(유목민)의 끊임없는 탈주와 그 탈주가 만든 유목민의 문화적 생성이라는 관점에서 인류의 역사를 바라본다.

문명의 관점은 그 사회를 유지시키고 있는 눈에 보이지 않는 통치와 지배 제도가 중심이며, 문화의 관점은 그 사회를 유지시키고 있는 개개인의 관계와 삶의 방식이 중심이 된다.[5] 우리는 근대서구의 국가철학에 의하여 형성된 문명사관을 기반으로 해서, 문명의 진화와 발전에 대한 확신을 가지고 역사를 바라보고 인식하도록 훈련받았다.

그러나 인류 최초의 문명이라는 중국・인도・이슬람・이집트 문명의 발상지는 지금 어떠한가? 이 지역들 대부분은 최초의 문명이라는 지배와 통치의 방식에서 아직도 벗어나지 못하고 있지 않은가? 오늘날 가장 발전한 문명이라는 서구의 문명과 비교할 때 이들 문명의 지적인 열등함에도 불구하고, 서구문명이 이들을 두려워하는 것은 인도나 이슬람・중국 문화가 지니고 있는 전통적인 노마드적 삶과 노마돌로지의 지식이 아닌가? 그리고 오늘날 인류의 가장 진화한 문명이라고 할 수 있는 미국은 어떤 문명에서 진화하고 발전한 문명인가? 미국의 문명은 그 어떤 문명으로부터 진화한 것이 아니라 유럽대륙의 문명에서 탈주한 탈중세적 노마드들이 아메리카 대지에 새롭게 우뚝 세운 근대의 문화가 아닌가?

인류의 역사를 근거로 정착민의 땅이었던 중국・인도・이슬람・이집트의 오늘과 아시아와 유럽으로부터 탈주한 노마드의 땅이라고 할 수 있는 미국을 비교하는 것은, 우리가 근대적인 문명의 역사가 아니라 노마드의 문화, 즉 탈근대적인 노마돌로지의 관점에서 역사를 다시 바라보아야 하는 이유가 될 수 있을 것이다.

---

5) 1960년대에 레이먼드 윌리엄스가 제시한 문화학(Cultural Studies, Culturalogy)은 계몽주의에 토대를 둔 문명학과 비교할 때 크게 주체・언어・역사・공간을 바라보는 시각에서 차이가 난다. 이에 관해서는 Judy Giles and Tim Middleton, *Studying Culture* (Oxford: Blackwell Publishers, 1999) 참조.

3. 노마드와 노마돌로지의 역사

　들뢰즈가 이야기하는 최초의 노마드 문화, 즉 노마돌로지의 지식이 형성된 곳은 고대그리스이고, 고대그리스의 노마돌로지가 역사적으로 다시 부활한 곳은 중세 르네상스시대의 영국·프랑스·독일을 주축으로 한 서구유럽이다. 우리는 고대그리스의 노마돌로지와 유사한 다른 지역의 노마드 문화들을 고대 중국이나 만주 지역 혹은 인도 북부나 라틴아메리카, 이슬람 지역 등지에서 찾아볼 수 있을 것이다. 그러나 오늘날의 지식이 주로 서구 근대지식으로 형성되어 있기 때문에 그 밖의 지역들의 노마드 문화는 고대그리스의 노마돌로지처럼 뚜렷한 역사적 발자취가 남아 있지 않다. 때문에 고대 중국이나 만주 지역, 인도 북부나 라틴아메리카, 이슬람 지역에서 찾아볼 수 있는 노마드 문화의 흔적은 각 지역을 탐구하는 역사가들이 서구적 근대로 만들어진 문명사관에서 벗어나 노마돌로지의 역사적 관점으로 재무장할 때 비로소 뚜렷하게 드러날 수 있을 것이다.

　최근 이런 노력은 이성시의 『만들어진 고대』나 타리크 알리(Tariq Ali)의 『근본주의의 충돌』(*The Clash of Fundamentalisms*)에서 어렴풋하게나마 드러나고 있다. 이들은 문명사관으로부터 벗어나 노마돌로지의 관점에서 동아시아나 이슬람 지역의 역사를 다시 탐구하고자 시도하고 있다.[6]

고대그리스는 이미 확고하게 만들어진 고대 아시아와 아프리카의 국가철학적 지배와 통치의 문명으로부터 사막과 초원과 바다를 건너 탈주한 유목민들이 세운 문화라는 뚜렷한 흔적이 남아 있다. 이 흔적은 그대그리스의 도시들에서 찾을 수 있는데, 아시아와 아프리카에 존재했던 고대문명의 도시들이 성(城)을 중심으로 지배와 서열 체계에 근거해서 이루어진 것과 달리 고대그리스의 도시들은 수많은 광장으로 이루어져 있다. 성과 달리 광장은 동맹이나 연맹 관계의 친구나 동료들이 서로 어우러지는 사막이나 초원·바다의 특성을 노마드의 공동체적 삶이 공유하는 땅으로 옮겨놓은 것이다. 그래서 성을 구성하고 있는 땅은 왕이나 성주의 소유물인 영토의 특성을 지녔지만, 광장을 구성하고 있는 땅은 그 누구의 영토에서 벗어난 탈영토화된 대지의

---

6) 이성시는 "근대일본에 있어 한국은 구미와 자기동일화하려는 자기에게 부끄럽게 여겨야 할 자기, 부정해야 할 자기였다. 그 때문에 모멸에 가득 찬 근대일본의 한국관은 구미열강에 대한 열등감의 뒤집기만큼이나 처참하지 않을 수 없었다. 근대 일본인의 손으로 이루어진 역사 속의 한국도 그러한 심상 속에서 형성되었기 때문에 원래 일본형 오리엔탈리즘이 각인되어 채워진 이야기"라고 말한다(이성시, 『만들어진 고대』, 박경희 옮김, 삼인, 2001). 그리고 영국 New Left Review의 편집장인 파키스탄 출신의 타리크 알리(소설가, 영화제작자)는 전지구적 근대성을 근본주의의 충돌로 바라보면서, 근대성의 전형을 기독교근본주의와 이슬람근본주의의 충돌, 서구의 민족적 근본주의와 비서구의 민족적 근본주의의 충돌이라고 말한다. 이와 같은 관점에서 그는 아랍지역의 종교적 근본주의와 민족적 근본주의가 서구의 침탈로 이루어진 근대화과정을 통하여 미국이라는 기독교의 제국주의적 근본주의에 의해 끊임없이 재생산되는 구조를 탐구하면서, 미국과 영국의 서구적 근대에 의하여 차단된 아랍지역의 노마드 문화를 8~10세기 이슬람문화의 시작에서 찾고 있다(Tariq Ali, *The Clash of Fundamentalisms*, London: Verso, 2002 참조).

Ⅰ. 노마돌로지란 무엇인가 39

특성을 가진다. 들뢰즈가 이야기하는 인류 최초의 고대그리스 땅은 지배와 통치의 아시아·아프리카 문명의 영토로부터 탈영토화한 노마드의 삶과 공동체를 이룩한 대지이다.

고대 아시아나 아프리카의 땅은 지배·통치 세력인 왕이나 마법사를 머리로 하고 그들의 팔과 다리 역할을 하는 사제나 법률가의 서열관계나 계급관계를 기반으로 한 지배-피지배 관계의 인간문명의 영토였다. 문명의 영토는 '초월성'(transcendence)이나 '절대성'(absoluteness)을 토대로 한다. 이런 측면에서 사제나 법률가들은 왕이나 마법사를 초월적이거나 절대적인 존재로 격상시키고 자신들을 그들의 대리인(agent)이라는 국가철학을 만든다. 따라서 사제나 법률가들이 만든 초월적 혹은 절대적인 것에 관한 지식은 인류 최초로 만들어진 문명의 영토를 끊임없이 지속시키기 위한 영토화의 수단이다.

그렇지만 고대그리스 문화는 서열이나 계급을 일절 배제하고 친구나 연인의 관계를 토대로 한 '내재성'(immanence)의 문화이다. 문명의 영토로부터 고대그리스의 대지로 탈주한 상인·노동자·지식인·장인·전사 등의 동맹 혹은 연인 관계로 맺어진 친구들의 세계는 그들을 지배하는 왕이나 황제가 존재하지 않는 도시의 노마드적 민주주의를 만들었고, 이 도시 속에서 사람들은 마침내 초월성이나 절대성이 아니라 인간을 비롯한 모든 사물의 생명성이 지닌 평등과 새로운 가능성을 토대로 가물가물하고 무한한 '내재성'을 사유할 수 있었다.

내재성과 초월성(혹은 절대성)의 차이는 개인과 사회의 욕망을 긍정하는 것과 부정하는 것의 차이이다. 내재성을 토대로 사유하고 행동하는 것은 욕망을 긍정하여 생성하고자 하고, 초월성이나 절대성에 근거해서 사유하고 행동하는 것은 개체적 욕망을 부정하고 지배하거나 스스로 권력에 종속되어 노예가 되려고 한다. 따라서 노마돌로지는 내재성을 토대로 하며, 국가철학은 초월성이나 절대성을 토대로 한다. 노마돌로지에서 볼 때 개인과 사회는 친구와 연인의 관계를 추구하는 노마드의 욕망이 만든 개별적 주체와 무리의 주체이다. 그래서 상인·노동자·지식인·장인 등과 같은 개별적 주체는 관계 속에서 각각 개별적 노마드가 지니고 있는 내재적 욕망에 의하여 만들어진 잠정적인 노마드적 주체이다. 상인은 또 다른 관계 속에서 노동자가 될 수도 있고 지식인이 될 수도 있으며, 장인은 전사 또는 상인이 될 수 있는 것이다. 이와 마찬가지로 가족·학교·사회·국가와 같은 무리의 주체는 둘 이상의 노마드적 관계가 친구나 연인 관계 같은 상호생성의 내재적 욕망에 의하여 형성된 잠정적인 노마드의 집단적 주체이다. 그렇기 때문에 이 주체는 그 무리를 구성하고 있는 노마드적 관계의 상호생성이라는 내재적 욕망에 의하여 또 다른 특성을 지닌 가족이나 학교 혹은 또 다른 생성을 만드는 사회나 국가가 될 수 있다.[7] 이런 면에서 들뢰즈는 개체나 집단 모두가 '기관들 없는 몸'(the body without organs)이라고 말한다.

노마돌로지의 근본적인 특성이라고 할 수 있는 개인과 사회의 내재성을 사유한다는 것은 어떤 초월적이거나 절대적인 것이 개인과

---

7) 내재성의 측면에서 개인과 사회는 이분법적으로 확고하게 구분되지 않는다. 노마드적 개인은 항상 관계 속에서 규정되며 노마드적 무리는 관계가 형성되면서 시작된다. 따라서 관계를 형성하고자 하는 욕망은 근원적으로 사회적 욕망이며, 노마드적 개인을 구성하는 것은 관계의 내연(interior)과 외연(exterior)의 결합물이다. 그러나 초월성을 토대로 한 근대의 국가철학은, 근대대학의 분과학문에 따라 인문과학과 사회과학을 구분하여 인문과학은 인간개인을 탐구하는 것이고 사회과학은 사회구성체를 연구하는 것이라고 규정한다. 하지만 개인과 사회가 구분될 수 없듯이 인문과학과 사회과학은 구분될 수 없다. 최근 문화학이 제시하고 있는 인문과학과 사회과학의 구분이 없는 학문적 탐구는 송두율 교수의 북한에 대한 내재적 접근법에서 가장 잘 나타난다. 이에 관해서는 송두율, 『역사는 끝났는가』(당대 1995); 『경계인의 사색』(한겨레신문사 2002) 참조.

I. 노마돌로지란 무엇인가 41

사회를 구성하고 있음을 인정하지 않는 것이다. 따라서 노마돌로지는 서열화·계급화된 문명이나 그러한 사유의 영토로부터 탈주하여 새로운 평등과 자유의 삶과 그러한 사유를 위한 절대적 탈영토화와 상대적 탈영토화를 사유함을 의미한다. 사랑, 정의, 시민정신, 신 등과 같은 개념은 마치 가물가물한 지평선만 보이는 사막이나 초원 같은 '내재성의 장' 위에서 희미하게 그 윤곽만 볼 수 있는 신기루의 이미지로 구성되어 있다. 이 신기루 같은 것들은 항상 내재성의 장 위에서 펼쳐지는 수많은 관계들의 선분에 의하여 노마돌로지, 즉 탈영토화와 재영토화 과정이라는 개념의 집을 형성한다. 그러나 원시영토 기계, 전제군주 기계, 자본주의 기계가 작동하는 영토 속에서 사랑, 정의, 시민정신 등과 같은 개념은 지배와 피지배 관계에 의하여 규정되는 계급이나 서열 관계를 유지시키고자 하는 초월적인 국가철학적 개념의 집을 지닌다. 따라서 이러한 원시영토·전제군주·자본주의 기계로부터 벗어나서 근원적인 내재성의 장으로 되돌아가는 것이 절대적 탈영토화이다.

내재성의 장 위에 존재한다는 것은 항상 어떤 관계의 선분을 만드는 힘들이 분출하는 것이기 때문에 절대적 탈영토화, 즉 재영토화 없는 탈영토화는 죽음을 의미한다. 그래서 원시영토 기계, 전제군주 기계, 자본주의 기계는 절대적 탈영토화를 신비화하여 죽음을 칭송하거나 배척한다. 그러나 죽음은 하나의 모델이다. 죽음은 항상 하나의 모델일 뿐이라는 의미에서 재영토화 없는 탈영토화는 존재하지 않는다. 절대적 탈영토화와 상대적 탈영토화는 일체의 국가철학적 개념의 집이 존재하지 않고 남녀노소는 물론 동물과 식물, 광물과 바람, 물 등의 자연현상까지도 포함하는 모든 사물의 무한한 평등의 상태를 일컫는 내재성의 장 위에서 결합할 수 있다.

고대그리스의 스토아학파와 소크라테스는 이러한 내재성의 장 위에서 결합된 상대적 탈영토화와 절대적 탈영토화, 즉 노마돌로지의 지식을 사유하였다고 할 수 있다. 그리고 소크라테스의 노마돌로지적 사유방법은 고대그리스의 도시국가라는 영토 속에서 소크라테스를 전유하여 '이데아'와 '유일자'라는 개념의 집을 지은 플라톤의 국가철학에 의하여 재영토화된다. 그리하여 플라톤의 사유방법은 문명의 세계로부터 탈영토화하여 친구들의 세계를 펼친 고대그리스의 노마돌로지적 사유가 아니라, 새롭게 지배와 통치, 주인과 노예라는 서열체계와 계급관계를 지니게 된 고대그리스 도시국가의 지배자나 통치자, 그리스인이라는 시민을 중심으로 사유하였던 국가철학인 것이다.

들뢰즈가 이야기하는 또 다른 노마드 문화는 중세 말기의 유럽을 휩쓸었던 르네상스시대라고 할 것이다. 르네상스시대의 노마드 문화 역시 고대그리스의 노마드 문화와 마찬가지로 도시에서 이루어졌다. 고대그리스에서 도시의 형성이 곧 노마드 문화의 형성이었던 것처럼, 유럽의 중세시대에 지속되었던 성과 교회를 에워싸는 도시의 형성은 그 서열구조와 계급관계를 타파하는 친구들의 세계를 형성할 수 있는 토대가 되었다. 그러나 고대그리스의 노마드 문화의 형성은 아시아와 아프리카 문명으로부터 탈영토화하여 새롭게 고대그리스라는 대지에 세운 노마드의 영토이지만, 유럽 르네상스시대의 노마드 문화는 중세의 전제군주와 로마교황청이라는 영토로부터 탈영토화하여 전제군주와 로마교황청으로 각인되어 있는 영토를 내재성의 장이 지배하는 대지로 만드는 작업이었다.

고대그리스의 탈영토화가 지리적 탈주와 연결되어 있었던 데 비해, 르네상스시대의 탈영토화는 지리적 탈주와 정신적 탈주를 결합시키는 지리철학적 탈주의 특성을 지녔다. 즉 르네상스시대 노마드적 사유의 탈주는 전제군주의 지배와 통제라는 물리적 억압의 영토로부터 탈주하는 도시의 형성, 그와 더불어 로마교황청이라는 정신적 억압의 영토로부터 탈주하는 친구들의 세계라는 새로운 시민형성이 필요했다. 르네상스의 노마드 문화가 이탈리아의 도시들에서 발생하여 스페인과 포르투갈·네덜란드로 이동하여 마침내 영국·프랑스·독일에 가장 늦게 도착했음에도 불구하고 이 나라들이 근대라는 새로운 사유의 영토로 재영토화할 수 있었던 이유는, 일찌감치 로마교황청이라는 정신적 억압의 영토와 지배-피지배 관계의 끈을 끊었기 때문이다.

새로운 근대문화를 이끌고 있는 영국의 경험주의, 독일의 관념론, 프랑스의 이상주의는 로마교황청으로부터 탈영토화한 기독교와 전제군주의 영토로부터 탈영토화한 그리스 철학이 결합하여 만든 재영토화의 세계라고 할 수 있다. 이 때문에 17~18세기의 영국, 18~19세기의 프랑스, 19~20세기의 독일 등 근대 국민국가의 형성은 플라톤의 국가철학을 재영토화한 새로운 사유방식을 그 토대로 삼을 수밖에 없었다고 할 것이다.

그러나 우리는 지리적으로 서구적 근대의 핵심에 있는 들뢰즈가 언급하지 않은 노마드의 문화, 즉 서구적 근대에 의하여 사장되고 왜곡된 다른 지역의 노마드 문화와 노마돌로지를 살펴보아야 한다. 우리가 추측할 수 있는 하나는 고대중국의 노마드 문화이다. 흔히 유교적 국가철학에 의하여 '요순(堯舜)시대'라는 신비화의 언어로 일컬어지고 있는 고대중국의 노마돌로지는 노자와 장자에 의하여 계승되어 노장사상 혹은 도가철학이라는 이름으로 오늘날까지 전승되고 있다. 이 과정에서 원시영토 기계나 전제군주 기계의 주인-노예 관계를 유지하려는 중국과 한반도의 권력기구는 노장사상이나 도가철학에 대해 끊임없이 분서갱유(焚書坑儒)를 해온 것을 우리는 목도할 수 있으며, 그럼에도 불구하고 지식인과 민중 속에서 줄기차게 부활하는 노장사상의 노마돌로지를 볼 수 있다.

노장사상의 노마돌로지는 들뢰즈가 이야기하는 고대그리스의 노마돌로지보다 더욱 강력하게 동아시아의 지적 토대를 만든다. 그 이유는 고대그리스의 노마돌로지가 단편적 설화나 신화 형식으로 전래되고 있는 것과 비교하여 노장사상의 노마돌로지는 수많은 분서갱유에도 불구하고 노자의 『도덕경』과 장자의 『이야기 어록』이라는 구체적인 책자로 전해지고 있기 때문이다.

하지만 서구적 근대의 영향을 받아 민족과 국가 중심의 역사연구가 이루어지면서, 이러한 고대 동아시아의 노마돌로지에 관한 연구는 충분히 빛을 발하지 못하고 있다. 오늘날의 세계를 정치나 경제가 주도하는 문명으로 바라보지 말고 다양한 삶의 방식이 존재하는 문화의 입장에서 바라보아야 하는 것처럼, 과거의 역사 또한 대립과 투쟁의 문명사관이 아닌 삶의 방식의 이동과 생성이라는 문화사관으로 바라보아야 한다. 그렇지만 서구적 근대의 국가철학에 의하여 확산된 근대의 민족과 국가 중심의 역사연구는 중국과 한국·일본의 역사를 대립과 투쟁의 역사로만 인식할 뿐, 상호 이동과 보완을 통한 상생의 역사를 등한시하거나 왜곡하고 있다. 따라서 필자가 노자와 들뢰즈의 노마돌로지를 사유하고자 하는 것은, 들뢰즈가 자신의 수많은 책들에서 서양의 노마돌로지를 계보화하듯이 노자의 『도덕경』을 바탕 삼아 동양의 노마돌로지를 계보화하려는 것이며, 이러한 동양과 서양의 노마돌로지가 오늘날의 동아시아뿐 아니라 인류 전체에 필요한 탈근대적 노마돌로지로 합당하다는 것을 드러내기 위함이다.

들뢰즈가 언급하지 않은, 인류 전체가 필요로 하는 또 다른 탈근대적 노마드 문화와 노마돌로지의 모델은 7~8세기의 아랍지역에서 발견할 수 있다. 불교와 달리 "유대교와 기독교, 이슬람교는 모두가 오늘날 우리가 정치적 운동이라고 부르는 상황에서 시작되었다"(Ali p. 24)고 말하는 타리크 알리는 이슬람문화가 지배자를 위한 종교가 되기 이전의 아랍지역을 노마드 문화의 발생 혹은 노마돌로지의 지식으로 설명하고 있다. 이것은 초기의 이슬람문화가 유대교나 기독교와 결코 적대적이지 않았고, 삶과 세계에 대한 그들의 지식은 "노마드적인 동시에 도시적인 정신장치"(같은 책, p. 29)의 노마돌로지였음을 의미한다. 그러나 노마드 문화가 강성하면서 자신들의 정치권력을 강화하고자 했던 마호메트 이후의 지배자들은 이슬람의 노마돌로지에 국가철학을 가미하여 이슬람교를 형성하였고, 역설적으로 노마드적이거나 노마돌로지가 팽배했던 초기의 이슬람문화를 '자힐리야'(무지의 시대)라고 일컬었다. 이슬람의 국가철학자들이 언급하는 '자힐리야'에 살았던 사람들에 대하여 타리크 알리는 이렇게 말한다. "[그들에게] 무엇보다 중요한 것은 현재였다. 고대 에피쿠로스학파(쾌락주의자를 의미하는 스토아학파의 별칭)가 지니고 있던 특징과 아주 유사했던 자힐리야 시대의 아랍인들은 그들의 시(詩)들이 지적하고 있듯이 즐거움으로 가득한 삶을 살았다."(같은 책, p. 27) 친구나 연인 관계의 동맹・연대 관계를 보여주는 이슬람문화의 노마드적 삶은 고대그리스의 스토아학파나 노장사상의 기록과 마찬가지로, 철학이나 과학이 아니라 문학(시)의 형식으로 전해지고 있다.[8]

---

8) 오늘날과 같이 국가철학은 문학의 노마돌로지적인 특성을 신비화하고 종교화한다. 이슬람의 노마드 문화가 이슬람교라는 종교가 되는 과정은 노마드 문화를 표현하는 시가 경전 『코란』으로 변화하는 과정에서 살필 수 있다. 예를 들어 다음의 시와 경전의 차이를 지적할 수 있다.

전래되고 있는 이슬람문화의 시들에서 볼 수 있듯이, 친구나 연인 관계를 중심으로 한 이슬람의 노마드 문화는 상호생성이라는 '인생의 기쁨'을 향유하고, 노마돌로지의 토대인 순수의 시간(세월은 정지하고)과 생성의 시간(세월은 변화이다)을 사유하는 미래학의 기반을 형성한다. 628년 무렵 거의 한 세기에 걸쳐 조로아스터교의 지배를 받는 페르시아제국과 기독교의 지배를 받는 비잔틴제국은 서로를

고기를 구워라, 불타는 듯이 반짝이는 포도주와 더불어
쏜살같이 달려오는 낙타부대를 위하여, 그리고 분명히
터질 것 같은 숨결과 기나긴 여정으로
당신의 영혼이 한결같이 그녀에게 달려드는 지금,
하얀 여성들의 모습… 비단길처럼
금단이 달린 비싼 예복을 걸치고,
부유하고 편안한 모습, 아픔의 두려움도 없이
악기의 신음하는 선율을 들으면서…
이것들이 인생의 기쁨이다. 인간을 위하여
세월은 정지하고, 그리고 세월은 변화이다.(C. J. Lyall, *Translations of Ancient Arabian Poetry*, London 1930. 타리크 알리에서 재인용, pp. 27~28)

그들은 "인생만이 있고, 그 이외의 것은 없다. 우리는 죽기도 하고 살기도 한다.
단지 세월만이 우리를 파괴할 뿐이다"라고 말한다. 확실히 그들은
지식을 지니고 있지 않다. 그들은 단지 추측할 뿐이다.
우리의 계시들을 그들이 명쾌하게 암송하게 될 때,
그들의 유일한 논의는 "만일 당신이 말한 것이 진실이라면,
우리의 조상들을 다시 우리에게 보내주시오"이다.
그리고 이렇게 말한다. "생명을 주는 것도 알라이고, 죽게 하는 것도 알라이니…".(『코란』 45.246, 타리크 알리에서 재인용, p. 28)

이 과정에서 예술적으로 형성된 노마돌로지의 지식은 철학 혹은 종교적인 무지(지식을 지니고 있지 않음)의 지식으로 변형되고, 노마드적인 삶의 세월이 주는 '인생의 기쁨'은 국가철학이나 종교를 지닌 정착민의 입장에서 바라보는 '세월의 파괴'로 변형된다. 그리고 노마돌로지를 규정하는 인간을 포함한 모든 존재의 정지와 변화의 시간성이 제공하는 생성의 요인이라는 구체적 세월은 '알라'로 추상화되고 신비화된다(Ali, p. 28).

약화시키는 거대한 싸움을 하였기 때문에 노마드 문화와 노마돌로지로 무장한 이슬람의 새로운 정복자들이 진출할 수 있는 공간이 만들어졌다. 두 국가철학이 종교를 둘러싸고 대립과 투쟁을 하는 틈새를 파고들어 새로운 정복자의 문화가 되는 것은, 둘 중의 하나를 선택하거나 혹은 둘과 대립하는 또 다른 종교를 토대로 국가철학을 만드는 것이 아니었다. 들뢰즈가 이야기하는 오늘날의 탈근대적 노마돌로지처럼 새로운 노마드 문화와 노마돌로지는 저항을 통한 대립과 투쟁이 아니라 지배문화와 국가철학으로부터 벗어나는 노마드적 탈주선으로 형성된다. 7~9세기 이슬람문화의 탈주선은 사막을 가로지르는 동맹관계를 중심으로 한 노마드 문화의 종족적 휴머니즘이었다.

영국 르네상스시대에 등장한 셰익스피어의 드라마들 속에 나타나는 종족적 휴머니즘과 마찬가지로 "이슬람시대 이전의 종족적 휴머니즘은 매력적인 특징들을 많이 지니고 있었지만, 그것은 단지 실존의 보편철학 수준에서 제기되었을 뿐이지, 이를 이론화하여 종족들을 통합하기 위한 용도로 사용될 수 없었다. 이러한 사실의 한 가지 이유는 너무나 많은 신들과 여신들이었다. 이 신들은 단지 환경과 분리된 인간의 초자연적인 모습 이외의 아무것도 아니었지만, 다양한 신들에 대한 믿음은 종족들간의 분리와 논쟁을 끊이지 않게 하였고, 흔히 상업적 경쟁을 야기하였다. 당시 세계는 상인들에 의하여 지배되고 있었고, 근본적인 담론은 교역용어들과 관계가 있었으며, 시민의 분쟁은 일상적이었다."(같은 책, p. 28) 타리크 알리의 말처럼 끊임없는 '분리와 논쟁'의 노마드 문화가 고대 기독교와 조로아스터교의 국가철학 틈새를 파고들어 새로운 정복자문화가 된 것이다. 타리크 알리는 이슬람의 노마돌로지를 주도했던 '마호메트'가 이러한 노마드 문화의 "세계를 완전하게 이해했다"면서 이렇게 이야기한다.

결혼하기 전에 마호메트는 한 상인집단에서 카디자(족장)가 신뢰하는 고용인들 가운데 한 명으로 일했다. 그는 모든 계급의 기독교인과 유대인, 마기교인(조로아스터교인) 그리고 이교도인들과 계약을 맺으면서 아랍의 전지역을 여행하며 돌아다녔다. 우리는 이러한 여행이 그에게 많은 통찰력을 제공했고, 그의 지적 정신을 상당히 넓혀주었을 것이라고 추측할 수 있다. 당시 메카 자체가 무역항로의 중심이었는지 여부가 최근 학계에서 상당한 논쟁점이 되었지만, 비록 중심이 아니었다 하더라도 메카에는 분명히 교역인들이 있었을 것이고, 그들은 이웃의 거대한 두 국가 비잔틴제국의 기독교인들이나 불을 숭배하는 페르시아의 조로아스터교인들과 거래를 해야 했다. 두 환경 속에서 성공적인 교역인이 되는 것은 그 어느 쪽에도 속하지 않는 것을 의미했다. 아마 그곳에는 상당수의 유대인들이 있었겠지만, 스스로 '선택받은' 종교라 규정하는 유대주의 그 자체가 분명히 미래를 위한 진지한 대안으로 스스로를 배제시켰다. 그들은 결코 관계들의 변화에 따른 개종된 믿음을 지니지 않았다. 이것은 기독교형성에서 개혁운동을 생산했던 것이 바로 유대인들의 닫힌 성격이었고, 비록 새로운 개종의 가능성이 존재했다 하더라도 아랍의 이교도들에게 그리 매력적으로 보이지는 않았을 것임에 틀림없다.(같은 책, pp. 28~29)

타리크 알리는 마호메트의 노마돌로지에 대한 지적 충동을 '성공적인 교역인'이 되고자 하는 "부분적으로 사회·경제적 열정"과 비잔틴이나 페르시아 국가철학에 대항하는 "일련의 보편적 규칙을 설립해야 할 필요성"이라고 말한다. 마호메트의 지식은 "공통의 목표로 결합되어 있을 뿐 아니라 필연적으로 새롭고 보편적임에 틀림없는 단일한 믿음에 충성을 하는 부족적 동맹을 감싸안았다." 중요한 것은 "상당히

숙련되고 경험 많은 두 제국의 전쟁기계들에 대한 아랍의 승리는 숫자의 힘이나 복잡한 군사적 전략으로 설명할 수 없다. 낙타부대를 교묘하게 통제하고 그것을 효과적인 게릴라형식의 보병부대로 대체하는 이슬람군대 장교들의 능력은 의심의 여지 없이 당시까지 치고 도망가는 방식의 노마드적 침입을 사용하고 있었을 뿐만 아니라 규모 면에서 전혀 유동성에 대처하지 못했던 적들을 혼란에 빠트렸다"는 점이다. 그러나 정말로 '결정적인 요인'은 이슬람의 노마드 문화와 노마돌로지에 대하여 "그 지역의 상당히 많은 사람들이 열렬한 연민을 보였다는 것이다."(같은 책, pp. 31~32)

이렇게 형성된 아랍지역의 이슬람문화가 지닌 노마드 문화는 다마스커스, 바그다드, 이스탄불, 비엔나 등 고전적인 중세의 도시문화를 형성하였고, 이 도시문화의 노마돌로지는 고대그리스의 노마돌로지로 형성된 문학·정신의학·과학·건축·미술을 부활시켜 15~16세기 유럽의 르네상스가 보여주는 노마드 문화와 노마돌로지의 지식을 가능하게 하였다.[9] 들뢰즈가 간과한 아랍지역의 노마드 문화가 르네상스의 노마드 문화를 낳는 가교역할을 하였다는 것이다. 타리크 알리는 7~8세기에 형성된 중세 초기 아랍지역의 노마드 문화와

---

9) 이에 대하여 타리크 알리는 "[고대그리스가 지녔던] 고전문명의 잠식 이후, 중세 초기시대의 이슬람 르네상스가 고대그리스의 사상들을 간직하여 발전시켰던 것은 당시의 일반적인 지식이 아니었다. 당시 이슬람 르네상스는 실천적인 예술과 과학에서 작품을 생산하면서 몇 세기 후 유럽 르네상스와 근대의 서구를 지배하는 사상들의 지적 가교 역할을 하였다. 코르도바의 칼리프 기간이나 아랍의 시칠리아 지배기간 동안의 문화의 혼합을 통한 결합의 생산은 이슬람과 유럽 역사와 지리학에서 아주 두드러지게 흔적들로 남아 있다. 고대그리스에서 근대의 서구유럽으로 가는 길은 이슬람의 세계를 통과해야 하는 긴 우회로를 만들었다. 고대세계에 관한 뛰어난 역사가인 파인리(M. I. Finley)는 다음과 같이 말한다. '실제로 이슬람 내부에서 이미 발달한 불일치와 충돌이 없었다면, 동방의 제국이나 서구세계 어느 곳도 진정으로 살아남지 못했을 것이다'"라고 말한다(같은 책, p. 38).

노마돌로지는 19~20세기 아랍지역의 근대형성기에 아랍 민중과 예술가적 지식인들에 의하여 끊임없이 부활되었다고 이야기한다. 그렇지만 이런 아랍문화의 노마드적 특질은 근대 국가철학으로 무장한 영국과 미국 제국주의에 의하여 지속적으로 분쇄되고 파괴되었다. 영국과 미국의 기독교·제국주의적 근본주의는 자신들의 지배와 권력을 유지하기 위하여 아랍지역의 이슬람근본주의와 종족적 근본주의만 끊임없이 재생산하였다는 것이다.

아랍지역의 노마드 문화와 노마돌로지에 대한 근대 서구제국주의의 파괴와 분쇄는 19세기 말부터 20세기 초의 동아시아 근대화과정에서 다시 목격할 수 있다. 아랍지역과 마찬가지로 동아시아에서 이루어진 노마드 문화와 노마돌로지의 파괴와 분쇄는 미시적으로 남성과 여성, 인간과 자연의 대립과 투쟁을 낳았고, 거시적으로는 오늘날 한반도에 존재하는 남과 북의 권력집단과 마찬가지로 동양과 서양, 백인과 유색인 등의 대립과 투쟁을 통한 권력집단의 공존을 가능케 한 동아시아와 아랍의 사이비 국가철학의 탄생을 의미한다. 따라서 오늘날 서구근대성의 제국주의적 국가체제가 지니고 있는 대립과 투쟁을 통한 동양과 서양의 위험한 공존이라는 국가철학은 아랍지역에서 서구의 기독교근본주의와 국가근본주의와 유사한 이슬람교근본주의와 아랍근본주의를 유지시키는 원인일 뿐 아니라 동아시아의 국가나 민족 근본주의를 유지케 하는 원인이기도 하다.

4. 오늘날의 전지구적 탈근대와 노마드 문화

　고대그리스의 노마드 문화, 중세 초기의 아랍지역에서 창출된 이슬람의 노마드 문화 그리고 근대 초기 서구유럽의 르네상스가 지닌 노마드 문화는 지리적 특성 면에서 지배문명의 중심이 아니라 변방에서 형성되었다는 공통점을 가진다. 고대그리스는 인류 최초의 문명의 변방이고, 아랍의 이슬람지역은 고대 국가체제의 변방이며, 영국·프랑스·독일은 중세 유럽문명의 변방이었다. 이와 같은 노마드 문화의 변방적 성격 때문에 들뢰즈는 노마드 문화와 노마돌로지의 특성을 영토의 세계로부터 탈주하는 '탈영토화와 재영토화의 과정'이라고 부른다.

　이렇게 볼 때 오늘날의 전지구적 탈근대의 노마드 문화와 노마돌로지는 고대그리스, 중세 초기의 아랍, 근대 초기의 유럽과 마찬가지로, 19세기 이후 영국·프랑스·독일의 근대 국가철학과 이를 계승하고 있는 2차 세계대전 이후의 미국 자본주의가 지니고 있는 서구·백인·남성 중심의 영토로부터 탈영토화하여 내재성이라는 대지를 형성하는 문화의 장을 획득해야 한다. 오늘날 새로운 노마드 문화가 생성될 수 있는 내재성의 장이라는 대지는 근대의 변방이라는 특성과 함께 고대그리스나 중세 초기의 아랍, 근대 초기의 유럽 르네상스라는 노마돌로지의 모델을 지니고 있다.

오늘날의 전지구적 노마드 문화와 노마돌로지의 또 다른 특성은 고대그리스나 중세 아랍의 도시들처럼 어떤 영토도 존재하지 않는 대지에 우뚝 솟은 내재성의 장도 아닐 뿐더러, 유럽 르네상스시대처럼 중세신학을 중심으로 한 국가철학으로부터 탈영토화하여 서구·백인·남성 중심의 새로운 국가철학으로 재영토화하는 과정도 아니라는 것이다. 따라서 오늘날 유럽과 미국 중심의 노마드 문화는 고대그리스의 노마드 문화가 로마제국이나 기독교 중심의 중세봉건주의로 재영토화된 것처럼 자본중심의 미국제국주의나 중세의 기독교처럼 종교적 영토로 환원될 수 있는 위험성을 지니고 있다.

이러한 위험성과 더불어 전지구적 인류의 새로운 희망으로 드러나고 있는 서구의 노마드 문화는 근대 국가철학이 만든 서구·백인·남성 중심으로부터 탈영토화하여 전지구적 노마돌로지 세계로 재영토화하고자 하는 페미니즘, 탈식민주의 그리고 생태주의의 문화이다. 그러나 르네상스시대의 새로운 문화를 선도했던 이탈리아 도시들이 필연적으로 로마교황청의 기독교 중심의 영토로부터 탈영토화해야 했던 것처럼 오늘날 서구 유럽과 미국의 페미니즘·탈식민주의·생태주의가 지닌 노마드 문화는 근대 국가철학으로 형성된 영국·프랑스·독일과 그들 국가철학을 계승한 미국의 근대자본주의라는 영토로부터 탈영토화하여야 한다.

이와 같은 관점에서 서구의 근대 국가철학으로부터 자유로우면서도 서구의 페미니즘·탈식민주의·생태주의를 지속시킬 수 있는 새로운 사유의 틀을 동양, 특히 동아시아의 전통적 사유에서 찾으려는 노력이 다양하게 이루어지고 있다. 그러나 서구의 근대 국가철학으로 형성된 근대성으로부터 완전히 벗어나지 못한 서양지식인들의 동양에 대한 관심은 근대 국가철학으로부터 자유로울 수가 없다. 서구근대성이 스스로 덫을 놓은 사유의 한계는, 서구의 지적 전통을 헬레니즘과 헤브라이즘으로 구분하는 것과 마찬가지로 동양의 지적 전통을 유교(Confucianism)와 불교(Buddhism)로 나누는 것이다. 동양의 지적 전통을 유교와 불교로 구분하는 것은, 헬레니즘과 헤브라이즘의 구분이 서구의 근대 국가철학에 의하여 이루어진 것처럼 서구 근대 국가철학의 영향을 받은 국가라는 허구적 주체의 관점에서 동아시아 세계를 바라보는 시선이다. 이러한 시선의 문제점은 동서양의 대립되는 두 고대철학자들, 즉 소크라테스와 플라톤, 노자와 공자를 헬레니즘이나 유교라는 틀과 동일시하고, 그리고 기독교와 불교라는 종교적 사유가 지닌 국가철학과 노마돌로지의 두 측면, 즉 이슬람문화가 지니고 있는 노마드적 사유의 종교와 국가적 사유의 종교를 구분하지 못한다는 데 있다.

   이러한 서구근대성의 국가철학적 관점에서 벗어나서 소크라테스와 스토아학파를 비롯하여 유럽 르네상스의 노마돌로지를 계승하고자 했던 스피노자, 흄, 니체, 베르그송을 노마드적 관점에서 계열화하여 오늘날 전지구적 노마돌로지를 사유하는 사람이 바로 질 들뢰즈이다. 그러나 서구의 근대적 사유의 역사에서 소크라테스와 스토아학파의 부활, 스피노자·흄·니체·베르그송의 사유는 끊임없이 근대 국가철학에 의하여 재영토화되거나 서구적 근대의 주변적인 것들로 배제되었다. 마찬가지로 들뢰즈의 노마드적 사유 또한 서구의 근대 국가철학으로 재영토화되거나 주변적인 것들로 사장될 위험성이 항상 도사리고 있다.

따라서 들뢰즈가 플라톤과 아리스토텔레스의 국가철학적 시각에서 벗어나 소크라테스와 스토아학파를 사유하는 것처럼, 들뢰즈의 노마돌로지 관점에서 노자의 『도덕경』을 읽는 것은 노자를 공자의 유교적 관점으로부터 해방시키는 것일 뿐 아니라 서구의 동양에 대한 관심을 국가철학의 관점에서 노마돌로지의 관점으로 전환시킬 수 있는 계기가 될 것이다. 또한 들뢰즈가 서구적 근대의 주변으로 밀려난 스피노자·흄·니체·베르그송을 노마돌로지 관점에서 소크라테스나 스토아학파와 함께 재계열화하는 것처럼 동아시아의 근대를 창출하고자 시도한 루쉰이나 나쓰메 소세키, 만해 한용운, 백석 등을 소크라테스나 들뢰즈, 노장사상의 노마돌로지로 재계열화하는 토대가 될 수 있을 것이다.

오늘날의 전지구적 탈근대의 노마드 문화와 노마돌로지의 모델은 동아시아의 근대 초기에 형성된 '실패한 근대'에서 찾을 수 있다.[10] 이러한 노력은 히야마 히사오(檜山久雄)의 『동양적 근대의 창출』에서 발견된다. 그는 중국과 일본의 근대화과정에 뚜렷한 족적을 남긴 루쉰(魯迅)과 나쓰메 소세키(夏目漱石)를 '동아시아의 근대형성'이라는 측면에서 상호 비교하고 있다. 히야마 히사오에 의하면 루쉰과 나쓰메 소세키의 문학은 노마드 문화와 노마돌로지의 특징이라고 할 수 있는 '분열증'과 '광인'(狂人), '비인정'(非人情)과 '자연'(自然)을 공통으로 지니고 있다. 그래서 루쉰과 소세키가 19세기 말과 20세기 초에 서양적 근대에 대항하는 '동양적 근대의 창출'을 위해 시도했던 문학적 노력은 오늘날 근대와 탈근대에 대한 논의가 서구중심으로 나아가지 않고 전지구적인 시야를 갖는 통로 역할을 할 수 있다.

---

10) 장시기, 「동아시아의 근대형성과 탈근대: 루쉰과 나쓰메 소세키의 노마돌로지」, 『영미문화』 제2권/1호, 2002, 265~89쪽.

물론 히야마 히사오가 이야기하는 '동양적 근대의 창출'은 실패한 근대이며, 현재 근대 극복이라는 것이 '서양적 근대의 극복을 의미'한다는 것은 분명하다.[11] 오늘날 이미 전세계적으로 펼쳐지고 있는 서양적 근대의 폐해는 비서구라는 우리와 같은 서구의 변방뿐 아니라 영·미 계통이나 프랑스·독일 같은 서구의 핵심에서도 매우 뚜렷하게 서구적 근대의 인식론적 취약점으로 드러나고 있다.

그런데 문제는 동아시아의 (실패한) 근대가 단지 하나가 아니라는 사실이다. 중국식 근대와 일본식 근대 그리고 한반도식 근대가 서로 별개로 존재한다. 더더욱 한반도 내부는 다시 남과 북의 서로 다른 근대가 있다. 이러한 차별성을 동아시아의 근대라는 보편적 특질로 바라보지 않으면, 대립과 투쟁의 근대를 극복하기란 아주 요원하다. 히야마 히사오가 이야기하듯이 "동양의 근대화는 서양근대의 충격을 기다려서야 비로소 작동하기 시작했다. 설사 그 전사(前史) 속에 근대가 이미 싹트고 있었다고 해도 본격적으로 움직이기 위해서는 서양근대의 조력(助力)이 필요했다. 다른 힘의 강제 없이 내발적으로 발전해 온 서양근대와는 이 점에서 현저히 달랐고 어려움도 또한 여기에 놓여 있었다. 뿐만 아니라 서양근대의 조력은 중국이나 인도의 경우에서 보듯 흔히 침략의 모습을 취했던 까닭에 문제는 더욱 복잡했다."(히야마 히사오, 30쪽) 이런 복잡성은 동아시아의 근대형성이 "위로부터의 혁명에 성공한 일본이 당당하게 세계제국의 일원으로 떠오른 반면 중국은 반식민지로, 조선은 식민지로 전락하"[12]는 서로 다른

---

11) 히야마 히사오, 『동양적 근대의 창출』, 정선태 옮김, 소명출판, 2000, 19쪽.
12) 고미숙, 「동아시아 근대(성) 형성, 그 차이와 반복」, 『모색』 창간호, 48쪽. 이 글에서 고미숙은 히야마 히사오의 『동양적 근대의 창출』에 대응하여 강유위, 나쓰메 소세키, 신채호를 '서양적 근대'에 대응하여 '동양적 근대'를 창출하려고 노력한 인물로 제시한다. 그러나 이 글은 신채호를 다루는 소제목에서 '신채호-계몽의 파토스, 그 정점에서

근대를 경험하도록 만들었으며, 이같은 상이한 경험은 지금까지도 서로 다른 후기근대의 경험과 탈근대에 대해 고민하도록 강요하고 있다.

이러한 차이에도 불구하고 히야마 히사오가 청일전쟁과 러일전쟁의 승리와 더불어 근대제국주의의 길로 나아가는 일본에서 "자신의 문학을 빌려 독자적인 근대를 창출하려 애쓴 거의 유일한 문학자"(같은 책, 22쪽)인 소세키와 반식민지의 중국에서 "부국강병론과 서구추수에 반대[한]… 20세기 (동양)문화의 선구자"(같은 책, 40쪽)로 평가하고 있는 루쉰의 공통점을 "둘이면서 하나"라고 평가하는 이유는 "두 사람 모두 '뒤쳐진 동양'에서 출발하여 안이한 서양모방을 거부하고 독자적인 근대의 창출을 목표로 삼았기"(같은 책, 107쪽) 때문이다. 동아시아의 근대형성 속에서 서로 다른 근대를 경험하게 한 요인이 동아시아 근대 경험의 차이라면, 그러한 근대경험을 극복하고자 했던 루쉰과 소세키의 문학적 대응에는 공통점이 있다는 히야마 히사오의 판단은 자신의 책 『동양적 근대의 창출』에서 전혀 언급이 없는 우리(조선)의 근대경험에 대한 또 다른 접근과 오늘날 우리가 사유해야 할 서구적 근대의 극복에 대해 단초를 제공하고 있다. 나아가 이러한 고민이 전지구적인 탈근대의 고민들과 어떻게 맞물리는지에 대한 다양한 사유계열에 대한 인식론적 선긋기는 단지 과거에 대한 재평가뿐만 아니라 근대의 '주어지지 않은 역사'를 '실현할 수' 있는 미래의 '조건'에 대한 고민과도 관련이 있다.

의 사유'를 언급하는 것처럼 서양적 근대의 선상에서 '동양적 근대'를 고민하는 것이지, 히사오처럼 동양적 근대를 '실패한 근대'로 바라보는 전지구적 시각을 유지하고 있지 못하다. 근대적 계몽의 파토스나 민족적 주체의 형성이 아닌 탈근대의 노마돌로지적 입장에서 신채호를 바라보았을 때, 그의 아나키즘을 포함한 사상적 변천과정을 좀더 세밀하게 관찰할 수 있다는 것이 필자의 입장이다.

동아시아 3국이 모두 근대화를 고민하는 과정에서 루쉰이 다음과 같이 말하듯이, 19세기 말과 20세기 초 서구화의 의미는 중국·조선·일본에서 하나의 혁명적 사건으로 받아들여졌음에 틀림없다. "중국에 와서는 변발을 보고자 하고 일본에 가서는 왜나막신을 보고자 하며 조선에 가서는 갓을 보려고 하는 자들은, 그들의 이국취향을 만족시킬 수 없다는 이유로 아시아의 서구화에 반대하는데 이들이야 말로 증오해 마땅하다."[13] 그러나 동아시아 3국 중에서 가장 먼저 서구화된 일본의 서구적 근대를 경험한 소세키는 "[근대] 서양문명 따위는 얼핏 보기엔 좋은 것 같아도, 결국은 틀려먹은 것이다"(히야마 히사오, 77쪽)라고 말한다. 이렇듯 동아시아 3국에서 서구화의 의미는 혁명적 사건으로 받아들여진 동시에 '결국은 틀려먹은 것'이라는 이중적 의미가 내포되어 있다. 그리고 서구화가 지니고 있는 이런 이중적 의미는 "서양을 모델로 한 문명개화는 뒤집어보면 동양으로부터의 탈각과정에 지나지 않는다. 이처럼 동양을 뒤에 제쳐둠으로써 자기를 상실해 버린" 동아시아 3국이 "그 자신의 본래의 입각지를 찾아 동양으로 회귀한 것은 어쩌면 자연스런 결과"(같은 책, 80쪽)라고 히사오가 판단하는 것처럼, 탈각해야 할 동양과 회귀해야 할 동양이라는 동양의 이중적 의미와 연관되어 있다.

동아시아 3국의 지리철학적[14] 관점에서 살펴보면, 동아시아 3국의 서구화가 지닌 차별성과 그 와중에 형성된 동양개념의 이중성은 세계 제국의 일원, 반식민지, 식민지로 전락한 동아시아 3국의 근대화와

---

13) 魯迅, 竹內好 譯註, 「燈下漫筆」, 『魯迅文集 Ⅲ』, 한무희 옮김, 일월서각, 1987, 113쪽.
14) Gilles Deleuze and Felix Guattari, *What Is Philosophy?*, Hugh Tomlinson and Graham Burchell trans., New York: Columbia University Press, 1991, pp. 85~113; 이정임·윤정임 옮김, 『철학이란 무엇인가』, 현대미학사, 1995, 125~66쪽 참조.

맞물려 있음을 볼 수 있다. 근대화과정에서 일본이 근대화에서 1세기 여 앞선 서구제국주의 국가들과 어깨를 나란히(?) 해나갔다는 것은 실로 놀라운 일이다. 일본이 서구제국주의 국가들과 어깨를 겨루면서 2차 세계대전의 일원이 되고, 그후 패전국임에도 불구하고 세계 경제 대국으로 부상한 것은 근대화는 곧 서구화라는 등식에서 유일한 예외가 되는 사건임에 틀림없다. 이런 측면에서 가라타니 고진은 동아시아의 근대화과정에서 파시즘과 천황제의 구조를 동시에 달성한 일본근대의 생성을 중국과 조선에 비하여 일본이 생성적 욕망인 "의식의 코소오(古層)가 억압되지 않았다"는 동아시아 3국의 지리철학적 관점에서 찾고 있다. 즉 근대 이전의 동아시아에서 중심으로 작용한 중국으로부터 탈영토화하여 서구중심의 근대화로 재영토화하는 근대적 탈주의 선을 따르는 것이 중국이나 조선보다 일본이 더 수월했다는 것이다.[15]

동아시아의 근대화과정 속에서 당시의 중국이나 조선에 비하여 일본이 중국중심의 유교적 통치체제에 억압되지 않은 '생성적 욕망의 코소오'를 지니고 있었다는 것은 동아시아 3국의 지리철학적 측면에서 상당한 설득력을 가진다. 즉 가라타니 고진이 이야기하는 '억압되지 않은 욕망의 코소오'와 그것을 토대로 서구와 어깨를 나란히 하는 일본근대의 억압적 국가체제의 형성은 히야마 히사오의 '회귀해야 할 동양'이나 '탈각해야 할 동양'과 맞물려 있다고 할 것이다. 가라타니 고진의 '억압되지 않은 욕망의 코소오'와 서양적 근대의 충격으로 형성된 일본근대의 파시즘과 천황체제를 분리하여 사고하면, 일본근대의 파시즘과 천황체제는 히야마 히사오의 '탈각해야 할 동양'과

---

15) 가라타니 고진(柄谷行人), 「일본정신분석」, 박유하 옮김, 『창작과비평』 1998년/가을호, 창작과비평사, 271~92쪽.

일치될 것이요 '억압되지 않은 욕망의 코소오'는 히야마 히사오가 루쉰과 소세키 문학에서 동시에 볼 수 있었던 '회귀해야 할 동양'과 일치할 것이다. 결론부터 말하면 '탈각해야 할 동양'은 유교의 국가철학이고, '회귀해야 할 동양'은 노장사상의 노마돌로지이다.

근대 이전의 동아시아가 공통적으로 지니고 있던 사유의 전통은 통치이자 지배철학인 유가(儒家)적 전통과 통치나 지배에서 벗어나 자유나 욕망의 해방을 추구하고자 하는 도가(道家)적 전통이라는 이중적 코드의 작용이다. 그리고 인도에서 발생하여 중국대륙과 한반도, 일본열도에 전래되는 과정에서 유가적 전통과 도가적 전통이 혼재되었던 불가(佛家)적 전통에서 볼 수 있듯이, 두 개의 코드는 끊임없는 상호작용을 통하여 이어져 왔다. 그러나 가라타니 고진이 중국대륙-한반도-일본열도로 이어지는 지리적 영토화와 탈영토화의 탈주선으로 보았던 동아시아 3국의 근대 이전의 의식의 영토는 공자와 맹자를 토대로 하는 유가사상(儒家思想)의 동양이고, 그러한 의식의 영토로부터 탈영토화하여 '억압되지 않은 의식의 코소오'를 달성하고자 하는 도가나 불가의 지식은 철저하게 배제되어 있는 동양이다.

근대 이전의 중국과 조선은 확고하게 유가적 통치철학에 근거를 둔 지배 통치체제였지만, 일본은 16세기의 임진왜란을 계기로 조선의 성리학이 수입되어 그 이전에 일본열도로 들어간 도가나 불가의 전통적 지식과 혼재되어 있었다고 볼 수 있다. 따라서 일본이 근대화의 틀을 마련할 수 있었던 메이지유신 이전까지 일본은 유가·도가·불가의 세 가지 전통적 사유가 뒤섞여 있는 군웅할거의 시대였다. 근대 이전의 중국과 조선에서는 유가적 통치체제가 확고하게 자리잡으면서 도가적 전통의 노장사상이나 불가적 전통의 지식은 불온하게 여겨져서 금서(禁書)목록에 올랐을 뿐 아니라 수많은 분서갱유(焚書坑儒)의 대상이 되었다. 그러나 일본에서는 이와 같은 금서나 분서갱유가 존재하지 않았다. 결국 일본근대의 파시즘과 천황체제를 반성·비판하면서도 가라타니 고진이 보지 못하고 히야마 히사오가 루쉰과 소세키를 통하여 희미하게나마 파악한 것은, 근대 이전까지 중국과 조선의 억압체제로 작용한 유가적 전통의 '탈각해야 할 동양'과 '회귀해야 할 동양'이라는 도가와 불가 전통에 대한 뚜렷한 '선 가르기'라고 할 것이다. 히야마 히사오가 일본 젊은이들에게 주는 충고는 오늘날 두 개의 동양에서 동아시아 3국이 어느 것을 사유의 초점에 두어야 하는지, 그 길을 제시한다.

> 오늘날 주로 젊은이들 사이에서는 아시아에서의 인민(민중)적 연대를 모색하는 기운이 일고 있다. 하지만 일찍이 아시아를 병탄(倂呑)하려 했던 것이 꼭 '파시즘 중독환자'만의 책임이 아니라, 일본 **근대의 실상 그것이 아시아를 배반하고 연대(連帶)와는 거리가 먼 병탄지향의 구조를 지니고 있었던 한**, 바로 이러한 일본근대의 구조 자체를 직접 문제삼는 작업을 생략하고서는 아시아와의 참된 연대는 참으로 기약하기 어려울 것이다.(히야마 히사오, 20쪽, 강조는 인용자)

아시아나 전지구적인 민중적 연대의 모색은 오늘날 반드시 풀어야 할 숙제임에는 분명하다. 그러나 "일찍이 아시아를 병탄하려 했던 것이 꼭 '파시즘 중독환자'만의 책임이 아니라, 일본근대의 실상 그것이 아시아를 배반하고 연대와는 거리가 먼 병탄지향의 구조를 지니고 있었"다는 히사오의 판단은 일본의 근대가 도가나 불가의 전통에 맥락이 닿는 '회귀해야 할 동양'의 달성이 아니라, 근대 이전의 중국과 조선에서 억압과 지배의 수단으로 작용했던 유가의 '탈각해야 할 동양'에 맥락이 닿아 있다는 자각일 것이다. 나아가 서구적 근대와 유교가 동일한 국가철학적 토대를 두고 있다는 인식일 것이다. 따라서 히야마 히사오가 제시하는 "일본근대의 구조 자체를 직접 문제삼는 작업"은 두 개의 동양에 대한 인식과 더불어 후기근대라는 서구근대의 종말을 예고하는 탈근대성의 징후가 보이는 오늘날에 '탈각해야 할 근대적 서구'의 국가철학과 '회귀해야 할 탈근대적 서구'의 노마돌로지에 대한 전지구적 탈근대의 인식작업과 동일한 것이라고 할 수 있다.

그러나 일본과 달리 중국과 조선은 유교의 국가철학이 전(前)근대의 확고한 통치나 지배의식의 형태로 자리잡고 있어서 인간해방을 근간으로 하는 서양근대의 충격은 유교의 국가철학으로부터 탈영토화하는 자양분 역할을 하게 된다. 즉 서양근대의 충격이 유교의 국가철학과 결합한 일본과 달리, 중국과 조선에서 서양근대의 충격은 본말이 전도되어 들뢰즈가 이야기하는 노마돌로지적 특성을 지닌 도가적인 노장사상이나 불교의 경전해석과 더 많이 결합하였다는 것이다. 따라서 중국과 조선의 근대화는 서구국가들과 같은 강력한 국가의 건설이 아니라 이미 존재하는 강력한 유교적 통치국가로부터 탈영토화하여 인간해방이라는 새로운 민중적 연대를 기반으로 해서 세계 평등주의 국가를 형성하는 길이었다. 따라서 루쉰이 당시 중국의 부국강병론과 서구추수에 반대하면서 이야기하는 새로운 문화주의는 탈근대의 시점에 있는 오늘날에도 여전히 유효하다.

유럽이나 아메리카의 강국이 모두 물질적인 힘에 의해 세계에 찬연하게 빛나고 있는 것은 바로 그 근저에 인간이 자리잡고 있기 때문이다. 따라서 물질은 현상의 말단에 지나지 않는다. 본원을 깊이 통찰하기는 쉽지 않지만 화려한 꽃은 누구의 눈에나 확실하게 보이게 마련이다. 이 때문에 하늘과 땅 사이에 살아남아 열국과 경쟁해 나아가는 데 있어 무엇보다 중요한 것이 인간의 확립이다. 인간이 확립된 후에야 비로소 모든 일이 그 실마리를 찾을 수 있다. 그리고 그 방법으로서는 무엇보다 개성을 존중하고 정신을 발양하는 것이 필요하다.[16]

『동양적 근대의 창출』에서 히야마 히사오도 강조하고 있는 것처럼, 루쉰이 서양에서 물밀듯이 들어오는 '물질'을 '현상의 말단'으로 보는 것은 그의 부국강병론에 대한 반대와 일치한다고 할 수 있으며, '무엇보다 중요한 것이 인간의 확립'이라는 설정은 동양적 전통에 토대를 둔 '개성을 존중하고 정신을 발양하는 것'이기 때문에 그의 서구추수에 대한 반대와 연결되는 시각이라고 할 수 있다. 루쉰이 '물질'을 '현상의 말단'으로 바라보는 것은 서구의 정신/물질이라는 정신중심의 이분법을 동양식으로 받아들인 것이라고 할 수 있지만, 그가 말하는 '인간의 확립'에서 인간이 19세기 이후 서구근대 국가철학에서 문학적 인식의 핵심이 되고 있는 자유인본주의(liberal humanism)의 '인간'이 아님은 확실하다. 서구적 근대의 자유인본주의에서 인간은 인간/자연, 남성/여성, 정신/물질이라는 이분법에서 인간·남성·정신 중심의 협소한 인간이해에 근거한 인간이다. 루쉰이 중국의 전근대에서 탈영토화하여 근대를 확립하는 길이라고 이야기하는 인간은 서구의 획일주의적이고 집단적인 자유인본주의의 인간이 아니라 '무엇보다 (개개인의) 개성을 존중하고 정신을 발양하는' 도가나 불가 전통에서 인식하는 인간인 것이다.

---

16) 히야마 히사오가 언급하고 있는 루쉰의 「文化偏向論」은 모두 6권으로 구성되어 있는 『魯迅文集』에 포함되어 있지 않다(히사오, 앞의 책, 40쪽에서 재인용).

히야마 히사오가 루쉰과 소세키를 비교하면서 희미하게나마 발견하고 있는 것은, 바로 강력한 유교적 질서로부터 탈영토화하려는 루쉰의 도가나 불가 관점이라는 노마돌로지가 강력한 근대국가를 달성한 일본의 근대화과정 속에서 '독립적이고 자유로운 개인과 개인을 연결하는 끈'과 동시에 일본근대의 '주어지지 않은 역사'를 고민하는 나쓰메 소세키의 문학에서도 똑같이 존재한다는 것이다. 강력한 유가적 근대국가를 달성한 일본에서 유가철학이나 서구적 근대의 국가철학이 아닌 동양적 노마돌로지의 도가나 불가의 지식이 소세키 문학에서 현실의 이면에 잠재되어 있다는 것은, 도가나 불가가 동아시아 3국에서 '회귀해야 할 동양'의 역할을 하는 공통성이라고 할 것이다. 또한 소세키의 도가와 불가적 전통의 동양적 노마돌로지가 그의 문학 속에서 일본근대의 현실을 뒤집는, '머릿속에서 구상'되어 "조건이 갖추어진다면 언제라도 그것을 실현할 수 있"는 궁극적 사유가 되었다는 점은 어느 정도 서구적 근대를 달성하여 서구나 일본과 더불어 탈근대를 고민해야 하는 우리의 현실에도 적용된다.

한반도의 근대화과정에서 루쉰과 나쓰메 소세키와 같은 동양적 근대이면서 전지구적 탈근대의 모델이 되는 인물이 바로 만해 한용운이다.[17] 우리는 만해 한용운을 바라보는 근대의 국가철학적 시선에서 탈근대의 노마돌로지 시선으로 탈영토화해야 한다. 만해 한용운이 그의 삶과 문학 속에서 부활시켜 생성하고자 하지만 서구적 근대성의 만연으로 생성되지 못하는 노마드적 '님'은 그의 「가지 마셔요」라는 시에서 뚜렷하게 드러난다. 1연의 첫 행에서 만해 한용운은 맹목적인 서구적 근대로 나아가는 우리에게 "그것은 어머니의 가슴에 머리를

---

17) 장시기, 「만해 한용운의 불교적 '노마돌로지'에 나타난 근대성과 탈근대성」, 『2003 만해축전』, 만해사상실천선양회, 2003, 267~89쪽.

숙이고 아기자기한 사랑을 받으려고 삐죽거리는 입술로 표정하는 어여쁜 아기를 싸안으려는 사랑의 날개가 아니라, 적의 깃발입니다"라고 말하면서 '악마의 눈빛'과 '칼의 웃음'에 현혹되어 있는 '님'에게 다음과 같이 이야기한다.

> 대지의 음악은 무궁화 그늘에 잠들었습니다.
> 광명의 꿈은 검은 바다에서 자맥질합니다.
> 무서운 침묵은 만상(萬像)의 속살거림에 서슬이 푸른 교훈을 나리고 있읍니다.
> 아아 님이여, 새 생명의 꽃에 취하려는 나의 님이여, 걸음을 돌리셔요. 거기를 가지 마셔요, 나는 싫어요.
> 거룩한 천사의 세례를 받은 순결한 청춘을 뚝 따서 그 속에 자기의 생명을 넣어 그것을 사랑의 제단(祭壇)에 제물로 드리는 어여쁜 처녀가 어데 있어요.
> 달금하고 맑은 향기를 꿀벌에게 주고 다른 꿀벌에게 주지 않는 이상한 백합꽃이 어데 있어요.
> 자신의 전체를 죽음의 청산에 장사지내고 흐르는 빛으로 밤을 두 조각에 베는 반딧불이 어데 있어요.
> 아아 님이여, 정에 순사(殉死)하려는 나의 님이여. 걸음을 돌리셔요. 거기를 가지 마셔요, 나는 싫어요.[18] (「가지 마셔요」 2연 후반부)

만해의 문학이 지니는 '회귀해야 할 동양'의 노마돌로지에서 드러나는 '님'은 우리가 암묵적으로 받아들이고 있는, 근대적으로 고착된

---

18) 한용운, 『한용운시전집』, 만해사상실천선양회 편, 장승, 1999.

조국이나 부처의 '님'이 아니다. 그 '님'은 유교적 국가철학의 지배를 받았던 조선의 "해 저문 벌판에서 돌아가는 길을 잃고 헤매는 어린 양"들 각각, 즉 '동양적 근대'를 창출하고자 하는 개별적인 존재들 각각이라는 중생이며 민중이다. 따라서 서구적인 일본제국주의의 근대화가 제공하는 "새 생명의 꽃에 취하려는 나의 님"에게 한용운은 "걸음을 돌리셔요, 거기를 가지 마셔요, 나는 싫어요"라고 분명히 말한다. 왜냐하면 그것은 진정한 '동양적 근대'를 창출하는 '새 생명의 꽃'이 아니기 때문이다. 그것은 마치 조선의 국가철학적 영토로부터 탈영토화하여 "거룩한 천사의 세례를 받은 순결한 청춘을 똑 따서 그 속에 자기 생명을 넣어" 서구적(혹은 일본의 제국주의적) 근대의 거짓 생명성이라는 "사랑의 제단에 제물로 드리는", 즉 조선의 유교적 국가철학을 서구적 근대의 국가철학으로 변형시키는 서구적 근대성의 편향이다. 이러한 편향은 '달금하고 맑은 향기를' 모든 '꿀벌'에게 주는 '백합꽃'이나 자신도 빛나고 밤도 빛나는 '반딧불'이라는 자연의 법칙에 어긋나는 '(인)정'이라는 서구적 근대성의 휴머니즘이다. 그래서 한용운은 서구적 근대성에 매몰되어[19] "(인)정에 순사하려는 나의 님이여, 걸음을 돌리셔요, 거기를 가지 마셔요, 나는 싫어요"라고 울부짖는다. 그가 추구하는 '동양적 근대'의 나라는 '서구적 근대'에 의하여 만들어지는 나라와는 다른 나라이다.

    그 나라에는 허공이 없습니다.

---

19) 이러한 서구적 근대성에 매몰되어 서구적 근대성을 일본제국주의 식으로 받아들여 '민족개조론'을 주창한 사람이 최남선이다. 그는 조선의 유교적 국가철학의 영향을 받아 국가철학화된 당시의 불교를 본래의 불교가 지니고 있는 노마돌로지의 특성으로 개혁하고자 했던 만해 한용운의 '불교유신론'을 서구적 근대성의 추인으로 오인하여 민족 전체를 개조하고자 하는 서구적 근대성이 지니는 계몽주의적 오류를 범했다.

그 나라에는 그림자 없는 사람들이 전쟁을 하고 있습니다.

그 나라에는 우주만상의 모든 생명의 숏대를 가지고 척도를 초월한 삼엄한 궤율(軌律)로 진행하는 위대한 시간이 정지되었습니다.

아아 님이여, 죽음을 방향(芳香)이라고 하는 나의 님이여. 걸음을 돌리셔요, 거기를 가지 마셔요, 나는 싫어요. (「가지 마셔요」, 3연 전문)

루쉰이나 나쓰메 소세키처럼 만해 한용운이 추구하는 우리의 (실패한) 근대성은 끝없는 생성의 '허공'이라는 내재성을 지닌 '나라'이지 오늘날 대부분의 근대국가들처럼 "그림자 없는 사람들이 전쟁을 하고 있"는 나라가 아니다. 이러한 나라는 루쉰과 나쓰메 소세키뿐 아니라 신채호나 백범 김구 같은 우리의 근대적 선각자들이 추구한 '아름다운 나라'와 일맥상통하는 점이 있다. '아름다운 나라'의 원칙을 만해는 "우주만상의 모든 생명의 숏대를 가지고 [인간적] 척도를 초월한 삼엄한 궤율(軌律)로 진행하는 위대한 시간"이 흐르는 것으로 이야기한다. 만해가 이야기하는 "삼엄한 궤율로 진행하는 위대한 시간"은 불교의 '각'(覺)과 '불각'(不覺)이 상호 수승하는 생성의 시간이고, 들뢰즈의 노마돌로지로 이야기하면 끊임없이 '탈영토화와 재영토화의 과정'이 진행되는 시간이다. 전지구적으로 확산되고 있는 탈근대적 노마돌로지가 이야기하는 '탈영토화와 재영토화의 과정'의 시간관(혹은 불교의 연기론)은 만해가 추구한 '이별의 미학'에서 더 구체적으로 드러난다.

이별은 미의 창조입니다.

이별의 미는 아침의 바탕[質] 없는 황금과 밤의 올[系] 없는 검은 비단과 죽음 없는 영원의 생명과 시들지 않는 하늘의 푸른 꽃에도 없습니다.

님이여, 이별이 아니면 나는 눈물에서 죽었다가 웃음에서 다시 살아날 수가 없습니다. 오오 이별이여.
　　미는 이별의 창조입니다. (「이별은 미의 창조」 전문)

　김현은 만해 한용운의 여성주의를 당시의 '탄식적 여성주의'와 구별하여 '생성적 여성주의'라 부르는 이유를, 만해가 서구적 근대성이 명명하는 "사랑=죽음보다는 사랑=이별을 택"[20]했기 때문이라고 말한다. 이것은 서구적 근대성의 국가철학이나 유교의 국가철학이 지배-피지배관계를 주축으로 영토화를 추구하는 데 반하여 노마돌로지가 탈영토화를 추구하는 것과 일맥상통한다. 만해가 이야기하는 '님'이 명사가 아니라 동사적 관계를 일컫듯이, 그가 '아름다움'이라고 이야기하는 '이별'은 정적인 것이 아니라 동적(動的)인 것이다. 그러나 서구적 근대성이 규정하는 '님'이 고착된 명사를 지시하듯이, 서구적 근대의 미학이 이야기하는 '아름다움'은 숭고함 같은 초월적이거나 절대적인 특성을 지닌 정적(靜的)인 것이다. 따라서 서구적 근대의 미학은 아름다움을 추구하는 '사랑=죽음'이라는 절대적 탈영토화를 추구한다. 이러한 서구적 근대성과 다른 '동양적 근대' 혹은 오늘날의 전지구적 탈근대를 추구하는 만해 한용운은 동적인 "이별은 미의 창조입니다"라면서 "이별의 미는 '아침의 바탕 없는 황금'과 밤의 '올 없는 검은 비단'과 죽음 없는 영원의 '시들지 않는 하늘의 푸른 꽃'과 같은 고정된 영토의 절대적 혹은 초월적인 존재에는 없다고 이야기한다. 만해 한용운이 말하는 '이별의 미'는 "눈물에서 죽었다가 웃음에서 다시 살아나"는 탈영토화와 재영토화의 과정, 즉 영토의 번뇌로부터

---
20) 김현, 「여성주의의 승리」, 『현대문학』 178호, 1969/10, 67쪽.

벗어나는 '각과 불각의 과정'이다. 이것은 곧 들뢰즈의 노마돌로지가 이야기하는 탈영토화의 미학이다. 그래서 만해는 "미는 이별의 창조입니다"라고 말한다.

비서구적 근대는 존재하지 않는다. 오늘날 전지구적으로 횡행하는 근대성은 서구적 근대이다. 전지구적으로 선진적인 것이라고 일컬어지는 정치·경제·사회·문화의 제도와 가치는 모두 서구·백인·남성 중심의 제도와 가치로 이루어져 있다. 이러한 서구적 근대의 문명이 만든 제도와 가치는 비서구·유색인·여성의 제도와 가치를 신비화하는데, 이는 서구적 근대에 의하여 만들어진 예술이나 예술가에 대한 신비화와 일치한다. 이러한 서구적 근대성을 추구하는 우리의 근대화과정에서 최고의 시인이면서 불세출의 독립운동가였고 실패한 동양적 근대의 개혁적 선승이었던 만해 한용운 또한 신비화의 색깔로 덧칠되어 있다. 이렇게 신비화의 색깔이 덧칠되어 있는 만해 한용운의 문학과 삶, 그의 불교적 노마돌로지 사상을 탈신비화하여 서구적 근대성으로부터 탈영토화하려는 우리의 탈근대적인 삶과 인식론의 토대를 만드는 작업은 전지구적인 탈근대의 노마돌로지가 추구하는 탈신비화의 작업과 동일하다. 이미 살펴본 바와 같이 비록 실패하였지만 이러한 작업은 이미 '동양적 근대'를 창출하고자 했던 루쉰과 나쓰메 소세키의 문학적 업적이기도 하다.

하나의 유럽(서양)은 서구적 근대성에 의하여 만들어진 허구적 인식론의 체계이다. 고대그리스로부터 출발한 유럽은 플라톤과 아리스토텔레스의 국가철학과 스토아학파의 노마돌로지가 끊임없이 대립과 갈등을 하는 탈영토화와 재영토화의 과정으로 이루어진 역사이다. 마찬가지로 하나의 동양(동아시아) 또한 서구의 근대성에 의하여 만들어진 허구적 인식론의 체계일 뿐이다. 고대중국으로부터 출발한 동아시아는 공자와 맹자가 이끄는 유가적인 국가철학과 노자·장자가 이끄는 도가적인 노마돌로지가 끊임없이 대립과 갈등을 한 탈영토화와 재영토화 과정의 역사이다. 이 과정에서 인도에서 출발한 불교는 한때 유교와 결합하여 국가철학적 종교로 작용하기도 하고 또 한때는 도가적인 노마돌로지와 결합하여 탈영토화의 해방적 기능을 담당하기도 하였지만, 그 근원적인 노마드적 특성 때문에 중국과 한국·일본에서 종교적 노마돌로지의 지식으로 확고하게 정착하였다.

그렇기 때문에 서구적 근대에 의한 동양의 신비화는 서구근대의 국가철학과 유교적 국가철학이 결합하여 도가적이고 불교적인 세계를 지배하고 억압하는 수단에 불과하다. 이러한 역사를 우리는 유교의 국가철학에 의한 원효와 사명대사, 서산대사에 대한 신비화 작업에서 목격할 수 있다.

『님의 침묵』이 '각과 불각의 과정', 즉 '탈영토화(각)의 미학'을 이야기하는 것처럼 만해의 삶은 끊임없는 탈영토화와 재영토화의 과정에 있었다. 그것은 신비적인 삶이 아니라 근대 초기의 루쉰과 나쓰메 소세키 그리고 서구의 근대화과정에서 비주류 철학자들로 비난받았던 스피노자·니체·베르그송처럼 서구적 근대에 의하여 실패할 수밖에 없었던 동양적 근대나 탈근대적 노마돌로지를 창출하고자 하는 노력이었다. 이러한 만해의 삶과 문학 그리고 유교의 국가철학에 의하여 변질된 근대 초기의 조선불교를 개혁하고자 한 그의 불교사상을 우리의 삶과 지식의 인식론 체계 속으로 끌어들이는 작업[21]은 전지구적인 탈근대의 탈식민주의, 페미니즘, 생태주의가 들뢰

---

21) 필자는 이미 들뢰즈의 노마돌로지에 나타난 '기관들 없는 몸'과 원효의 불교사상에 나타난 '깨달음의 몸'을 비교하여 원효를 탈근대적 노마돌로지의 개념적 인물로 제시한 바가 있다. 이에 관해서는 장시기, 『근대와 탈근대의 접경지역들』(사람생각,

즈의 노마돌로지를 자신들의 이론과 실천에 끌어들이려는 작업과 마찬가지로 서구·백인·남성 중심의 서구적 근대로부터 벗어나 전지구적 탈근대성으로 나아가는 길일 것이다. 일제 식민지와 남북분단으로 얼룩진 우리의 근대화과정에서 비록 실패한 근대일망정 만해 한용운이 우뚝 솟아 있다는 것은 전지구적 탈근대로 나아가는 길목에 있는 우리의 희망이자 행복일 것이다. 이러한 희망과 행복으로 노자의 『도덕경』에 나타난 노마돌로지를 들뢰즈의 언어로 기록하고자 한다.

2001);「원효와 들뢰즈-가타리의 만남: 깨달음의 몸과 기관들 없는 몸」,(『선학사상』 창간호, 한국선학회, 2000) 참조.

II. 『도덕경』의 노마돌로지

1. 노마드의 생성(Becoming of Nomad)

길을 길이라고 부르면 이미 생산적 길이 아니다
이름을 이름으로 부르면 이미 생성적 이름이 아니다
없음은 천지의 시작이고
있음은 만물의 어미이다

욕망 없음은 그 오묘함을 보고
욕망 있음은 그 변두리만을 본다
이 둘은 같이 나와서 이름만이 다르다
함께 일컬어 가물하다고 한다

가물하고 또 가물하여
모든 오묘함이 나오는 문이다

The way that can be told is not the producing way.
The name that can be named is not the becoming name.
Nothing is the origin of sky and land,

Being is the mother of all particular things.

No-desiring makes you realize the mysteries.
Yes-desiring makes you see only the manifestations.
These two flow from the same source,
Though differently named;
It is called darkness.

Darkness within darkness,
It is the gateway to all mysteries.

　노마드는 몸으로 존재하고 몸으로 사유한다. 존재하는 모든 것은 노마드이기 때문에, 노마드로 존재하는 모든 것은 몸을 지니고 있다. 존재한다는 것은 돌이나 나무처럼 구체적인 분자적 물질로 존재하는 것들뿐만 아니라 마을이나 사회 같은 추상적인 집합물질 혹은 사랑이나 정의 같은 추상적인 언어의 개념들도 포함한다. 따라서 돌이나 나무를 비롯하여 마을이나 사회, 사랑이나 정의 등도 몸으로 존재한다. 몸이 존재한다는 것은 생명을 지니고 있다는 것이고, 생명은 움직이고 변화하여 생성됨을 의미한다. 우리가 노마드를 사유한다는 것은 몸을 사유한다는 것이고, 몸을 사유한다는 것은 생명을 사유한다는 것이고, 생명을 사유한다는 것은 움직이고 변화하는 생산과 생성의 운동을 사유한다는 것이다.
　운동은 분자와 분자, 분자와 집합, 분자와 개념 등 몸과 몸의 관계 맺기이다. 몸과 몸의 관계 맺기는 다양한 관계의 선분들을 통하여 몸의 생산과 생성을 수반한다. 즉 노마드는 수많은 관계 맺기를 통하여 그 무엇을 생산하거나 그 무엇으로 생성된다. 몸과 몸의 관계 맺기가 지니는 다양한 선분들을 추적하기 위하여 우리는 돌이나 나무 같은 개별적인 분자적 명칭, 마을이나 사회 같은 집합적인 군집적 명칭, 사랑이나 정의 같은 추상적인 개념들을 사용한다. 우리가 지식적으로 사용하는 추상적인 개념들은 몸의 운동과 생성, 즉 물질의 움직임이나 변화를 통한 생성을 사유하기 위한 수단이다.

　끊임없이 변화하는 노마드적 물질의 근원을 따지는 내재적인 몸에 대한 형이상학적 유물론의 사유가 절대불변의 초월적인 관념을 우선시하는 형이상학적 관념론의 사유로 이동하기 시작한 것은 국가철학의 탄생과 궤를 같이한다. 플라톤이 말하는 이데아(idea)는 현실을 초월한 그 무엇이 아니라 특수한 시간과 장소의 현실에서 이루어진 하나의 생각일 뿐이다. 이와 마찬가지로 고대중국의 노마돌로지 노자 철학에서 '길'[道]이라는 유물론적인 몸의 언어가 추상적이고 초월적인 관념의 언어로 변천한 과정 역시 국가철학의 탄생과 더불어 시작하였다.

　국가철학에서 벗어나 다시 몸에 대한 노마돌로지의 사유로 돌아가자! 몸은 끊임없이 새로움과 모험을 추구한다. 폭력이나 억압 혹은 노예의 삶을 강요하는 권력의 영토로부터 벗어나는 길은 마치 캄캄한 밤에 산길을 오르는 것처럼 모험적이면서도 살이 찢어지고 피가 나서 새로운 몸이 생성되는 너무나도 구체적이고 생동적인 탈영토화, 재영토화의 과정이다. 그러나 지배와 종속이라는 서열구조의 국가철학은 구체적이고 생동적인 개인적·집단적 삶의 길을 초월적인 것으로 승화시켰으며, 그 초월성의 영토에 따라 현실의 규칙들을 만들었다.

　그러나 '생각'이란 이미 존재하는 생각뿐 아니라 새롭게 만들어지는 미래의 생각을 포함하는 것처럼, '길'도 이미 존재하는 길과 새롭게 만들어지는 수많은 미래의 길을 포함한다. 지배와 폭력을 정당화하는 초월성 영토의 현실규칙들에서 벗어나서 자유로운 사유로 나아가는 길 그리고 지배와 종속의 서열구조로부터 벗어나 평등을 토대로 한 구체적인 노마드적 삶의 생성으로 나아가는 길은, 새로운 생성의 길을 가로막는 어느 한 영토로부터 탈영토화하여 새로운 삶의 영토로 재영토화하거나 어떤 하나의 삶으로부터 다른 삶으로 이동하는 탈주의 길과 연관되어 있다. 그 길 사이에 초원이나 산맥, 사막이나 바다가 가로막고 있을지라도 길은 항상 사방으로 열려 있어 사람들의 오고감을 가로막지 못한다.

따라서 인류의 역사는 국가철학의 억압과 폭력으로 얼룩진 문명의 역사가 아니라 그 억압과 폭력으로부터 벗어나서 끊임없이 자유와 평등의 대지를 찾아나서는 노마드들의 탈주의 역사이다. 노마드들의 탈주선은 그들이 처한 시대와 장소에 따른 억압과 폭력의 내용과 표현, 그것들과 관계 맺고 있는 주변환경에 따라 다르다.

그런데 우리는 시간과 공간에 따라 다르게 형성되는 이 길을 억압과 폭력의 주체인 국가철학의 종교사제나 법률가나 지배자의 입장에서 보도록 강요받고 있다. 국가철학은 경전이나 법률을 통하여 노마드적 생성의 탈주선을 전혀 다른 지배와 억압의 영토에 갇혀 있는 정착민의 문맥 속에 집어넣는 것이다. 그러므로 국가철학의 종교와 법률은 끊임없이 지배와 억압의 사건을 기록하지만, 노마돌로지는 끊임없이 새로운 탈주의 길을 이야기하고 이미 만들어진 탈주의 사건을 지운다. 지배자는 정착하려고 하지만, 노마드는 탈주하려고 한다. 양자는 전혀 다른 세계이다. 종교사제나 법률가 입장에서 볼 때, 그 길은 자신들이 만든 지배의 문명으로부터 도망치는 길이기 때문에 자신들의 문명을 상징하는 신이나 국가를 추종하여 만든 상징물에서 점점 멀어지는 것이다. 그렇기 때문에 그들은 노마드를 정착민으로 만들고 폭력과 억압과 설득을 통하여 정착민들로 하여금 그들을 지배하고 있는 신이나 국가를 초월적 혹은 절대적인 것으로 추종하게 만든다.

사제나 법률가 같은 국가철학적 지식인들은 정착민들을 향하여, 지배자의 입장에서 바라보는 계몽주의를 토대로 신과 국가의 상징물에 점점 가까이 다가가는 길이 진정한 길이라고 믿도록 강요하고 끊임없이 교육시킨다. 그리하여 정착민들은 몸의 생성이라는 삶의 길을 사유하는 유물론을 공부하는 것이 아니라, 이미 지배와 억압에 의하여 우리 몸에 각인되어 있는 국가와 종교의 기관들에 대한 형이상학적 관념론의 개념들을 교육받도록 강요당한다. 이것은 노마드적인 우리의 몸으로 구체화되어 있는 유물론적 인식을 버리고 몸과 물질을 고정시키는 형이상학적인 언어수사학을 배우는 것과 같다. 언어수사학을 통하여 노마드는 국가철학의 기관들이 되고, 마치 자신이 신의 사제 혹은 왕의 신하인 것처럼 착각하게 만든다. 자신이 노마드가 아니라 신이나 왕의 대리인이라고 착각하는 것이다. 이같은 착각과 허구의 교육을 통하여 삶의 길은 구체적이고 생동적인 것이 아니라 허구적 상징들로 가득한 신이나 국가의 이상에 다가가는 추상적인 것으로 인식되고, 그 삶의 길과 관계 맺고 있는 개념들 또한 허구적이고 신비한 추상적인 관념의 색깔로 덧칠되는 것이다.

그러나 노마드적 주체의 입장에서 생각하면, 길은 그냥 길이다. 길은 물질과 몸이 노마드로 존재하는 점과 또 다른 점을 잇는 선분이다. 삶의 여러 과정에서 일어나는 사건과 사건을 연결시키는 것 또한 길이다. 따라서 노마드와 노마드들이 살고 있는 대지가 지닌 생명의 운동은 길로부터 시작되었다고 할 수 있다. 그렇지만 힘과 권력을 행사하는 집단이나 조직이 등장하면서 길은 다소 복잡하게 전개된다. 이미 존재하는 대지의 길과 삶의 생성으로 나아가는 길을 차단하여 폭력적 집단과 조직이 그 길을 영토화하는 것이다. 그러나 대지나 노마드의 삶이라는 내재성의 장에 펼쳐지는 길은 무한히 가능하기 때문에 새로운 길은 끊임없이 만들어진다. 따라서 이미 존재하는 "길을 길이라고 하거나" 권력과 폭력으로 영토화된 기존의 영토로부터 벗어나는 "탈주선을 탈주선이라고 명명하면", 그것은 이미 그 이전에 지니고 있던 길이나 탈주선의 생성적 기능을 상실하게 된다. 이미 알려진 길이나 탈주선에는 힘과 권력을 행사하는 쪽에서 노마드들을 정착시켜 지배하기 위하여 수많은 함정과 바리케이드 같은 포획장치[1]를 설치하였다.

  삶의 길이라는 추상적 개념언어 또한 물질적인 길과 동일한 특성을 지닌다. 아무리 위대한 삶을 산 사람의 길을 따른다 해도 이미 그 삶의 길은 권력과 폭력을 사용하는 집단에 의해 포획되어 수많은 함정과 바리케이드가 설치되어 있다. 뉴턴처럼 만유인력을 발견했다고 소리친들, 아니면 아인슈타인처럼 상대성이론을 들고 나온들 무슨 소용이 있겠는가? 이미 그 길은 근대국가의 과학에 의해 전유되어 있다.

  사유의 길이라는 방법론적 개념도 그렇다. 이미 남들이 사유하는 길은 진정한 사유의 길이 아니다. 그렇기 때문에 우리는 또 다른

---

[1] 권력의 포획장치는 물리적인 것과 정신적인 것으로 구분할 수 있다. 물리적인 것은 휴전선이나 국경 등 지리적인 것과 루이 알튀세르(Louis Althusser)가 '억압적 국가장치'(Repressive State Apparatuses)라고 불렀던 군대나 경찰 등을 포함한다. 정신적인 포획장치는 알튀세르가 '이데올로기적 국가장치'(Ideological State Apparatuses)라고 불렀던 대학이나 교회, 법률 같은 국가철학적 지식을 토대로 한다. 이에 관해서는 Roger Webster, *Studying Literary Theory*(London: Arnold, 1990, p. 61) 참조.

사유의 탈주선으로 나아가야 한다. 우리는 항상 지금까지 가지 않은 길을 찾아서 그 길을 따라가야 한다. 그래서 노자는 "**길을 길이라고 하면 이미 생산적 길이 아니다**"고 말한다. 수많은 사람들이 '길을 길이라고 하면', 그 길에는 수많은 위험과 재난이 도사리고 있다는 것을 알 수 있다. 그러므로 우리는 더욱 안전한 새로운 길, 새로운 탈주선을 찾아야 한다. 노마돌로지를 사유해야 하는 이유가 여기에 있다.

이런 측면에서 '언어도단'(言語道斷)이라는 말은 원래 "언어는 결코 도(새로운 길)에 도달할 수 없다"는 노마돌로지의 의미를 지니고 있었다. 그러나 조선의 유교적 국가철학과 오늘날 서구적 국가철학의 지배가 계속되면서, '언어도단'은 "말도 안되는 횡설수설의 이야기를 하는 것"을 지칭하게 된다. 원래 언어도단은 노자와 장자의 노마돌로지인 도가적인 사유를 표현하는 언어인데, 신라와 고려 시대에 불가적인 노마돌로지의 사유와 결합하여 사용되었을 것이다. 그러나 조선시대의 숭유억불 정책에 의하여 서서히 오늘날의 의미로 변하였다고 본다.

이처럼 언어가 시대에 따라 변천하는 집단적인 약속의 기호라는 사실을 밝힌 사람은 소쉬르(Ferdinand de Saussure)이다. '기표'(signifier, 표현)와 '기의'(signified, 내용)는 항상 일 대 일로 대응하는 것이 아니라 시간과 장소에 따라 임의적인 약속에 의하여 결정된다는 것이다. 우리는 이름을 이름이라고 하는 이미 규정된 이름을 사용하면, 항상 그 시간과 장소에 의해서 규정되는 영토화된 사회구성체의 국가철학적 이데올로기로부터 벗어날 수가 없게 되는 것이다. 그래서 "**이름을 이름이라고 하면 이미 생성적 이름이 아니다.**" 어떤 하나의 이름(내용)을 이름(표현)이라고 하면, 이미 그것은 운동을 하고 있는 생성적 노마드의 이름(내용)이 아니라 시대와 장소에 의해서 규정되는 이름(표현)이 된다.

그러면 '생산적 길' 혹은 노마드의 '생성적 이름'은 무엇인가? 그것은 이미 선분이나 길로 만들어지기 이전의 점이 지니고 있는 생산적 운동의 힘을 일컫는다. 들뢰즈는 이러한 생산적 운동의 힘을 벡터 혹은 내재성이라고 부른다. 산에 있는 나무는 그릇이 되거나 책상이 되거나 대들보가 되거나 불쏘시개가 될 수 있는 수많은 내재성, 즉 벡터의 힘을 지니고 있다. 그리고 오늘 아침 지하철에서 어느 누구와 만난 사건은 연인이나 친구가 될 수도 있는 사건인 동시에 적대적 관계가 될 수도 있는 사건이다. 결국 선분이나 길로 만들어지기 이전의 점은 '사건' 혹은 시뮬라크르(simularcre, 헛것 혹은 이미지)라고 할 수 있는데, 모든 노마드의 점과 사건은 선분이나 계열이 이루어져야만 의미를 획득하기 때문에 선분이나 계열의 의미에서 그 자체의 의미는 '없음'이라고 말할 수도 있다. 다만 현재가 아닌 다가오는 미래에 그 점과 사건은 관계의 선분이나 계열화에 의하여 의미를 획득하기 때문에 단순히 없다고 말할 수도 없다. 이것을 이야기하는 것이 중국의 고사성어 '새옹지마'(塞翁之馬)이다.

어느 날 노인이 기르던 말 한 필이 없어지자 마을사람들이 그의 걱정을 덜어주려고 모여서 위로하였다. 그러자 노인은 "말 한 필이 없어진 것이 되레 좋은 일이 될지도 모르지 않느냐"고 대답하는 것이었다. 얼마 뒤 잃어버린 말이 돌아왔는데 좋은 오랑캐 말 한 필을 데리고 돌아왔다. 이에 마을사람들이 모여 축하의 말을 하니 노인은 "이게 나쁜 일이 될지도 모른다"고 말하였다. 아니나다를까 며칠 후 노인의 아들이 그 말을 타고 놀다가 그만 말에서 떨어져 정강이뼈를 부러뜨리고 말았다.

이에 마을사람들이 와서 위로하니 노인은 "이게 혹시 좋은 일이 될지도 모른다"고 말하는 것이었다.

    그후 또 한동안이 지나 갑자기 전쟁이 일어나 마을 청장년들이 모두 다 전장으로 끌려갔지만 병신이 된 노인의 아들만은 징집되지 않았다. 그렇게 전장으로 끌려간 사람들은 대부분 희생되었지만 집에 남아 있던 노인의 아들만은 무사할 수 있었다.[2]

'새옹지마'에서 이야기하는 '말 한 필이 없어진' 사건, '말이 오랑캐 말 한 필을 데리고 돌아온' 사건 그리고 '아들이 말을 타고 놀다가 정강이뼈를 부러뜨린' 사건 등은 그 자체로 아무런 의미가 없지만 노마드적 사건이나 점 자체로 남아 있다. 이것을 '좋은 일' 혹은 '나쁜 일'로 규정하는 것은, 이미 과거의 어떤 선분이나 계열로 만들어진 길이라는 것과 이름이라는 것을 가지고 선과 악의 이분법적 판단을 하는 것이다. 점과 점 혹은 사건과 사건을 지난 과거의 선분으로 만들어진 길과 그 과거의 계열화에 따라 만들어진 이름으로 부르는 것은 그 길과 이름을 제외한 무한한 길과 이름을 희생한 나머지 하나일 뿐이다.

    하나의 의미만 취하고 (n-1)개의 무한한 삶의 길과 이름에 대한 명명 가능성을 버려야만 할까? 아니다. '새옹지마'에서 그 사회를 지배하고 있는 서열구조나 지배이데올로기인 종교나 국가철학으로부터 가장 멀리 떨어져 있는 '변방의 노인'은 사건이나 노마드의 점이 지닌 생성의 운동을 사유하기 위하여 어떠한 사건도 좋은 일이나 나쁜 일로 규정하지 않는다. 그는 노마돌로지의 지식인이다.

---

2) 임종욱 엮음, 『고사성어대사전』, 고려원, 1996, 412쪽.

마찬가지로 물(物)의 있음과 없음은 그 어느 것으로 규정할 수 없다. 깊은 산이나 바다 혹은 끝없이 펼쳐진 사막은 처음에 길이나 이름이 없었지만, 누군가에 의하여 길이 나고 이름이 생겨서 오늘날까지 이어진 것이다. 이처럼 길이나 이름이 **없음**은 **천지의 시작**이고, 누군가에 의하여 만들어진 길과 이름의 **있음**은 수많은 사건과 점들에 의하여 선분으로 이어지고 계열화되어 생성되는 **만물의 어미**이다. 그리고 '나' '우리'라는 이미 존재하는 주체의 입장에서 벗어나 사회와 국가, 천지와 우주를 생각할 때, '나'를 포함한 이 천지와 우주는 '없음'으로부터 시작했고, 아메바나 미립자 등이 있음으로 오늘날의 만물이 탄생한 것이라고 할 수 있다.

 따라서 사유의 방식은 '없음'으로 탈영토화하여 '있음'으로 재영토화하는 과정이다. '나' '우리'라는 이미 만들어진 길이나 이름이 지닌 과거의 주체가 아니라 미래에 만들어지는 천지와 만물의 운동과 생성을 살펴보기 위하여 생성적 사유의 근본이 되는 탈영토화와 재영토화 과정, 즉 물질의 생성적 성질을 사유하는 노마돌로지가 필요하다.

 모든 노마드의 몸이나 물질이 하나의 점이고 시뮬라크르의 사건이라면, 그것은 또 다른 점이나 사건과 선분으로 이어지거나 계열화하려는, 다시 말해 그 자체의 의미를 생성하고 변화시키는 탈영토화와 재영토화 과정을 유지하려는 성질을 지니고 있다. 이처럼 변화·생성하는 성질을 무엇인가 되고자 하는 생성의 욕망이라고 한다면, 그 욕망은 '생산하려는 욕망'이고 이 '생산하려는 욕망'을 지니고 있는 물질을 우리는 '생산하는 욕망기계'라고 부를 수 있다.

 그런데 문제는 모든 생산하는 욕망기계는 미래에 생성되는 욕망의 힘이기 때문에 그 힘은 항상 아직 드러나지 않는다는 것이다. 현재의 어떤 선분으로 이어지거나 계열화되어 하나의 '욕망의 길' 혹은 '욕망의 이름'이 되어 있는 것은 항상 국가철학이 규정하는 과거의 욕망이다. 현재의 우리가 선분으로 이어진 길이나 이름으로 확인할 수 있는 욕망은 과거의 욕망뿐이다. 우리는 미래에 만들어지는 새로운 욕망의 생성을 확인하기 위하여 어느 하나의 선분이나 이름으로 규정된 과거의 욕망을 버려야만 한다.

이런 면에서 오늘날 규정되어 있는 욕망의 길 혹은 욕망의 이름이 아닌 근원적인 점이나 사건의 **욕망 없음**은 현실로 드러나는 욕망이 아닌 미래의 무한한 생성과 변화 가능성을 지닌 그 (물질이나 사건의 내용이 지니고 있는) 오묘함을 본다. 그리고 현실로 드러나는 욕망의 길과 이름인 **욕망 있음**은 단지 욕망이 만든 과거의 그 (물질이나 사건이 현실로 드러나는 표현의) 변두리(가장자리)만 볼 뿐이다. 이것은 마치 본래의 나무와 (그 나무가 목공을 만나서 만들어진) 그릇처럼 둘은 같이 나와서 이름만 다를 따름이다.

목공이 만든 그릇을 나무가 아니라고 하거나, 본래의 나무를 그릇이 될 수 없다고 하는 것은 얼마나 근시안적인 시각인가? 프로이트가 욕망을 자본주의의 부르주아 가족주의에 의해서 만들어진 과거의 '오이디푸스'라고 하고, 라캉이 현실적으로 드러나는 다양한 욕망을 하나의 상징물로 환원하여 근원적 욕망을 현실에 대한 부정의 '결여'라고 부르는 것은 얼마나 근시안적인가? 그러나 들뢰즈는 욕망을 '생산하는 욕망'이라고 부르며, 인간을 포함한 모든 물질을 '생산하는 욕망기계'라고 부른다. '생산하는 욕망기계'는 탈영토화와 재영토화의 과정처럼 순간순간 '욕망 없음'과 '욕망 있음'을 무한하게 반복하고 순환하기 때문에, 마치 있는 듯하고 또 없는 듯한 희미한 이미지들로 가득 차 있는 **가물하고 또 가물한** 내재성의 장이 지닌 무한한 생성의 힘이라고 할 수 있다.

모든 물질이 내재적으로 지니고 있는 성질은 '가물하고 또 가물한' 내재성의 장이 지닌 무한한 생성의 힘이라는 이미지일 뿐이다. 사물의 이같은 근원적인 특성을 들뢰즈는 물질과 그 물질에 대한 사유의 '순수 내재성'이라고 부른다. 이 '가물하고 또 가물한' '순수 내재성' 속에서 '천지의 시작'이 있었고, 또한 '만물이 났으니' 얼마나 오묘한가!

따라서 노마돌로지의 지식은 수많은 텍스트 속에서 탈영토화와 재영토화의 과정을 살펴보고, 스스로 그 과정을 경험하는 즐거움이다. 마치 마법의 보물상자처럼 무한한 가능성을 지닌 내용물이 '가물하고 또 가물한' '순수 내재성' 속에서 순간순간의 물질적 표현물로 나오고 새로운 노마돌로지의 지식인을 생성시키니, '가물하고 또 가물한' 욕망의 있음과 없음의 이미지들은 미래를 만드는 **모든 오묘함이 나오는 문**이다.

2. 노마드 지식인의 미학(Beauty of the Nomadic Intellectual)

사람들이 아름다움을 아름답다고 한다
그러므로 추악함이 생긴다
사람들이 올바름을 올바르다고 한다
그러므로 올바르지 않음이 생긴다

있음과 없음이 서로 생기고
어려움과 쉬움이 서로 이루어지고
길음과 짧음이 서로 형성되며
높음과 낮음이 서로 대비되며
음과 소리가 서로 어울리고
앞과 뒤가 서로 따른다

노마드 지식인은 하지 않음의 일에 거처를 정하고
말하지 않음의 가르침을 행한다
만물이 스스로 자라게 하여 간섭하지 않고
생성하여도 소유하지 않고

이룩하여도 자랑하지 않고
공을 이루어도 머무르지 않는다
오직 머무르지 않으니
그 공이 사라지지 않는다

When people see some things as beautiful,
Other things become ugly.
When people see some things as good,
Other things become bad.

Being and non-being create each other.
Difficult and easy support each other.
Long and short define each other.
High and low depend on each other.
Voice and sound harmonize each other.
Before and after follow each other.

The nomadic intellectual acts without doing anything,
Teaches without saying anything.
Things arise and she lets them come,
Things disappear and she lets them go.
She becomes something but doesn't possess it,
Acts but doesn't expect,
And achieves something but doesn't linger on it.
She doesn't stop flowing, and lasts forever.

전통적으로 노마드적 생성의 길의 탐구는 세 가지가 있다. 하나는 진실함(眞, truth)이고, 또 하나는 올바름(善, good)이며, 나머지 하나는 아름다움(美, beauty)이다. 진실함은 절대로 변하지 않는 영원한 것을 의미하고, 올바름은 현실적으로 정당한 것을 의미하지만, 아름다움은 아직 완성되지 않은 미래의 생성을 의미한다. 따라서 진실함은 과거에 끊임없이 존재하였던 노마드적 생성의 길이고, 올바름은 과거의 생성적 선분을 따라서 현실적으로 만들어진 원칙이다. 그러나 아름다움은 과거에 끊임없이 존재하였던 길도 아니고, 그것에 따른 현실적인 원칙도 아니다. 아름다움은 지금까지 전혀 존재하지 않았지만 앞으로 존재하게 될 가능성이며, 그래서 끊임없이 미래를 일컫는 말이다. 진실함과 올바름은 과거의 지속이라는 동일성을 추구하지만, 아름다움은 현재적 분절(articulation)을 통한 차이와 미래의 생성을 추구한다. 노마드적 생성의 길에 대한 과거와 현재, 미래를 구성하는 노마돌로지의 세 가지 지식특성은 항상 상호 보완적이다.

문제는 국가철학의 탄생과 더불어 시작한다. 플라톤이 국가에서 예술가를 추방해야 한다고 말한 것처럼, 국가철학은 아름다움을 배제하고 진실함이라는 과거의 생성적 선분의 길을 토대로 현실적으로 타당한 올바름의 원칙이라는 법률을 세운다. 그리하여 국가철학은 진·선·미를 상호 보완적인 것으로 파악하기보다, 상호 구분하고 분리시킨다. 국가철학의 구분에 의하면 진실함에 대한 탐구를 추구하는 것은 종교와 과학이고, 현실적인 올바름의 원칙을 추구하는 것은 철학이고, 미래적 생성의 아름다움을 추구하는 것은 문학과 예술이다.

현실적인 지배와 억압을 정당화하고자 하는 국가철학은 때로는 종교와, 또 때로는 과학과 결합한다. 그러나 어느 경우에도 국가철학은 아름다움을 추구하는 예술과 결합할 수 없다. 예술에 대한 국가철학의 태도는 플라톤처럼 예술가를 추방하거나 중세의 종교처럼 초월적으로 승화시키고자 하며, 근대의 과학처럼 현실적 타당성에 근거해서 예술을 분석하려고 한다. 이렇게 고대의 국가철학, 중세의 종교와 결합한 국가철학, 근대의 과학과 결합한 국가철학이 아무리 예술을 박해하고 억압해도, 예술은 항상 근원적으로 미래를 창조하고 생성시키는 노마돌로지이기 때문에 노마돌로지의 과학과 노마돌로지의 철학을 생성시킨다.

노마돌로지의 예술이 추구하는 아름다움은 영원한 것이 아니다. 진실함과 올바름을 토대로 하는 아름다움조차도 세상을 사유하는 인식의 틀이 어떤 하나의 길로 규정된 것이고, 하나의 이름으로 틀지어진 것이다. 따라서 아름다움은 시간적으로나 공간적으로 차이가 난다. 신라시대와 조선시대와 오늘날의 아름다움이 다르듯이, 유럽과 아프리카의 아름다움이 다르고 아시아와 아메리카의 아름다움이 다르다. 이러한 아름다움의 차별성을 부정하고 시간과 공간의 구별 없이 아름다움은 동일하다고 주장하는 것은, 아름다움과 추악함을 구별하여 하나의 아름다움과 대립되는 모든 아름다움을 추악함으로 규정하기 위함이다. 이러한 구별은 통치와 억압을 위한 수단이고 현존하는 권력을 지속시키기 위한 국가철학의 인식론적 포획장치이다. 따라서 아름다움을 아름다움으로 인식하고 새로운 아름다움을 끊임없이 생성시키기 위해서는 국가철학적 사고의 종교나 과학에서 벗어나 노마돌로지의 예술적 사유로 나아가야 한다.

그렇다고 "아름다움은 본래 있는 것이 아니다"라고 이야기하면 안된다. 길이나 이름처럼 아름다움은 몸이 지니는 내재성의 벡터적 힘이다. "사랑을 사랑이라고 부르면 이미 생산적인 사랑이 아니다"(愛

可愛 非常愛)고 말할 수 있는 것처럼 "아름다움을 아름다움이라고 부르면 이미 생성적인 아름다움이 아니다"(美可美 非常美). 『도덕경』 1장에서 말하는 길이나 이름과 마찬가지로, 아름다움 또한 아름다움으로 규정되면 이미 생성적인 아름다움이 아니라고 말할 수 있는 것이다. 길이나 이름이 이미 길이나 이름으로 규정된 것을 벗어나면 무한한 생산적인 길이나 생성적인 이름이 만들어지는 것처럼, 아름다움 또한 이미 규정된 아름다움으로부터 벗어나면 무한한 생산과 생성의 아름다움이 만들어지게 된다. 아주 미묘하게도 현실적으로 구성된 아름다움이 생성되는 원칙과 새로운 미래의 아름다움이 생성되는 원칙은 동일하다.

노자가 "사람들이 아름다움을 아름답다고 한다/그러므로 추악함이 생긴다/사람들이 올바름을 올바르다고 한다/그러므로 올바르지 않음이 생긴다"고 이야기하고 있듯이, '아름다움'과 '추악함' '올바름'과 '올바르지 않음'의 관계는 대립적인 동시에 상대적이다. '아름다움을 아름답다'고 하는 것 혹은 '올바름을 올바르다'고 하는 것은 하나의 아름다움과 하나의 올바름을 절대적인 것으로 규정하기 때문에, 그것이 아닌 모든 것을 추악함이나 올바르지 않음으로 규정하는 대립적 관계를 낳는다. 이것은 고대부터 이어져 내려오는 억압적이고 폭력적인 국가장치의 '마법사-왕의 머리'를 따르거나 '법률가-사제의 머리'를 따르기 때문에, 항상 '아름다움'과 동시에 '올바름'이라는 '유일자' (the One)가 존재한다고 가정하는 관념적 형이상학의 원칙에 충실하다. 중세유럽은 신-인간, 그리고 서구적 근대는 정신-몸이라는 대립적 관계를 통하여 신과 정신을 '아름다움'과 '올바름'을 동시에 지닌 유일자로 간주한다.

그러나 현실적으로 '아름다움'과 동시에 '올바르지 않음' 혹은 '올바름'과 동시에 '추악함'이라는 수많은 변수가 존재하기 때문에, 대립적 관계는 단순한 두 개의 대립이 아니라 항상 이중분절이라는 표현형식을 취한다. 그 중세적 표현은 '신'(교회)인 동시에 '왕'이고, 그 근대적 표현은 '정신'(절대자 혹은 이데아)인 동시에 '국가'가 되는 것이다. 하지만 '아름다움'과 '올바름'은 대립적 관계가 아니며, 또 다른 관계에 의하여 규정될 수 있는 그 무엇을 필요로 하기 때문에 '유일자'가 필요로 하는 동일성의 원칙에서 벗어난다. 결국 대립적 관계란 '마법사(사제)와 신도' 혹은 '왕(법률가)과 신민'의 이분법적 관계에서 받아들이는 지배와 피지배의 원칙이지 그와 같은 주인-노예관계에서 벗어나고자 하는 노마드들의 원칙은 아니다.

노마드들이 바라보는 생성의 원칙은 이중분절의 관념적 형이상학이 아니라 상대적 관계의 생성으로 이루어진 유물론적 형이상학의 입장에서 찾아볼 수 있다. "있음과 없음이 서로 생기고/어려움과 쉬움이 서로 이루어지고/길음과 짧음이 서로 형성되며/높음 낮음이 서로 대비되며/음과 소리가 서로 어울리고/앞과 뒤가 서로 따른다"고 하듯이, '있음과 없음' '어려움과 쉬움' 같은 추상기계도 '길음과 짧음' '높음과 낮음' '음(voice)과 소리(sound)' '앞과 뒤' 같은 물질기계처럼 유물론적인 상대적 생성의 관계에 의해 규정된다. '상대적'이라는 것은 시간과 공간에 의해서 규정되는 외재적 특성이지, 기계 자체의 내재적 특성이 아니다.

그러므로 노마돌로지의 지식인은 어떠한 시간과 공간의 상대적 관계에서 '있음과 없음' '어려움과 쉬움' '길음과 짧음' '높음과 낮음' '음과 소리' '앞과 뒤'가 어떻게 형성되는지 살펴야 하는 것처럼, "아름다움은 어떠한 관계에서 구성되는가" "선함은 어떠한 관계에서 구성되는가"를 질문해야지 "아름다움이나 선함은 무엇인가" 하고 질문하면

안된다. 길이나 이름과 마찬가지로 아름다움이나 선함도 그 무엇으로 규정되면, 플라톤의 이데아나 유일자라는 '1'이라는 숫자의 절대성으로 빠지거나 그 무엇과 그 무엇이 아님을 뜻하는 '2'라는 숫자의 대립적 관계로 빠지게 된다. 1과 2라는 숫자의 절대성이나 절대성을 추구하는 동질성으로부터 벗어나는 길은 '3'이라는 숫자에 대한 사유라고 할 수 있다. '3'이라는 숫자는 1과 2 다음에 오는 숫자가 아니라 숫자 1과 2가 지니고 있는 절대성이나 그 무엇이라는 동질성으로부터 벗어나 이 둘 중 하나 혹은 둘이 아닌 수많은 다수를 사유하는 방식이다.

3의 숫자를 사유하는 사람이 노마돌로지의 지식인이다. 즉 마법사(신)와 왕이 지닌 유일자의 숫자 1만 존재하는 것도 아니고 마법사나 왕이라는 유일자와 그에 대비되는 '나'(신도나 신하를 표현하는 주체 Subject)라는 숫자 2만 있는 것이 아니라, 1이나 2의 숫자에서 벗어나 다수의 생성을 예비하는 3이라는 숫자가 존재한다는 것이다.

이러한 3의 숫자를 대표하는 사람이 플라톤이 추방하려 했던 예술가와 노마돌로지의 지식인이고, 노자의 『도덕경』에 등장하는 성인(聖人)이다. 노자가 이야기하는 고대의 성인은 현인(賢人)과 다르다. 현인은 조직이나 집단 속에서 숫자 1에 속하는 왕이나 신을 대신하여 다스림을 행하는 사람이거나 숫자 2에 속하는 신하나 국민의 편에서 세상을 바라보는 사람이고, 성인은 '말하는 사람'(聲人, 예술가)이거나 '노마돌로지의 사유에 대하여 더할 수 없이 뛰어난 사람'을 의미한다. 따라서 현인은 숫자 1이나 2에 포함되어 있는 사람인 데 반하여, 성인은 1이나 2에서 벗어나 있는 사람이다.

헤겔이 주인과 노예의 역사관으로 세계를 이해한 것은, 근대 이전의 세계를 마법사나 왕이라는 1의 세계로 단순화시켜 근대를 주인과 노예라는 2의 숫자로 바라본 근거가 된다. 그러나 중국에서 (실패한)

근대의 선구자라고 할 수 있는 루쉰은 역사란 주인과 노예의 역사가 아니라 주인과 노예 사이에 광인(狂人)이 존재하는, 즉 '주인-광인-노예'라는 3의 숫자에서 '역사란 바로 광인의 역사'로 인식한다. 루쉰이 이야기하는 광인은 니체나 푸코가 현실적 원칙이나 이데올로기로부터 벗어나 있는 사람을 이야기할 때의 그 '초인' 또는 '광인'이다. 왕이나 마법사를 따르지도 않고 대중이나 민중을 다스리거나 계몽하려고 하지도 않는 단순히 '말하는 사람' '노마돌로지의 사유에 더할 수 없이 뛰어난 사람'은 숫자 1이나 2가 지배하는 세계에서 바라보면 '미친 사람' 아니면 '초인'이라고 하지 않을 수 없다.

그러므로 노마돌로지의 "**지식인은 하지 않음의 일에 거처를 정하고 /말하지 않음의 가르침을 행한다.**" 마법사와 왕은 이 세상을 지배와 통제의 행위로 바라보고 그를 따르는 현인은 이 세상을 다스림의 행위로 바라보며, 그들과 대립하는 신하나 국민은 지배와 통제·다스림에의 복종과 종속의 행위로 바라본다. 하지만 노자가 성인이라고 부르는 노마돌로지의 지식인은 지배와 복종 혹은 통제와 종속의 행위로 바라보는 것이 아니라 그러한 행위가 없는 '하지 않음'의 일에 삶의 거처를 정한다. '하지 않음의 일'이란 이미 만들어진 길이나 이미 인식하고 있는 이름으로 사유하는 것이 아니기 때문에, '욕망 있음' '이름 있음'의 세계가 아니라 '욕망 없음' '이름 없음'으로 새로운 '욕망 있음'과 '이름 있음'의 세계를 사유하는 것이다. 그리고 이와 같은 사유는 "길을 길이라고 부르면 이미 생성적 길이 아니고, 이름을 이름으로 부르면 이미 생성적 이름이 아니"기 때문에 숫자 1과 2에 의하여 정해진 것 이외의 무한한 가능성을 사유하는 것이므로 "말하지 않음의 가르침을 행"하는 행위가 된다. '말하지 않음'이 가르침이 되는 이유는 "**만물이 스스로 자라게 하**"는 미래의 생성을 지향하고 있기 때문이다.

지식인이 "만물이 스스로 자라게 하"는 미래를 사유한다는 것은, 현재의 관계에 의하여 과거가 구성되는 것처럼 과거와 현재는 항상 미래에 의하여 재구성되기 때문이다. 그렇다면 지배와 복종이라는 1과 2의 숫자에 의하여 규정되는 과거와 현재에서 벗어나 3이라는 이질적 언어들이 생성되는 미래를 항상 또 다른 미래로 연기시키는 것이 지식인의 역할이 된다. 그래서 "만물이 스스로 자라게 하여"도 노마돌로지의 지식인은 그것에 "간섭하지 않고/생성하여도 소유하지 않고/이룩하여도 자랑하지 않고/공을 이루어도 머무르지 않는다." '간섭'하거나 '소유'하는 것, 무엇을 '자랑'하거나 어떤 위치에 '머무르는' 행위는 미래의 또 다른 현재에 의하여 갇히게 되는 것이다. 이것은 더 이상 3이라는 숫자를 사유할 수 있는 가능성의 상실이기도 하며, 1과 2의 숫자가 암시하는 지배와 복종 혹은 통제와 종속의 어느 한쪽에 정주하고 있음을 의미한다. 따라서 노마돌로지의 지식인만이 "오직 머무르지 않으니/그 공이 사라지지 않는" 영원한 미래 혹은 '이름 없음'이나 '욕망 없음'의 '가물하고 또 가물한' 근원적 세계를 사유할 수 있다. 이것을 들뢰즈는 니체의 말을 인용하여 지식인의 사유가 지니고 있는 근원적인 **영원회귀**라고 말한다.

3. 노마드의 욕망(Desire of Nomad)

현인을 숭상하지 말라
사람들이 다투지 않는다
얻기 어려운 재화를 귀하게 여기지 말라
사람들이 도둑질하지 않는다
욕망하는 것을 보지 않으면
사람들의 마음이 산란하지 않다

이러한 지식을 습득하면
사람들이 마음을 비우고
사람들이 배를 채우고
사람들의 의지가 약해지고
그 몸이 강해진다

항상 사람들로 하여금
앎이 없고
욕망이 없게 하여
소위 안다고 하는 자들로 하여금

감히 (무엇을) 하지 못하게 하라

하지 않음으로 하면
하지 못함이 없다

If you overesteem great men,
People become powerless.
If you overvalue possessions,
People begin to steal.
Without seeing the desiring,
People doesn't go into disorder.

The nomadic intellectual leads them
By emptying people's minds
And filling their cores,
By weakening their ambition
And strengthening their body.

She helps people lose everything
They know, everything they desire,
And creates confusion
In those who think that they know.

Practice with non-doing,
And there is no impossibility.

노마드의 몸은 욕망으로 구성되어 있고, 욕망은 생산하는 욕망이며, 생산하는 욕망은 탈영토화와 재영토화의 과정을 흐르는 기계이다. 생산하는 욕망이란 욕망의 근원적 성질을 일컫는 것이기 때문에, 수많은 관계에 의하여 형성되는 현실적 욕망의 모습은 항상 그 관계를 규정하는 사회구성체의 형식들과 연관되어 있다. 곧 현실적 욕망은 항상 사회적 욕망인 것이다.

이러한 사회적으로 생산하는 욕망기계가 작동하는 모습을 들뢰즈는 연결적(connective) 관계, 이접적(disjunctive) 관계 그리고 연접적(conjunctive) 관계로 설명하고 있다. 욕망의 근원적 성격을 예시하는 연결적 관계란 유아의 입기계와 어머니의 유방기계가 만나서 젖을 생산하는 것과 같다. 따라서 욕망의 연결적 관계가 만들어내는 생산은 생산의 생산이다. 어머니의 유방기계는 젖의 생산을 통하여 아기의 생산 이후의 몸을 자체의 생성적인 몸으로 환원시키는 역할을 하고, 유아의 입기계는 젖의 생산적 흡입을 통하여 생성적으로 성장해 나가는 몸을 만든다. 이처럼 외재적 요인이 배제된 이 세상의 모든 욕망의 내재적 만남은 '일 대 일'의 관계이며, 상호생성을 원칙으로 하는 생산의 생산이라는 연결적 관계이다. 우리가 욕망을 긍정한다는 것은 이러한 생산의 생산이라는 연결적 관계를 지향하는 욕망의 끊임없는 흐름의 상태를 이야기하는 것이다.

그러나 문제는 욕망의 다자적 관계를 형성하는 사회체의 형성이다. 오늘날까지 인도에서 내려오는 "오른손 기계는 신성한 손이고, 왼손 기계는 더러운 손"이라는 관념처럼, 사회체란 욕망기계의 다양한 관계를 어떤 하나의 '일 대 일' 관계로 규정하여 수많은 욕망기계들을 그 사회체로부터 벗어나지 못하게 하는 특성을 지니고 있다. 이것이 이접적 관계의 욕망이다. 아이의 입기계를 어머니의 유방기계에 고착시켜 버리는 것이다.

이런 면에서 역사적으로 변화하고 새롭게 생성되는 사회체 또한 하나의 거대한 욕망기계라고 할 수 있다. 우리는 원시토지 기계, 전제군주 기계, 자본주의 기계를 역사적으로 사회체로서 경험할 수 있었다. 사회체라는 하나의 거대한 욕망기계는 그 속에 존재하는 모든 개별적 욕망기계들을 그 사회체 내부에 있는 생산체계에 따르도록 욕망하게 하는 수많은 만남의 작은 길(선분)들을 지니고 있다. 우리는 이 작은 선분들을 그 사회체의 코드체계라고 부른다. 그러므로 욕망이 존재하는 한 개인과 사회의 구분은 없다. 우리가 보는 어떤 욕망의 개별적인 모습도 그 사회구성체가 지니고 있는 다양한 욕망코드 중의 하나이다. 개별적인 욕망기계가 사회체라는 거대한 욕망기계의 코드체계들이 배치한 영토들로부터 탈영토화하면, 사회체라는 거대한 욕망기계 또한 탈영토화하게 된다. 개별적 욕망기계가 사회체라는 욕망기계의 코드체계들 속에 있는 선분들에 따라 그 욕망을 기입하는 것을 군집적 욕망이라고 한다면, 그러한 코드체계들로부터 벗어나 새로운 욕망의 개별적 선분들을 만들어나가는 것을 분자적 욕망이라고 할 수 있다.

원시토지 기계라는 사회체의 작동은 토지라는 하나의 영토를 토대로 그 사회체를 구성하고 있는 개별적인 욕망들을 영토화한다. 즉 원시토지 기계는 모든 욕망기계들이 연결되는 관계를 토지라는 영토로 수렴하는 선분으로 코드화함으로써 원시토지 기계라는 사회체의 거대한 몸덩어리를 유지시킨다. 개별적 욕망기계를, 토지라는 욕망기계를 욕망하도록 코드화하는 것을 우리는 원시토지 기계 속에 있는 개별적 욕망기계가 이접적 만남을 욕망하는 코드라고 말할 수 있다. 원시토지 기계의 개별적 욕망기계들은 토지에 그 욕망을 기입하며,

이러한 이접적 만남으로 욕망기계가 생산하는 생산물을 우리는 기입(혹은 등록)의 생산이라고 부를 수 있다. 그렇지만 하나의 욕망기계와 또 다른 욕망기계의 일 대 일로 이루어지는 이접적 만남이라는 기입의 생산은 지속될 수 없다. 모든 기계는 근원적으로 노마드이고, 노마드의 욕망은 현재와 다른 미래를 생성시키려는 분열적 욕망이기 때문이다. 이것은 마치 어머니의 유방기계와 유아의 입기계의 만남이 끊임없이 지속될 수 없는 것과 같다. 따라서 수많은 노마드들은 원시토지라는 영토로부터 탈영토화하여 욕망기계의 끊임없는 흐름에 순응하는 연결적 만남이라는 생산의 생산을 욕망한다. 노마드의 생명성은 탈영토화로부터 시작하는 것이다.

　일단 노마드의 욕망기계들이 탈영토화를 시작하면, 그것은 기존의 사회체가 욕망기계의 도도한 탈영토화와 재영토화 과정이 지니는 욕망의 흐름을 막을 수 없다. 욕망기계는 탈영토화와 재영토화 과정을 반복한다. 이러한 욕망의 다자적 관계를 연접적 관계의 욕망이라고 부른다. 욕망기계는 연결적 관계, 이접적 관계, 연접적 관계를 순환하며 반복한다. 이러한 욕망기계의 흐름에 따라서 원시토지 기계는 스스로 탈영토화하여 전제군주 기계가 된다. 원시토지 기계라는 사회체는 수많은 코드로 연결되어 있는 거대한 몸덩어리를 유지시킬 수 없기 때문에 스스로 탈영토화하여 전제군주 기계라는 또 다른 거대한 몸덩어리로 재영토화하고, 그 사회체가 고착되어 수많은 새로운 욕망기계들을 억압하는 순간 전제군주 기계는 다시 탈영토화하여 자본주의 기계로 재영토화된다. 이 과정에서 전제군주 기계는 원시토지 기계의 욕망의 코드들을 탈코드화하여 자신의 코드들로 재코드화하지만, 그것은 근원적으로 원시적 토지를 유지 또는 확대하기 위한 수단이다.

전제군주 기계가 원시적 토지의 영토를 유지·확대하는 수단들을 만들기 위하여 형성된 인식론적 코드가 국가철학이다. 법과 도덕 같은 지배수단의 재코드화 장치는 원시토지 기계가 작동하던 시대의 지배자들이 전제군주 기계가 작동하는 시대에도 여전히 새로운 사회체와 타협하여 동일한 지배권력을 유지하기 위한 수단이다. 서구적 근대자본주의 기계가 유지되고 있는 오늘날 국가철학의 토대는 법과 사회적 도덕이라는 규칙에 따라 국가에 봉사하고 있는 지식인이지만, 전제군주 기계가 작동하는 시대 국가철학의 토대는 전제군주에 봉사하면서 백성을 지배하는 원시적 토지를 유지하고자 하는 영주이거나 지역의 지배를 공고히 하는 현인이었다. 노자가 『도덕경』에서 지속적으로 지배자에 봉사하는 '현인'과 노마돌로지의 지식인인 '성인'을 구별하는 이유가 여기에 있다.

원시토지 기계라는 거대한 사회체를 탈영토화하여 전제군주 기계라는 새로운 사회체를 만든 노마드의 욕망기계들은 이제 전제군주 기계라는 거대한 사회체의 몸덩어리에 자신의 욕망을 기입하고자 욕망한다. 전제군주 기계의 탄생과 더불어 개별적인 노마드의 욕망기계들에게 전혀 보이지 않는 이 추상적이고 권위적인 전제군주를 대행하면서 노마드들의 욕망을 지배·통치하는 최초의 국가철학적 지식인들이 탄생한다. 이들이 바로 플라톤과 아리스토텔레스, 공자와 맹자 같은 동서양의 현인들이다. 전제군주 기계라는 거대한 사회체의 모든 욕망코드들은 전제군주나 그를 대리하는 현인이라는, 지배와 계몽을 토대로 한 욕망의 코드들로 수렴한다. 그래서 "**현인을 숭상하지 말라/사람들이 다투지 않는다**"고 했듯이, '현인을 숭상하는' 욕망의 한 코드가 깨어지면 전제군주나 그 대리인 현인에게 서로 다투어 욕망을 기입하고자 하는 전제군주 기계의 이접적 만남이라는 기입의 생산은 깨어지고 만다. 전제군주 기계라는 거대한 사회체에 의하여 만들어지는 여타의 모든 욕망코드들도 자동적으로 깨어진다.

이것은 전제군주 기계라는 사회체에 의하여 욕망이 사회적으로 만들어지고 있음에 대한 깨달음이다. 이리하여 "얻기 어려운 재화를 귀하게 여기지 말라/사람들이 도둑질하지 않는다/욕망하는 것을 보지 않으면/사람들의 마음이 산란하지 않다"고 말하듯이, '재화'와 같은 전제군주 기계의 사회체에 의하여 만들어진 욕망을 욕망하지 않게 된다. 이처럼 "사람들의 마음이 산란하지 않"은 상태는 욕망기계의 근원적인 형태인 흐름의 상태라고 할 수 있다. 어떠한 형태의 사회체라도 그 사회체가 존재하는 한, 욕망기계는 생산의 생산을 이루는 연결적 만남을 추구하는 것이다. 즉 정착민이 아닌 노마드는 기존의 서열구조로 존재하는 사회체에 의하여 만들어진 그 어떤 욕망도 욕망하지 않으면서 아주 자유로운 다양한 욕망의 선분으로 끊임없이 이어지기 때문에, 현재의 차이와 미래의 생성을 생산한다.

따라서 연접적 만남이 생산하는 것은 생산의 생산도 아니고 기입의 생산도 아닌, 유쾌한 즐거움과 쾌락을 제공하는 잉여(혹은 소비)의 생산, 즉 놀이의 생산이다. 현실적인 억압이나 폭력에도 불구하고 끊임없는 노마돌로지의 즐거움 혹은 성인이나 예술가 같은 노마돌로지의 지식인이 등장하는 이유는 욕망기계의 연접적 만남이 생산하는 즐거움과 쾌락, 놀이의 생산적 힘이 너무나도 강렬하기 때문이다.

연접적 만남이 이룩하는 잉여의 생산을 이룰 수 있는 조건을 실천적 노마드의 장이라고 할 수 있다. 그리고 이러한 연접적 만남이라는 실천적 노마드의 장 위에서 스스로 즐거움과 쾌락을 생산하는 존재를 들뢰즈는 '독신기계'(the celibate machine)라고 부른다. 독신기계는 노마돌로지의 지식인이다. 노자시대에 이러한 독신기계는 전제군주를 추구하거나 그를 대행하는 현자가 아니라 '말하는 사람'[聲人] 혹은 "노마드의 생성적 관계에 대하여 더할 수 없이 뛰어난 사람"을 의미하는 성자였고, 오늘날에는 예술가가 이 역할을 담당한다. 결국 문학과 예술의 지식은 노마돌로지의 지식인 것이다.

흔히 "문학과 예술은 마음의 양식이다"라고 이야기하듯이 "이러한 [노마돌로지의] 지식을 습득하면/사람들이 마음을 비우고/사람들이 배를 채우고/사람들이 의지가 약해지고/그 몸이 강해진다." 욕망이 현실적으로 만들어진 '마음'은 사회체에 의하여 코드화된 생각들이고, '의지'는 그런 코드화된 생각들에 의하여 사회체 내부의 다양한 국가철학적 관계들로 구성되어 있는 기입적 욕망의 선분들이다. 이렇게 볼 때 '마음을 비우거나' '의지가 약해지는' 것은 순수한 실천적 노마드의 장 위에서 몸이 느끼는 다양한 욕망의 흐름을 순환시키는 것이고, 욕망기계의 '가물가물한 내재성의 장'으로 돌아가는 것이다. 그리고 욕망의 흐름을 순환시키는 일차적 행위는 몸의 각 기관이 스스로 생성하도록 '배를 채우는' 행위이고, 그 결과는 흐름의 상태에 있는 생산하는 욕망기계로 이루어진 '몸이 강해지는' 것이다.

그러므로 전제군주 시대의 성인과 오늘날의 예술가는 "**항상 사람들로 하여금**/앎이 없고/욕망이 없게 하여/소위 안다고 하는 자들로 하여금/감히 [무엇을] 하지 못하게 하라"는 역할을 담당해야 한다. 우리가 이른바 지식이라고 일컫는 '앎'은 그 시대의 사회체에 의하여 강요될 뿐만 아니라 주로 전제군주를 보좌하는 현인에 의하여 유지·지속되는 국가철학이다. '욕망'이라는 것 또한 그 사회체 내부에 이미 이러저러한 서열구조에 의하여 선분화된 욕망이다. 그래서 성인과 예술가는 "소위 안다고 하는 자들로 하여금/감히" 국가철학이나 전제군주(혹은 국가)를 대리하여 이미 선분화된 욕망을 토대로 "[무엇을]

하지 못하게 하"여야만 한다.

그런데 그 '하지 못하게 하는' 행위는 이미 알려져 있는 어떤 앎이나 욕망을 바탕으로 해서는 안된다. 전제군주 기계나 자본주의 기계라는 거대한 사회체가 작동하고 있는 한, 이미 우리가 알고 있는 혹은 이 세상에 알려진 앎이나 욕망은 국가철학 아니면 어떤 서열체계에 의하여 이미 고착되어 있는 욕망이다. 기존의 앎이나 욕망으로부터 탈주하는 길은 오직 기존의 앎이나 욕망으로 기관화된 몸의 행위를 '하지 않음'이다.

사회적 욕망의 기관들로 가득 찬 몸이 기관들 없는 몸으로 변형되는 '하지 않음'은 끊임없는 탈영토화를 의미한다. 그래서 노마돌로지의 지식인은 생산하는 욕망기계로 하여금 사회체의 서열체계에 의하여 구조화·선분화된 앎이나 욕망에 자신을 기입하게 하는 것이 아니라 순수한 욕망 자체의 흐름으로 나아가 마침내 기존 사회체의 탈영토화와 함께 끊임없이 탈영토화와 재영토화를 반복하는 연접적 만남의 앎과 욕망을 터득하게 한다. 또한 독신기계라고 일컬어지는 이 앎과 욕망은 탈영토화와 재영토화 과정에 드러난 차이를 끊임없이 반복하기 때문에, 전제군주 기계나 자본주의 기계를 유지·존속시키는 국가철학의 앎이나 그 속에서 선분화된 기존의 욕망으로 환원될 위험이 없다. 이렇듯 성인과 예술가의 앎과 욕망은 과거나 현재에 의하여 재단되지 않고 끊임없이 미래의 앎이나 욕망으로 나아가 새로운 생성으로 평가되며, 과거와 현재는 이러한 미래의 생성에 의하여 끊임없이 새로운 앎과 욕망으로 재계열화된다. 그리하여 마침내 성인과 예술가는 "하지 않음으로 하면/하지 못함이 없"게 되는 것이다.

4. 내재성의 장(The Plane of Immanence)

길은 의미가 없다 그러나
그 용도는 항상 가득 차 있다

길은 깊고 조용하여
만물의 뿌리와 같다
만물의 뾰족함을 꺾고
만물의 끊어짐을 풀고
빛을 부드럽게 하고
그 더러움에 동화한다

깊어서 보이지 않지만
마치 존재하는 것 같다

나는 그것이 누구의 자식인지 모른다
그러나 천제(天帝)보다 먼저 생겼다

The way has not meaning: used

But never used up.

The way is deep,
Like the root of all things.
It is articulating sharpnesses,
Loosening things from cuttings,
Being rather soft lights,
And assimilated into soil.

It is hidden,
But always present.

I don't know who gave birth to it.
It is older than God.

나무와 풀, 흐르는 물과 바람, 들판의 동물들과 하늘을 나는 새들이 대지의 구성요소이듯 인간도 대지를 구성하고 있는 요소의 하나이다. 대지를 구성하고 있는 수많은 노마드적 존재들은 대지와 더불어 끊임없는 탈영토화와 재영토화의 과정 속에 휩쓸려 들어간다. 이러한 과정 속에서 노마드의 욕망은 탈영토화의 욕망인 동시에 재영토화의 욕망이다. 그러나 노마드의 근본요소 가운데 하나인 무리적 특성 때문에 인간들의 사회체가 존재하기 시작하면서부터 대지와 더불어 탈영토화와 재영토화 과정 속에 있던 개인의 욕망은 곧 사회적 욕망이 되고, 사회적 욕망은 곧 개인의 욕망이 된다. 사회체는 대지를 영토화하고, 대지의 구성요소였던 개인은 이제 사회의 구성요소가 된다.

개인과 사회는 더 이상 구별이 되지 않는다. 고대 국가철학이 지닌 이상-현실이나 도-덕의 이분법이 기독교의 정신-몸, 유교의 이(理)-기(氣)의 이분법적 국가철학인 것처럼 개인-사회의 이분법은 서구적 근대의 국가철학이 만든 인문과학-사회과학의 허구적 이분법이다.

    그러나 서구의 르네상스는 전제군주 기계라는 사회체에 고착되어 있던 개인의 노마드적 욕망이 탈영토화하여 기관들 없는 몸이 되고자 한 동시에 전제군주 기계라는 사회체도 탈영토화하여 기관들 없는 몸이 되기 시작한 시대이다. 르네상스시대를 거치면서 서구의 국가철학은, 기독교적 신이라는 초월성과 동일성을 통하여 욕망을 통제했던 중세의 종교적 지배형식과 결별하고 정신-몸 이분법의 과학적 논리학과 결합함으로써 무한하게 탈영토화하는 개인과 사회의 욕망을 재영토화하기 시작했다. 근대 국가철학의 정신-몸 이분법은 사회-개인의 이분법과 동시에 정신을 사회적인 것으로 간주하고 몸을 개인적인 것으로 간주할 것을 강요하면서 개인의 몸을 억압하고 통제하는 수단으로 작용하였다. 이러한 서구근대의 국가철학이 영토화한 생성적 욕망에 대한 억압과 통제로부터 탈영토화하는 길은 정신을 통한 관념적 형이상학의 사유가 아니라 몸을 통한 유물론적 형이상학의 노마돌로지로 되돌아가는 길이다.

    서구의 르네상스가 경험한 노마드 문화와 노마돌로지에 대한 인식은 고대그리스와 고대중국이 경험한 그것과 유사하다. 서구인의 입장에서 르네상스의 문화는 고대그리스 문화의 부활과 재생을 의미한다. 그러나 엄밀한 의미에서 서구의 르네상스는 고대그리스의 노마돌로지보다 고대중국의 노마드 문화나 노마돌로지와 유사한 특성들을 더 많이 지니고 있다. 고대그리스는 고대 아시아와 아프리카의 문명으로부터 탈영토화하여 지중해와 이베리아반도의 해안지역이라는 대지에 세운, 지리적으로 새로운 영토이다. 따라서 고대그리스인들의 경험은 바다와 사막을 가로지르는 개별적 욕망의 선분을 따라 고대그리스를 구성하는 여러 도시들 위에 그들 나름의 노마드 문화를 드러내는 민주주의 문명을 건설하는 것이었다. 민주주의의 문명 이전에 고대그리스는 대지 그 자체였고, 그 대지를 영토화한 그 어떤 사회체도 존재하지 않았다.

그러나 고대중국의 노마드 문화나 노마돌로지에 대한 인식은 이와 다르다. 고대 중국인들은 지리적으로 새로운 대지에 새로운 영토를 건설한 것이 아니라 이미 존재하고 있었던 원시토지 기계라는 사회체를 탈영토화시켜 전제군주 기계라는 전혀 다른 사회체로 재영토화하는 경험을 한 것이다. 이것은 르네상스를 통하여 중세의 전제군주 기계라는 사회체가 탈영토화하여 전혀 다른 사회체, 즉 새로운 근대 자본주의 기계로 재영토화하는 서구의 과정과 매우 흡사하다. 고대중국과 서구근대의 서로 다른 사회체의 재영토화 과정은 정신-몸의 이분법을 통하여 몸이 지니고 있는 생성적 욕망을 정신이라는 관념의 형이상학적 요소에 기입하도록 강요하고 있다는 점에서 상호유사성을 가진다. 이처럼 유교 국가철학과 서구근대 국가철학의 상호유사성은 르네상스와 고대중국의 노마드 문화와 노마돌로지에 대한 인식의 상호유사성에서 출발한다.

노자는 이러한 고대중국의 원시영토 기계가 전제군주 기계로 재영토화하는 과정으로부터 탈주한 노마돌로지의 철학자이다. 원시영토 기계의 완전한 기계론적 유물론으로 하나의 유기체가 되어버린 사회와 달리, 전제군주 기계의 사회체는 노마드의 생산하는 욕망기계를 전제군주 기계와 '현자'라는 국가철학적 지식인의 추상기계에 기입하도록 강요하는 지배와 억압의 코드체계를 지녔다. 따라서 전제군주 기계라는 사회체로부터 벗어나는 탈주의 길이나 생성의 길은 추상적이고 형이상학적인 노마돌로지의 지식을 필요로 한다.

국가철학적 지식에 대항하는 추상적이고 형이상학적인 노마돌로지의 지식 속에서 탈주나 생성의 길을 사유하는 방법은 우리에게 구체적으로 주어진 몸을 추상적이고 형이상학적으로 사유하는 것이다. '현인'이라는 국가철학적 지식인이 매개하는 추상적이고 형이상학적인 괴물처럼 거대해진 사회체 속에서 개별적인 노마드들은 전제군주, 현인, 농민, 군인, 남자와 여자로 기관화되어 거대한 사회체를 구성하는 어떤 개별적 기관으로 인식하고 보이도록 국가철학의 강요와 지시를 받는다.

그러나 노마드의 몸은 대지와 연결되어 있는 기관들 없는 몸이다. 우리가 우리 몸을 기관들 없는 몸으로 보지 않고 사회체를 구성하는 기관들로 가득 찬 몸으로 고착되어 현인·군인·남자 등을 '나'라는 주체로 오인하는 순간, 그 몸은 사회체의 '기관들로 가득 찬 몸'이 되어 욕망기계의 흐름을 지속시키는 연접적 관계로 나아가는 길을 차단해 버린다. 거대한 사회체가 개별적인 기관들로 구성된 '기관들로 가득 찬 몸'인 동시에 그 기관들이 전혀 존재하지 않는 '기관들 없는 몸'인 것과 마찬가지로 우리의 몸 또한 '기관들로 가득 찬 몸'인 동시에 '기관들 없는 몸'이다. 사회체를 구성하고 있는 기관들은 고정된 물질이 아니라 상호만남의 관계에 의하여 변화하고 생성하는 물질로 구성되어 있듯이, 우리의 몸을 구성하는 기관 또한 그렇게 구성되어 있는 것이다. 따라서 몸을 사유하는 방식은 사회체 내에서 기관화된 '기관들로 가득 찬 몸'과 물질의 근원적인 생성의 조건인 '기관들 없는 몸'을 동시에 사유할 수 있는 몸[體]과 용도[用]의 관계로 사유하는 것이다.

마찬가지로 우리가 대지를 무한한 탈영토화와 재영토화 과정 속에 있는 내재성의 장으로 인식하지 않고 기관들로 가득 찬 사회체나 그 기관들의 영토로 오인하는 순간, 대지는 탈주의 길이나 선분을 완전히 상실한 감옥이 되어버린다. '기관들 없는 몸'이나 대지에 대한 사유의 내재성의 장으로 나아가는 길은 개별적 몸 각각이 맺고 있는 관계, 즉 기관들 없는 몸과 맺어지는 기관들로 가득 찬 몸의 외재적 사회체가 지닌 영토의 조건에 따라서 서로 달라진다. 개별적인 몸이 맺고 있는 관계의 상황에 따라서 서로 다르다는 것은 기관들 없는 몸이 지닌 내재성의 장이라는 대지의 생성적 힘 이외의 외재적인 사회체 속에는 공통의 의미가 전혀 없다는 말이다.

그러므로 '기관들 없는 몸'이나 '내재성의 장'으로 나아가는 각각의 개별적인 "길은 의미가 없다 그러나/그 용도는 항상 가득 차 있다"고 하듯이, 누군가가 '기관들 없는 몸'이나 '내재성의 장'으로 나아가는 탈영토화의 '길'이 지니는 의미 없음이 중요한 것이 아니라 그 길을 통하여 이루어지는 재영토화의 변화와 생성이 지닌 미래의 '용도'가 중요한 것이다. 그 용도는 '기관들 없는 몸'이나 '내재성의 장'으로 나아가는 길로 들어서지 않고 이전의 '기관들로 가득 찬 몸'이나 영토에 고착되어 있는 하나의 기관, 즉 변화와 생성이라는 무한수 'n'이라는 숫자 가운데 고착된 하나의 숫자 '1'을 뺀 나머지 모두들 지칭하는 'n-1'을 생성할 수 있는 가능성이다.

최근의 중국영화 〈집으로 가는 길〉은 '기관들 없는 몸'이나 '내재성의 장'으로 나아가는 길과 그 길로 나아가는 과정에서 만들어지는 수많은 생성의 용도들을 아주 잘 보여주고 있다. 도시라는 문명의 영토 속에서 '기관들로 가득 찬 몸'으로 살고 있는 주인공은 어느 추운 겨울날, 고향에서 초등학교 교사로 평생을 바친 아버지가 죽었다는 소식을 듣고 시골 벽촌의 고향집으로 간다. 영토적 사유와 기관들로 가득 찬 몸으로 고착되어 있기 때문에 하루빨리 장례식을 마치고 도시로 되돌아가려는 주인공에게 어머니는 읍내에서 마을까지 죽은 자의 길을 따르는 전통적인 장례식을 치르기를 간절히 소원한다. 죽은 아버지를 가장 사랑하는 어머니의 소망을 들어주기 위하여 주인공은 서서히 '기관들 없는 몸'이 되고, 도시의 영토로부터 벗어나 대지와 하나 되는 내재성의 장을 사유하는 노마돌로지의 지식인으로 변화한다. '내재성의 장'과 '기관들 없는 몸'으로 나아가는 과정에서 주인공은 수십 년 동안 어머니와 아버지가 관계 맺은 생성적 만남의 생성물들을 향유하는 즐거움을 만끽한다. 마을사람들이 합류하고, 도시로 나간 아버지의 제자들이 찾아오고, 눈이 내리는 시골길을 나아가는 전통적인 장례행렬은 그 이후의 수많은 생성적 가능성으로 열려 있는 사회체의 아름다움을 보여준다.

'내재성의 장'에 대한 사유와 '기관들 없는 몸'으로 나아가는 탈영토화의 길은 겉으로 드러나는 가시적인 것이 아니다. 그 길은 현존하는 사회체 내부에 있는 '욕망 있음'과 근원적 생성의 '욕망 없음' 사이에 있는 깊고 깊은 욕망의 심연에서 형성되기 때문에, 그 "길은 깊고 조용하여/만물"이 생성하는 "뿌리와 같"고, 이미 영토나 '기관들로 가득 찬 몸'에 의하여 고착된 "만물의 뾰족함을 [스스로] 꺾고/만물의 끊어짐을 [스스로] 풀고/빛을 [스스로] 부드럽게 하고/그 더러움에 [스스로] 동화"하는 길이다. 따라서 그 길은 "깊어서 보이지 않지만/마치 존재하는 것 같"으면서도 물이나 공기, 바람처럼 손으로 잡으면 어느새 빠져나가는 그런 물질이다. 우리가 물이나 공기, 바람을 관념적인 추상성이나 신비적인 형이상학적 특성으로 파악하지 않는 것처럼 '기관들 없는 몸'이나 내재성의 장으로 나아가는 길 또한 관념적인 추상성이나 신비적인 형이상학적 특성으로 파악하지 않고 유물론적 형이상학의 사유를 유지해야 하는 이유가 여기에 있는 것이다.

그러나 "나는 그것이 누구의 자식인지 모른다/그러나 천제(天帝)보다 먼저 생겼"듯이, '기관들 없는 몸'이나 '내재성의 장'으로 나아가는 길은 기관들로 가득 찬 사회체가 유지되는, 아버지나 어머니의 시각에서 바라보는 서열체계가 아니다. 그 길은 '누구의 자식'도 아니거니와 현존하는 어떤 관계로도 측정할 수 없는 '고아'의 길이다. 오늘날 존재하는 그 '누구의 자식'이 아니라 '고아'라 함은, 그것이 전제군주 기계라는 사회체를 구성하는 "천제(天帝)보다 먼저 생겼다"는 사실을 제시한다. 그리고 "천제보다 먼저 생겼다'라 함은 노자시대의 사회체, 전제군주 기계의 궁극적 기표(signifier)인 '천제'보다 이미지와 시뮬라크르의 생산하는 욕망기계와 기관들 없는 몸이 우선한다는 것을 의미한다. 그렇기 때문에 우리가 사회체에 의해 고착된 영토의 욕망과 기관들로 가득 찬 몸에서 탈영토화하여 내재성의 장을 사유하고 기관들 없는 몸이 지닌 생성의 욕망과 생성의 몸으로 나아갈 때, 기존의 사회체도 이미 기관들 없는 몸으로 탈영토화하고 있다는 것을 알 수 있다.

5. 동물 되기(Becoming Animal)

천지는 어질지 않다
만물을 짚으로 만든 개로 여긴다

지식인은 어질지 않다
사람들을 짚으로 만든 개로 여긴다

하늘과 땅 사이는
마치 풀무와 같다고나 할까?
텅 비어 있는데도 없어지지 않고
움직여서 더욱 나온다
말이 많으면 빨리 궁핍해지고
텅 빈 것을 지킴만도 못하다

The earth doesn't take sides;
It thinks of all particular things as images of dog.

The nomadic intellectual doesn't take sides;

She thinks of the people as images of dog.

Between sky and land,
There seems to be a bellows:
It is empty yet infinitely capable.
The more you use it, the more it produces;
The more you talk of it, the less you understand.
Better look for it within you.

왜 우리는 '기관들 없는 몸'이 되거나 '내재성의 장'으로 들어가 사유해야 하는 것일까? 그것은 국가철학에 의하여 억압된 편집증적으로 고착된 세계에서 벗어나 분열증적 세계가 지니는 생성적 욕망과 생성적 몸으로 나아가기 위함이라고 할 수 있다. 생산하는 욕망기계의 근원적 특성은 흐름이다. 우리가 눈으로 확인할 수 있는 흐름의 특성을 지닌 것은 물이나 바람인데, 물과 바람은 흐르지 않고 고여 있으면 오염되어 썩는다.

이는 물과 바람만의 특질이 아니라 모든 물질의 근원적인 특성이다. 아무리 훌륭하게 지은 집이라 하더라도 사람이 그 집에 들어가서 갖가지 물건들을 사용하지 않으면, 그 집은 원래 수명보다도 더 빨리 무너진다. 나무도 무수한 나뭇잎과 나뭇가지가 또 다른 나뭇잎이나 나뭇가지로 흘러 생성되지 않으면 죽게 된다. 사람의 몸도 이와 마찬가지이다. 나의 손기계가 오직 먹는 기계만을 고집하고, 순간적으로 쓰는 기계, 던지는 기계, 만지는 기계, 집는 기계 등이 되지 못하면 손기계는 고장이 나거나 죽게 된다. 손기계는 흐름의 기관들 없는 상태를 유지할 때 비로소 다양한 생성의 생명성으로 나아갈 수 있는 것이다.

이처럼 물질의 흐름과 생성을 만드는 것을 우리는 기관들 없는 몸들이 내재성의 장에서 서로 맺는 관계라고 말할 수 있다. 훌륭한 수영선수는 물 속에 들어가서 물이 된다. 그가 물이 되지 못하고 물에 저항할 때, 물은 그를 삼켜버린다. 수영선수와 물이 만났을 때, 수영선수만이 물이 되고자 하는 것이 아니라 물 또한 수영선수가 되고자 한다. 수영선수와 물의 관계는 활과 바람의 관계, 소설이나 영화에 등장하는 외재적 사회체의 기관들이 개입하지 않은 소년과 소녀, 남성과 여성의 관계에서도 그대로 드러난다. 수영선수가 물이 되고자 하는 욕망과 물이 수영선수가 되고자 하는 욕망, 활이 바람이 되고자 하는 욕망과 바람이 활이 되고자 하는 욕망, 소년이 소녀가 되고자 하는 욕망과 소녀가 소년이 되고자 하는 욕망, 남성이 여성이 되고자 하는 욕망과 여성이 남성이 되고자 하는 욕망이 만났을 때, 가장 이상적인 하나의 기관들 없는 몸과 또 다른 기관들 없는 몸이 '일 대 일'로 관계 맺는 연결적 관계의 만남이 이루어지는 것이다.

이러한 연결적 만남의 관계를 파괴하는 것이 '나'라는 허구적 주체의식이다. '나'라는 허구적 주체의식은 '나'를 중심으로 이 세상의 모든 존재를 규정하며, 그러한 규정은 근본적으로 허구적인 의식이기 때문에 필연적으로 이 세상의 모든 존재를 대상으로 '나'의 허구성을 발견하는 나르시시즘으로 나아갈 수밖에 없다. 바로 이 나르시시즘의 문화가 서구 근대자본주의이고 또한 서구적 근대의 국가철학이 지닌 주요한 내용이다. 서구·백인·남성의 '나'라는 주체의 발견과 전지구적인 '나'의 팽창과 확산, 즉 비서구·유색인·여성을 통하여 서구·백인·남성 중심으로 존재한 '나'의 허구성을 발견하는 과정이 서구적 근대화의 과정이다.

정신분석학적으로 서구적 근대의 나르시시즘을 발견한 사람이 바로 프로이트이다. 그러나 프로이트는 서구적 근대의 나르시시즘을 서구·백인·남성의 허구적 주체라고 인식한 것이 아니라 인간의 본질로 파악함으로써 비서구·유색인·여성의 주체로까지 확대시킨다. 이러한 정신분석학적 억압과 폭력의 과정은 고대중국의 중국중심의 주체인식과 맥을 같이한다. 근대의 서구자본주의 기계가 서구·백인·남성 중심의 시민정신, 공공성, 공평무사, 정의 등을 만든 것처럼, 고대중국의 전제군주 기계는 인(仁)·의(義)·예(禮)·지(智)라는 중국·한족·남성 중심의 공공성[仁], 정의[義], 시민정신[禮], 공평무사(智)를 만들어 기존 사회체를 유지하는 수단으로 삼았던 것이다. 들뢰즈와 노자의 노마돌로지는 이를 간파하고 있다.

노마드의 생산하는 욕망을 가두어두고 있는 사회체와 마찬가지로 노마드적인 자연의 만물을 가두어 두고 있는 "**천지는 어질지 않다/만물을 짚으로 만든 개로 여긴다**". 사회체가 개별적인 생산하는 욕망기계를 공공성이나 정의, 시민정신으로 길들이는 동시에 때로는 잔인한 폭력과 억압으로 사람의 목숨을 파리목숨보다 쉽게 취급하듯이, 자연의 만물로 구성되어 있는 '천지' 또한 태풍·지진·가뭄 등으로 "만물을 짚으로 만든 개"처럼 산산조각으로 흩날려버리는 것이다.

따라서 "천지는 어질다"는 말은 단지 자연만물의 중심을 인간이라고 생각하는 인간 중심주의이다. 고대중국의 유교적 국가철학은 인간 중심으로 천지를 받아들여 천지를 대행하고 있다고 자임하는 전제군주 기계나 그 대리인으로 작동하는 국가철학적 지식인을 '어질다'고 생각하게 하는 허구적 관념일 뿐이다. 서구적 근대의 신플라톤주의 국가철학은 중세의 기독교적 신 중심에서 벗어나 인간중심의 휴머니즘으로 세계를 받아들이게 함으로써 이 세계를 계몽시키고 문명화하는 서구·백인·남성 중심의 국가나 국가철학적 지식인을 '계몽적이다'는 허구적인 생각을 갖게 만드는 관념일 뿐이다. '계몽적이다'와 '어질다'는 지배-피지배관계에서 피지배의 위치에 정착해 있는 노예와 여성이 지배위치의 주인과 남성을 대상으로 하는 말일 따름이다.

사회체 내의 지배-피지배관계를 천지의 자연과 마찬가지로 간파하고 있는 노마돌로지의 '지식인' 또한 '어질지 않다.' 노마돌로지의 '지식인' 역시 사회체의 구성원이므로, 지식인의 '하고자' 하는 욕망은 그 사회체 속에서 규정되는 '기관들로 가득 찬 몸'이 되는 것이다. '하지 않음'의 욕망으로 나아갈 때 비로소 노마돌로지의 지식인인 성인은 천지의 자연처럼 기관들 없는 몸이 될 수 있다. 이러한 기관들 없는 몸의 상태에서 지식인은 자연의 천지처럼 **"지식인은 어질지 않다/사람들을 짚으로 만든 개로 여긴다"**가 될 수 있다.

전제군주나 전제군주를 대행하고 있는 국가철학적 지식인은 스스로 '어질다'고 말하거나 혹은 자신에게 '어질어야 한다'고 편집증적으로 강요한다. 물론 이러한 정신적 강요는 국가철학적 지식이 만드는 사회체의 기관들이 지닌 허구적인 환상일 뿐이다. 그리고 그들의 '어질다'거나 '어질어야 한다'의 대상인 일반사람들 또한 전제군주나 현인이 '어질다'거나 '어질어야만 한다'는 강요된 환상을 가지고 있다. 이런 강요된 환상으로부터 벗어나는 것은 전적으로 국가철학적 지식인이나 정착민이라고 생각하는 사람들의 몫이다. 그들의 욕망기계가 순수한 흐름의 상태에 도달해서 마침내 기관들 없는 몸으로 나아갈 때, 전제군주나 현인 혹은 일반민중이 '어질다' '어질어야 한다'는 환상에서 벗어나 스스로 생성의 길로 들어설 것이다. 그러므로 성인은 전제군주나 현인을 비롯한 대다수 민중의 기관들 없는 몸이 지닌 미래적 생성의 모델이지, 전제군주나 현인처럼 그들을 이끌어가는 주인의 역할이 아니다.

　새로운 생성은 하나의 기관들 없는 몸과 또 다른 기관들 없는 몸의 관계 속에서 이루어진다. 이러한 관계의 근원적 모델은 수컷과 암컷, 즉 '하늘과 땅'의 관계이다. '하늘과 땅'은 유교적 국가철학이나 서구적 근대의 국가철학이 만들어낸 수직적 서열관계나 상징으로 사유해서는 안되며 수평적 관계로 사유해야 한다. "**하늘과 땅 사이는/마치 풀무와 같다고나 할까?/텅 비어 있는데도 없어지지 않고/움직여서 더욱 나온다**"고 하듯이, 수평적 관계는 '하늘과 땅 사이'의 관계가 만드는 '풀무'와 같은 생성의 작용으로 세상을 보는 것이다. '풀무'의 작용이란 '하늘과 땅'이라는 "하나의 수컷과 하나의 암컷이라는 관계의 세계에 작용하는 바람이 관계의 뿌리 주변에 리좀[3]을 형성하는 것이다. 리좀의 형성은 오직 개별적인 생산이라는 개념이 아니라 상호생성이라는 되기(becoming)의 개념에 의해서만 이해될 수 있는" 둘의 개별적 존재가 아닌 "다른 세계에서 온 많은 존재들이 지나갈"(『천개의 고원』, 15쪽) 수 있는 길을 만드는 것이다. '풀무'와 같은 암컷과 수컷의 관계가 만들어내는 작용을 들뢰즈는 인간이라는 이름으로 명명되는 이름으로부터 벗어나는 '동물 되기'라고 말한다.

　'동물 되기'는 아주 다양하다. 첫째로, 고양이와 개와 닭 되기가 있다. 그러나 고양이와 개와 닭은 기관들 없는 몸으로 살아가는 동물이 아니다. 이들은 사람들이 사육하기 시작하면서부터 기관들 없는 몸이 지니고 있는 생성적 힘의 강렬함을 잃어버렸다. 야생마 길들이기처럼 사육이란 항상 대상이 지니고 있는 생성의 속도를 빼앗는 것이다.

---

[3] 리좀(rhizome)은 생물학에서 총생뿌리식물을 의미한다.

따라서 고양이와 개와 닭은 사람과 관계를 맺으면서 생성의 속도를 빼앗긴 노예의 특성을 지니게 된 동물들이다. 고양이와 개를 좋아하여 고양이와 개가 되고자 하는 사람들은 주인-노예관계에서 사람을 주인으로 흠모하고 사랑하는 고양이와 개처럼 스스로 바보와 백치가 되는 것이다. 그들은 문턱이 없는 사방이 막힌 방에서 자기만의 오르가즘으로 아우성치고, 사람이 된 슬픔과 분노를 이야기하고, 그래서 고양이나 개가 아닌 호랑이나 늑대로 부활할 것을 꿈꾸며, 일시적으로 존재하는 엄마와 아빠 앞에서 재롱 피우는 것을 최상으로 여긴다. 그리고 마침내 혼자 껄껄껄 웃는 나르시시즘의 법을 배워서 백치가 된다.

이와 달리 신화 속에 등장하는 호랑이나 곰, 독수리나 말 되기가 있다. 사람들은 호랑이나 곰, 독수리나 말을 사육하는 것이 아니라 그들에 관한 신화를 만든다. 이 동물들의 신화를 좋아하는 사람들은 모두 독재자들이다. 그들은 자신들이 신화로 만든 호랑이에게 명령하여 호랑이가족을 만들고, 곰에게 명령하여 곰가족을 만든다. 그리하여 호랑이나 곰이 되어 명령을 전달받거나 전달하면서 호랑이와 곰이라는 야수(beast)의 원형과 야수의 명령을 따르는 미녀라는 모델을 만들어 〈야수와 미녀〉라는 신화의 커다란 서술체계를 만든다. 그리고 이러한 신화적 서술체계를 서로 반복하면서 상징과 은유의 언어를 통하여 자신도 명령하는 법을 배운다. 신화와 문학예술의 차이는 상징과 운동, 은유와 생성의 차이이다. 신화는 상징과 은유를 보여주지만 문학은 운동과 생성을 보여준다. 이같은 면에서 신화는 상징과 은유의 언어를 통하여 끊임없이 만들어지고 부활한다. 언어를 통하여 "길을 길이라고 하"거나 "이름을 이름이라고 하"면, 그것은 신화가 되어 언어라는 하나의 명령체계 속으로 들어간다.

기관들 없는 몸들이 상호 작용하는 '풀무'와 같은 관계를 만드는 진정한 동물 되기는 바다의 물고기떼, 초원의 가축떼, 하늘의 기러기 떼처럼 웃거나 명령하는 것이 아니라 서로 보듬고 애무하고 매료시키거나 감염시키거나 감염되어 헤엄치고 뛰고 날아오르는 무리 속으로 들어가는 것이다. 그래서 마침내 각각의 개체가 특이성을 잃어버리고 자신을 전혀 인식할 수 없는 하나의 커다란 무리가 되는 것이다. 개별적인 개체는 무리가 되어서 비로소 영토를 지닌 정착민이 아니라 생성된 무리를 따라 이동하는 노마드로 존재하게 된다.

들뢰즈가 말하는 동물 되기란 개나 고양이처럼 사람 되기를 행하거나 호랑이나 곰처럼 신화의 줄거리가 되는 것이 아니라, 서로를 알아보지도 인식하지도 못하는 무리가 되는 것이다. 하나의 커다란 무리가 되었을 때 비로소 그 무리가 지나간 자리에 '풀무'의 작용처럼 작은 파도가 일고 폭풍우와 태풍이 불어 마침내 천지가 소용돌이를 치게 되는 것이다. 이러한 '풀무'와 같은 작용을 노자는 "**텅 비어 있는데도 없어지지 않고/움직여서 더욱 나온다**"고 표현하고 있다.

그런데 이 무리 속에서 특별한 별종의 존재가 생겨난다. 무리 속에서 마치 '군중 속의 고독'처럼 '무리와 고독한 자'를 구별하는 하나의 기러기와 또 다른 기러기, 하나의 물고기와 또 다른 물고기, 하나의 말과 또 다른 말이 등장하여 무리들의 결연관계나 동맹관계를 맺을 준비를 한다. 이러한 결연관계나 동맹관계를 맺는 자가 노마돌로지의 지식인이며 노자가 말하는 성인이고, 들뢰즈가 말하는 예술가이다.

전제군주 기계의 시대에 그들은 마법사며 성자였다. 그들은 노래하고 춤추거나, 그림을 그리거나 이야기를 만들어서 동물 되기의 즐거움을 통하여 온 무리를 감염시킨다. 하지만 다시 무리 속으로 들어가 헤엄치거나 뛰고 날아오르지 않고 노래나 춤 혹은 그림이나 이야기 속에 머물러 개나 고양이, 신화 속의 호랑이나 곰을 좋아하면 그들 역시 바보나 독재자가 된다. "말이 많으면 빨리 궁핍해지고/텅 빈 것을 지킴만도 못하다"고 하듯이, 결연관계나 동맹관계의 생산물인 노래나 춤, 그림이나 이야기로부터 떠나지 않고 머물러서 그것들을 설명하려고 하면 기관들 없는 몸의 상태, 즉 '텅 빈 것을 지킴만도 못하게' 된다.

6. 암컷 되기(Becoming Woman)

골짜기의 신은 죽지 않는다
이것을 일컬어 신비한 암컷이라 말한다

신비한 암컷의 문
이것을 일컬어 하늘과 땅의 뿌리라 한다

미묘하면서도 끊어지지 않아
마치 있는 듯 없는 듯 하지만
아무리 써도 끊어지지 않는다

The spirit of the valley never dies.
It is called the mysterious woman.

The gate of the mysterious woman,
It is called the root of sky and land.

It gives birth to the infinite worlds.

It looks like image of things;
You can use it any way you want.

들뢰즈가 말하는 무리와 떼를 이루는 동물 되기에서 한 단계 더 나아가 무리들 전체의 결연관계나 동맹관계 같은 물질의 생성적 근원의 상태, 즉 기관들 없는 순수한 몸이 되는 것을 우리는 '여성되기'라고 말할 수 있다. 들뢰즈와 가타리가 이야기하는 기관들 없는 몸은 흔히 전통적으로 이야기되는 "무극(無極)이면서 태극(太極)"이라고 말할 수 있는데, 이는 곧 "움직여 양이 되고, 고요하여 음이 되는 것의 본원적 몸"(所以動而陽 靜而陰之本體也)을 일컫는다. "움직여[사회적 관계를 맺어서] 양[수컷]이 되고, 고요하여 음[암컷]이 되는 것"이 모든 물체가 지니고 있는 기관들 없는 몸의 근원적 성격인 것이다. 이를테면 노동자·시인·배우·교수·변호사가 되는 것은 우리가 사회체의 무리가 지니고 있는 이질적 요소들과 동맹 혹은 결연 관계를 맺어서 무엇인가를 생산하여 드러난 생산물, 즉 기관들로 가득 찬 몸의 수컷이 되는 것이고, 노동자·시인·배우·교수·변호사의 생산물을 생산하도록 고정된 영토로부터 탈영토화하여 기관들 없는 몸이 되는 것을 암컷 되기라고 말할 수 있다. 그러므로 들뢰즈의 여성되기와 노자가 이야기하는 암컷 되기는 유교나 플라톤주의의 남성-여성의 이분법에 도사리고 있는 남성 지배체제의 지배대상으로 추락하는 집단적 여성되기와는 다르다.

인간사회에서 남성-여성의 이분법은 국가 지배체체의 강화를 위한 거시적인 국가철학이 미시적인 가족체제 속에서 아버지의 가부장적 지배체제를 강화하거나 미시적 관계의 권력을 남성의 손에 쥐어주기 위한 단순한 언어의 기호체계일 뿐이다. 아버지-어머니-나(아들이나 딸)로 이어지는 가족적 권력계승 체계는 음과 양, 즉 암컷과 수컷으로 구성되어 있는 모든 개개의 몸을 단순히 남성-여성의 단일한 지배-피지배관계로 치환하여 남성들의 서열관계로 이루어진 지배체제를 더욱 용이하게 하기 위한 수단인 것이다. 이런 의미에서 근원적 기표로 존재하는 남성과 여성은 존재하지 않는다. 현존하는 남성과 여성은 단지 지배-피지배관계를 형성하기 위하여 수많은 다양성을 주인-노예로 이분화한 것일 뿐이다.

암컷 되기란, 무리로 존재하는 동물 되기로부터 돌아와 무리의 경계들 속에서 무리들 전체를 지속적으로 기관들 없는 몸이라는 내재성의 장, 즉 모든 것을 생성하는 블랙홀이나 혼돈의 바다가 되게 하는 힘 그리고 밴드가 되는 것이다. 동물 되기는 무리에 대한 매혹과 다양성에 대한 매혹으로 이루어져 있지만, 암컷 되기는 무리에 대한 매혹과 다양성에 대한 매혹을 신비한 몸의 내부에 간직하여 수많은 벡터의 힘을 지닌 강렬함만으로 유지되고 흐르게 하는 것이다. 동물 되기라는 관계에서 벗어나 들판이나 숲의 경계에 있는 별종적 위치를 점유하는 것이 암컷 되기인 것이다. 모든 것의 경계에 있다는 것은 모든 것과 관계를 맺을 수 있음을 의미한다. 따라서 모든 물질적 존재, 즉 개개의 몸은 들판이나 숲의 경계에 있는 별종과 동맹 혹은 결연 관계를 맺는다.

힘의 서열이나 권력을 통해 몸과 몸이 맺어지는 영토화된 관계는 친자관계이다. 흔히 페미니즘 영화의 대작으로 알려진 〈델마와 루이스〉에서 루이스와 새로운 동맹관계를 맺은 델마는 남편에게 전화를 걸어 "당신은 나의 아버지가 아니라 나의 남편이야"라고 말한다. 이 말은 자본주의적 구조의 수많은 관계 속에서 가능하다. "당신은 나의 아버지가 아니라 나의 동료과장(혹은 부장)이야, 당신은 나의 아버지가 아니라 나의 학문적 동료인 교사(혹은 교수)야 등…." 그러나 전제군주나 자본주의 권력체계 속에서 집단적 기표로 존재하는 남성들(자본가, 사장, 교수, 검사, 경찰 등)은 또 다른 집단적 기표로 존재하는 여성들(노동자, 직원, 학생, 상인, 민중 등)로 하여금 동맹관계나 결연관계를 포기하고 "나는 너의 아버지이고, 너는 나의 자식이야"라는 친자관계의 그물 속으로 들어오도록 끊임없이 강요한다.

그렇기 때문에 델마가 남편에게 "당신은 나의 아버지가 아니라 나의 남편이야"라고 말하는 것은 자본주의적 사회체가 강요하는 가족주의적인 친자관계의 허구성을 폭로하고 부부나 친구, 연인 등의 관계가 근원적으로 동맹 혹은 결연 관계라는 사실을 밝히는 것이다. 각각의 노마드적 개체는 이같은 동맹관계나 결연관계를 통하여 개체들이 스스로 나무되기, 돌 되기, 바람 되기, 늑대 되기 등의 지속적인 생성을 이룩한다. 모든 생성적 되기의 극한이라고 할 수 있는 암컷 되기는 수많은 개체들이 동맹이나 결연 관계를 맺을 수 있는 수많은 선분의 경계에 위치하여 각 개체 스스로 생성할 수 있게 에너지 원천기계로 존재하는 것이라고 할 수 있다. 이러한 경계에 위치하거나 여성되기를 블랙홀이나 혼돈의 바다라고 부를 수도 있다. 그리고 이러한 들판이나 숲의 경계에 있는 암컷 되기의 별종적 위치를 노자는 봉우리나 능선이 아니라 계곡에 있는 '골짜기의 신' 되기라고 명명한다.

계곡의 골짜기는 돌, 나무, 바람 등 모든 것이 들어와서 돌, 나무, 바람으로 생성되는 곳이다. 따라서 "골짜기의 신은 죽지 않는다." 우리는 멀리서 골짜기를 바라보았을 때, 정작 골짜기는 바라보지 못하고 높은 봉우리와 능선, 커다란 바위와 숲을 보지만, 그 봉우리와 능선, 커다란 바위, 숲은 골짜기에서 비롯되고 골짜기에 의해서 봉우리와 능선, 바위, 숲으로 존재하게 된다. 노자는 "이것을 일컬어 신비한 암컷이라고 말한다." 마치 모든 것들과 관계를 맺어 스스로 돌, 나무, 바람, 봉우리와 능선으로 생성되기를 만드는 '골짜기의 신'처럼 '신비한 암컷'은 모든 것들과 관계를 맺어 개체 스스로 아이 되기나 동물 되기와 같은 생성으로 나아가게 한다. 그러므로 암컷 되기란 곧 세상 만들기이며 새로운 미래의 세계를 창조하는 운동이다. 여성되기는 무리들이 만드는 사회체를 지속적으로 기관들 없는 몸으로 만드는 운동, 즉 사회체 스스로 지속적인 혁명을 하게 만드는 힘이다.

혁명은 무엇인가? 혁명은 탈영토화인 동시에 재영토화이다. 대지나 가물가물한 내재성의 장 혹은 기관들 없는 몸이 되는 절대적 탈영토화가 곧 암컷 되기라면, 이 세상의 모든 물질적 존재들이 암컷 되기와 맺는 결연관계는 모든 개체들 스스로가 생성을 이루어 새로운 영토를 구성하는 재영토화라고 말할 수 있다. 따라서 혁명은 지도나 계몽으로 이루어지는 것이 아니라, 무리를 구성하는 구성원들 스스로 새로운 그 무엇 되기를 통하여 이루어지는 새로운 사회체의 생성인 것이다. 노마드의 삶이 탈영토화와 재영토화의 과정이듯이 사회체의 생명 또한 탈영토화와 재영토화의 과정이다. 전제군주의 영토나 자본주의 영토로부터의 개별적인 탈영토화가 곧 새로운 미래의 재영토화가 되는 이유는 다름아니라 탈영토화와 재영토화가 개별적으로 이루어지는 것이 아니라 하나의 과정으로 이루어지기 때문이다.

모든 개체의 생성으로 이루어지는 암컷 되기를 노자가 "**신비한 암컷의 문/이것을 일컬어 하늘과 땅의 뿌리라 한다**"고 했듯이, 하늘은 기관들로 가득 찬 몸의 수컷이고 땅은 근원적으로 기관들 없는 몸이라는 내재성의 장인 암컷이다. 따라서 땅 위에 하나의 영토를 구성한 사회체나 개별 생명체 또한 기관들로 가득 찬 몸이 아니라 근원적으로 기관들 없는 몸이며 내재성의 장이라고 말할 수 있는 '신비한 암컷의 문'이다. 이러한 '신비한 암컷의 문'이 지닌 섹슈얼리티의 매력은 무리나 밴드의 매력보다 더 크기 때문에 '신비한 암컷의 문'은 사회적 관계를 맺는 쾌락의 생성은 물론이고 모든 남성의 암컷 되기와 모든 인간의 동물 되기를 경유한다. 그리고 모든 남성의 암컷 되기와 모든 인간의 동물 되기는 곧 이 세계의 땅을 되기로 만드는 것, 즉 자신의 이웃관계와 식별(혹은 지각) 불가능 지대를 끊임없이 발견해 나가는 것이다. 대지의 미래를 창조하는 새로운 재영토화를 위해 지각 불가능의 지대를 발견해 나가는 과정은 "미묘하면서도 끊어지지 않아/마치 있는 듯하지만/아무리 써도 끊어지지 않는다." 실로 암컷 되기의 힘은 무궁무진하다고 할 수 있다.

7. 카오스모스(대지와 영토)[Chaosmos(Earth and Territory)]

하늘은 길고 땅은 영원하다

하늘과 땅이 길고 영원한 것은
스스로 사는 것이 아니므로
능히 오래 사는 것이다

지식인은 몸을 뒤에 둠으로
몸이 앞서게 되고
그 몸의 외연을 사유함으로
몸이 존재하게 된다

이는 결국 사사로움이 없기 때문이 아닌가
그러므로 능히 사사로움을 이룬다

Sky is long, land is infinite.

Why are they long and infinite?
They have no desires for themselves;
They are present for all beings.

The nomadic intellectual situates his body
Behind all things;
That is why she is ahead.
She is detached from all things;
That is why she is one with them.

Because she has let go of herself,
She is perfectly fulfilled.

들뢰즈는 가타리와 함께 쓴 그들의 마지막 공저인『철학이란 무엇인가?』에서 주체와 객체의 관계로 사유하는 근대적 사유방법을 폐기하고 노마돌로지의 핵심이라고 할 수 있는 '대지와 영토의 관계'로 사유해야 한다고 강조한다. 노마드의 몸이 기관들 없는 몸인 동시에 기관들로 가득 찬 몸인 것처럼, 노마드가 살고 있는 땅 역시 대지인 동시에 영토이다. 요컨대 들뢰즈가 말하는 대지는 지구의 기관들 없는 몸이고, 영토는 지구의 기관들로 가득 찬 몸인 것이다.

들뢰즈가 제시하는 대지와 영토의 관계로 사유할 때, 우리는 비로소 나 자신을 비롯한 삶의 터전을 객관적으로 사유하는 토대를 마련할 수 있다. 대지의 "몸은 풍경을 반복한다. 몸은 상호형성의 원천이며 서로를 창조한다. 우리의 몸은 이 초록의 지구에서 이전에는 결코 경험하지 못한 변화들에 접하면서 대지의 순환하고 있는 몸, 무시무시한 민중의 이동, 재빠른 세기의 전환으로 각인되어 있다."[4] 이처럼 대지와 영토의 관계로 사유한다는 것은 역사적으로 각인되어 있는 영토들과 그 영토들로부터 탈영토화하는 대지의 순환하는 몸을 동시에 사유하는 것이다.

이와 반대로 주체와 객체의 관계로 사유하는 것은 플라톤을 부활시킨 데카르트 이후의 서구적 근대의 국가철학과 공자를 부활시킨 주자 이후의 동아시아 유교의 국가철학이다. 주체와 객체의 관계가 주관적인 것과 객관적인 것으로 상호 이동하는 이들의 공통점은 사유의 주체와 객체를 나, 가족, 사회, 국가, 인간 등의 영토로 상정하는 데 있다. 이러한 나르시시스트적인 사유방법은 서구의 근대적 국가철학과 동아시아의 유교적 국가철학의 핵심이다. 그리하여 서구의 이질적인 문명이 도래하면서 중국과 조선에서 이루어진 근대화과정은 과거 500여 년 동안 형성된 나, 가족, 사회, 국가, 인간 중심의 유교적 국가철학의 사유방법이 깨어지고 전통적인 도가와 불가의 노마돌로지적 사유방법이 다시 등장하기 시작한 것과 궤를 같이한다. 그 대표적인 예가 갑오농민혁명으로 절정에 오른 동학의 등장이다.

그러나 근대 이전의 일본은 당시의 중국이나 조선과 달리 유교적 국가철학에 의하여 완전히 영토화되지 않았다. 일본에 유교의 국가철학이 전래된 것은 임진왜란 이후 퇴계 이황의 저서들이 일본에 밀반출되면서이다. 그 당시까지 일본은 도가의 지식과 불가의 지식이 결합된

---

4) Jane Smiley, *A Thousand Acres*, New York: Fawcett Columbine Book, 1991. 이 책 서문에서 스마일리는 메리델 르 수이어(Meridel Le Sueur)의 글 「고대의 민중과 새로운 민중의 도래」("The Ancient People and the Newly Come")를 인용하고 있다. 이에 관해서는 졸고, 「대지와 영토의 관계로 사유하기: 『리어왕』과 『천 에이커의 땅』」(『영미문화』 제2권/2호, 한국영미문화학회, 2002, 593~613쪽) 참조.

노마돌로지의 사유가 지식의 근간을 이루고 있었다고 말할 수 있다. 따라서 일본의 근대화는 중국과 조선의 상황과 달리 서구의 근대 국가철학과 유교적 국가철학의 결합과정이라 할 수 있다. 이 때문에 서구적 근대화에 힘입은 중국과 조선의 새로운 노마돌로지적 사유의 돌파구는, 서구근대 국가철학과 임진왜란 이후 일본으로 들어간 유교적 국가철학이 결합된 일본제국주의에 의하여 차단되어 버린다. 오늘날 중국이나 북한과 달리 남한사회에서 유교적 국가철학이 부활하고 있는 것은 서구근대 국가철학의 모델이랄 수 있는 미국이나 동아시아 유교적 국가철학의 새로운 토대를 세운 일본의 근대를 모델로 해서 근대적 사회와 국가를 형성하였기 때문이다.

동아시아 3국의 근대화과정에서 가장 영토화되지 않았던 일본이 가장 먼저 재영토화에 성공할 수 있었던 이유는 지리적 조건으로 인해 중국중심의 유교적 국가철학의 영토로부터 탈영토화하여 대지로 나아가는 시간적 양이 중국과 조선보다 상대적으로 짧았기 때문이다. 이처럼 대지와 영토의 관계에서 바라본 동아시아의 근대적 풍경은 오늘날 전지구적 탈근대의 풍경으로 반복되고 있다.

동아시아의 근대화과정에서 서구의 영향으로 도가지식과 불가지식의 노마돌로지에 의하여 중국과 조선의 유교적 국가철학이 깨어진 것과 마찬가지로, 서구근대의 국가철학은 전지구적인 후기근대의 혼돈상황 속에서 지리적 변방에 자리잡고 있는 노마돌로지의 사유에 의하여 깨어지기 시작하고 있다. 서구적 근대 자본주의가 전지구적으로 확산되면서 지금까지 사유의 주체로 작용했던 나, 가족, 사회, 국가, 인간 중심의 사유방법이 궁극적으로 서구·백인·남성 중심의 철학적 사유의 파시즘이라는 것이 서서히 밝혀지고 있는 것이다. 이에 대한 저항적 사유로 등장한 것이 탈식민주의, 페미니즘, 생태주의이다. 서구의 근대 국가철학이 지니고 있는 지배와 식민의 주체인 서구・남성・인간의 측면에서 사유하는 것이 아니라 피지배자와 피식민자의 입장인 비서구와 여성・자연생태계라는 타자의 측면에서 사유하자는 것이 탈식민주의, 페미니즘, 생태주의의 본연적 사유방식이다.

그러나 아프리카・아시아・라틴아메리카의 몇몇 나라들에서 볼 수 있듯이, 2차 세계대전 이후의 신생독립국들은 비록 서구라는 다른 종족의 지배로부터 벗어났지만 동일한 종족의 더 강력한 폭력의 지배체제가 강화되었고, 미국이나 유럽의 페미니즘은 인디언이나 흑인, 아시아 여성들로부터 백인여성만을 위한 페미니즘이라고 비난받고 있다. 근대 산업자본주의 과정 속에서 인간중심의 이익과 자본에 의한 자연생태계의 파괴 또한 자연생태계 측면에서 사유하는 새로운 생태계의 복원으로 나아가기보다 산업부국이나 자본을 향유한 자들의 생활환경 개선이라는 확대된 인간중심의 환경논리로 작용하고 있다. 이와 같은 현상은 근대 국가철학의 대안으로 등장한 탈식민주의・페미니즘・생태주의가 궁극적으로 주체와 객체의 관계에서 사유하는 근대 국가철학의 사유방법으로부터 완전히 벗어나지 못하고 있기 때문이다.

대지와 영토의 관계로 사유한다는 것은 나, 가족, 사회, 국가, 우주라는 절대적 주체의 유기체적 존재를 긍정하는 코스모스라는 본질주의적 사유방식도 아니고, 이러한 절대적 주체의 유기체적 존재를 부정하는 카오스(혼돈 혹은 암흑)라는 비본질주의적 사유방식도 아니다. 대지와 영토의 관계로 사유한다는 것은 본질주의와 비본질주의라는 이분법에 함몰되는 것이 아니라 본질주의와 비본질주의가 대지와 영토의 관계 속에서 생성된다는, 다시 말해 카오스와 코스모스가 혼재되어 있는 카오스모스의 생성과정을 사유하는 방식이다. 대지란 모든 물질과 마찬가지로 단지 생산하려는 욕망을 지닌 수많은 다양체들이 다양한 관계의 선분으로 뒤엉켜 있는, 그래서 생산하는 욕망이 또 다른 생산하는 욕망을 끊임없이 생산하는 생산적 관계 이외의 그 어떤 영토의 성격으로도 규정되지 않은 기관들 없는 몸이다. 영토란 단지 기관들 없는 몸의 표피를 에워싸고 있는 가죽의 덮개일 뿐이다.

산과 계곡의 돌이나 나무의 몸처럼 어린아이나 소녀의 몸은 대지와 같은 기관들 없는 몸이다. 그러나 우리는 정원의 돌이나 나무, 우리가 알고 있는 남성이나 여성의 영토화된 대지의 이미지만 인식할 수 있다. 그러나 이 세상의 모든 물질적 존재는 대지와 영토의 관계로 이루어져 있다. 마치 2001년 9월 11일 폭파된 뉴욕 맨해튼의 세계무역센터의 영토처럼 가족·사회·국가의 모든 영토는 어느 순간 대지로 되돌아간다. 우리가 현실에서 보는 모든 영토는 순간적으로 존재하는 것이고 영원한 것은 기관들 없는 몸인 대지인 것이다. 나, 가족, 사회, 국가, 우주는 순간적으로 우리의 눈과 인식의 영역에 포착된 영토라는 이미지일 뿐이다. 그러므로 대지와 영토의 관계를 사유한다는 것은 근원적으로 대지를 사유하는 것이고, 현재의 영토로부터 탈영토화하여 대지로 나아가서 또 다른 영토로 재영토화되는 생명의 순환과정, 즉 미래를 사유하는 것이다.

대지는 하늘과 땅으로 구성되어 있다. 전통적으로 하늘은 수컷, 땅은 암컷이라 함은 모든 생명체와 마찬가지로 대지 또한 수컷과 암컷의 관계로 생성되기 때문이다. 그래서 대지를 구성하고 있는 "하늘은 길고 땅은 영원하다." 즉 대지의 속성은 순간순간 형성되는 영토를 지속·연장시키고자 하는 하늘의 영토성과 그러한 하늘이 탈영토화하여 다른 영토로 재영토화하는 과정을 끊임없이 포용하는 땅이 지닌 기관들 없는 몸의 생명성을 가지고 있다.

"하늘과 땅이 길고 영원한 것은/스스로 사는 것이 아니므로/능히 오래 사는 것이다"고 하였듯이, 하늘과 땅으로 구성된 대지를 땅이라는 기관들 없는 몸의 생명성으로 인식하는 것은 순간순간의 영토로 구성되는 하늘이라는 수컷의 영토성으로부터 탈영토화하는 것이 바로 대지의 속성이기 때문이다. 그리고 하늘과 땅이 서로 '능히 사는 것'은 영토화된 기관들로 가득 찬 몸 스스로 사는 것을 고집하는 것이 아니라 상호관계에 의하여 생성되고 있기 때문이다. 이 때문에 초원이나 사막의 신기루가 보여주는 것처럼 궁극적으로 하늘과 땅의 구분은 불가능하다고 할 것이다. 그럼에도 불구하고 하늘과 땅으로 구분하는 것은 대지의 생명성이 잉태되는 관계를 사유하기 위하여 억지로 남성성과 여성성의 이름을 붙였기 때문이다.

그러나 하늘을 향해 솟아 있는 모든 생명의 물체는 끊임없이 수컷인 하늘을 닮아 자신이 순간순간 지니는 생명의 영토를 영원히 지속시키고자 한다. 나무는 나무이고자 하고, 바람은 바람이고자 하며, 남성은 남성이고자 하고, 여성은 여성이고자 한다. 이렇게 자연의 생태계 속에서 생명의 영토를 지속시켜, 마침내 죽어가는 모든 물체를 탈영토화하여 새로운 생명으로 재영토화하는 과정을 돕는 것은 땅이다. 땅의 이미지를 어머니 대지라고 부르는 이유는 모든 생명의 물체가 고정된 영토화 속에서 죽어가는 것을 대지가 탈영토화시켜 새로운 삶으로 재영토화하기 때문이다. 바람이 불고 폭풍우가 쳐도 휘거나 흔들리지 않는 나무는 부러지게 마련이다.

이러한 대지 혹은 어머니의 역할을 하는 사람이 바로 오늘날의 예술가적 지식인, 즉 전제군주 시대의 성인이다. 전제군주나 전제군주의 하수인 역할을 하는 현인(오늘날의 법률가나 기능적 지식인)이 스스로 지배와 권력을 좇고, 이들을 존경하고 숭상하는 일반인들이 스스로 종속과 식민의 노예로 전락하는 데 반해, 예술가적 지식인인 성인은 이들로 하여금 지배와 종속 혹은 주인과 노예의 관계로부터 벗어나 스스로 살게 하는 방법을 제공하는 대지나 어머니의 역할로서 삶의 즐거움을 누린다. 따라서 예술은 근원적으로 노마돌로지이고 예술가는 근원적으로 노마돌로지의 지식인이다. 노자가 성인이라고 부르는 노마돌로지의 지식인은 대지와 마찬가지로 "**스스로 사는 것이 아니므로/능히 오래 사는 것이다.**"

지식인이 '스스로 살지 않는' 방법은 자신의 몸을 항상 미완의 상태에 머물게 하는 것이다. 이 세상의 모든 사람들은 스스로 몸을 내세워 교수, 변호사, 시인, 소설가 등으로 자신의 몸을 기관화한다. 그러나 지식인은 스스로 몸을 내세워 기관화하지 않고 노동자 되기, 여성 되기, 동물 되기 등을 수행하면서 노동자, 여성, 동물로 하여금 전제군주나 현인 혹은 남성이나 인간에 의하여 강요된 종속과 식민의 노예로부터 벗어나 스스로 새로운 몸의 생성으로 거듭나도록 돕는다.

"그러므로 지식인은 [몸을 내세워 현재의 사회체에 의해 규정되는 교수, 변호사, 시인, 소설가 등으로 자신의 몸을 기관화하지 않고] 몸을 뒤에 둠으로/몸이 [미래의 생성을 주도하는 역할을 하면서] 앞서게 되"는 것이다. 지식인은 근원적으로 기관들 없는 몸이 현재의 지배-종속구조 속에서 어떻게 기관들로 가득 찬 몸으로 영토화되었는지 사유하여 그 영토로부터 탈영토화할 수 있는 "**그 몸의 외연을 사유함으로/몸이 존재하게 된다.**" 즉 현재를 바라보는 시선 속에서 "**스스로 사는 것이 아니므로**" 항상 미래의 생성으로 나아가는 것이고, 또한 미래의 생성으로 나아가기 때문에 "**능히 오래 사는 것이다.**"

"이는 결국 [현재로 규정되는] 사사로움이 없기 때문이 아닌가/그러므로 능히 [미래의] 사사로움을 이룬다."

8. 리좀의 책(Book of Rhizome)

최고의 지식은 물과 같다

물은 만물을 이롭게 하지만 다투지 않고
사람들이 싫어하는 곳에 있다

물은 길에 가깝다

몸을 적절한 곳에 두고
마음을 적절한 깊이에 두고
적절한 은혜를 베풀고
최선의 믿음으로 말하며
최선의 다스림으로 바로 잡으며
최선의 능력으로 일을 하고
최선의 때에 움직인다

그 중에서 오직 다투지 않으므로
허물이 없다

The supreme knowledge is like water.

Water nourishes all things without trying to,
And takes pleasure in the low places that people disdain.

Water is like the way.

In dwelling, live close to the ground.
In thinking, keep to the simple.
In doing, be fair and generous.
In saying, do with supreme belief.
In governing, don't try to control.
In working, do what you enjoy.
In acting, do when it is good.

When you don't compare or compete,
Everybody will respect you.

들뢰즈는 『천 개의 고원』을 시작하는 제1장에서 지식의 원천이라고 할 수 있는 책의 구성을 세 종류로 구분하고 있다. '뿌리를 갖는 책'(the root-book), '곁뿌리 혹은 총생뿌리를 지닌 책'(radicle-system, or fascicular root-book) 그리고 '리좀'(rhizome)이 그것이다. 들뢰즈가 이야기하는 책은 지식체계를 의미하는 동시에 삶의 체계를 의미한다. 책은 어떤 신적인 존재나 천재에 의하여 창조되거나 독창적으로 만들어진 '작품'(work)이 아니라 수많은 관계에 의하여 구성된

'텍스트'이다. 책은 저자나 작가가 의도하는 어떤 단일한 의미를 내포하거나 말하고 있는 것이 아니라 저자나 작가의 수많은 관계에 의하여 구성된 다양성의 지식이나 삶을 보여주는 것이기 때문에, 그 책과 만나는 독자의 '크로노토프'(chronotope)[5]적인 관계에 따라 의미가 변화하고 다양성의 지식이나 삶이 생성되는 것이다. 따라서 서점이나 도서관에 있는 책들만 책이 아니고 길거리의 나무 한 그루나 지나가는 어떤 사람의 삶도 하나의 책이다. 이 세상에 존재하는 모든 사물은 수많은 다양성을 내포하고 있는 하나의 책인 동시에 텍스트이다. 그러나 국가철학과 노마돌로지가 혼재해 있는 오늘의 상황에서 '작품'과 '텍스트'가 혼용되어 사용되듯이 들뢰즈가 이야기하는 세 종류의 책은 우리의 삶과 지식이 지니는 세 종류의 차이를 보여준다.

들뢰즈가 이야기하는 첫번째 책은 '뿌리를 갖는 책'이다. 그러나 땅의 표면에 드러나 있는 것은 나무이고 뿌리는 땅의 표면 아래에 묻혀 있기 때문에 뿌리란 이상세계의 이미지이고, 그 뿌리에서 솟아난 나무는 현실세계의 이미지이다. 이러한 책은, 마치 예술작품이 자연을 모방한다고 말하듯이 현실의 인간세계를 모방한다. 그래서 '뿌리를 갖는 책'은 현실세계 속에서 뿌리에 근원을 둔 변증법적인 판단과 과거에 대한 반성적인 사유를 북돋우지만, 이러한 판단과 사유는

---

[5] 바흐틴(M. M. Bakhtin)이 시간을 의미하는 크로노스(chronos)와 공간을 의미하는 토포스(topos)를 결합하여 만든 신조어이다. 『의미의 논리』(*The Logic of Sense*)에서 제시하는 들뢰즈의 구분에 의하면, 에이온(Aion)의 시간이 언어와 감각을 통하여 미래와 과거로 흩어지는 생성의 시간이라면 크로노스의 시간은 영원한 현재라는 잠재성의 시간이다. 그러나 바흐틴이 사용하는 크로노스의 시간은 "4차원의 공간을 의미하는 시간과 공간의 불가분성"을 제기한다는 면에서 들뢰즈가 이야기하는 에이온의 시간까지도 내포한다고 볼 수 있다. 이에 관해서는 M. M. Bakhtin, *The Dialogic Imagination*(Michael Holquist ed., Caryl Emerson and Michael Holquist trans., Austin: University of Texas Press, 1981, p. 84) 참조.

결코 다양성을 이해하지 못한다. 우리가 흔히 고전이라고 부르는 책들이 여기에 속한다. 이와 더불어 들뢰즈와 가타리는 오늘날의 프로이트를 따르는 정신분석, 촘스키 유의 언어학, 구조주의를 비롯하여 정보이론을 다루는 책들을 '뿌리를 갖는 책'의 부류에 포함시킨다. 이러한 책들이 독자들에게 요구하는 것은 원형과 모델을 통한 이해와 해석이다. 우리가 흔히 전근대적이라고 비판하는 것은 이러한 '뿌리를 갖는 책'이 지니고 있는 이항논리와 주체와 객체라는 대응관계의 인식론이다.

　두번째 종류의 책은 '곁뿌리 혹은 총생뿌리를 지닌 책'이다. 이러한 책은 근대성의 주류를 형성하고 있는데, 이상세계의 이미지라고 할 수 있는 뿌리가 발육부진이거나 파괴되어 그 뿌리의 다양성과 이차적인 유사뿌리들이 접붙여져서 번창한 것을 말한다. 그러나 다양성과 이차적인 유사뿌리들의 번창은 항상 과거의 신화적 원형이거나 미래의 사이비가능성으로만 존속한다. 들뢰즈와 가타리가 "서구의 근대화 과정은 곧 플라톤주의로부터 탈주하는 역사이다"라고 말하는 이유는 서구근대성이 지니고 있는 플라톤적 이데아의 곁뿌리 혹은 총생뿌리의 특성을 일컫는 것이라고 할 수 있다. 따라서 곁뿌리 혹은 총생뿌리를 지닌 책은 이데아나 신을 법률이나 국가로 대체하고, 가치를 자본으로, 아름다움을 추상으로, 개념을 명제로, 생성을 기능으로 대체할 뿐이다. 그러나 다양한 곁뿌리들이 지니고 있는 총생적 체계는 항상 이원론, 즉 정신-몸, 주체-객체, 인간-자연, 남성-여성 등의 이분법으로부터 완전히 벗어나지 못한다. 근원적 뿌리가 지닌 통일성은 끊임없이 해체되고 방해받지만 항상 새로운 종류의 통일성이 주체의 내부에서 승리의 찬가를 부른다. 끊임없이 생성되는 주체는 더 이상 이분법을 만들 수 없음에도 불구하고 항상 보완적인 의미에서 이중성이니 중층결정이니 하는 고차원적인 통일성으로 접근한다.

'뿌리를 갖는 책'이 과학적 기능의 책이라면, '곁뿌리 혹은 총생뿌리를 지닌 책'은 종교적 신비화로 나아가는 책이라고 할 수 있다. 그러므로 플라톤주의로부터 벗어나고자 하는 극단을 형성하고 있는 페미니즘와 탈식민주의, 생태주의가 가지는 최고의 위험은 남성을 여성으로, 서구를 비서구로, 인간을 자연으로 대체하여 여성·비서구종족·자연을 종교적 신비화로 포장하는 것이라고 할 수 있다.

세번째 종류의 책이 구근이나 덩이줄기 형식의 '리좀으로 구성된 책'이다. 구근이나 덩이줄기의 리좀은 뿌리나 곁뿌리 혹은 총생뿌리가 지닌 유일자라는 중심을 가지고 있지 않다. 무한수 n으로부터 유일자 1을 뺀 'n-1'의 가능성이 항상 다양성의 일부를 이룬다. 그런데 문제는 '리좀으로 구성된 책'을 보면서 우리는 '뿌리를 갖는 책'이나 '곁뿌리 혹은 총생뿌리를 지닌 책'조차도 '리좀으로 구성된 책'의 일부라는 것을 알 수 있다는 점이다. 다시 말해 구근이나 덩이줄기를 지닌 식물뿐 아니라 모든 식물과 동물들이 리좀으로 구성된 것이라는 사실을 알 수 있다는 것이다. 감자나 고구마, 땅콩, 칡넝쿨이나 잡풀과 마찬가지로 고양이, 원숭이, 늑대, 호랑이 들도 단지 좀더 훌륭한 리좀과 좀더 조악한 리좀만 있을 뿐이다. 개보다 더 늑대 같은 인간이 있고, 고양이보다 더 살쾡이 같은 호랑이가 있고, 인간보다 더 개 같은 돼지가 있다. 한국인이 미국인보다 더 영국적이고, 일본인이 한국인보다 더 중국적이며, 중국인이 몽고인보다 더 유목민적이다. 이런 측면에서 오늘날의 과학은 철학보다 더 예술적이고, 예술은 과학보다 더 철학적이며, 철학은 예술보다 더 과학적이다.

들뢰즈와 소크라테스와 노자의 노마돌로지는 리좀이다. 노자가 "최고의 지식[선]은 물과 같다"고 말하는 것은 "리좀적인 삶 혹은 지식이 물과 같다"는 것이다. 들뢰즈와 가타리가 이야기하는 생산하는 욕망의 흐름 혹은 가물가물한 내재성처럼 물이 지니고 있는 리좀적 특성은 모든 점과 연결될 수 있으면서 항상 그 점에 동화되지 않는 이질성으로 남아 있다는 것이다. 이러한 리좀적 삶이나 지식은 만물의 모든 점과 연결되어 마치 모든 곳에 스며들어 모든 것과 연결되는 "물은 만물을 이롭게 하지만 다투지 않"듯이 만물을 생성하여 이롭게 하고 곁뿌리나 총생뿌리처럼 근원적인 뿌리의 원형이나 이데아가 되려고 다투지 않는다. 리좀적인 삶이나 지식은 '뿌리를 갖는 책'이나 '곁뿌리 혹은 총생뿌리를 지닌 책'이 주를 이루고 있거나 지배-피지배라는 현실의 이미지들로 남아 있는 사람들 곁에 있는 것이 아니라, 뿌리나 곁뿌리 혹은 총생뿌리를 지향하는 "사람들이 싫어하는 곳에 있"을 수밖에 없다.

오늘날의 영화나 인터넷 문화는 리좀적인 삶과 지식이라고 할 수 있다. 마치 오늘날의 도시가 도시유목민이라고 할 수 있는 노마드의 문화로 형성되어 있듯이 오늘날의 도시문화를 대표하는 영화나 인터넷 문화는 (n-1)개의 무한한 관계로 맺어질 수 있는 연결적 특성과 특이성으로 생성되는 이질성을 지닌다. 이러한 리좀적 삶과 지식이 지닌 연결적 특성과 이질성은 마치 우주가 끊임없이 팽창하는 것처럼 끝없는 점들의 다양성으로 확산된다. 이러한 다양성의 생산과 팽창을 저해하는 것이 옛날에는 국가나 종교였지만, 지금은 이분법을 고수하는 페미니즘이나 탈식민주의 같은 이론이라고 할 수 있다. 따라서 리좀적 삶과 지식은 페미니스트이면서 탈식민주의자이거나, 생태주의자이면서 탈식민주의자이고, 페미니스트이고, 노마드이고, 시인이 되는 다양성을 요구한다.

페미니즘과 탈식민주의, 생태주의가 리좀적인 다양한 가로지르기를 달성하지 않으면, 그것은 옛날의 마르크시즘이나 휴머니즘처럼 이데아나 신비화의 뿌리를 지니거나 곁뿌리 혹은 총생뿌리로 남아서 끊임없이 국가철학이나 이데올로기의 이데올로기로 환원된다. 학생이면서 선생이고, 남편이면서 아내가 되고, 아버지이면서 자식이 될 뿐 아니라 아들이면서 딸이 되는 다양성의 획득은 리좀적 삶의 필수적인 요소이다. 노자는 리좀적 삶의 특성을 지닌 **"물은 길에 가깝다"**고 말한다. "길을 길이라고 부르면 이미 길이 아니다"고 하듯이, 오늘날의 리좀적 삶과 지식은 (n-1)개의 가능한 선분과 그릇들을 채울 수 있다. 그래서 오늘날의 리좀적 삶과 지식을 구성하는 인터넷 글쓰기와 영화 이야기는 기존의 '뿌리를 갖는 책'과 '곁뿌리 혹은 총생뿌리를 지닌 책'이 지니고 있는 국가장치의 역할에 대항하여 전쟁기계의 역할을 수행한다. 오늘날 다양한 인터넷 게시판에서 이루어지는 모든 권력에 저항하는 싸움을 보라.

리좀적 삶과 지식이 지니고 있는 또 다른 특성은 기표라는 언어의 차원을 뛰어넘는 재생과 부활이다. 현실이라는 표면에서 이루어지는 리좀적 삶과 지식의 수많은 선분들은 깨질 수 있고 부수어질 수 있지만, 그 삶과 지식을 구성하고 있는 리좀적 특성은 끊임없이 부활하고 재생한다. 미국은 이슬람사람들을 근절시킬 수 없고, 이스라엘은 팔레스타인사람들과의 싸움에서 이길 수 없다. 구소련이나 동유럽의 여러 나라들은 리좀적 삶을 통하여 끊임없이 부활하거나 재생할 것이고, 베트남전쟁과 마찬가지로 미국은 절대로 북한을 이길 수 없다. 우리는 또한 개미떼나 쥐떼를 근절시킬 수 없거니와 우리가 새떼나 물고기떼를 근절시키려고 한다면, 마치 알프레드 히치콕의 영화 〈새〉(Bird)에서 보듯이 그들의 공격을 받을 것이다. 이것은 근대 과학기술에 대해서도 마찬가지이다. 우리가 과학기술을 혐오하거나 과거의 중세나 고대로 퇴행한다면, 마치 스탠리 큐브릭과 스티븐 스필버그가 공동으로 제작한 영화 〈인조인간 A. I.〉처럼 과학은 인간에게 적대적이 되거나, 가까운 미래에 인조인간은 우리네 인간을 말살할 것이다. 따라서 우리는 과학기술을 혐오하거나 과거의 중세나 고대의 삶으로 퇴행하는 것이 아니라 끊임없이 미래의 선분이나 길을 재구성하여 과학기술을 탈근대 혹은 노마드나 리좀적으로 재배치해야 한다.

이러한 리좀적 삶이나 지식을 습득하는 자세를 노자는 "몸을 적절한 곳에 두고/마음을 적절한 깊이에 두고/적절한 은혜[인]를 베풀고/최선의 믿음으로 말하며/최선의 다스림으로 바로잡으며/최선의 능력으로 일을 하고/최선의 때에 움직인다"고 말하였다. 그리고 "그중에서 오직 다투지 않으므로/허물이 없다"고 말함으로써 '다투지 않음'을 리좀적 삶과 지식이 지니고 있는 최고의 미덕으로 삼았다. "몸을 적절한 곳에 두고/마음을 적절한 깊이에 두고/적절한 은혜[인]를 베푼"다는 것은 현실의 표면에서 이루어지는 나무의 다양한 선분들에 몸이나 마음을 고정시키거나 혹은 그러한 현실의 표면으로부터 완전히 벗어나 뿌리나 곁뿌리 혹은 총생뿌리가 되는 것이 아니라 나무와 뿌리의 중간인 줄기로 남아 끊임없이 뻗어나가는 것을 말한다.

결국 리좀적 삶이나 지식은 현실의 표면에 있는 나무를 분석하여 판단하는 글쓰기, 뿌리나 곁뿌리 혹은 총생뿌리라는 국가철학이나 종교 혹은 과학적 기능으로 글을 쓰는 말하기가 아니라 나무와 뿌리의 중간인 줄기의 생성에 대해 '최선의 믿음으로 말하며', 줄기의 생성을 가능하게 하는 '최선의 다스림으로 바로잡으며', 줄기의 생성이 땅이라는 막힌 공간을 파고 들어가 감자나 고구마를 만드는 것처럼 현실세계의 막힌 공간을 파고 들어가 노마드 무리의 고원을 형성하는 '최선의 능력으로 일을 하고', 그 노마드 문화의 고원을 형성하는 '최선의 때에 움직여야 한다. 그리고 이러한 삶과 지식은 이분법으로 구성된 다툼이나 대립의 지식 또는 삶이 아니라 지속적인 다양성을 생성하는 탈영토화의 지식 또는 삶이다.

전지구적인 후기근대의 상황에서 우리의 노마드적이고 리좀적인 문화의 생성을 방해하는 문화권력에 대항하는 길은 문화권력에 대항하여 다투는 것이 아니라 문화권력으로부터 탈영토화하여 노마드적이고 리좀적인 삶과 지식을 창출하는 것이다. 노마드적이고 리좀적인 문화는 민족주의나 국가주의가 아니라 아시아·아프리카·유럽·아메리카의 수많은 리좀적인 문화들과 뒤섞이는 것이다. 후기근대의 문화 속에서 이러한 노마드적이고 리좀적인 문화의 생성을 방해하는 것은 미국이다. 미국은 끊임없이 선-악, 테러-반테러의 이분법을 생산한다. 그러나 미국의 이같은 이분법적 다툼의 정책에 대항하는 길은 민족주의나 국가주의가 아니다. 우리의 민족주의나 국가주의는 일본과 중국의 민족주의나 국가주의를 더욱 강화시킬 뿐이고, 또한 일본과 중국의 민족주의나 국가주의는 궁극적으로 미국의 민족주의나 국가주의를 강화시킬 뿐이다. 미국중심의 전지구적 제국주의로부터 벗어나는 길은 민족주의나 국가주의가 아니라 서구적 근대를 구성하여 후기근대를 구성하고 있는 미국중심의 지식과 삶으로부터 탈영토화하여 전지구적인 노마드적이고 리좀점인 삶과 지식을 재구성하는 것이다.

9. 노마드적 관계의 선분(The Line of Nomad-ic Relationship)

지속적으로 가득 차 있는 것은
차라리 그만두는 것보다 못하다
쇠를 두드려서 예리하게 하면
오래 보존하지 못한다
금과 옥을 집에 가득 채우면
능히 지킬 수가 없고
부귀하여 교만해지면
스스로 허물을 남기게 된다

공을 세우면 몸을 뒤로하는 것이
하늘과 땅의 길이다

Fill your bowl to the brim,
It will spill.
Keep sharpening your knife,
It will blunt.

Chase after money and security,
your heart will never unclench.
Care about people's approval,
You will be their prisoner.

Do your work, then step back;
It is the only way of sky and land.

　한국전쟁 이후 한반도의 반쪽인 남한사회에서 사회변혁의 첨병 역할을 했던 세대라면 4·19혁명 세대와 80년 광주민주화항쟁 세대이다. 그러나 4·19세대의 주요한 이념적 도구는 당시 경찰국가의 폭력에 대항하여 다양한 실존주의적 삶을 대변하는 자유인본주의였고, 광주항쟁세대의 이념적 도구는 군사독재와 파시즘에 저항하는 마르크스주의였다. 서구 근대자본주의가 형성한 국가주의의 두 축인 자유인본주의와 마르크스주의 국가철학이 한국전쟁 이후 한국의 사회변혁을 주도했다는 것은, 곧 서구 근대국가들이 거의 2세기에 걸쳐서 경험한 근대성을 불과 반세기라는 짧은 기간에 경험했다는 것을 의미한다. 이 경험은 서구의 근대경험을 반복한 것인 동시에 한국전쟁 이전에 한반도에서 일어난 사회변혁의 경험을 반복한 것이기도 하다. 19세기 말부터 일제식민지 기간 동안 한반도의 근대화 노력은 서구의 자유인본주의와 유사한 유교적 인본주의에 토대를 둔 사회변혁과 서구의 마르크스주의와 유사한 동학 같은 개벽이론에 토대를 둔 민족해방의 추구였다.
　서구사회에서 근대화에 의해 형성된 이 두 가지 국가철학의 대립적인 경험을 극한으로 몰고 간 것은 1968년 5월의 프랑스 파리였다고 할 것이다. 당시 파리대학은 축제기간에만 여학생기숙사에 대한 자유왕래를 허용하였는데, 이를 일상적으로 개방하라는 요구로 시작된 1968년 5월의 대학생 데모는 순식간에 전국적으로 퍼져나갔다. 그렇지만 정치인은 정치인대로, 노동자는 노동자대로 자신들의 이익만 요구했지 학생과 노동자·정치인·여성·유색인을 망라한 사회변혁을 위한 친구나 연인 관계의 연대는 이루어지지 않았다. 1968년 5월을 계기로 프랑스 지식인들은 독일 파시즘에 저항하였던 레지스탕스들과 자유를 추구하며 독재에 저항하였던 실존주의자들이 자신들과 함께 파시즘과 독재에 저항하여 싸웠던 가난한 사람들과 여성, 유색인들 위에 군림하는 권력이 된 것을 발견한 것이다. 마르크스주의와 자유인본주의의 실존주의자들이 프랑스라는 국가를 매개로 만든 새로운 국가권력은 국가권력을 유지하기 위한 국가철학의 변종임을 깨닫게 되었던 것이다.

    4·19와 광주항쟁, 1987년 6월항쟁을 거치면서 형성된 오늘날의 한국사회가 자유인본주의도, 마르크스주의도 아닌, 양자를 동시에 이룩하는 새로운 사회로 나아가는 것과 마찬가지로, 프랑스를 비롯한 유럽의 1968년 5월 이후의 모습은 마치 중세의 종말을 고했던 르네상스시대의 대두처럼 서구적 근대의 종말을 고하는 새로운 탈근대의 시작이라고 할 수 있다. 1968년 5월 이후 프랑스에서는 인간주체의 무한한 자유를 신뢰하고 그 자유를 무기로 자신이 놓여 있는 상황에 맞서싸우는 인간의 실존주의적 경향이 무너지기 시작했다. 각 개인이 아무리 자유롭고자 해도 자신을 지배하는 삶의 구조에 종속되어 있을 뿐 아니라 삶의 의미를 만들어내는 힘은 그 구조에서 나온다고 본 구조주의적 경향 또한 무너지기 시작했다. 이 두 가지 근대적 지식은

상호 대립하면서 상호 부정한다. 상호대립과 상호부정은 서로가 서로를 현실적으로 존재하게 만드는 힘이기도 한데, 이 힘은 탈근대로 나아가려는 새로운 힘을 무력화시키고 허무주의적인 현실에 만족하고자 한다.

그러나 또 한편으로 이같은 상호대립과 상호부정은 서구사회가 나아가는 방향에 대해 근본적으로 의문을 던지는 계기가 되었고, 이를 계기로 레비-스트로스(Claude Levi-Strauss) 같은 사상가들은 구조주의와 후기(혹은 탈)구조주의의 연결고리를 '생명'(Eco)에서 찾게 된다. 이들은 경험을 강조하는 현상학이나 개인적 선입관을 철학 혹은 휴머니즘이라 부르는 실존주의를 거부하면서 '생명'이라는 보편성을 사유의 중심에 놓는다.[6] 이렇게 해서 '생명'이라는 보편성에 대한 사유는 실존적 휴머니즘의 비평과 자연-문화의 이분법에서 서구 근대의 역사적 배경이 되었던 인간의 휴머니즘적 주체를 제거할 수 있는 토대를 마련하였다. 또 이러한 토대는 '근대 이전'이나 '구조 이전'이라는 낭만주의적 사고유형으로 돌아가지 않는 한, 전지구적으로 새로운 흐름을 주도하고 있는 페미니즘이나 탈식민주의, 생태주의 같은 삶의 운동이나 지식경향들과 탈근대적 관련을 맺을 수 있다.

서구의 지식체계에서 '생명'의 보편성에 대한 사유를 좀더 근원적으로 천착한 사람은 들뢰즈와 가타리이다. 이들은 실존주의적 잔재와 작별하면서 '생명'의 보편성에 근거하여 새로운 생태적 주체를 사유한다. 들뢰즈와 가타리가 이야기하는 생태적 주체인 정신(몸 혹은 사유의 운동), 사회(시민권 혹은 문화생산), 자연(환경)은 실존주의적 인간주체의 경제적 이익만을 추구하는 사유로부터 벗어날 뿐만 아니

---

6) Verena Andermatt Conley, *Ecopolitics*, London and New York: Routledge, 1997, pp. 40~55.

라, 자연-문화를 이분법으로 구분하는 전지구적 경제원칙에 대항하여 비물질적 생산과 물질적 객관성을 다시 사유하고자 한다. 이것은 단순히 물질에서 비물질로 이동하는 후기자본주의의 상품을 찬양하는 것이 결코 아니다. 자본주의가 만든 시간과 공간의 압축과 미디어의 힘 속에서 잃어버린 생태적 주체를 사유하기 위한 존재론적 영토를 만드는 것이다. 따라서 정신생태학, 사회생태학, 자연생태학이라고 부를 수 있는 생태적 주체의 존재론적 영토는 개별적으로 존재하는 것이 아니고 생산과 생성이라는 '상호관계'에 의하여 규정된다.

이런 측면에서, 들뢰즈와 가타리의 사유체계를 이해하고자 하는 이론가들이 자신들의 이론을 '선험적 경험주의'(transcendental empiricism)라고 부르는 이유는 칸트의 선험주의와 영국 경험주의에서 강조하는 '선험'과 '경험'의 자리에 들뢰즈와 가타리는 생명성의 '관계'를 설정하고 있기 때문이다.[7] 즉 몸(정신)과 사회, 자연이라는 물질적 객관성을 지닌 개별적인 생태적 주체는 상호관계의 형성 속에서 비물질적 생산으로 나아가 새로운 몸과 사회, 자연이 된다는 것이다. 이러한 비물질적 생산과 물질적 생성의 흐름을 들뢰즈와 가타리는 탈영토화와 재영토화 과정이라고 부른다. 탈영토화와 재영토화 과정을 통하여 인간은 현실적으로 존재하고, 사회는 원시영토 기계나 전제군주 기계, 자본주의 기계로 존재한다. 그리고 자연 또한 봄, 여름, 가을, 겨울로 존재한다. 이같은 탈영토화와 재영토화 과정을 인식하는 것은 예술적인 노마돌로지의 삶과 지식을 선택하지 않는 한 거의 불가능하다. 그래서 1960년대 이후 끊임없이 탈영토화와 재영토화의 과정을 체험한 신경림 시인은 1990년대 이후의 한국사회

---

7) Ian Buchanan, "Deleuze and Cultural Studies," Gary Genosko ed., *Deleuze and Guattari* vol. I, London and New York: 2001, pp. 17~29.

를 다음과 같이 노래한다.

> 강물이 힘차게 달려와서는
> 댐에 와 부딪쳐 소리를 내며 부서진다.
> 다시 파도를 이루어 헐떡이며 달려오지만
> 또 댐에 부딪쳐 맥없이 깨어진다.
> 깨어진 물살들은 댐 아래를 맴돌며 운다.
> 흐르지 못하는 답답함으로
> 댐을 뛰어넘지 못하는 안타까움으로
> 소리 내어 운다.
>
> 댐을 뛰어넘지 못하는 것이 어디 강물뿐이랴,
> 강물을 구경하고 있는 사람들이 모두
> 발을 구르고 소리를 지른다.
> 하면서도 사람들은 왜 모르고 있는 것일까,
> 댐을 뛰어넘자고 깨어부수자고 달려온
> 그들 자신이 어느새 댐이 되어 서 있다는 것을,
> 파도를 이루어 뒤쫓아오는 강물을
> 댐이 되어 온몸으로 막고 있다는 것을.
> 강물이 흐르는 것을 막고 있는 것은
> 이제 저 자신이라는 것을. (신경림의 『쓰러진 자의 꿈』 중에서)

'댐을 보며' 시인이 바라보는 것은 물 혹은 물이 이루는 선분의 힘이다. 비록 "강물이 힘차게 달려와서는/댐에 와 부딪쳐 소리를 내며 부서지"고 "다시 파도를 이루어 헐떡이며 달려오지만/또 댐에 부딪쳐 맥없이 깨어"지지만 "깨어진 물살들은 댐 아래를 맴돌며 운다." 그러나 물살들이 '소리 내어' 울고 있는 까닭은 "흐르지 못하는 답답함"이고 "댐을 뛰어넘지 못하는 안타까움"이기에 언젠가 오게 될, 홍수와 폭풍우로 인하여 댐문을 열거나 댐을 넘어서 함께 소리지르며 흘러갈 것을 알고 있다. 따라서 물을 물의 생명성으로 지속시키는 것은 흐름인 것과 마찬가지로 사람을 사람의 생명성으로 지속시키는 것은 자유인본주의나 마르크스주의의 국가철학적 지식이 아니라 관계의 생명성, 즉 정착민의 사유가 아니라 노마드적인 사유로 끊임없이 관계를 추구하며 흐르는 노마돌로지의 지식이다.

근원적으로 노마돌로지를 사유하는 노자는 이러한 관계의 흐름이 지니고 있는 생명성을 보지 못하고 고정된 사유의 틀로 "**지속적으로 가득 차 있는 것은/차라리 그만두는 것보다 못하다**"고 이야기한다. 한국 근대사회 속에서 수없이 길을 찾으며 노마드적 삶과 사유를 통한 생성으로 나아가는 신경림 시인은 마침내 1990년대의 우리들 속에서 "지속적으로 가득 차 있는 것은/차라리 그만두는 것보다 못하다"는 노자의 인식을 발견한다. 그래서 시인은 "댐을 뛰어넘자고 깨어 부수자고 달려온/그들 자신이 어느새 댐이 되어 서 있다는 것을,/파도를 이루어 뒤쫓아오는 강물을/댐이 되어 온몸으로 막고 있다는 것을./강물이 흐르는 것을 막고 있는 것은/이제 저 자신이라는 것을" 하고 소리치는 것이다.

노마드적 관계의 선분 혹은 길이라는 탈주선은 어떤 사유나 삶의 옳음 혹은 정통성이 절대적·초월적으로 존재하지 않는다는 것을 의미한다. 오늘의 생명성을 창조하는 선분 혹은 길이 내일의 죽음이 될 수도 있다. 그리하여 1960년 4월 19일 한국사회에서 창조적 의미를 지녔던 자유인본주의는 1980년대의 한국사회에서 하나의 거대한 물줄기를 가로막는 '댐이 되어 서 있었고', 1980년대의 한국사회를 끊임없이 창조적 선분으로 이끌었던 마르크스주의는 오늘날의 거대한 물줄기를 가로막는 '댐이 되어 서 있다'고 할 수 있다.

그래서 노자는 오늘의 적을 대적하기 위하여 "쇠를 두드려서 예리하게 하면/오래 보존하지 못한다"고 이야기하거니와 "금과 옥을 집에 가득 채우면/능히 지킬 수가 없고/부귀하여 교만해지면/스스로 허물을 남기게 된다"고 정착민의 삶과 사유에 대하여 경고하는 것이다. 노자가 "공을 세우면 몸을 뒤로하는 것이/하늘과 땅의 길이다"라고 말하고 있듯이, 노마드적 선분이나 길의 의미는 오늘의 창조적 생명을 잉태하는 공을 세우면 몸을 뒤로하여 새로운 내일의 창조적 생명을 잉태하는 관계로 맺어질 수 있는 선분이나 길을 준비하는 것이다. 과거나 현재의 지식, 삶의 선분이나 길은 항상 미래의 생명성으로 이루어지는 관계의 선분이나 길에 의하여 다시 그어질 수밖에 없다. 그러한 미래의 길이 노자의 노마돌로지가 이야기하는 **하늘과 땅**, 즉 자연이나 대지가 영원히 지속하는 탈영토화와 재영토화의 **길이다**.

10. 기관들 없는 몸(The Body Without Organs)

의식이 하나를 품어
떨어지지 않게 할 수 있음이여
온 마음이 부드러움을 이루어
능히 갓난아기 같음이여
가물한 거울을 깨끗이 씻어
능히 흠이 없음이여
사람을 사랑하고 나라 다스림에
능히 하지 않음이여
하늘 문을 열고 닫음이
능히 암컷 되기여
명백히 깨달아 사방에 통달함이
능히 앎이 없음이구나

생성하고 쌓이니
생성하되 소유하지 않고
이룩하되 의지하지 않고

성장하되 지배하지 않으니
이를 일컬어 가물한 실천(삶)이라 하네

Can you coax your mind from its wandering
And keep to the pure immanence?
Can you let your body become
Supple as a newborn child's?
Can you cleanse your mirror
Until you see nothing but the light?
Can you love people and lead them
Without imposing your will?
Can you be able to play the feminine part
By letting events take their course?
Can you remain detached and non-active
With enlightening and seeing far into all directions?

Giving birth and nourishing,
Having without possessing,
Acting with no expectations,
Leading and not trying to control:
This is the supreme life.

만물과 자연의 평등에 근거하여 몸을 물질의 운동과 변화, 생성으로 사유하는 것이 노마돌로지의 가장 근본적인 유물론적 원칙이다. 그리고 만물과 자연의 평등으로부터 벗어나 자연의 위계질서를 세우고 인간들의 서열관계를 만드는 것은 국가철학의 관념론적 토대이다.

따라서 국가철학은 사유와 삶의 본질이라고 할 수 있는 몸으로부터 의식을 떼어내어 의식(정신)-몸이라는 이분법을 만들어내며, 이 이분법은 항상 위기를 맞이하여 '정신[理]=몸[氣]'의 일원론으로 변형된다. 한마디로 서양과 동양의 국가철학인 플라톤주의와 유가철학의 내부에서 일어나는 끊임없는 갈등의 흐름은 일원론과 이원론의 대립과 투쟁의 역사인 것이다. 그러나 전통적인 플라톤주의와 유가철학의 일원론과 이원론은 정신-몸과 인간-자연의 이분법을 토대로 하기 때문에 상호보완의 순환구조를 지닌 환원주의의 형식을 띤다. 국가철학이 근원적인 모델로 설정하고 있는 국가형태의 변화에 따라서 이원론에서 일원론으로, 다시 일원론에서 이원론으로 순환하는 것이다.

고대그리스에서 도시국가의 변화에 따라 플라톤의 이데아-현실의 이원론이 아리스토텔레스의 형상-질료의 일원론으로 전환하였듯이, 고대중국에서 다양한 국가의 변화에 따라 공자의 이론[道]-실천[德]의 이원론은 맹자의 어질음[仁]과 정의[義]에 기반한 '이론=실천'의 일원론으로 바뀌었다. 그리고 서구 근대국가의 변화에 따라서 데카르트와 칸트의 정신-몸의 이원론은 후설과 하이데거의 '본질=현상'의 일원론으로 전환하였듯이, 전근대 조선의 유교국가에서 율곡과 퇴계의 주자학이 보여주는 것처럼 현실[理]-이상[氣]의 이원론은 현실=이상의 일원론으로 바뀐다. 이 과정에서 국가철학은 일원론의 한 방편으로 노마돌로지를 받아들이는 듯하다가도 지배-피지배라는 근원적인 국가의 부활이나 변형의 도움을 받아 국가철학의 순간적 사유의 형식인 일원론과 더불어 영원히 현실적 사유의 영토로부터 추방하려고 한다.

국가철학이 자신의 사유의 영토로부터 노마돌로지를 추방하는 방식은 지배적인 국가형태의 위기와 때를 같이하여 등장한 국가철학의 일원론에 근거해서 노마돌로지를 신비화시키는 것이다. 이와 같은 과정은 동양과 서양에서 본래의 노마드적 성격을 지닌 종교가 국가철학과 결합하여 국가종교로 전환되는 과정에서 적나라하게 드러난다. 로마제국이 수많은 학살과 박해를 하였고 마침내 국가를 도저히 지탱할 수 없어서 기독교를 인정한 이후로, 중세의 기독교라는 국가종교가 그 이전과 다르게 예수를 인간으로 보는 기독교인들의 실천적 삶을 신비화한 것처럼, 우리의 역사에서 불교가 호국불교로 전환하면서 원효와 같은 실천적 불교인들은 정통의 현실적 불교로부터 추방되어 부처의 환생으로 숭앙되거나 민속신앙으로 신비화되었다. 결국 종교의 방식으로 국가철학이나 현실의 지배-피지배구조로부터 탈영토화한다는 것은 불가능하다.

  국가가 생성된 이후의 종교는 항상 국가장치로 작용하는 국가철학의 이원론과 일원론을 구성하는 일부이다. 이는 서구 근대철학에서 스피노자나 니체 같은 노마돌로지 철학자를 이상-현실의 이분법 속에서 현실에 거하는 미친 광기의 철학자로 몰아붙인다거나 혹은 이상(the ideal)의 덫에 가두어 신비화시키는 것과 유사하다. 이처럼 국가철학이 설치해 놓은 사유의 바리케이드나 덫으로부터 벗어나는 방법은 유물론적 시각의 생명성, 즉 몸의 생명성을 사유의 근거로 삼는 것이다.

  모든 생명체의 몸은 근원적으로 기관들 없는 몸이다. 인간의 몸이 기관들 없는 몸이듯이, 동물이나 식물, 이 지구나 우주의 몸도 기관들 없는 몸이다. 기관들 없는 몸으로 존재하는 모든 생명체는 순간순간 기관들로 가득 찬 몸이 되었다가 다시 기관들 없는 몸이 된다. 오직 인간만이 자신들을 기관들로 가득 찬 몸이라고 착각한다. 인간과 비슷한 동물이 개다. 늑대와 개는 같은 종류이지만 늑대는 기관들 없는 몸으로 살고, 개는 기관들로 가득 찬 몸으로 산다. 이것은 고양이가 기관들로 가득 찬 몸으로 살지만 야생의 호랑이는 기관들 없는 몸으로 사는 것과 같다.

따라서 문제는 개체의 특성이 아니라 무리의 특성이다. 무리로부터 벗어나 개체가 된다는 것은 그 개체에 대립되는 만물을 적대적 관계의 선으로 만드는 것이다. 개나 고양이는 인간과 관계를 맺으면서, 주인 이외의 모든 대상들과는 적대적 관계가 되고 주인에 의하여 명명되는 기관들로 가득 찬 몸이 된다. 여성 또한 마찬가지이다. 가족이라는 관계 속에서 여성은 아버지·남편·아들과의 관계를 절대적으로 인식함에 따라, 그들이 명명하는 기관들로 가득 찬 몸이 되어 그들 이외의 모든 대상들과 적대적 관계에 들어서게 된다. 근대의 국가라는 관계 속에서 인간은 지역·학교·회사라는 국가기관들 속에 있는 것을 절대적 관계로 인식함에 따라, 그것들 각각이 명명하는 기관들로 가득 찬 몸이 되었다. 그러나 개나 고양이, 여성 혹은 우리 인간 전체가 기관들 없는 몸이 되는 것은 순간이다.

이러한 기관들 없는 몸 되기를 노자는 "의식이 하나를 품어/떨어지지 않게 할 수 있음이여"라고 노래한다. 우리의 '의식'이 '하나'의 생각, 즉 기관들 없는 몸이라는 생각을 품어서 나무와 바람과 돌과 지구와 우주 같은 수많은 기관들 없는 몸과 서로 "떨어지지 않게 할 수 있음"은 개, 고양이, 여성 혹은 우리 인간 전체가 국가철학에 의하여 추상적으로 만들어진 기관들로 가득 찬 몸으로부터 벗어나는 길이다. 기관들 없는 몸은 "온 마음이 부드러움을 이루어/능히 갓난아기 같음이여"처럼 똥과 음식, 먹기와 배설하기 등의 구별이 없을 뿐 아니라 그 어떤 기능적인 언어로도 수많은 관계의 대상들을 좋음과 나쁨 등으로 재단하지 않는 것이다.

언어나 국가철학 같은, 세상을 바라보는 길들여진 방식이 아니라 그러한 세상보기의 "가물한 거울을 깨끗이 씻어/능히 흠이 없음"으로 만드는 것은 남성이나 여성, 식물이나 동물, 자연이나 우주 전체를 그 자체의 있는 그대로 기관들 없는 몸으로 바라보는 것이다. 기관들 없는 몸 되기는 "사람을 사랑하고 나라 다스림에/능히 하지 않음"이지만, 바람과 만나면 바람이 되고 돌을 만나면 돌이 되고 뱀이나 고슴도치, 기러기나 물고기를 만나면 곧 뱀과 고슴도치와 기러기와 물고기가 되는 것이기 때문에 하늘 문을 열고 닫음이라는 수많은 생성의 미래 속에서 그 생성을 품어 생산하는 일을 능히 이루어내는 암컷 되기라고 할 수 있다.

끊임없이 미래로, 미래로 나아가는 '암컷 되기'는 지속적인 생성의 세계를 "명백히 깨달아 사방에 통달함"이라고 말할 수 있지만, 오늘이라는 기관들로 가득 찬 몸의 세계에서 바라보면 "능히 앎이 없음이구나" 하고 한탄할 수도 있다. 그러나 기관들 없는 몸 되기라는 미래의 세상에서 바라보면 "명백히 깨달아 사방에 통달함"은 또한 "능히 앎이 없음"과 동일한 "의식이 하나를 품어/떨어지지 않게 할 수 있음"의 미래이다. 이러한 기관들 없는 몸 되기라는 미래의 삶은 곧 현실 속에서 끊임없이 "생성하고 쌓이니/생성하되 소유하지 않고/이룩하되 의지하지 않고/성장하되 지배하지 않"는 역설의 삶이 된다. 이를 일컬어 노자는 기관들 없는 몸 되기의 "가물한 실천[삶]이라 하네" 노래한다. 그러나 이분법적 이원론과 일원론을 토대로 항상 과거와 현재의 서열관계나 주어진 기능만으로 판단하는 국가철학의 입장에서 기관들 없는 몸 되기가 지니고 있는 '가물한 삶의 실천'을 어찌 깨달을 수 있겠는가?

11. 노마드적 주체(The Nomadic Subject)

서른 개의 바퀏살이
한 바퀴통에 모여
그 바퀴통의 없음이
수레의 용도가 있음이다

찰흙을 빚어 그릇을 만들고
그 그릇의 없음이
그릇의 용도가 있음이다

문이나 창을 내어 방을 만드는데
그 방의 없음이
방의 용도가 있음이다

있음의 이로움은
없음의 사용함이다

We join 30 spokes together in a wheel,

But it is the center hole
That makes the wagon move.

We shape clay into a pot,
But it is the emptiness inside
That holds whatever we want.

We hammer wood for a house,
But it is the inner space
That makes it livable.

We work with being,
But non-being is what we use.

'나'는 곧 기관들 없는 몸이고, 기관들 없는 몸이 곧 '나'라는 주체이다. 나는 한밤중 하늘에 떠 있는 별들을 바라보며 "저 별은 나의 별, 저 별은 너의 별" 하고 노래할 수 있는 것처럼, 우주만물의 모든 대상들과 관계를 맺어 '그 무엇 되기'를 달성할 수 있다. 이와 같은 관계 맺기를 통하여 생성된 그 무엇이 곧 '나'라는 주체(subject, 主體)이다.

나는 학생들과의 관계에서 선생이고, 어떤 강의를 들으면 학생이고, 술집에선 술꾼이고, 집에선 남편 혹은 아버지이고, 고향에 내려가선 농부의 친구이며 아버지와 어머니의 아들이기도 하다. 다양한 관계는 맺는 순간마다 내가 나를 기관들로 가득 찬 몸으로 만드는 교수·아버지·남자 등의 기관들로부터 벗어나 관계를 생성시키는 기관들 없는 몸이 되었을 때 비로소 나는 항상 또 다른 그 무엇을 생성할 수 있다. 모든 물체의 나를 구성하는 주체란 기관들 없는 몸 위를 떠다니는 방랑자처럼 방황하면서 욕망하는 기계들에 의하여 생산되는 생산물의 몫에 의하여 매순간 정의되는 존재인 것이다. 그것은 존재 스스로 정의하는 것이 아니라 이곳저곳에서 만나는 관계의 대상에 의하여 규정되고, 생성이나 변신의 형식에 따라 주체라고 이름지어질 수 있는 보상을 얻는다 하겠다.

주체라고 이름지어질 수 있는 관계 맺기의 보상은 즐거움(pleasure, jouissance)이다. 나는 학생들 각각을 그들 나름의 생성으로 나아가도록 도와주면서 그들에 의하여 선생이라고 명명되는 주체의 즐거움을 향유한다. 꽃을 꽃이라고 부르면서 나는 꽃이 되는 생성을 통한 향기를 맡는 즐거움을 향유한다. 이렇듯 즐거움은 생성의 즐거움인 것이다. 학생 되기를 통한 선생으로 생성되는 즐거움, 꽃 되기를 통한 꽃의 향기 맡기의 즐거움, 여성되기를 통한 남성적 생성의 즐거움, 아들 혹은 딸 되기를 통한 어머니나 아버지로 생성되는 즐거움, 고아 되기를 통한 노마드적 주체로 생성되는 즐거움….

또한 생성의 즐거움은 관계적 생성의 즐거움이다. 관계적 생성의 즐거움이란 생성을 빼앗는 즐거움이 아니라 생성을 주는 즐거움이다. 최고의 즐거움, 즉 쾌락이나 열락은 관계를 맺는 대상에게 생성의 즐거움을 완전하게 제공하였을 때 도달하는 극한적 생성의 즐거움이다. 어린아이의 미친 듯한 열락의 세계 혹은 여성들의 환호하는 듯한 쾌락의 세계를 보라. 기관들로 가득 찬 몸의 주체가 사라졌을 때, 기관들 없는 몸의 쾌락을 향유하는 노마드적 주체는 생성된다.

이러한 주체의 구성을 노자는 당시의 지배적인 운송수단인 마차의 바퀴를 예로 들어 설명하고 있다. 수레의 바퀴는 수많은 물체가 수많은 관계에 의하여 주체를 구성하는 것과 마찬가지로 "서른 개의 바큇살이/한 바퀴통에 모여" 하나의 바퀴통이라는 주체를 구성한다. 그리고 이러한 주체의 구성은 그 명명된 이름의 기관들 없는 몸이 되었을 때 비로소 그 이름으로 명명된 주체의 역할을 할 수 있는 용도를 지닌다. 이것이 이른바 주체를 구성하는 기관들 없는 몸이라는 몸[體]과 주체의 용도[用]로 사물을 규정하는 방식이다. 노자는 "그 바퀴통의 없음이/수레의 용도가 있음이다"라고 말함으로써 주체의 기관들 없는 몸이라는 '없음'과 그 없음으로 인하여 '그릇의 용도가 있음'이라는 주체가 구성되는 변화와 생성의 역설을 이야기하고 있는 것이다.

이는 마치 "찰흙을 빚어 그릇을 만들고/그 그릇의 없음이/그릇의 용도가 있음이다"처럼 모든 물체의 이름을 명명하거나 주체를 구성하는 자체의 과정이다. "문이나 창을 내어 방을 만드는데/그 방의 없음이/방의 용도가 있음이다"처럼 만들어놓은 '방'의 '문'이나 '창'이 열리지 않거나 그 '방'에 무엇인가 가득 차 있다면, 우리는 그것을 방이라는 이름으로 부르지 않는다.

우리는 들뢰즈와 노자의 노마드적 주체의 구성을 당연하다고 여기면서도 이 세상에 살고 있는 사람들은 다르지 않느냐고 질문할 수도 있다. 그러나 존재하는 모든 것은 물질이고, 물질은 곧 기관들로 가득 찬 몸과 기관들 없는 몸으로 끊임없이 변화하고 생성하는 탈영토화와 재영토화의 과정이라는 운동이미지로 드러난다. 물질이 지니는 이같은 운동이미지의 구성처럼, 사람이라는 주체의 구성 역시 기관들 없는 몸이라는 주체의 없음이 기관들로 가득 찬 몸이라는 주체의 있음이 지니는 용도를 만든다. 생명을 지니고 있는 주체는 단지 '관계를 맺고자 하는 힘'이라는 욕망, 즉 무한히 들끓고 있는 리비도일 뿐인 것이다.

그래서 인간을 구성하는 생산하는 욕망, 즉 리비도의 한 부분은 항상 전혀 다른 몸과 몸이 관계를 맺어서 만들어지는 생성적 관계에 자신의 몸을 등록하거나 기입한다. 우리는 이것을 교수, 학생, 아버지 등의 이름에 기관들 없는 몸을 등록하거나 기입한다고 말할 수 있다. 이러한 등록 혹은 기입과 더불어 기관들 없는 몸은 기관들로 가득 찬 몸의 이미지와 다시 기관들 없는 몸으로 나아갈 수 있는 새로운 생성적 에너지를 지닌 또 다른 몸으로 변형된다.

문제는 등록과 기입에 의한 욕망의 고착이다. 욕망의 고착을 주체로 착각하게 되면, 서구적 근대의 주체처럼 주체는 오직 파시스트 아니면 마조히스트가 된다. 파시스트와 마조히스트는 기관들 없는 몸의 등록과 기입에 의하여 만들어지는 새로운 생성적 에너지를 기관들로 가득 찬 몸의 일부라고 판단함으로써, 그 에너지를 다시 기관들 없는 몸으로 나아가는 도구로 사용하는 것이 아니라 마치 피를 빨아먹는 박쥐처럼 가학적이거나 피학적인 에너지의 고갈상태로 나아간다. 생성적 에너지의 고갈은 곧 사물이나 물체에 대한 이름과 용도를 고갈시키는 것이다.

주체의 욕망이 지니는 생성적 에너지는 기입의 에너지와 소비적 에너지를 내포하고 있지만, 양자는 서로 대립적이며 보완적인 에너지이다. 하나의 발산은 또 다른 것의 위축을 불러일으킨다. 기관들 없는 몸이 되어서 비로소 기입의 에너지는 소비의 에너지로 변형되고, 다시 기관들로 가득 찬 몸이 되어서 비로소 소비의 에너지는 기입의 에너지가 된다. 이를테면 내가 교수라고 주장하면 나는 학생의 친구가 될 수 없고, 아버지라고 주장하면 딸이나 아들의 친구가 될 수 없고, 남성이라고 주장하면 여성의 친구나 연인이 될 수 없다. 이것은 곧 관계의 단절, 다시 말해 교수·아버지·남성의 죽음이기 때문에

나는 교수나 아버지나 남성이 될 수 없다. 그래서 노자는 주체의 구성이 지니고 있는 특징을 "있음의 이로움은 없음의 사용함이다" 하고 이야기한다. 기관들로 가득 찬 몸의 기입과 등록의 주체는 기관들 없는 몸이라는 생성적 주체의 연결적 생성의 에너지를 소비해야만 비로소 본래의 생성적 주체가 되는 것이다.

12. 욕망기계(The Desiring Machine)

갖가지 색깔이
사람의 눈을 멀게 하고
갖가지 소리가
사람의 귀를 멀게 한다
갖가지 맛이
사람의 입을 상하게 하고
몰려 달리는 사냥질이
사람의 마음을 미치게 하며
얻기 어려운 재화는
사람의 행동을 어지럽게 한다

그러므로 지식인은
포용하려고 하지
보려고 하지 않으니
대립을 버리고
포용을 취한다

Colors blind the eye.
Sounds deafen the ear.
Flavors numb the taste.
Thoughts weaken the mind.
Desires wither the heart.

The nomadic intellectual observes the world
But trusts her immanence.
She allows things to come and go.
Her heart is open as the sky.

　　서구의 근대가 제국주의화와 식민지화 과정을 통하여 주체의 확대재생산을 달성한 것과 달리, 우리는 주체의 해체와 자아의 분열을 통해서 서구적인 아류제국주의의 근대화를 달성하였다. 우리는 전통적인 '나' '우리'를 포기하고 서구적인 '나' '우리'를 재구성하였다. 그리하여 마침내 서구의 근대와 마찬가지로 강력한 주체의 확대재생산을 달성하고자 유교적 국가제도와 가족제도를 부활시키고 있다. 우리는 필리핀이나 인도네시아, 인도, 스리랑카, 중국의 조선족이나 북한에서 새로운 삶을 찾아 우리나라에 온 이주자들에게 작은 서구 혹은 작은 미국의 역할을 한다. 서구인들이 근대를 서구·백인·남성 중심이라고 비판하면서 서구와 비서구, 인간과 비인간, 남성과 여성의 구분이 없는 사유와 삶의 세계로 나아가고자 함에도 불구하고, 우리는 온갖 민족적 멸시와 모욕을 겪으면서 가까스로 달성한 근대국가체제와 근대의 서구적 인식론을 아쉬워하며 식민지적 근대를 유지시키고자 한다. 끝없는 창조와 생성을 기반으로 탈근대로 나아가고자 하는 노마드들의 발목을 잡는 것은 이제 서구적 근대의 국가철학적 지식으로 재무장하여 우리 자신의 도가·불가적 노마돌로지를 인식하지 못하는 우매함이라고 할 수 있다. 설령 도가와 불가의 지식을 인식하고 있더라도 서구적 근대의 국가철학과 결합하여 유가적인 국가철학의 입장에서 신비적이고 환원론적으로 노마돌로지의 지식을 받아들이는 것이 문제이다.

우리의 노마돌로지적 지식을 버리고 서구 국가철학의 지식으로 재무장하는 과정에서 가장 두드러진 것 가운데 하나가 바로 무의식 혹은 욕망 개념에 대한 인식이다. 너무나 일반화되어 있는 프로이트의 무의식과 욕망 이론은 서구적 근대의 절정기인 20세기 초에 형성되었다. 1915~17년에 28차례의 강의로 이루어진 프로이트의 『정신분석강의』에서도 '무의식'이라는 단어는 15번째 강의 이후에서 조심스럽게 언급되고 있다.[8] 프로이트의 이같은 조심성은 그전까지 서구에서 '무의식'이라는 단어가 존재하지 않았음을 의미한다고 할 수 있다. 따라서 오늘날 우리가 구분하고 있는 의식-무의식의 이분법은 서구적 근대의 국가철학에 의해 형성된 지식의 일부이다. 이렇게 의식-무의식의 이분법이 형성되면서, '욕망'이라는 개념 또한 가족주의적 구도 속에서 현실적으로 억압하거나 거세시켜야 할 무의식의 요소로 인식되기에 이른다. 의식-무의식이라는 국가철학의 가족주의적 이분법 속에서 욕망은 프로이트에서처럼 권력이나 폭력을 상징하는 아버지이거나, 라캉에서처럼 현실의 권력이나 폭력을 무화(無化)시키는 (아버지의) 없음이거나 결여가 된다.

---

8) 지그문트 프로이드, 『정신분석학강의』 상/하, 임홍빈·홍혜경 옮김, 열린책들, 1997.

그러나 우리의 전통적 노마돌로지에서 욕망이나 무의식은 이와 다르게 받아들여졌음을 알 수 있다. 도가의 입장에서 불가지식을 받아들인 원효의 『대승기신론소 · 별기』에서 의식과 무의식은 이분법으로 구분된 세계가 아니라 서로 영향을 주고받는 상호 생성적인 구성요소이다. 원효는 사유의 세계를 구성하는 것을 여덟 가지 인식으로 구분한다. 시각[眼識], 청각[耳識], 후각[鼻識], 미각[舌識], 촉각[身識], 의지[意識] 같은 현실로 드러나는 여섯 가지 의식과 이러한 현실의 의식으로 드러나는 의식 이전의 세계를 제7식 말나식이라 부르고, 말나식을 만드는 근원적인 힘 혹은 벡터의 힘을 지닌 에너지를 제8식 아라야식이라고 부른다. 결국 프로이트가 '전의식'(preconsciousness) 혹은 '초자아'(super-ego)라고 부른 것이 말나식이고, '무의식'(unconsciousness) 혹은 '이드'(id)라고 부른 것이 아라야식이다. 원효는 깨달음에 도달할 수 있는 성질, 즉 불성(佛性)을 아라야식에서 찾는다.[9]

원효와 같은 노마돌로지의 입장에서 들뢰즈는 프로이트가 '무의식' 혹은 '이드'라고 부른 리비도의 에너지를 발견한 것을 두고 "그것은 위대한 지적 혁명"이라고 말한다. 그러나 서구적 근대의 국가철학에서 잊혀져버린 리비도를 발견한 프로이트는 그것을 다시 의식의 세계에 가두어놓는다. 그는 무의식 혹은 리비도의 욕망을 새롭게 발견하였음에도 불구하고, 서구근대의 현실세계에 묶여 있는 여섯 가지 의식세계를 고정된 세계로 바라보기 때문에 무의식이나 리비도의 욕망을 다시 현실이라는 의식의 세계에 가두게 되는 것이다. 이와 달리 원효

---

9) 원효가 이야기하는 '깨달음의 몸'과 들뢰즈가 이야기하는 '기관들 없는 몸'의 상호동질성에 대한 논거는 졸고, 「원효와 들뢰즈-가타리의 만남: 깨달음의 몸과 기관들 없는 몸」(『근대와 탈근대의 접경지역들』, 사람생각, 2001, 289~319쪽) 참조.

는 아라야식이라는 무색무취의 에너지, 즉 들뢰즈가 말하는 욕망이 지닌 벡터의 힘이 말나식이라는 현실 이전의 세계를 구성하고, 이 말나식이라는 현실 이전의 세계가 여섯 가지 의식세계를 구성한다고 이야기한다.

프로이트와 원효는 서로 같은 것을 이야기하면서도 전혀 상반되는 결론에 도달한다. 프로이트는 욕망을 부정하고, 원효는 욕망을 긍정한다. 이러한 차이는 그들의 무의식, 즉 욕망이 지니는 벡터의 힘이 프로이트로 하여금 근대의 국가철학적 정신분석학 세계를 구성하게 하였고, 원효로 하여금 당시의 노마돌로지인 불가지식을 구성하게 했기 때문일 것이다. 따라서 프로이트는 현실의 의식이 인식하는 세계를 고정된 세계로 받아들이고, 원효는 현실의 의식이 인식하는 세계를 변화하는 세계로 받아들인다. 1300년 전의 원효는 노자의 노마돌로지를 통하여 불교의 아라야식을 받아들였고, 오늘날의 들뢰즈는 노마돌로지의 관점에서 프로이트가 부정하는 욕망과 무의식을 긍정한다.

원효나 들뢰즈처럼 노마돌로지의 지식으로 구성되어 있는 노자는 이러한 변화하는 세계를 "갖가지 색깔이/사람의 눈을 멀게 하고"라는 현실세계를 바라보는 시각의 불안정성, "갖가지 소리가/사람의 귀를 멀게 한다"라는 청각의 불안정성, "갖가지 맛이/사람의 입을 상하게 하고"라는 미각의 불안정성으로 받아들임으로써 "몰려달리는 사냥질이/사람의 마음을 미치게 하며"라는 사람들의 의지가 지닌 폭력적 광기를 인식하게 된다. 노자는 현실세계가 구성되어 있는 국가철학적 구도 속에 있으면 어쩔 수 없이 빠질 수밖에 없는 인식론적 함정, 즉 현실의 "얻기 어려운 재화는/사람의 행동을 어지럽게 한다"는 욕망의 현실적 변형을 간파하였던 것이다. "그러므로 [욕망의 벡터적 힘을 인식하고 있는] 지식인은" 현실 속에서 다양한 욕망의 형식들로 드러난 것들을 욕망의 한 구성요소로 "**포용하려고 하지**", 그것들 속에서 욕망의 근원을 "**보려고 하지 않**"는다. 그것은 단지 리비도나 욕망이 현실적으로 발현되는 하나의 형식일 뿐이다.

현실로 드러나는 다양한 욕망의 형식들을 포용해야 하는 것은, 지식인이 현실로 드러나는 욕망의 덫에 갇힌 정신병자이거나 오직 국가철학적 의도를 지니고 환자들을 국가제도나 지배자의 틀에 꿰맞추려는 국가철학적 구도의 의사가 아니기 때문이다. 현실로 드러나는 다양한 욕망의 형식들을 분석한 프로이트와 라캉은 이런 욕망의 형식들이 다양하게 드러나는 문학텍스트들을 환자의 보고서로서 분석하였고, 시인이나 소설가를 백일몽을 꿈꾸는 정신병자로 보았다. 이러한 관점에서 욕망을 분석할 때, 욕망은 권력을 상징하는 오이디푸스의 욕망과 그러한 오이디푸스를 거부하는 거세와 결여의 욕망이라는 상호대립의 관계만 존재하게 된다. 그리고 오이디푸스와 거세의 대립은 항상 국가철학의 지식적 권력으로 환원되는 모순을 낳는다.

이와 달리 노마돌로지의 지식을 추구하는 들뢰즈는 현실로 드러나는 다양한 욕망의 형식들을 지닌 문학텍스트를 끊임없이 새로운 생성으로 나아가고자 하는 욕망의 발현으로 보았으며, 시인이나 소설가를 환자인 동시에 의사인 욕망의 임상학자로 간주한다. 그래서 현실로 드러나는 다양한 욕망의 형식들을 포용하는 것은 현실로부터 회피하거나 도망가는 것이 아니라, 오이디푸스와 결여라는 상호대립이나 권력으로 환원되는 끝없는 환원주의로부터 벗어나 모두를 포용하는 생성의 길을 찾고자 하는 것이다.

노자는 욕망의 벡터적 힘을 긍정하는 고대의 지식인이면서 예술가인 성인은 "**대립을 버리고/포용을 취한다**"고 말한다. 포용을 통한 상호생성만이 폭력의 권력으로부터 벗어나는 유일한 길이다. 현실로 드러난 욕망과 현실로 드러나지 않은 욕망은 오이디푸스와 결여로 상호 대립하는 것이 아니라 기관들로 가득 찬 몸에서 기관들 없는 몸이 되어 새로운 생성으로 나아가는 과정, 즉 탈영토화와 재영토화의 과정을 통하여 새로운 생성으로 나아가는 에너지의 원천이다.

13. 사랑과 몸의 생성체계(Becoming System of Love and Body)

사랑이나 비난은 두려움과 같다
큰 어려움의 귀함은 몸과 같다

사랑이나 비난을 어찌 두려움이라고 하는가
사랑을 받음은 위로 향하는 것이고
비난을 받음은 아래로 향하는 것이다
얻음도 두려움과 같고
잃음도 두려움과 같으니
"사랑이나 비난은 두려움과 같다"고 일컫는다

큰 어려움의 귀함이 어찌 몸과 같은가
내가 큰 어려움을 지니고 있는 것은
내가 몸을 지니고 있기 때문이고
나에게 몸이 없으면
어찌 나에게 어려움이 있으랴

몸을 귀하게 여기는 것처럼 천하를 귀하게 여긴다면
천하를 그 몸에 맡기는 것이 가능하고
몸을 사랑하는 것처럼 천하를 사랑한다면
천하를 그 몸에 의탁하는 것이 가능하다

Love and blame are as dangerous as fear.
Hardship is as precious as your body.

What does it mean that love and blame are as dangerous as fear?
Whether you go up the ladder with love or down it with blame,
Your position is shaky.
When you stand with your two feet on the ground,
You will always keep your balance.

What does it mean that hardship is as precious as your body?
Hardship and body are both phantoms
That arise from thinking of the body with organs.
When your body becomes the body without organs,
What do we have to fear?

See the world as your body;
You have faith in the way it becomes the body without organs.
Love the world as your body;
You can care for the body without organs of things.

내재성의 장에 있는 기관들 없는 몸이 지니는 욕망의 벡터적 힘이

기관들로 가득 찬 몸이라는 현실로 드러나는 관계의 형식을 우리는 사랑이라고 부른다. 그러므로 현실로 드러나는 욕망의 형식들을 다루는 모든 문학텍스트들은 사랑에 관한 것이라고 해도 무방할 것이다. 시, 소설, 드라마 그리고 최근의 영화에 이르기까지 사랑을 다루는 문학텍스트들은 그 수를 헤아릴 수 없을 만큼 다양하다. 문학텍스트의 다양성만큼이나 욕망의 벡터적 힘이 현실로 드러나는 사랑의 형식들도 다양하다. 영국의 낭만주의 시인 윌리엄 블레이크(William Blake)는 시집 『경험의 시들』(*Poetry of Experienc*)에 실린 시 「진흙과 조약돌」에서 "지옥에서 천국을 만드는" 사랑과 "천국에서 지옥을 만드는" 사랑을 동시에 이야기한다.

> 사랑이 스스로를 즐기려 하지 않고,
> 사랑 자체를 위하여 어떠한 걱정도 하지 않으며,
> 또 다른 사랑을 위하여 쉽게 자신의 사랑을 포기하는,
> 사랑은 절망의 지옥에 천국을 세운다.
>
> 소들의 발자국에 짓밟힌
> 작은 진흙덩어리는 그렇게 노래를 했다.
> 그러나 이러한 곡조들을 재잘대는
> 개울의 조약돌 하나가 있다.
>
> 사랑이 유일한 자아만을 즐기려 하고,
> 또 다른 사랑을 자신의 기쁨과 연결시키기만 하고,
> 또 다른 사랑 속에 있는 즐거움을 마음 편하게 잊어버리는,
> 사랑은 비록 천국에 있다고 하더라도 [그곳에] 지옥을 세운다.

블레이크가 "사랑이 스스로를 즐기려 하지 않고,/사랑 자체를 위하

여 어떠한 걱정도 하지 않으며,/또 다른 사랑을 위하여 쉽게 자신의 사랑을 포기하는" 사랑이라고 부른 사랑은 "소들의 발자국에 짓밟히"면서도 끊임없이 새로운 모습으로 거듭나는 '작은 진흙덩어리'의 노래이다. 그리고 "사랑이 유일한 자아만을 즐기려 하고,/또 다른 사랑을 자신의 기쁨과 연결시키기만 하고,/또 다른 사랑 속에 있는 즐거움을 마음 편하게 잊어버리는" 사랑은 이미 단단하게 자신을 만들어놓은 '개울'에 있는 '조약돌'의 사랑이다.

이 사랑들은 똑같이 사랑이라는 언어로 불리지만, 하나는 "절망의 지옥에 천국을 세우"는 사랑이고 또 하나는 "천국에 있다고 하더라도 [그곳에] 지옥을 세우"는 사랑이다. 블레이크가 이야기하는 사랑은 단지 사랑이라는 언어에만 국한되는 것이 아니다. 우정이나 정의, 민족, 시민정신, 공공성 등 모든 추상적인 언어들에 다 적용된다고 할 수 있다.

생명을 지닌 몸과 마찬가지로 사랑 같은 추상적인 언어들은 항상 이중적으로 포개어져서 존재한다. 이것은 몸의 생명성이 지닌 관계 맺고자 하는 내재적 욕망이 연결적 욕망의 흐름을 절단하고 현실적으로 드러나는 이접적 욕망의 관계맺음을 통하여 '권력을 부여하는 힘'(the empowerring force)과 '권력을 부여받은 힘'(the empowered force)으로 구분되기 때문이다.[10] 블레이크가 이야기하듯이 '권력을 부여하는 힘'은 "사랑이 스스로를 즐기려 하지 않고,/사랑 자체를 위하여 어떠한 걱정도 하지 않으며,/또 다른 사랑을 위하여 쉽게

---

10) Brian Massumi, *A user's guide to Capitalism and Schizophrenia*, Cambridge: The MIT Press, 1999, pp. 10~14. 이 책에서 브라이언 마수미는 들뢰즈의 이론에 의거하여 힘(force)과 권력(power)을 구분해서 사용하고 있다. 앞에서 설명한 바와 같은 힘은 '권력을 부여하는 힘'이고, 권력은 '권력을 부여받은 힘'이다.

자신의 사랑을 포기하는" 사랑이다. 그러나 '권력을 부여받은 힘'은 "사랑이 유일한 자아만을 즐기려 하고,/또 다른 사랑을 자신의 기쁨과 연결시키기만 하고,/또 다른 사랑 속에 있는 즐거움을 마음 편하게 잊어버리는" 사랑이다. '권력을 부여하는 힘'은 기관들 없는 몸의 사랑이고, '권력을 부여받은 힘'은 기관들로 가득 찬 몸의 사랑인 것이다.

이런 측면에서 들뢰즈는 사랑, 우정, 정의, 민족, 시민정신 등과 같은 언어들을 추상기계라고 부른다(ATP pp. 510~14). 추상기계라고 부르는 이유는 그러한 언어들이 몸과의 관계맺음 속에서 상반되는 의미를 생성하기 때문이다. "사랑이 스스로를 즐기려 하지 않고/사랑 자체를 위하여 어떠한 걱정도 하지 않으며/또 다른 사랑을 위하여 쉽게 자신의 사랑을 포기하는" 사랑은 기관들 없는 몸과 관계 맺는 사랑이기 때문에 '절망의 지옥에 천국을 세우'는 사랑이지만, "사랑이 유일한 자아만을 즐기려 하고/또 다른 사랑을 자신의 기쁨과 연결시키기만 하고/또 다른 사랑 속에 즐거움을 마음 편하게 잊어버리는" 사랑은 기관들로 가득 찬 몸과 관계를 맺는 사랑이기 때문에 "비록 천국에 있다고 하더라도 지옥을 세우"는 사랑이 된다.

들뢰즈는 문학이나 예술이 이야기하는 사랑을 스스로 기관들 없는 몸 되기를 수행하는 '여성되기' '동물 되기' 혹은 바람이나 물과 같은 '자연(광물) 되기'라고 이야기한다. 여성되기, 동물 되기, 자연(광물) 되기 등 모든 사랑을 통한 '그 무엇 되기'는 바로 '권력을 부여하는 힘'의 발현을 통한 기관들 없는 몸 되기이다. 이러한 사랑의 생성, 즉 기관들 없는 몸 되기를 통한 '그 무엇 되기'를 노래한 시가 김춘수의 「꽃」이라고 할 수 있다.

내가 그의 이름을 불러주기 전에는
그는 다만
하나의 몸짓에 지나지 않았다.

내가 그의 이름을 불러주었을 때
그는 나에게로 와서
꽃이 되었다.

내가 그의 이름을 불러준 것처럼
나의 이 빛깔과 향기에 알맞은
누가 나의 이름을 불러다오.
그에게로 가서 나도
그의 꽃이 되고 싶다.

우리들은 모두
무엇이 되고 싶다.
너는 나에게 나는 너에게
잊혀지지 않는 하나의 눈짓이 되고 싶다. (김춘수의 「꽃」 전문)

    시의 처음부분에서 시인은 "내가 그의 이름을 불러주기 전에는/그는 다만/하나의 몸짓에 지나지 않았다"고 이야기한다. 여기서 이름을 부르기 전의 그 무엇으로 규정되지 않은 '하나의 몸짓'은 존재하는 모든 물질이 지니고 있는 운동이미지, 즉 기관들 없는 몸이 지니는 수많은 형상으로 살아서 모든 것이 될 수 있는 욕망의 잠재적 가능성을 이야기한다. 따라서 "내가 그의 이름을 불러주었을 때/그는 나에게로 와서/꽃이 되었다"는 표현에서 드러나는 기관들 없는 몸인 '그'의 꽃이 되는 생성과 더불어 '권력을 부여하는 힘'을 통하여 꽃이라고 부른 '나'라는 유동적인 주체가 그 꽃의 한 부속품 혹은 하나의 꽃잎이나 수술이 되는 기관들 없는 몸을 이야기하는 것이라고 할 수 있다. 기관들 없는 몸의 '나'는 '꽃 되기'를 통하여 꽃의 세계를 창조하고 생성시키는 것이다.

다음 연에서 시인은 반대의 생성, 즉 "내가 그의 이름을 불러준 것처럼/누가 이 빛깔과 향기에 알맞은/나의 이름을 불러다오./그에게로 가서 나도/그의 꽃이 되고 싶다"고 이야기한다. 이렇듯 김춘수의 시「꽃」에는 그의 생성을 돕는 자양분인 '나'라는 기관들 없는 몸과 나의 생성을 돕는 자양분인 '그'라는 기관들 없는 몸이 있다. '나'를 통하여 '그'는 기관들로 생성되고, '그'를 통하여 '나'는 또 다른 기관들로 생성된다. 즉 기관들 없는 몸과 기관들로 가득 찬 몸이라는 두 개의 '그'와 '나'가 있기 때문에 '그'와 '나'의 사랑은 끊임없이 탈영토화와 재영토화를 수행하는 과정이라고 할 수 있다. 자기부정의 기관들 없는 몸의 '그'와 사랑이라는 이름을 부르는 소리를 통하여 관계의 생성으로 나아가는 기관들로 가득 찬 몸의 '그' 그리고 그의 생성을 돕는 기관들 없는 몸의 '나'와 "소리만이 허공에 메아리치고" '그'는 사라져버림으로써 생성되는 기관들로 가득 찬 몸의 '나'가 있다.

시인은 사랑의 관계로 맺어지는 그와 나의 이중적 관계, 즉 끊임없는 탈영토화와 재영토화의 과정에 있는 몸들의 생성체계를 '우리'라고 부른다. '우리'는 나와 그가 부재하고 생성되는, 다시 말해 사랑이라는 추상기계가 몸과 맺어지는 생성의 관계를 명명하는 무리의 속성을 드러내는 사회체의 가장 작은 단위이다. 그래서 시인은 사회체 속에서 수많은 몸들이 관계를 맺는 근원적 힘, "우리들은 모두/무엇이 되고 싶다./너는 나에게 나는 너에게/ 잊혀지지 않는 하나의 눈짓이 되고 싶다"는 욕망의 벡터적 힘으로 되돌아온다. 욕망의 벡터적 힘은 '권력을 부여하는 힘'을 통하여 생성되는 '그 무엇 되기'(Becoming Something)이다. '그 무엇 되기'의 '권력을 부여하는 힘'들만이 소용돌이치는 무리, 즉 우리가 수많은 관계를 맺고 있는 사회체 또한 근원적으로 기관들 없는 몸인 것이다.

이러한 측면에서 들뢰즈는 사랑이라는 생성의 관계 혹은 근원적인 욕망의 벡터적 힘을 이야기하는 시인이나 소설가 등 예술가는 현실의 관계 속에서 하나의 기관들로 가득 찬 몸이 될 수밖에 없는 사랑의 관계로부터 끊임없이 탈주하는 '독신기계'(the celibate machine)라고 명명하고 있다(AO, p. 17).

우리가 어쩔 수 없이 인간으로 태어난 이상, 사랑과 우정의 관계는 인간의 무리라는 사회체 속에서 수동적이든지 능동적이든지 간에 어쩔 수 없이 지속적으로 만들어지는 탈영토화와 재영토화의 가장 근원적인 관계이다. 그러나 사랑이나 우정의 고착은 필연적으로 탈영토화와 재영토화 과정을 차단하여 몸의 생성을 가로막거나 몸을 어느 하나로 굳어지게 만들어, 죽음으로 치닫는 몸이 되거나 폭력을 행사하는 몸이 되는 것이다. 이러한 몸이 사디스트의 몸과 마조히스트의 몸이다. 따라서 끝없는 몸의 생성으로 나아가기 위해선 독신기계가 될 수밖에 없다.

고대의 시인들이 방랑자인 것과 마찬가지로 노자는 고대의 독신기계인 방랑자 예술가이다. 들뢰즈가 사랑이라는 추상기계를 몸과 맺어지는 관계 속에서 사유하는 것처럼 노자도 사랑과 몸을 동시에 사유하고자 한다. "**사랑이나 비난은 두려움과 같다**"는 노자의 사랑과 비난에 대한 하나의 명제는 "**큰 어려움의 귀함은 몸과 같다**"는 몸에 대한 또 다른 명제와 나란히 놓여 있다.

서구적 근대의 사유방식, 즉 "사랑이란, 진리란 혹은 신이란 무엇인가?"라는 과학적 탐구의 기본적인 물음이 되는 것이 "그것은 무엇인가?"(What is it?)라는 명사적 질문이다. 이러한 서구적 근대의 국가철학적인 명사적 질문에서 벗어나서 들뢰즈가 제시하는 탈근대적인 동사적 생성의 질문이 바로 "사랑이란, 진리란 혹은 신이란 어떻게 작동하는가?"라는 "그것은 어떻게 작동하는가?"(How does it work?)이다. 들뢰즈와 마찬가지로 노자는 이미 무리들 속에서 추상기계로 작동하고 있는 사랑도 몸과 더불어 작동하는 방식을 사유해야 한다는 것을 알고 있었다. 이것이 바로 사유의 방식에서 드러나는 노마돌로지의 승리이다.

노자는 먼저 "사랑이나 비난이 어찌 두려움이라 하는가" 하고 질문한다. 그리고 그 질문에 대하여 "**사랑을 받음은 위로 향하는 것이고/비난을 받음은 아래로 향하는 것이다**"고 대답한다. 김춘수의 시 「꽃」처럼 누군가에 의하여 '꽃이라는 이름'으로 불리는 것은 '사랑을 받음'이라고 할 수 있고, 그 어떠한 이름으로 불리지 않는 것은 사랑을 받지 못함, 즉 '비난을 받음'이라고 할 수 있다. '사랑을 받음'은 현실이라는 표면 위로 솟아올라 그 무엇이 되는 것이기 때문에, 노자는 "사랑을 받음은 위로 향하는 것"이라고 말한다. 그리고 '비난을 받음'은 현실이라는 표면 위로 솟아올라 그 무엇이 된 상태에서 다시 현실이라는 표면 아래로 내려가 그 어떠한 현실의 형식도 지니지 않는 것이기 때문에, 노자는 "비난을 받음은 아래로 향하는 것이다"고 말한다. 그러나 현실의 표면 위로 솟아올라 그 무엇이 되는 생성의 "**얻음도 두려움과 같고**" 현실의 표면 아래로 내려가 그 무엇으로 생성된 것에 대한 "**잃음도 두려움과 같으니**" 노자는 "'사랑을 받음이나 비난을 받음은 두려움과 같다'고 일컫는다." 이처럼 노자가 말하는 사랑의 이중성이 지닌 두려움의 역설은 몸을 사유하지 않으면 결코 풀리지 않는 수수께끼이다.

 현실의 표면 위로 솟아올랐다가 또한 사라지는 "사랑을 받음이나 비난을 받음은 두려움과 같다"고 말하면서, 그러한 두려움과 부닥칠 수밖에 없는 "사랑을 받음이나 비난을 받음"이라는 "큰 어려움의 귀함은 몸과 같다"고 노자는 이미 말하였다. 그리고는 "[사랑을 받음이나 비난을 받음이라는] 큰 어려움의 귀함이 어찌 몸과 같은가" 하고 다시 질문한다. 이를 "내가 [사랑을 받음이나 비난을 받음이라는] 큰 어려움을 지니고 있는 것은/내가 몸을 지니고 있기 때문이고/나에게 몸이 없으면/어찌 나에게 어려움이 있으랴"로 대답한다.

 내가 몸을 지니고 있다는 것은 기관들로 가득 찬 몸과 기관들 없는 몸의 상호 순환과정을 통하여 생성으로 나아가는 몸을 지니고 있음을 의미한다. 한문에서 전통적으로 기관들로 가득 찬 몸은 신(身)으로 표현되고, 기관들 없는 몸은 체(體)로 표현되었다. 원효는 『대승기신론소·별기』에서 기관들 없는 몸을 체(體), 체대(體大) 혹은 기관들 없는 몸의 극한에 다다랐다고 할 수 있는 부처의 법을 따르는 법신(法身)이라고 부른다. 그래서 우리는 기관들로 가득 찬 몸과 기관들 없는 몸을 함께 일러 신체라고 부르고, 우리말의 '몸'이라는 단어는 이러한 기관들로 가득 찬 몸과 기관들 없는 몸을 모두 일컫는다. 사랑을 받음이나 비난을 받음이 생성의 얻음과 생성의 잃음이라는 두려움인 것처럼, 몸은 생성의 얻음이라는 기관들로 가득 찬 몸이 되거나 생성의 잃음이라는 기관들 없는 몸이 되는, 이중적인 두려움 혹은 어려움의 원천인 것이다.

 몸이 지니고 있는 이중적인 두려움 또는 어려움에서 벗어나는 길은 "사랑을 받음이나 비난을 받음"이 아니라 들뢰즈가 이야기하는 독신기계의 예술가처럼 사랑하기를 통하여 끊임없이 생성의 길로 나아가는 것이다. 사랑하기는 '그 무엇 되기'를 통하여 끊임없이 기관들 없는 몸 되기를 달성하는 것, 즉 탈영토화와 재영토화 과정에 있는 것이라고 할 수 있다. 또한 마치 시인이나 소설가가 의미 없는 사건을 의미로 가득 찬 이야기로 서술하는 것처럼, 의미 없이 현실의 공간 위를 부유하고 있는 명사의 기표를 의미생성의 동사의 기표로 생성시키는 것이 사랑하기이다. 사랑하기란 곧 몸을 기관들 없는 몸으로 끊임없이 생성시키는 것인 동시에 천하의 모든 것을 기관들 없는 몸으로 사유하는 것이다.

그래서 노자는 "몸을 귀하게 여기는 것처럼 천하를 귀하게 여긴다면/천하를 그 몸에 맡기는 것이 가능하"다 이야기한다. '몸을 귀하게 여기는 것'이 몸을 기관들 없는 몸으로 생성시키는 것인 것처럼, '몸을 사랑하는 것' 또한 몸을 기관들 없는 몸으로 사유하고 생성시키는 것이라고 할 수 있다. 노자는 플라톤이나 공자의 정치학, 즉 현실의 국가철학에 의하여 고착된 도덕으로 혹은 국가의 이익으로 사유하지 않는 예술가를 국가로부터 추방하여야 한다는 독재적이고 파시즘적인 정치학과 정반대의 정치학을 개진하고 있는 것이다. 노마돌로지의 정치학은 끊임없는 몸의 생성을 토대로 하는 정치학이다. "몸을 사랑하는 것처럼 천하를 사랑한다면/천하를 그 몸에 의탁하는 것이 가능하다"고 노자가 말하고 있듯이, 노마돌로지의 정치학은 예술의 정치학인 동시에 (기관들 없는) 몸의 정치학 혹은 생성의 정치학이라고 부를 수 있을 것이다.

14. 사건의 순수내재성(The Pure Immanence of Event)

보아도 보이지 않는 것
이름하여 '가물하고 가물함'이라 하고
들어도 들리지 않는 것
이름하여 '구멍이 뻥뻥 뚫려 있음'이라 하며
만져도 만져지지 않는 것
이름하여 '잠재하고 있음'이라 한다

이 셋은 따져 물을 수 없다
그러므로 덩어리로 하나가 된다

위는 밝지 않고
아래는 어둡지 않다
이어지고 이어지는데 이름할 수 없고
다시 물체 없음으로 되돌아가고
이것을 일컬어 모습 없음의 모습이라 하고
물체 없음의 형상이라 한다

앞에서 맞이하여도 그 머리를 볼 수 없고
뒤를 따라도 그 꼬리를 볼 수 없다
옛날의 길을 좇아서
오늘의 있음을 다스리니
능히 옛날의 시작을 안다
이를 일컬어 길의 근원이라 한다

Look, and it can't be seen;
It is called immanence.
Listen, and it can't be heard;
It is called simulacrum.
Reach, and it can't be grasped;
It is called potentiality.

These three can't be divided;
That is becoming oneness of multitude.

Above, it isn't bright.
Below, it isn't dark.
Seamless, unnameable,
It returns to the realm of nothing.
It is called form without forms,
Image without an images.

Approach it and there is no beginning;
Follow it and there is no end.
You can't know it, but you can be it,
At ease in your own life.
Just realize where you come from:

This is the essence of life.

들뢰즈는 문학을 비롯한 예술은 근원적으로 노마돌로지라고 말한다. 문학이나 예술이 근원적으로 노마돌로지라 함은, 철학이 개념을 사유하고 과학이 부분적 대상들의 기능을 관찰하는 데 반해 문학과 예술은 사건을 사유하거나 서술하기 때문이다(WP pp. 216~17).[11] 철학은 진리, 정의 등의 개념을 사유해야 하기 때문에 '진리와 진리 아닌 것' 혹은 '정의와 정의 아닌 것'을 구분해야 한다. 그래서 들뢰즈는 철학이 자체의 이분법을 벗어나기 위해서 항상 새로운 개념을 창조해야 한다고 강조한다. 그리고 과학은 부분적 대상들의 기능을 관찰하기 위하여 부분적 대상들이 다른 대상들과 관계 맺는 방식이나 조건을 배제한다거나 혹은 어떤 방식이나 조건으로 가정해야 한다. 그렇기 때문에 과학은 항상 철학이나 예술의 도움을 받아야 한다. 그러나 문학과 예술이 사유하거나 서술하는 사건은 근원적으로 의미 없는 무의미의 덩어리이다. 이러한 사건이 지니는 무의미의 덩어리를 들뢰

---

11) 국가철학에서 철학과 과학·예술은 서로 배타적인데 반하여, 노마돌로지의 지식에서 철학과 과학·예술은 서로 상보적이다. 노마돌로지의 지식에서 철학은 개념의 창조를 통하여 '내재성의 장'을 사유하고, 과학은 지식의 기능을 통하여 '지시성의 장'을 관찰하고, 예술은 감각의 힘을 통하여 '생성의 장'을 창조한다. 그래서 철학은 '내재성의 장'이라는 무한에 일관성을 부여하기 위하여 '생성의 장'에서 발생하는 새로운 개념의 창조를 통하여 무한을 구원하는 것이고, 과학은 '지시성의 장'에서 기능하는 지시관계를 얻기 위하여 무한을 포기한다. 그러나 예술은 '생성의 장'에 공존하고 있는 내재성이 지니는 무한의 힘과 지시성이 지니는 유한의 힘을 결합하여 '무한을 복원시키는 유한을 창조'한다. 이것이 바로 철학과 과학이 노마돌로지의 특성을 유지하기 위하여 예술과 관계를 맺어야 하는 이유이다.

즈와 플라톤은 시뮬라크르라고 부른다. 그러나 그들의 사유 속에서 시뮬라크르라고 부르는 사건은 플라톤의 국가철학에서 제시하는 그것과 전혀 다른 의미를 지닌다(LS, p. 253).

플라톤은 이데아-현실의 이분법 속에서 현실에 존재하는 물체나 개념들을 이데아에 있는 원본을 복사하여 만들어진 것, 즉 복사 1, 복사 2, 복사 3… 복사 n-3, 복사 n-2, 복사 n-1 등으로 구분하였다. 이렇게 해서 그는 이데아의 의자를 모방하여 현실의 의자를 만드는 목수에 비교하여 현실의 의자를 보고 그림을 그리는 화가 혹은 현실의 그것을 보고 시를 쓰는 시인은 이데아를 두세 번 왜곡하기 때문에 국가에서 추방해야 한다고 강조한다. 이와 같은 플라톤의 이데아-현실의 이분법 속에서 이데아를 가장 닮지 않은 것, 그래서 '헛것' 혹은 '의미 없는 것'이라고 불리는 것이 '시뮬라크르'의 사건이다.

그러나 초월성을 부정하고 내재성을 강조하는 스토아학파를 따르고 있는 들뢰즈에게 이데아-현실의 이분법은 존재하지 않는다. 들뢰즈에게서는 이미 현실 속에서 하나의 의미덩어리로 존재하는 복사 1, 복사 2, 복사 3… 등은 개별존재들이지 복사품이 아니다. 다만 그것들은 플라톤이 이야기하는 이데아라는 이미 규정된 국가철학의 요소들에 속박되어 있을 뿐이다. 플라톤이 복사에 복사를 거듭하여 마침내 원본인 이데아의 요소를 전혀 지니고 있지 않다고 말하는 시뮬라크르의 사건이, 들뢰즈에게서는 새로운 의미를 생성시키는 무한한 잠재력을 지닌 사물의 본질이 되는 것이다. 노마돌로지의 철학자로서 들뢰즈는 이러한 시뮬라크르의 사건을 사유하기 위하여 '내재성' '기관들 없는 몸' '생산하는 욕망기계' '블랙홀' 등의 개념을 사용하는데, 결국 이 개념들은 문학과 예술이 사유하거나 서술하는 사건 혹은 시뮬라크르의 또 다른 이름이다.

고대의 노마드 철학자이자 예술가인 노자는 이와 같은 사건이나 시뮬라크르를 '가물가물함'(혹은 평평함 夷), '구멍이 뻥뻥 뚫려 있음'(혹은 드문드문 있음 希), '잠재하고 있음'(혹은 숨어 있음 微)이라고 부른다. 노자의 "보아도 보이지 않는 것/이름하여 가물가물함(혹은 평평함 夷)이라 하고/들어도 들리지 않는 것/이름하여 구멍이 뻥뻥 뚫려 있음(혹은 드문드문 있음 希)이라 하고/만져도 만져지지 않는 것/이름하여 잠재하고 있음(혹은 숨어 있음 微)이라 한다"에서 '이'와 '희' '미'는 들뢰즈가 말하는 '내재성'(immanence)과 '블랙홀', '잠재성'(혹은 생산하는 욕망기계)이라고 할 수 있다.

이를테면 '새옹지마'(塞翁之馬)의 옛이야기에서 "말이 집을 나가다" "집을 나간 말이 마누라말과 새끼말과 함께 되돌아오다" "말을 타다가 아들이 말 위에서 떨어지다" 등의 사건은 '좋다' '나쁘다'의 일상성으로 규정될 수 없는, 그래서 어떤 의미를 보려고 해도 보이지 않는 '가물가물함'이거나 의미가 끊임없이 새어나가거나 솟아오르는 '사이사이에 구멍이 뻥뻥 뚫려 있음'이라고 할 수도 있고 또한 항상 새롭고 다양한 의미가 만들어지고 생성되는 '잠재성'이라고 할 수도 있다.

국가철학이나 국가철학이 영토화한 일상성에서 벗어나 노마돌로지와 시뮬라크르로 사유하기 시작하면, 우리의 삶이 이러한 사건들의 연속으로 이루어져 있음을 쉽게 알 수 있다. 노자는 이렇게 말한다. "이 셋은 따져 물을 수 없다/그러므로 덩어리로 하나가 된다." 여기서 "덩어리로 하나가 된다"는 것은 어떤 개별적 사건이 아니라 사건과 사건 혹은 사건들로 덩어리가 되었을 때 비로소 하나의 의미가 탄생한다는 것이다. 노자가 이야기하는 사건들의 덩어리를 들뢰즈는 사건과 사건이 지니는 의미생성의 '계열화'라고 부른다. 즉 '새옹지마'에서 "말이 집을 나가다"라는 사건은 "집을 나간 말이 마누라말과 새끼말과 함께 되돌아오다"라는 사건과 계열화되어 '좋다'는 의미를 생산하지만, 또 다른 사건 "말을 타다가 아들이 말 위에서 떨어지다"라는 것과 계열화되어 '나쁘다'는 의미를 생산하기도 한다. 이같은 사건의 계열화는 궁극적으로 '좋다' 혹은 '나쁘다'라고 "따져 물을 수 없"는 것이기 때문에 노자는 "덩어리로 하나가 된다"고 말하고 있다.

노자와 들뢰즈가 이야기하는 의미를 지니는 사건들의 '덩어리'나 '계열화'를 사유하면, 우리가 일상적으로 믿고 있는 '과거-현재-미래'라는 일직선의 시간관이 얼마나 잘못되었는지를 알 수 있다. '지하철을 타다' '다영이의 키가 커지다' 같은 사건의 측면에서 보면, 시간은 '타다'나 '커지다'와 같은 끊임없는 동사형의 현재라는 크로노스의 시간과 '지하철을 탐'이나 '다영이의 키가 커짐'이라는 과거와 미래를 재구성하는 에이온의 시간으로 구성되어 있다. 사건이나 시뮬라크르의 의미에 대한 사유가 크로노스의 시간에 대한 사유라면, 그러한 사유를 예술로 승화시키는 소설이나 시의 언어적 배치가 지니고 있는 '표현된 것과 표현하는 것'은 과거와 미래의 양방향으로 발산하는 에이온의 시간적 특성을 지니고 있음을 의미한다.

크로노스의 관점에서 보면, 오직 현재라는 시간만이 실존한다. 현재라는 시간 속에서 과거와 미래는 항상 보다 큰 현재에 흡수당한다. 따라서 현재와 관련되어 있는 과거와 미래의 상대성은 현재라는 시간의 상대성을 낳는다. 그리고 이러한 사건이나 시뮬라크르의 의미라는 현재라는 시간의 상대성이 과거와 미래로 동시에 발산하는 에이온의 시간을 발견한다. 이렇듯 시간은 크로노스의 시간과 에이온의 시간을 끊임없이 순환한다.

크로노스와 달리 에이온의 관점을 따르자면, 시간 속에 존재하는 것은 오직 과거의 감각과 미래의 생성일 뿐이다. 즉 영원한 현재를 무한히 미래의 생성과 과거의 감각덩어리로 분할하는 것이 시간이다. 하나의 물질과 마찬가지로 하나의 사건은 물리적 표면이라는 에이온의 시간과 형이상학적 심연이라는 크로노스의 시간을 동시에 지니고 있는 것이다. 사건의 물리적 표면에서 일어나고 있는 '연쇄적인 사건들의 계열화'가 에이온의 시간이고, 그것과 쌍을 이루고 있는 심층의 미친 듯한 '생성의 소용돌이'가 크로노스의 시간이다. 이렇게 볼 때 언어의 예술적 배치가 지니는 실존하는 현재를 전복시키는 것은 더 이상 미래와 과거가 아니라, 의미생성의 현재를 미래와 과거로 변질시키는 순간의 사건이다. 예술적 서술은 과거와 미래의 언어적 배치가 아니라 현재라는 순간의 사건과 의미에 대한 서술인 것이다. 이런 면에서 순간을 표현하는 단순한 일상적인 말과 시와 소설의 언어적 배치가 지니고 있는 본질적인 차이는 크로노스의 시간과 에이온의 시간이라는 데 있는 것이 아니라, 사건이 서술되는 물리적 표면들의 '에이온과 크로노스의 집합'이라는 심층의 미친 듯한 미래의 생성에 있다고 하겠다.

　노자는 이러한 사건의 물리적 표면을 '위'라고 하고, 미래의 잠재성으로 존재하는 사건의 심층을 '아래'라고 말한다. 사건이 어떤 의미로 드러나는 "위는 [끊임없이 또 다른 의미가 생성될 것이므로] 밝지 않고", 현재의 의미로 드러나지 않은 사건의 심층, 즉 사건의 "아래는 [곧 위로 솟아올라 의미로 생성될 것이므로] 어둡지 않다"고 말한다. 사건의 위와 아래 혹은 사건이 지니는 크로노스의 시간과 에이온 시간의 상호순환은 사건들의 계열화나 덩어리로 끊임없이 "이어지고 이어지는데 이름할 수 없고/다시 [아래나 심층의] 물체 없음으로 되돌아가고/이것을 일컬어 모습 없음의 모습[無狀之狀]이라 하고/물체 없음의 형상이라 한다."

이러한 사유는 이미 규정된 개념을 통하여 의미를 파악하려는 철학이나 어떤 고정된 물체의 기능을 관찰하려는 과학이 아니라 새로운 의미생성을 사유하거나 서술하는 예술만이 오직 가능하다고 할 수 있다. 그래서 노자는 시뮬라크르의 사건을 두고 "앞에서 맞이하여도 그 머리를 볼 수 없고/뒤를 따라도 그 꼬리를 볼 수 없다"는 시적 서술을 하고 있는 것이다.

노자가 이야기하는 '사건의 순수내재성', 사건이 지니는 의미생성의 예술적 서술은 끊임없이 미래로 뻗어 있는 노마드적 탈주의 길이다. 이 길은 지금까지 이어져 온 노마드들의 탈주선, 즉 "옛날의 길을 좇아서/ 오늘의 [노마드적 탈주선이] 있음을 다스리니/능히 옛날의 [의미생성의 탈주선을 사유하는 방식, 즉 노마돌로지의] 시작을 안다." 노자가 "이를 일컬어 길의 근원이라 한다"고 말한 '길의 근원'은 곧 노마돌로지라고 할 수 있다. 오늘날 노마돌로지를 사유하는 사람들이 서구의 근대 국가철학으로 영토화되어 있는 문학, 즉 시나 소설 혹은 영화를 다시 거론하고 또 거론하면서 탈식민주의나 페미니즘, 생태주의의 의미를 생성시키고 있는 것은 그러한 탈식민주의 · 페미니즘 · 생태주의가 오늘날을 사는 우리의 탈주선을 사유하는 방식, 즉 "옛날의 [노마드적 탈주의] 길을 좇아서/오늘의 [노마드적 탈주선이] 있음을 다스리"는 오늘날의 노마돌로지이기 때문이다.

15. 노마드의 역사와 지식인(Nomadic History and the Intellectual)

옛 지식을 잘 실천하는 자는
미묘하고 가물하게 통하고
너무 깊어 식별하지 못한다
오직 식별하지 못하여
억지로 모습을 그리자면,

머뭇거림이 겨울에 내를 건너는 듯하고
두리번거림이 사방 둘레를 두려워하는 듯하고
근엄함은 마치 손님인 듯하고
풀어짐은 얼음이 녹으려는 듯하고
도타움은 나무둥치 같고
비어있음은 계곡과 같으며
혼잡스러움이 흐린 물과 같다

누가 능히 혼탁함을 정제하여
흐린 물을 맑게 할 수 있는가

누가 능히 안정하여
영원한 운동으로 생성을 구할 수 있는가

이 길을 보유하는 자는
채움을 욕망하지 않고
오직 채우지 아니 하니
오래 묵었다는 것은
새로 이룩하는 것이 아니다

The ancient nomads were profound and subtle.
Their nomadology was unfathomable.
We can not describe it;
All we can describe is their appearance.

They were careful
As someone crossing an ice-over stream.
Alert as a warrior in enemy territory.
Courteous as a guest.
Fluid as melting ice.
Shapeable as a block of wood.
Receptive as a valley.
Confused as a muddy water.

Do you have the patience to wait
Till your mud settles and the water is clear?
Can you remain unmoving
Till the permanent movement action arises by itself?

The nomadic intellectual doesn't seek fulfillment.

Not seeking, not expecting,
She is present,
And can welcome all things.

　　대지가 항상 탈영토화와 재영토화의 과정에 있는 것처럼 역사도 끊임없이 탈영토화와 재영토화의 과정 속에 있다. 역사라는 추상기계의 흐름과 생성에 따라 원시영토 기계라는 사회체는 기관들 없는 몸으로 탈영토화하여 전제군주 기계라는 사회체로 재영토화되었고, 전제군주 기계라는 사회체는 또 다른 기관들 없는 몸으로 탈영토화하여 자본주의 기계로 재영토화되었다. 이러한 재영토화의 과정에서 원시영토 기계와 전제군주 기계를 작동시켰던 지배와 억압의 코드들이 재코드화되거나 초코드화되는 것은, 전제군주 기계와 자본주의 기계를 작동시키기 위한 전제군주(왕)와 국가라는 기관이 교회와 대학이라는 이데올로기적 국가장치를 통하여 국가철학의 지식과 지식인을 통제하였기 때문이다. 서구에서 대학이 만들어지는 것은 전제군주의 중앙집권체제가 기독교교회를 통하여 강화되기 시작하던 12세기 무렵이다. 당시의 대학은 교회를 보완하는 2차적인 국가장치였기 때문에 대학에서 공부한 과목은 신학을 근간으로 하면서 고대그리스의 국가철학에 토대를 둔 문법학과 수사학 그리고 변증법이었다.
　　그러나 관료체제에서 벗어나서 상아탑으로 존재하는 대학이나 수도원의 근간을 이루는 지식과 지식인의 속성은 국가철학이 요구하는 서열이나 지배-피지배관계를 근원적으로 부정하는 경향을 가진다. 그에 따라 중세대학의 학문체계는 초기 기독교신학과 결합된 플라톤주의에서 후기의 기독교신학과 결합된 아리스토텔레스주의로 이동하게 된다. 이 과정의 가장 대표적인 인물이 바로 성 아우구스티누스(Saint Augustine)이다. 플라톤주의적인 신-인간의 이분법에서 절대적으로 부정되었던 신(God)에 대한 질문이, 아리스토텔레스적인 현상학의 측면에서 "신은 무엇인가?"라는 근원적인 질문을 던진 사람이 바로 아우구스티누스이다. 그러나 이 질문은 항상 국가철학적 구도, 즉 지배와 피지배라는 현실의 논리에 의하여 무참히 깨어진다. 따라서 "신은 무엇인가?"라는 명사적 질문이 아니라 "신은 어떻게 작동되는가?"라는 동사적인 생성의 구축주의적(constructivist 構築主義的) 질문을 던지는 사람은 항상 국가철학적 구도에서 벗어나 있는 예술가들이다.

유럽 르네상스의 노마돌로지는 이러한 예술가들과 예술가적 지식인들에 의하여 달성된 역사적 기념비이다. 대학이나 수도원이 아니라 수많은 도시들 속에 형성된 르네상스의 노마드 문화는 지배-피지배의 서열체계에서 벗어난 초서(Chaucer)나 셰익스피어(William Shakespeare) 같은 노마드 예술가와 중세 대학이나 수도원에서 탈주한 베이컨(Bacon)이나 말로(Christopher Marlowe) 같은 비국가철학적 지식인들에 의하여 만들어진 노마돌로지가 주를 이루었다. 이들의 공통점은 인간과 사회와 자연의 물질적 변화, 즉 "신은 어떻게 작동되는가?"라는 동사적인 생성의 구축주의적 질문이라고 할 수 있다. 이와 같은 르네상스의 노마돌로지 철학을 완성시킨 사람이 스피노자이다. 그들에게 옛 지식이나 옛 지식인은 고대그리스의 스토아학파나 고대 켈트족과 게르만족 등의 노마드들이지 중세의 대학과 수도원에 있었던 플라톤주의와 아리스토텔레스주의 신학자들이 아니었다. 노마돌로지가 작동되면서 모든 것이 변하였지만 오직 변하지 않은 것은 교회와 대학뿐이다.

  전제군주 기계의 사회적 코드체계인 대학은 19세기 중반까지 교회의 보완체계로 존속하다가 마침내 교회의 헤게모니가 국가로 완전히 이양되면서 비로소 근대적인 대학체제로 변화한다. 데카르트의 정신-몸이라는 이분법적 코기토를 계승하는 칸트와 헤겔의 신플라톤주의가 새로운 학문방법으로 토대를 잡은 이후에야 근대적인 대학모습으로 바뀐 것이다. 근대적인 대학이 형성되면서, 옛 지식이나 옛 지식인은 플라톤주의와 아리스토텔레스주의의 고대 국가철학자들과 중세의 신학자들로 환원된다. 따라서 오늘날 전지구적으로 맞이하고 있는 대학의 위기는 근대의 신플라톤주의에 의하여 새롭게 부활한 국가철학에 근거한 통제와 도덕적 규율을 우선시하는 근대 법철학의 위기라고 할 수 있거니와, 문학을 비롯한 예술로 사유하고자 하는 노마돌로지의 인문학을 과학적 기능주의로 옭아매려는 근대국가 과학주의의 위기라고 할 수 있다.

  서구가 보여주는 근대 이전의 대학은 형식과 내용을 달리하면서도 중국과 조선의 근대 이전의 대학과 그 모습은 유사하다. 근대 이전의 중국과 조선의 대학에서는 사서오경(四書五經)을 비롯하여 유학(儒學) 과목을 가르쳤다. 중국 진시왕의 분서갱유에서 노자와 장자의 노마돌로지는 불태워지거나 대학으로부터 추방되어 '알려지지 않은 지식' 혹은 숨겨야만 하는 지식이 되었다. 율곡 이이가 말년에 노자의 『도덕경』에 주석을 달면서도 과거시험을 봐서 국가의 녹을 먹고자 하는 제자들에게는 "노자의 『도덕경』을 읽지 마라"고 당부한 말은 과거의 우리 노마돌로지가 얼마나 지식인들의 인식 속에서 철저히 배제되어야 했는지를 잘 보여준다. 그러므로 노자가 이야기하는 "옛 지식을 잘 실천하는 자는" 국가철학의 등장과 함께 사라지기 시작한 노마돌로지를 잘 사유하고 실천하는 자를 일컫는다고 할 수 있다. 앞에서 서술한 바와 같이 노자가 『도덕경』에서 국가철학적 지식인을 '현인'(賢人)으로 표현하고, 노마돌로지의 지식인을 '성인'(聖人)으로 표현하는 것은 바로 이 때문일 것이다.

노자가 이야기하는 '옛 지식'은 노마돌로지이다. 국가철학적 기능과 통제 위주의 지식이 출세수단으로 이용되고 국가철학의 습득을 전제로 하는 지식인들이 군림하기 시작한 세상에서, 그같은 세상과 다른 삶과 의미를 창출하는 노마돌로지를 잘 사유하고 실천하는 자는 "미묘하고 가물하게 통하고" 현실의 기능과 통제에 길들여진 시선으로 바라보면 "너무 깊어 식별하지 못한다."

'1'과 '2'라는 지배와 피지배의 단수성이 아니라 이로부터 벗어나 '3'이라는 다수성을 어떻게 식별할 수 있겠는가? 이러한 사람들은 과거와 현재의 잣대로 판단할 수 없으며, 오직 미래의 잣대로만 판단할 수 있다. 노자와 소크라테스가 그렇고, 예수와 석가모니가 그렇고, 원효가 그렇고, 니체가 그렇고, 들뢰즈와 가타리가 그렇고, 오늘날의 수많은 예술가와 노마드 지식인들이 "미묘하고 가물하게 통하고" 또한 "너무 깊어 식별하지 못하"는 그런 노마돌로지의 지식인들이다.

노자는 "오직 식별하지 못하여/억지로 모습을 그리자면"이라고 말하면서 오직 미래의 잣대로만 판단할 수 있는 노마돌로지 지식인의 모습을 그려나간다. 그 모습은 현실적 삶의 판단을 내리는 "머뭇거림이 겨울에 내를 건너는 듯하고" 주변을 살피는 "두리번거림이 사방 둘레를 두려워하는 듯하"다. 변화와 생성의 지식을 따르는 노마돌로지의 입장에서 어쩔 수 없이 그 무엇으로 규정되어야만 하는 현실적 삶의 판단을 내리는 '머뭇거림'이 어찌 '겨울에 내를 건너는 듯'하지 않을 수 있겠으며, 어쩔 수 없이 그러한 판단의 올바름을 위하여 주변을 살피는 '두리번거림'이 어찌 '사방 둘레를 두려워하는 듯'하지 않을 수 있겠는가?

이런 노마돌로지의 지식인은 현실의 판단이 이루어지는 세상의 주인이 아니라 새로운 생성의 세계인 미래에서 오는 손님과 같으므로 그들이 지니는 "근엄함은 마치 손님인 듯하고" 어쩔 수 없이 현실적으로 진단해야만 하는 판단을 또 다른 미래의 판단으로 전환시키기 위하여 과거의 판단을 수정하는 "풀어짐은 얼음이 녹으려는 듯하"게 자연스럽고 유연하다. 이처럼 미래에서 오는 손님의 근엄함과 시간의 흐름에 따라 변화하는 자기수정의 유연함을 지닌 노마돌로지 지식인들의 판단에 담겨 있는 믿음의 "도타움은 나무둥치같"이 든든할 뿐만 아니라, 새로운 생성으로 나아갈 수 있는 잠재적 가능성을 위한 판단의 "비어 있음은 계곡과 같"이 깊어서 끊임없이 새로움으로 쌓여나간다.

노마돌로지를 사유하고 실천하는 지식인이 지니는 '미묘하고 가물한' 현실적 판단의 특성을 노자는 한마디로 "혼잡스러움이 흐린 물과 같다"고 말한다. 그러나 노자가 말하는 노마돌로지 지식인의 '혼잡스러움'은 그들 자체의 혼잡스러움이 아니라 국가철학이나 현실적 판단을 절대적인 것으로 받아들이는 주인과 노예의 관계 속에 있는 사람들의 시선에 비치는 노마돌로지 지식인의 모습이다. 주인과 노예의 시각만 가지고 있는 그들에게 노마돌로지의 지식인은 주인이기도 하고 노예이기도 하며, 또한 주인이 아니기도 하고 노예가 아니기도 하다.

이미 노자는 "오직 식별하지 못하여/억지로 모습을 그리자면"이라고 말하였다. 따라서 "혼잡스러움이/흐린 물과 같"은 것은 노마돌로지의 지식인이 아니라 주인과 노예의 관계 속에서 세상을 바라보고 판단하는 사람들이 바라보는 '가물가물한 내재성'이거나 "사이사이에 구멍이 뻥뻥 뚫려 있는 블랙홀" 혹은 "현실 속에 드러나지 않는 잠재적 가능성"이라는 미래의 모습이다. 이런 혼잡스러움의 모습은 또한 그들 자신의 모습이기도 하다. 그들의 시선 속에 들어온 자신의 모습과 미래의 혼잡스러움 때문에 그들은 점쟁이를 찾거나 굿판을 벌이고, 노마돌로지의 마음속에 있는 하나님이나 부처를 찾지 못하고 교회나 절을 찾아서 미래를 구걸한다.

그러나 리좀의 책이나 삶의 세계에서 바라보면 뿌리나 곁뿌리 혹은 충생뿌리의 책이나 삶이 모두 리좀의 한 부분이듯이, 노마드의 세계에서 바라보면 주인이나 노예도 근원적으로는 노마드이다. 노자는 주인과 노예의 관계 속에서 세상을 바라보는 사람들의 혼탁함을 보고 "누가 능히 혼탁함을 정제하여 맑게 할 수 있는가/누가 능히 안정하여 영원한 운동으로 생성을 구할 수 있는가" 하고 묻는다. 노자가 말하는 '혼탁함을 정제하여 맑게' 하는 일이나 '안정하여 영원한 운동으로 생성을 구하는' 일은 끊임없는 생성적 삶, 즉 사건이나 욕망의 표면과 심층을 끊임없이 오르내리는 '노마드적 탈주선'을 따르는 지식인의 몫이다. 그들의 끊임없는 생성, 무한한 가능성 그리고 현실로 규정할 수 없는 극한의 힘들은 주인과 노예가 스스로 탈영토화할 수 있는 탈주선을 발견하는 모델이 된다. 그 탈주선을 발견하지 못하는 사람들은 마침내 탈영토화한 사회체에 의하여 퇴출당할 것이다. 탈주선을 발견하느냐 못하느냐는 오직 주인과 노예의 몫이다.

끊임없이 탈주선을 따라 이동하는 즐거움, 즉 생성적 욕망의 형이상학을 따르는 지식인을 노자는 "이 [노마드적 탈주의] 길을 보유하는 자"라고 부르며, 그러한 자는 "채움을 욕망하지 않고/오직 채우지 아니 하"는 자라고 말한다. 욕망이 사건의 표면으로 솟아오른 후에 욕망이 근원적으로 지니는 아무런 의미 없음이 어떤 하나의 의미로 계열화되어 그 표면을 채운다면, 그것은 이미 하나의 의미로 고착되어 또 다른 의미로 생성될 가능성을 상실하게 된다. 그러나 사건의 표면으로 솟아오른 욕망이 그 스스로를 어떠한 의미로도 채우지 않는다면, 욕망이 지니는 근원적인 쌍방향으로 말미암아 욕망의 모든 '혼탁한' 대상들은 생성의 의미를 지니게 된다. 끊임없이 사건의 표면 위로 솟아오르는 욕망이 스스로의 '채움을 욕망하지 않았을' 때, 현실의 모든 대상들이 생성되어 "능히 혼탁함을 정제하여 맑게 할 수" 있게 되는 것이다. 그리고 그러한 욕망이 '오직 채우지 아니 하니' 현실의 모든 대상들은 "능히 안정하여 영원한 운동으로 생성을 구할 수 있"게 되는 것이다.

그래서 노자는 노마돌로지의 지식인 혹은 욕망의 탈주선을 따르는 지식인이 "오래 묵었다는 것은" 스스로를 '오직 채우지 아니 하니', 오직 혼탁함 속에 있는 현실의 모든 대상들을 미래의 생성으로 나아가게 하고 스스로는 결코 "새로 이룩하는 것이 아니다"고 말한다. 지식인이 국가나 관념적 신이나 현실의 가치가 아니라 오직 자연의 생성을 따라야만 하는 이유가 바로 이 때문이라고 할 것이다.

16. 노마드의 '운명애'(Nomadic 'Amor Fatie')

비어 있음에 이르기를 지극히 하고
고요함을 지키기를 돈독하게 하라
만물이 더불어 이루는데
나는 되풀이하여 볼 뿐이다

그저 만물은 무성하지만
제각각 그 뿌리로 되돌아간다
뿌리로 돌아감을 고요함이라 한다

고요함을 일컬어 '운명을 따른다' 한다
'운명을 따른다' 함을 지식(혹은 이치 常)이라 하고
지식을 아는 것을 밝음[明]이라 한다
지식을 알지 못함은 허망하게 요사함을 만든다

이치를 아는 것은 받아들임이고
받아들임은 공평함이고
공평함이 최고이며

최고는 하늘이고
하늘이 곧 길이다
길은 영원하니 몸이 없어도 위태롭지 않다

Empty your mind of all thoughts,
Let your heart be at peace.
Watch the turmoil of beings,
But contemplate their return.

Each separate being in the universe
Returns to the common source.
Returning to the source is serenity.

When you realize where you come from,
You naturally love your fate.
If you don't realize returning to the source,
You stumble in confusion and sorrow.

"Amor Fatie" becomes disinterested,
Amused, kindhearted as a sky.
Immersed in the wonder of the way,
You can deal with whatever life brings you,
And when death comes, you are ready.

주인과 노예 혹은 원본과 복사품의 관점만 제공하는 국가철학의 세계에서 들뢰즈나 노자의 노마돌로지는 단순한 처세술로 보일 뿐이다. 그러나 노마돌로지의 관점에서 보면, 주인과 노예나 원본과 복사품만 있는 세상에서 노마돌로지의 세계를 고수하는 길은 주인이나 노예의 세상에서 탈영토화하여 주인과 노예가 없는 친구나 연인들만의 세계로 들어가는 길이다. 이같은 친구들의 세계는 또한 원본이나 복사품의 세계가 아니라 무의미의 사건에서 의미를 생성하는 끊임없는 생성의 세계이기도 하다.

노마돌로지의 시인이라고 할 수 있는 김수영이 말하는 "풍자(諷刺)가 아니면 해탈(解脫)"의 길은 오직 주인과 노예 혹은 원본과 복사품만 있는 이 세상에서 친구들의 세계와 생성의 세계를 유지하는 유일한 길이다. 김수영의 노마드적 풍자(諷刺)는 "우스운 것이 사람의 죽음이다/우스워하지 않고서 생각할 수 없는 것이 사람의 죽음이다/팔월(八月)의 하늘은 높다/높다는 것도 이렇게 웃음을 자아낸다"라며 웃음으로 세상을 바라보는 여유이고, 그가 말하는 노마드적 해탈(解脫)은 다음과 같이 이 세상의 모든 모르는 것에 대한 숭배의 경건함이다. "나는 분명히 그의 앞에 절을 했노라/그의 앞에 엎드렸노라/모르는 것 앞에는 엎드리는 것이/모르는 것 앞에는 무조건하고 숭배하는 것이/나의 습관(習慣)이니까/동생뿐이 아니라/그의 죽음뿐이 아니라/혹은 그의 실종(失踪)뿐이 아니라/그를 생각하는/그를 생각할 수 있는/너까지도 다 함께 숭배하고 마는 것이/숭배할 줄 아는 것이/나의 인내(忍耐)이니까."(김수영, 『거대한 뿌리』, 1974)

김수영 같은 노마돌로지의 시인이 지니고 있는 웃음의 여유로 바라보는 풍자의 세계와 이 세상의 모든 모르는 것에 대한 숭배의 경건함을 지닌 해탈의 세계를, 노마돌로지의 지식으로 바라보지 못하고 오직 비극으로만 바라보도록 길들인 것은 근대의 국가철학적 문학비평 이론이다. 자유인본주의의 문학비평 이론이 시인과 소설가를 기독교적 신이나 플라톤의 이데아에 정주시켜 그들의 삶을 현실적 삶으로부터 분리시켰다면, 리얼리즘은 시인이나 소설가로 하여금 주인과 노예 중 하나를 선택하도록 강요하여 주인과 노예의 관계 너머에 있는 또 다른 세계를 보지 못하게 하였다. 그리고 모더니즘은 주인과 노예 중 어느 쪽도 선택하지 못하게 함으로써 그들을 정신병자나 비극의 주인공으로 바라보도록 강요하였다.

그러나 주인과 노예의 세계나 원본과 복사품의 세계에서 벗어나 관계를 토대로 한 생성의 욕망이나 시뮬라크르의 의미를 사유하기 시작하면, 김수영의 시가 보여주는 그러한 웃음의 여유와 숭배의 경건함을 특징으로 하는 풍자와 해탈의 형이상학적 세계는 우리의 삶과 아주 밀접하게 연관되어 있음을 알 수 있다. 노자는 이러한 노마돌로지의 세계를 상호관계를 통하여 타자의 생성을 끊임없이 유도하는 "**비어 있음에 이르기를 지극히 하고/고요함을 지키기를 돈독하게 하라**"고 이야기한다. 여기서 '비어 있음'과 '고요함'은 "만물이 더불어 이루어지는" 대지이거나 기관들 없는 몸을 지칭하는 욕망이나 사건의 '형이상학적 표면', 즉 내재성의 장이라고 할 수 있다. 그리하여 노자는 "**만물이 더불어 이루어지는데/나는 되풀이하여 볼 뿐이다**"고 말한다. 관계를 통한 상호생성의 세계에서 오늘의 주인은 내일의 노예가 되고, 어제의 원본은 오늘의 복사품이 된다. 상호생성을 통하여 만물이 더불어 이루어져서 "**그저 만물은 무성하지만/제각각 그 뿌리로 되돌아간다**"는 비어 있음과 고요함을 알기 때문에 노마드적 탈주선을 따르는 사람은 내재성의 장의 신기루처럼 있다가 사라지고 사라졌다가 다시 솟아오르는 고요함을 유지할 뿐이다.

노자의 언어체계에서는 "**뿌리로 돌아감을 고요함이라 하**"기 때문에 "비어 있음에 이르기를 지극히 하고/고요함을 지키기를 돈독하게 하"는 것은 탈영토화와 재영토화의 자연적인 삶의 과정을 따르는 '운명애', 즉 "이것을 일컬어 '운명을 따른다' 한다"고 할 수 있다. 결국 들뢰즈가 이야기하는 '운명애'나 노자가 말하는 '운명을 따른다'는 주인과 노예의 관계에서 주인과 노예라는 현실적 권력관계의 속박이라기보다 하나의 자연적 생명체로서 탈영토화와 재영토화의 탈주선을 따라 무의미의 욕망이나 사건의 흐름에 실려가는 것을 일컫는다. 이러한 욕망이나 사건의 흐름에 실려가는 "'운명을 따른다' 함을 지식(혹은 이치, 常)이라 하고/[이러한] 지식을 아는 것을 밝음[明]이라 한다."

이와 같이 노자는 들뢰즈가 말하는 노마돌로지만을 지식으로 간주하고, 노마돌로지의 지식을 아는 것만이 오직 온전히 '아는 것'으로 생각하였다. 노마돌로지의 "지식을 알지 못함은 허망하게 요사함을 만든다"고 노자가 말하고 있듯이, 국가철학은 상호생성의 관계를 무시하고 오직 주인이거나 노예만을 자신의 운명으로 받아들이게 함으로써 세계 제일의 앵글로색슨족, 게르만족 혹은 중화(中華)니 소화(小華)니 하는 파괴적 종족주의와 만물의 영장은 인간이라느니 혹은 남성은 여성보다 더 이성적이라느니 하는 요사함을 믿게 만들었고, 전쟁을 일으키거나 자연과 여성의 생성을 말살시키는 요사함을 지식으로 간주하게 하였다.

들뢰즈가 '운명애'라고 부르고 노자가 '운명을 따른다'고 부르는 노마돌로지는 모든 생명체가 지니는 탈영토화와 재영토화의 과정이라는 자연스러움이다. 노자는 노마돌로지의 "지식을 아는 것은 [자연스러운] 받아들임이고", 그러한 노마돌로지의 자연스러운 "받아들임은 공평함이고/공평함이 최고이며/최고는 하늘이고/하늘이 곧 길이다"라고 이야기한다. 이렇듯 노마돌로지의 자연스러운 받아들임을

'공평함'이라고 부르는 것은, 주인과 노예라는 고대 아시아와 아프리카의 문명으로부터 탈주하여 바다와 사막과 초원을 가로질러 고대그리스에 도착한 유목민들이 만든 친구들의 세계처럼 서구와 비서구, 남성과 여성, 백인과 유색인의 관계를 뛰어넘어 인간과 비인간 혹은 물질과 비물질의 모든 관계를 평등하게 사유하는 노마돌로지의 가장 기본적인 원칙을 제시하는 것이라고 할 수 있다. 그리하여 노자는 노마돌로지의 지식에서 "공평함이 최고이며/최고는 하늘이고/하늘이 곧 길이다"고 말한다. 노자가 이야기하는 하늘은 사막이나 초원·바다의 이미지로 대변되는 사건이나 욕망의 형이상학적 표면이라는 내재성의 장을 가장 잘 형상화하고 있다.

따라서 노마돌로지의 근본적 원칙은 모든 존재의 공평함을 근본으로 하는 친구들의 세계이고, 이 세계는 곧 내재성의 장이며, 내재성의 장은 탈영토화와 재영토화가 끊임없이 일어나는 욕망의 탈주선, 즉 노자가 부르는 '길'이라고 하겠다. 이러한 탈주의 **"길은 영원하니 몸이 없어도 위태롭지 않다."** 노자의 이 말은 얼마나 많은 웃음의 여유를 드러내는 기관들로 가득 찬 몸에 대한 풍자이며, 주인과 노예의 관계 속에 머물러 있는 사람들을 떠난 해탈의 세계를 보여주는가? 오늘날의 수많은 노마돌로지 시인들은 노자의 풍자와 해탈의 길을 따라서 꽃과 나무, 바람과 물의 모든 자연적인 관계에 생명을 불어넣지 않는가?

17. 사회체(The Social Body, or Socius)

최고의 위
그것은 단지 있음만을 알 뿐이다
다음은 친해지고 사랑하는 것이고
그 다음은 두려움이며
맨 마지막은 업신여김이다

믿음이 부족하면
반드시 믿지 못함이 있다

말을 귀하게 여기는 것을
그윽하게 하라
공을 이루고 일을 마쳐도
백성들 모두가 일컬어
"나는 자연이다"라고 말한다

When the nomadic intellectual governs, the people
Are hardly aware that she exists.

Next best is a leader who is loved.
Next, one who is feared.
The worst is one who is despised.

If you don't trust the people,
You make them untrustworthy.

The nomadic intellectual doesn't talk,
She only acts.
When her work is done,
The people say, "Amazing:
We did it, all by ourselves!"

내가 대학입학시험을 치르던 시절에는 예비고사라는 것이 있었다. 그 예비고사 예상문제에 수시로 나오는 문제 하나가 "다음의 설명 중에 올바른 것을 고르시오"라는 거였다. 그리고 예문들에는 반드시 "나라의 발전이 곧 나의 발전이다"와 "나의 발전이 곧 나라의 발전이다"는 것이 포함되어 있었다. 초등학교 2학년 때, 해가 질 때까지 교실에 남아서 외웠던 '국민교육헌장'에는 "나의 발전이 곧 나라의 발전의 근본임을 깨달아…"라는 문장이 있었음에도 불구하고, 태어나서 고등학교 졸업할 때까지 대통령은 오직 박정희만 있을 뿐이라고 배운 유신교육 속에서 정답은 항상 "나라의 발전이 곧 나의 발전이다"라고 생각게 하였다. 그렇다고 이것이 우리의 군사독재나 아류제국주의의 독특한 형태라고 스스로를 비하하면 안된다. 20세기 초에 영국과 프랑스에서는 '영문학 교육원칙'과 '프랑스문학 교육원칙'이 의회에서 통과되었으며, 이러한 교육원칙을 일본이 고스란히 물려받아 '국문학 교육원칙'을 세웠고, 우리는 그것을 또 고스란히 배워서 '국민교육헌장'을 만들었던 것이다.

동양과 서양을 막론하고 이와 같은 근대적 인식의 혼탁함 속에는 개인과 사회라는 이분법이 존재한다. 절대적인 판단과 결정을 선택할 수 있는 절대적 개인의 존재를 의심하지 않고, 이러한 개인들의 총합이거나 각 개인의 유기적 혼합물이 사회라는 인식은 아직도 우리의 인식체계를 절대적으로 지배하고 있다. 근대 국가철학의 분과학문들 역시 개인과 사회라는 이분법의 토대 위에 세워진 학문체계이다. 일부 분과학문은 정신-몸의 이분법과 연결되어 촘스키(Noam Chomsky)의 언어학에서 일상적으로 사회적 대화에 사용되는 표층구조의 언어와 달리 심층구조의 언어는 절대적 개인의 영역으로 치환되고, 프로이트의 정신분석학에서 사회나 문명의 영역인 의식세계와 달리 무의식은 사회와 단절된 절대적 개인의 영역으로 환원되었다. 그리고 정치학이나 사회학 등의 사회과학은 개인과 사회라는 확고한 이분법 속에서 사회영역만 연구대상으로 한다는 원칙이다.

그러나 정신-몸의 이분법이나 개인-사회의 이분법은 플라톤의 이데아-현실의 이분법과 마찬가지로 국가철학의 허구적 인식장치일 뿐이다. 몸과 분리되어 있는 정신이 없듯이 사회를 벗어난 인간이나 현실을 벗어난 이데아는 존재하지 않는다. 플라톤의 국가철학이 현실을 벗어난 이데아를 만들어 현실의 모든 대상을 이데아의 복사품으로 사고하도록 만든 것처럼, 그리고 데카르트는 몸과 분리된 정신을 만들어서 몸을 정신의 노예(기관들로 가득 찬 몸)로 만든 것처럼, 근대 분과학문들은 사회와 절대적으로 분리되어 있는 추상적 개인을 만듦으로써 인간이 무리지어 살고 있는 사회를 절대적이고 추상적인 개별적 주체인 민족이나 국가의 부속물로 전락시켜 버렸다.

사실 민족이나 국가는 절대적 개인과 같은 추상적 존재가 아니라, 사회라는 관계의 형식에 따라 개념이 변화하는 사랑이나 공공성 혹은 시민정신 같은 추상기계이다. 호랑이가 사라지면서 호랑이사회가 사라지듯이, 인간이라는 무리가 존재하면 반드시 인간이라는 사회가 존재하게 마련이다. 따라서 인간의 언어는 필연적으로 사회적 언어이고, 인간의 욕망은 필연적으로 사회적 욕망이며, 인간의 무의식은 필연적으로 사회적 무의식이다. 또 이것은 인간의 기관들 없는 몸 되기는 필연적으로 사회체의 기관들 없는 몸 되기와 연결되어 있음을 암시한다. 그러므로 자본주의로 고착된 나의 몸으로부터 탈영토화하여 새로운 기관들 없는 몸 되기를 달성하는 것은 이미 내가 이루는 사회체가 자본주의로 고착된 자본주의 기계로부터 탈영토화하여 또 다른 사회체로 재영토화할 수 있는 가능성으로 남아 있음을 의미하는 것이다. 이는 마치 오늘날의 우리 인간들이 살고 있는 자본주의 기계라는 기관들로 가득 찬 몸의 사회체 속에 이미 원시영토 기계나 전제군주 기계라는 옛날의 사회체가 지닌 기관들로 가득 찬 몸을 비롯하여 아직 코드화되지 않은 미래의 또 다른 기관들로 가득 찬 몸의 사회체들이 살아서 움직이고 있는 것과 같다.

우리 인간들에 의하여 코드화된 사회체든 아니면 아직 코드화되지 않은 사회체든 무릇 사회체란 인간들이 맺는 사건이나 욕망의 물질적 표면 위에 드러난 모습이다. 사회체를 사건이나 욕망의 물질적 표면 위에 드러난 모습이라는 것은, 근원적으로 의미 없음의 사건이나 블랙홀로 존재하는 욕망이 관계의 형식으로 물질적 표면 위로 드러남으로써 그 사건과 욕망이 계열화되는 방식을 말하는 것이다. 사건이나 욕망의 계열화의 방식이 곧 사회체인 것이다.

　사회체의 근원적 형식은 우리의 몸과 마찬가지로 기관들 없는 몸이다. 그래서 사건이나 욕망의 물질적 표면 위에 드러난 사회체의 모습은 코드화되어서 우리가 이미 알고 있는 원시영토 기계나 전제군주 기계 혹은 자본주의 기계처럼 뚜렷한 기관들로 가득 찬 몸으로 존재하기도 하지만, 아직 코드화되지 않은 다양한 사회체가 극한의 기관들 없는 몸의 있음으로 존재하기도 한다. 이러한 사건과 욕망의 물질적 표면 위에 드러난 극한의 기관들 없는 몸의 있음 속에서, 다만 우리는 어떤 미래의 현존이라는 영원한 현재의 사건이나 욕망을 미래로 생성시키는 사회체가 존재하고 있음을 알 뿐이다.

　그래서 노자는 잠재적 가능성만으로 존재하는 사건과 욕망의 계열화라는 추상적 몸이 구체적 몸으로 드러나는 사건과 욕망의 물질적 표면의 극한인 "최고의 위/그것은 단지 있음만을 알 뿐이다"고 말한다. 그리고 사건과 욕망의 물질적 표면 위에 드러난 극한의 기관들 없는 몸이라는 '단지 있음'의 "다음은 친해지고 사랑하는 것"이라는 우정과 사랑의 형식을 지닌 사회체이고, 그 "다음은 두려움"의 형식을 지닌 공포를 불러일으키는 사회체이며, 그 "다음은 업신여김이다"라는 경멸과 모욕감을 불러일으키는 사회체이다.

　문제는 우정과 사랑의 형식을 지닌 사회체에서 시작하여 공포를 일으키는 사회체와 경멸과 모욕감을 불러일으키는 사회체로 나아가는 것이다. 노자의 말에서 우리는 인간의 가장 근원적인 노마드적 원시영토 기계의 사회체 속에 이미 우정과 사랑이라는 이름을 통하여 계열화된 사회체와 두려움을 야기하는 공포심을 통하여 계열화된 사회체 그리고 사건과 욕망의 관계가 맺어지는 외부와 소수자들을 업신여기는 경멸과 모욕감을 통하여 계열화된 사회체가 존재하였음을 알 수 있다. 원시영토 기계에 내재해 있는 공포심을 통하여 계열화된 사회체에서 우리는 전제군주 기계의 원시적 징후를 읽을 수 있고, 또 경멸과 모욕감을 통하여 계열화된 사회체에서 비서구와 여성과 자연생태계를 소외시킨 근대 서구・백인・남성 중심의 근대자본주의 기계의 원시적 징후를 읽을 수 있는 것이다. 그리고 사랑과 우정이라는 이름을 통하여 계열화된 사회체 속에서 우리는 원시영토 기계의 사회체 이후로 끊임없이 존재하는 종교적 형식의 사회체에 대한 원시적 징후를 읽을 수 있다.

"길을 길이라고 부르면 이미 길이 아니고, 이름을 이름으로 부르면 이미 이름이 아니"듯이 그 어떤 의미로도 계열화되지 않는 사건과 욕망의 자연적 발현 이외의 모든 고정된 계열화 방식은 사회체의 억압장치로 기능한다. 결국 어떠한 사건이나 욕망을 우정이나 사랑이라고 명명하는 것은 이미 의미 없는 사건이나 욕망을 계열화하는 기관들로 가득 찬 사회체의 몸이다. 중세유럽의 기사도의 우정이나 궁정풍 사랑에서 여성의 처녀성을 신비화시킨 동정녀 마리아라는 이상적 아름다움이 전제군주 기계라는 기관들로 가득 찬 몸의 내재적 코드로 작용한 것이 대표적인 예가 될 것이다.

인간의 관계가 맺어지는 사건과 욕망의 물질적 표면 위로 드러나는 사회체가 단지 기관들 없는 몸의 있음이라는 미래를 형성하는 잠재적 가능성의 벡터적 힘으로 작용하지 않고 우정과 사랑, 두려움과 업신여김 등 주인과 노예 관계의 기관들로 가득 찬 몸의 사회체로 구성되는 것은, 사건과 욕망의 의미 없음 혹은 사건과 욕망의 자연적인 계열화가 지니는 생산성에 대한 믿음의 부족에서 비롯된다. 오늘날 우리가 신문과 방송 등 대중매체에서 접하는 사건이나 욕망은 인간의 근원적인 사건과 욕망이라기보다 전제군주 기계나 자본주의 기계에 의하여 구성된 사건과 욕망이다. 플라톤주의나 유교 국가철학을 지식으로 간주하고 바라보는 세상에서의 욕망과 사건은 곧 국가철학을 구성하는 욕망과 사건인 것이다.

그러므로 인간의 욕망과 사건에 대한 불신은 항상 현상과 본질 혹은 의식과 무의식이라는 이분법을 전제한다. 하이데거가 사건의 본질적인 무의미성에 대한 불신 때문에 현상-본질이라는 이분법을 만들듯이, 프로이드는 욕망의 본질적인 생산성을 불신하기 때문에 의식-무의식의 이분법을 만들어 오이디푸스나 거세를 통한 욕망의 억압을 지식으로 포장한다. 이처럼 사건과 욕망의 자율적 계열화라는 사회체의 기관들 없는 몸에 대한 "믿음이 부족하면/반드시 믿지 못함이 있다." 그리고 믿지 못함은 반드시 우정과 사랑 혹은 두려움과 업신여김을 통하여 기관들로 가득 찬 몸의 사회체를 만들고 그것이 마치 영원한 것처럼 믿게 된다.

이와 달리 사건과 욕망의 자율적인 계열화라는 기관들 없는 몸의 사회체에 대한 믿음은 사건과 욕망에 내재하는 특이성과 생산성을 발견할 수 있다. 이와 같은 특이성과 생산성을 발견하는 사람이 근원적인 노마돌로지의 지식으로 무장한 예술가들이다. 노자는 노마돌로지의 예술가들이 사건과 욕망을 계열화하는 방식을 "말을 귀하게 여기는 것을/그윽하게 하라"고 말한다. 노자의 이 말은 어떤 우정이나 사랑 혹은 두려움이나 업신여김이라는 기관들로 가득 찬 몸의 사회체로부터 탈주하여 사건과 욕망의 물질적 표면의 극한적 형식으로 존재하는 기관들 없는 몸의 사회체를 늘 염두에 두라는 이야기일 것이다. 따라서 사건과 욕망 속에 내재하는 특이성과 생산성을 발견하는 예술가는 기관들로 가득 찬 몸의 전제군주 기계와 자본주의 기계 속에서 기관들 없는 몸의 본래의 사회체를 사유하기 때문에, 그 사회체들을 탈영토화하여 새로운 미래의 사회체를 건설하는 혁명가라고 할 수 있다.

　어느 시대, 어느 장소나 혁명가이지 않은 노마돌로지의 예술가는 존재하지 않는다. 노마돌로지의 예술가들은 이미 사건과 욕망 속에 내재하는 사건의 특이성과 욕망의 생산성을 발견하기 때문에 "말을 귀하게 여기는 것을/그윽하게 할" 뿐만 아니라 그것들을 우정이나 사랑 혹은 두려움이나 업신여김으로 고착시키지 않는다. 사건과 욕망에 대한 노마돌로지 예술가들의 서술을 우정이라든가 사랑, 두려움이라든가 업신여김으로 고착시키는 것은 다름아니라 국가철학에 길들여져 있는 비평가나 교수들이다.

　노마돌로지의 예술가들이 사건이나 욕망을 서술·생산하는 방식은 자연에 가장 가깝다. 신플라톤주의자의 절대불변이라는 이데아의 자연이 아니라, 특이성과 생산성에 따라 끊임없이 변화하고 생성되는 자연이 최고의 예술인 것이다. 사람들이 노마돌로지의 예술가들처럼 각각의 사건과 욕망의 특이성과 생산성에 따라 의미와 생산을 계열화할 때, 사회체는 자연적으로 기관들 없는 몸이라는 근원적인 형식을 지니게 된다.

　이같은 기관들 없는 몸의 사회체를 노자는 "공을 이루고 일을 마쳐도/백성들 모두가 일컬어/나는 자연이다'라고 말한다"고 했다. '공'이나 '일'이라는 사건과 욕망의 그 어떤 계열도 "백성들 모두가 일컬어/나는 자연이다'라고 말한다" 함은 사람들 모두가 그 어떤 기관들로 가득찬 몸의 사회체에 속하지 않는다는 것을 의미한다. 사람들이 "나는 자연이다"라고 말하는 것은 국가철학의 궁극적인 소멸을 이야기하는 것이다.

　국가철학에서 인식하는 것처럼 자연이나 자연스러움은 고정되어 있는 것이 아니다. 자연은 생명성의 평등을 토대로 해서 끊임없이 사건과 욕망의 특이성과 생산성에 따라 계열화의 의미를 생산하는, 순간순간 기관들 없는 몸이 되는 사회체의 근원적인 모델이다. 기관들로 가득 찬 몸이라는 사회체의 고정된 계열화라 할 수 있는 주인과 노예, 남성과 여성, 인간과 비인간의 관계는 결코 자연스러움이 아니다. 나무나 돌, 바람이나 물처럼 주인과 노예, 남성과 여성, 인간과 비인간의 구분은 존재하지 않는다. 나무나 돌이나 바람이나 물 되기를 수행하는 노마돌로지의 예술가들처럼 자연은 매일매일 혁명을 한다. 따라서 "나는 자연이다"라고 말하는 것은 주인의 노예 되기, 남성의 여성되기, 인간의 비인간 되기라고 말할 수 있다.

18. 가족주의의 탄생(Oedipus, at Last!)

큰 길이 없어지니
인의(仁義)가 있다

지혜가 나와
큰 거짓이 생겨난다

여섯 가까운 사람들이 친하지 않으니
효성스러움과 자애로움이 있다

나라의 집이 혼란하니
충성된 신하가 있다

When the great way is forgotten,
Goodness and piety appear.

When the body's intelligence declines,
Cleverness and knowledge step forth.

When there is no peace in the family,
Filial piety begins.

When the country falls into chaos,
Patriotism is born.

들뢰즈와 가타리가 함께 쓴 『안티 오이디푸스』와 『천 개의 고원』에 공통으로 붙어 있는 부제 "'자본주의와 정신분열증'에 대한 사용자의 안내서"를 쓴 브라이언 마수미(Brian Massumi)는 폭력을 도구로 사용하는 권력(power)과 자발적으로 우러나오는 힘(force)을 구별하고 있다. 노마돌로지는 권력에 빌붙은 국가철학적 지식이 아니라 자발적으로 우러나오는 사랑과 삶에 대한 지식의 힘이다. 그러나 태초에 노마돌로지는 존재하지 않았고, 단지 노마드들만 존재하였다. 새롭고 풍요로운 사랑과 삶을 좇아서 끊임없이 이동하는 노마드들은 아프리카에서 아시아와 유럽 그리고 아메리카 대륙으로 이동하였다. 그들에겐 사방으로 길이 있었다. 이들의 사랑과 삶을 가로막는 최초의 권력은 처음으로 대지에 울타리를 치고 자신들의 땅이라고 영토화한 원시영토 기계이다.

원시영토기계는 칼과 활의 무기를 사용하여 새롭고 풍요로운 사랑과 삶을 좇아서 이동하는 노마드들을 가로막고 자신들의 영토에 작은 통로들을 만들어 그 안에서만 이동하면서 살도록 강요하였다. 그리고 다른 영토기계들보다 자신들의 영토기계가 더 인자하고 정의롭다는 이야기를 만들어내었다. 자신들의 영토기계나 종족의 권력자들이 다른 영토기계나 종족의 권력자들보다 더 인자하고 정의롭다는 종족신화와 국가신화는 이렇게 만들어졌다. 노자가 말하는 **"큰 길이 없어지니/인의(仁義)가 있다"**는 그렇게 이루어진다.

새롭고 풍요로운 삶과 사랑을 좇아서 이동하는 노마드들의 욕망은 생명을 지닌 존재들의 원초적인 욕망이다. 사방으로 난 길을 막고 작은 통로를 만들었지만, 길은 또 찾으면 만들어진다. 항상 끊겼다고 생각하는 곳에 다시 만들어지는 것이 길이다. 그들은 폭력과 억압으로 울타리 친 영토로부터 탈영토화하여 바다와 산맥과 초원과 사막을 건너 새로운 삶과 사랑의 대지를 찾아나간다. 이러한 탈영토화 과정에서 종족과 나라의 신화와는 다른 노마드들의 신화가 만들어진다. 바로 이것이 노마드적 신화의 모태이다.

폭력과 억압의 대상인, 강제로 정착민이 되어버린 노마드들은 탈주하고, 이제 하나의 영토기계와 또 다른 영토기계 혹은 하나의 지배종족과 또 다른 지배종족의 전쟁만 존재한다. 대지로 나아가는 사방으로 난 길들에서 원시영토 기계는 스스로 탈영토화할 수밖에 없다. 이와 같은 탈영토화 과정에서 다른 영토기계와 다른 종족을 흡수한 거대 영토기계 혹은 종족집단은 노마드적 신화를 전유하여 이를 종족신화와 결합시켜서 거대한 종족신화를 만들었다. 종족의 왕과 노마드의 마법사(무당)가 결합하여 왕국을 건설한 것이다. 노자가 **"지혜가 나와/큰 거짓이 생겨난다"**고 했듯이, 우리가 알고 있는 이집트신화와 기독교신화, 인도·중국 신화, 그리스신화는 모두 종족신화와 노마드신화가 결합되어 있다. 그러나 국가철학이 탄생하면서, 모든 신화들에 내재해 있는 노마드적 요소들을 배제하고 오직 종족신화만 채택하여 국가철학에 봉사하도록 만들었다.

노마드와 정착민이 혼재되어 있는 사회체에서 종족신화와 결합된 노마드신화는 새롭고 풍요로운 삶과 사랑을 좇는 노마드들의 큰 길이 되지 못한다. 아마 노자는 정착민의 땅에서, 그리고 소크라테스는 새로운 이주의 땅에서 이러한 과정을 겪으며 태어났으리라. 소크라테스와 스토아학파 그리고 노자와 장자는 종족신화를 좇아서 권력의 하수인이 되기를 거부하고, 종족신화와 결합된 노마드들의 신화 속에서 새롭고 풍요로운 삶과 사랑을 좇는 노마드들의 이야기를 걸러내어 젊은 노마드들에게 전달하거나 삶과 사랑을 바라보는 관점을 세워 그 새로운 노마드들의 이야기를 만들었다.

바로 이것이 동양과 서양을 가로질러 생겨난 최초의 노마돌로지이다. 모든 생명체가 지닌 근원적인 노마드적 욕망이 살아 움직이는 속에서 젊고 활기찬 노마드들은 끊임없이 탈영토화하여 새롭고 풍요로운 삶과 사랑을 좇아 새로운 대지로 이동하였을 것이다. 그리고 이러한 노마돌로지의 생성과정에서 원시영토 기계를 토대로 한 왕국이나 원시적 종교국가는 스스로 탈영토화하기 시작하였을 것이다. 아마 이것이 원시영토 기계가 완전히 탈영토화하여 고대그리스의 도시와 고대중국의 도시들에 세워진 최초의 기관들 없는 몸의 사회체, 즉 노마돌로지의 사회일 것이다.

노마돌로지의 사회체가 이루어지는 과정에서 공자와 플라톤 같은 뛰어난 국가철학자가 탄생하며, 그들은 다시 소크라테스와 노자의 노마돌로지 지식을 전유하여 교육이라는 이데올로기적 국가장치를 통하여 이상-현실, 도-덕 이분법의 국가철학 토대를 만들었다. 이렇게 해서 노마드의 신화와 종족신화가 공존하였듯이, 자유로운 노마돌로지의 지식과 폭력과 억압을 수반하는 국가철학의 지식이 공존하는 시대가 도래한다. 그리고 국가철학의 도래는 교육제도와 함께 새로운 전제군주 기계의 사회체를 형성하는 토대가 된다.

원시영토 기계가 종족의 신화를 근거로 했다면, 전제군주 기계는 주인과 노예의 이분법적 가족주의에 그 토대를 두고 있다. 국가철학에서 종족의 신화가 가족주의로 변형된 것이다. 노자는 "여섯 가까운 사람들이 친하지 않으니/효성스러움과 자애로움이 있다"고 말한다. 여기서 '여섯 사람들'은 부부와 형제, 부자의 관계에 있는 사람들이다. 노마드의 삶과 사랑의 관계에서 부부·형제·부자의 관계는 탈영토화와 재영토화 과정에 따라 폭력과 억압의 영토로부터 탈주하는, 동맹관계의 가장 기본적인 단위이다.

현실이라는 물질적 표면에 드러난 하나의 사건이나 욕망은 아무런 의미 없이 또 다른 사건이나 욕망과 만나는 관계를 지향한다. 그러므로 하나의 사건과 또 다른 사건이 만드는 노마드적 의미의 계열화 그리고 하나의 욕망과 또 다른 욕망의 만남이 만드는 노마드적 탈주의 생산성은 오직 친구와 연인 같은 동맹관계에서만 가능하다. 노마드적 삶과 사랑 속에서 부부와 형제와 부자의 관계는 동맹관계이다. 그러나 가족주의의 관계에서 남편과 아내, 형과 동생, 아버지와 아들은 친구와 연인 같은 노마드적 동맹관계가 아니라 권력의 서열관계이기 때문에 주인-노예라는 대립적 관계가 된다. 국가철학은 부부관계에서 남성중심의 이데올로기를 만들고, 형제관계에서 적자나 장자상속의 윤리를 만들고, 부자관계에서 아버지중심의 서열구조를 만드는 것이다. 남성중심의 부부관계에서 욕망은 소유와 폭력에 근거하여 남성의 가학적 욕망을 생산하고 여성의 피학적 욕망을 생산한다. 그리고 적자나 장자상속의 윤리 속에서 형제관계는 셰익스피어의 『리어왕』에 등장하는 에드가와 에드먼드처럼 항상 대립적 투쟁의 관계이고, 아버지중심의 서열구조 속에서 '나'라는 개체는 '아버지-어머니-나'라는 가족주의의 삼각형 모델에서 권력을 쥐고 있는 아버지의 자리를 욕망하거나 권력의 보완자인 어머니의 자리를 욕망한다.

전제군주 기계의 사회체는 이상-현실 혹은 도-덕의 이분법에 근거한 국가철학의 지식으로 사회-개인, 국가-가족이라는 이분법을 확고히 함으로써 '아버지-엄마-나'의 가족주의 모델을 사회와 국가로 확대시켜 유지되는 사회체이다. 부부 · 형제 · 부자 관계를 친구나 연인의 동맹관계로 사유하고 행동하는 노마드들을 비합법적이고 불법적인 것으로 만드는 법이라는 폭력을 독점하고, 이를 통해서 전제군주를 초코드화하고 '전제군주-신하-나'라는 전제군주의 나라를 만드는 것이다. 플라톤의 국가철학이 이데아를 초코드화하여 이데아 중심의 현실(원본이 없는 복사품들)을 만들듯이(혹은 공자가 '도'를 초코드화하여 '덕'이라는 인의예지를 만들듯이), 가족주의는 아버지를 초코드화하여 아버지 중심의 "암탉이 울면 집안이 망한다"는 관습적 가족의 내재적 법률을 만들고 전제군주 기계의 사회체는 전제군주를 초코드화하여 국가철학을 강요하는 이데올로기적 국가장치의 교육을 통하여 폭력을 원초적이며 자연적인 것으로 위장하게 된다. 그리고 국가철학의 이와 같은 교육으로 말미암아 마침내 "법은 폭력에 대해서만 폭력적이다"라는 허구의 이데올로기를 현실의 이미지에 심어놓는다. 아버지 중심의 가족주의 속에서 나는 항상 아버지의 자리를 욕망하는 것처럼, 전제군주 중심의 국가철학이 강요되는 전제군주 기계의 사회체에서 나는 항상 전제군주의 자리를 욕망하는 충신이 되고자 한다.

노자는 공자와 맹자의 새로운 국가철학이 등장하기 이전에 이미 "나라의 집이 혼란하니/충성된 신하가 있다"고 국가철학의 도래를 예언한다. 이러한 노마돌로지 지식의 미래에 대한 예측의 힘 때문에 고대중국 국가들은 끊임없이 노마돌로지의 지식을 전달하는 노장사상을 다룬 책들을 불태워 없애버리는 '분서갱유'(焚書坑儒)를 통하여 유지되었다.

19. 기호체제와 추상기계(Sign System and Abstract Machine)

거룩함을 끊고 앎을 버려라
사람들의 이로움이 백배하다

인자함을 끊고 의로움을 버려라
사람들이 다시 효성스럽고 자애롭다

기교를 끊고 이로움을 버려라
도적이 있을 수 없다

이 세 가지는 말이 하는 짓이지
스스로 족한 것이 아니다
그러므로 돌아감이 있게 하라
비어있음을 보고 나무둥지를 포용하고
사사로움을 줄이고 욕심을 적게 하라

Throw away holiness and wisdom,

And people will be a hundred times happier.

Throw away morality and justice,
And people will do the right thing.

Throw away industry and profit,
And there won't be any thieves.

These three are done by your language,
They aren't enough for themselves.
Just stay at the center of the circle,
And let all things take their course.

　　　우리는 언어를 매개로 하여 공부하고 지식을 습득한다. 갓난아이는 언어를 통하여 한 인간으로 형성되어 나가며, 정치학·경제학·철학·과학 등 대학에서의 학문습득 또한 언어를 통하여 이루어진다. 그런데 이 언어라는 것은 항상 이중적이다. 여기서 이중적이라 함은 언어가 대상에 속성을 부여하는 특성과 대상의 특성을 빼앗는 기능을 동시에 수행하고 있다는 뜻이다. 노자가 『도덕경』 1장 첫 구절에서 "길을 길이라고 부르면 이미 길이 아니다/이름을 이름으로 부르면 이미 이름이 아니다"고 했듯이 우리는 어떤 것을 길이나 이름으로 명명해야 하지만, 이렇게 언어로 명명함으로써 이미 그 언어가 지시하는 길이나 이름의 속성을 상실하게 된다. 그러므로 시인이나 소설가는 끊임없이 언어를 지우는 동시에 창조하는 사람들이다.

언어가 마치 빨간 불이면 멈추고 파란 불이면 건너는 교통신호 같은 기호체제라는 것을 밝힌 사람은 소쉬르이다. 그는 언어라는 기호를 구성하는 기표(signifier)와 기의(signified)의 관계는 자의적이고 관습적이라는 사실을 언어연구에 도입하였다. 소쉬르가 언어라는 기호체제가 '자의적이고 관습적'이라고 말한 것은 언어를 통하여 의사소통을 하고 정보교환을 하는 우리의 일상적 삶과 의식이 '자의적이고 관습적'이라는 이야기이다.

따라서 언어연구는 항상 언어라는 기호체제로부터 탈영토화하여 우리의 일상적 삶과 의식이라는 생명의 정치학으로 탈주하여야 한다. 훌륭한 시인과 소설가들은 항상 기존의 기호체제로부터 벗어나 일상적 삶과 의식이라는 생명의 정치학으로 탈주한다. 그러나 불행하게도 언어의 기호체제를 밝힌 소쉬르는 기호체제 밖으로 벗어나지 못하고 언어의 감옥이라는 기호체제의 덫에 갇혀 있었다.

언어는 인간만이 가지고 있는 것은 아니다. 많은 언어학자들이 밝히고 있듯이, 소리를 지를 수 있는 동물은 모두 언어라는 기호체제를 가지고 있다. "식량의 원천을 발견한 벌은 그것을 못 본 벌들에게 메시지를 전달한다. 그러나 그것을 못 본 벌이 그것을 보지 못한 다른 벌에게 동일한 메시지를 전달하지 못한다." 하지만 인간은 다르다. 로마에 갔다 오지 않은 사람이 로마에 한 번도 가본 적 없는 또 다른 사람에게 로마의 모습을 설명할 수 있다. 뿐더러 인간은 사랑·정의·진리 같은 인간의 삶과 몸을 규정하는 추상기계를, 기호체제를 통하여 주인이나 지배자, 국가에 의하여 자의적이고 관습적으로 규정하여서 노예나 하수인, 국민들 사이에 유통시킨다. 기호체제를 통한 추상기계의 유통이 바로 기존 국가철학적 지식인들이 담당하였던 역할이다. 따라서 국가철학의 맨 꼭대기에는 항상 통치와 지배의 법률과 그를 실행하는 법률가들이 자리잡고 있다.

이를 노자는 "거룩함을 끊고/앎을 버려라/사람들의 이로움이 백배하다"고 말한다. 『도덕경』 3장 첫 구절에서 "현인을 숭상하지 마라"고 했듯이, 사람들의 삶과 몸을 재단하고 판단하는 국가철학적 지식에 길들여져 있는 지식인이라는 '거룩함을 끊고' 국가철학이라는 지식의 '앎을 버릴' 때, 노마드적 삶과 사랑을 찾아 수많은 생성의 길을 찾는 "사람들의 이로움이 백배하다."

더불어 국가철학의 다른 측면을 담당하는 추상기계에 대하여 노자는 "인자함을 끊고/의로움을 버려라/사람들이 다시 효성스럽고 자애롭다"고 말한다. '거룩함'이나 국가철학적 지식의 '앎'이 지배자나 법률가의 추상기계라면, '인자함'과 '의로움'은 지배자와 법률가에 대항하여 또 다른 지식인과 법률가가 노예나 국민들에게 보여주는 더욱더 '인자함'이거나 더욱더 '의로움'의 추상기계이다. 그래서 '인자함'이나 '의로움'의 추상기계는 절대적이거나 공평무사한 '인자함'이나 '의로움'이 아니라 항상 상대적으로 평가되는 추상기계이다. '인자함과 '의로움'이 상대적인 평가의 추상기계가 되는 것은, 이 추상기계들 역시 기호체제를 통해 인간의 삶과 몸을 규정하는 추상기계의 유통이라는 국가철학의 역할을 담당하고 있기 때문이다.

노자는 기호체제를 통한 추상기계의 상호 소통적 유통을 국가철학적 지식인들의 상호대립으로 이야기할 뿐만 아니라 노예나 하수인, 국민들 속에서 이루어지는 추상기계의 일상적 삶의 유통을 이야기한다. 그래서 "기교를 끊고/이로움을 버려라/도적이 있을 수 없다"고 말한다. 그러나 여기서 이야기하는 '기교'와 '이로움'은 '거룩함'이나 '앎' 혹은 '인자함'이나 '의로움' 같은 추상기계들에 의하여 규정되거나 강요되는 기교와 이로움이다. 마치 애완용 개나 고양이가 주인의 성품을 닮아가듯이 자본의 소유나 국가적 가치가 거룩함이나 앎으로 고착된 사회에서, 기교와 이로움은 자본의 소유나 국가적 가치를 중심으로 판단되고 이용된다. 뿐더러 유사주인의 역할을 하는 전제군주나 자본의 통치에 대립하는 지식인의 가족주의적 인자함과 전투적인 의로움이 또 한 측면으로 고착되어 있는 사회에서, 기교와 이로움은 가족주의 혹은 투쟁의 형식을 띠게 마련이다. 이 모두가 '주인-노예관계'를 더욱 강화하고 고착시킬 뿐이다.

노자는 "이 세 가지[거룩함, 인자함, 기교]는 말이 하는 짓이지/스스로 족한 것이 아니다"고 말함으로써 거룩함과 앎, 인자함과 의로움, 기교와 이로움이라는 추상기계들이 '말'(언어)이라는 기호체제에 의하여 강화되고 있음을 간파한다. 그러면 노자가 말하는 '스스로 족한 것'은 무엇인가? 그것은 몸이다. 관계를 욕망하고 끊임없이 생명성을 획득하고자 추구하는 몸만이 유일하게 '스스로 족한 것'이다. 말이나 언어로 사유하는 습성을 버리고 몸으로 사유할 때 비로소 우리는 말이나 언어가 거룩함과 인자함 혹은 기교를 통하여 만드는(명령하는) 몸의 죽음이나 사형선고로부터 벗어나 몸의 순수한 생명성으로 되돌아갈 수 있다. 노자는 지배적인 국가철학적 지식인, 저항적 국가철학적 지식인 그리고 민중 모두에게 순수한 생명성으로 되돌아갈 수 있는 길이 있음을 밝히고 있는 것이다.

지배적인 국가철학적 지식인이 지배와 통치라는 "거룩함을 끊고/앎을 버릴" 때, 지배-피지배관계는 사라지고 '사람들'이 서로서로 생성하는 '이로움이 백배하다.' 이것이 지배적인 국가철학적 지식인이 기관들 없는 몸이 되는 길이다. 그리고 지배적인 국가철학적 지식인에 저항하는 투쟁적인 국가철학적 지식인이 "인자함을 끊고/의로움을 버릴" 때, '사람들'의 생성적 관계는 다시 솟아오르고 가족과 형제들은

"다시 효성스럽고 자애롭다." 이 또한 저항적 국가철학적 지식인이 내재성의 장으로 나아가는 길이다. 더불어 민중 스스로 주인-노예의 관계에서 벗어나 지배적·투쟁적 국가철학적 지식인의 잣대로 작용하는 "기교를 끊고/이로움을 버릴" 때, 서로의 생명성을 앗아가는 "도적이 있을 수 없다." 말이나 언어가 만드는 '세 가지' 추상기계가 지배적 지식인, 저항적 지식인 그리고 민중의 삶을 서로 파괴하는 주인-노예관계를 강화하지만, 그러한 추상기계의 영토로부터 탈영토화하여 생명의 길로 나아가는 길은 서로 독립되어 있다.

지배적 지식인, 저항적 지식인, 민중이 추상기계라는 기호체제가 만든 언어의 감옥으로부터 개별적으로 탈영토화할 수 있는 상호 독립적인 탈주선들을 종합하는 것이 예술이다. 노자의 시대에 예술과 철학은 결합되어 있었다. 그러나 오늘날 우리는 말이나 언어의 추상기계가 담당하는 직접적인 명령어로부터 벗어나 몸의 순수상태, 즉 몸의 대지나 내재성의 장이라고 할 수 있는 기관들 없는 몸으로 탈주할 수 있는 간접적인 담론형태의 문학텍스트를 지니고 있다. 문학텍스트는 기호체제를 통하여 우리가 들었던 것 혹은 누군가가 당신에게 말(명령)했던 것을 변환하는 것이다. 따라서 문학은 항상 노마돌로지, 즉 일상적인 말이나 언어가 명령하는 직접적인 담론과 다른 '간접적인 담론'이다.

문학텍스트는 사회적 성격이 변화함에 따라 텍스트의 표면으로 부상하는 언어의 잉여성을 통하여 일상의 사회적 관계 속에서 굳어진 몸들을 기존의 추상기계가 고착시킨 몸의 물질적 속성(기관들로 가득 찬 몸)에서 벗어나게 하여 몸의 비물질적 속성(기관들 없는 몸)으로 변환시킨다. 우리가 일상적으로 경험하는 "칼이 고기를 자르는 것, 음식이나 독이 몸에 퍼지는 것 혹은 포도주 한 방울이 물에 떨어지는 것"은 '거룩함'이나 '인자함'이라는 추상기계가 기호체제를 통하여 몸에 명령하여 주인의 몸과 노예의 몸이 혼합하듯이 기관들로 가득 찬 '몸의 혼합'이다. 그러나 '칼이 고기를 자른다' '나는 음식을 먹고 있는 중이다' '물이 빨갛게 된다'와 마찬가지로, '철수가 영희를 사랑한다'라는 문학텍스트적 선언은 몸의 비물질적 속성, 다시 말해 사랑받는 영희의 몸만큼이나 사랑을 하는 철수의 몸이 지니는 변환적 조건의 비물질적 속성을 표현한다는 것이다. 그런 만큼 문학텍스트가 지니고 있는 몸의 변환이라는 내용과 표현은 그것들이 수행하는 탈영토화의 운동과 결코 분리될 수 없다. 그리고 이 탈영토화 운동은 항상 몸의 물질성이라는 기관들로 가득 찬 몸으로부터 탈영토화하여 기관들 없는 몸으로 돌아가는 것이다.

예술과 철학이 결합되어 있던 노마돌로지의 시대에 노자는 문학텍스트를 매개로 하지 않는다. 그의 철학적 선언이 곧 예술적 선언이다. 노자는 이렇게 말한다. "그러므로 돌아감이 있게 하라/비어 있음을 보고/나무둥지를 포용하고/사사로움을 줄이고/욕심을 적게 하라." 노자가 "돌아감이 있게 하라"고 말하는 것은 명령을 기반으로 하는 기호체제 혹은 기호체제를 통하여 구성된 추상기계의 기관들로 가득 찬 몸으로부터 벗어나 기관들 없는 몸으로 '돌아감이 있게 하라'는 것이다. 기관들 없는 몸이란 몸의 근원적 형태인 '비어있음'을 보는 것이고, 그 근원인 '나무둥지를 포용'하여 주인-노예의 관계에 의하여 만들어진 '사사로움'이라는 '기교'와 '욕심'이라는 '이로움'을 버리는 것이다. 이처럼 "사사로움을 줄이고/욕심을 적게 하"는 것은 몸의 변환을 통하여 새로운 의미로 생성되는 모든 추상기계가 지닌 언어의 잉여성을 발견하게 한다.

기호체제나 언어의 집합적 배치로 구성되는 추상기계는 순수하게 언어적인 것이 결코 아니다. 들뢰즈가 말하고 있듯이 "언어가 추상기계에 의존하는 것이지 추상기계가 언어에 의존하는 것은 결코 아니라는 것이다." 이를 바꾸어 말하면, 추상기계는 언어의 사회적 구성물인 문학텍스트에 의존하게 마련이고, 문학텍스트는 끊임없이 기존의 추상기계와 다른 내용과 표현의 형식을 지닌 또 다른 추상기계로 생성된다는 것이다. 그러므로 문학텍스트는 서구의 근대 국가철학적 비평이 규정한 것처럼 내용과 형식으로 구성된 것이 아니라 내용의 형식과 표현의 형식으로 구성되어 있다고 할 수 있다.

　이런 측면에서 문학텍스트는 두 종류로 구분할 수 있다. 하나는 내용과 표현이 상호전제 속에서 이질적인 형식에 따라 일관성의 장 위에 분배되어 있는 것이고, 또 하나는 내용과 표현의 변수들이 더 이상 구별될 수 없이 혼합되어 있는 것이다. 전자는 상대적 탈영토화 운동으로 귀착되고, 후자는 일관성의 장이 지니는 가변성이 형식의 이원성 위에 군림하여 그것들을 구별할 수 없게 만들기 때문에 절대적 탈영토화의 문턱에 이르게 된다.

20. 노마드 지식인(The Nomadic Intellectual)

배움을 끊으면 근심이 없다
'예'와 '아니오'가 서로 다른 것이 얼마인가
선과 악이 서로 다른 것이 얼마인가
사람들이 두려워하는 것을
두렵지 않다고 할 수 없다
삶의 거칠음이여
그 생애를 다하지 못하는구나

뭇 사람들은 희희낙락하여
큰 잔치를 즐기는 듯 하고
봄날 누각에 오르는 듯 하네
나 홀로 멍하여
그 조짐이 아직 나타나지 않으니
아직 웃음 터지지 않은 갓난 아이 같네

뭇 사람들이 모두 여유로운데
나만 홀로 높은 곳에 서성거리며

돌아갈 곳이 없음과 같네
나만 홀로 잃어버린 것 같은가
나, 어리석은 사람의 마음이여
혼돈스럽구나

세상 사람들은 밝은데
나만 홀로 어둡고 어둡다
세상 사람들은 살피고 살피는데
나만 홀로 답답하고 답답하다
운동은 바다와 같고
바람은 그침이 없음과 같다

뭇 사람들이 모두 쓰임이 있는데
나 홀로 완고하고 인색하다
나 홀로 사람들과 다름은
생명의 어미를 귀중하게 여김이다

Stop thinking, and end your problems.
What difference between yes and no?
What difference between success and failure?
Must you value what others value,
Avoid what others avoid?
How ridiculous!

Other people are excited,
As though they were at a parade.
I alone don't care,
I alone am expressionless,
Like an infant before it can smile.

Other people have what they need;
I alone possess nothing.
I alone drift about,
Like someone without a home.
I am like a fool,
My mind is so empty.

Other people are bright;
I alone am dark.
Other people are sharp;
I alone am dull.
Other people have a purpose;
I alone don't know.

I drift like a wave on the ocean,
I blow as aimless as the wind.

Other people settle down in their grooves:
I alone am stubborn and remain outside.
I am most different from ordinary people;
I drink from the mother's breasts in life.

프랑스의 장 뤼크 고다르 감독이 만든 〈비브르 사 비〉(Vivre sa Vie, Life to Live)에서 배우가 되려다가 '거리의 여자'로 몰락한 주인공 나나와 늙은 대학교수가 카페에서 우연히 만나 이야기를 나누던 중에 교수는 다음과 같은 재미있는 '우화' 한 토막을 나나에게 들려준다.

"어느 마을에 아무런 생각 없이 사는 건강한 젊은이가 한 명 있었다. 그는 아무런 생각 없이 일을 할 시간이면 일을 하고, 밥을 먹을 시간이면 밥을 먹고, 잠을 잘 시간이면 잠을 잤다. 그러던 어느 날, 그는 건물을 철거하는 일에 동원되어 그 건물 지하실에 다이너마이트와 코드를 설치하고, 그 코드에 불을 붙인 후에 지하실을 뛰어나오는 일을 맡았다. 그는 아무런 생각 없이 사람들이 시키는 일을 하기 때문에 사람들은 그에게 가장 적절한 일이라고 생각했다. 그는 아무런 생각 없이 지하실에 다이너마이트를 설치하고 그것에 코드를 연결한 후, 지하실 밖으로 뛰어나오기 시작했다. 그는 마구 뛰어가면서 갑자기 뒷발이 앞발을 앞지르고, 다시 다른 발이 앞의 발을 앞지르는 것이 참으로 신기하다고 생각했다. 그는 어떻게 자신이 뛸 수 있는가를 생각하기 시작했다. 그러자 그의 두 발은 그 자리에 멈춰 서서 달릴 수가 없었다. 사람들이 저 앞에서 빨리 달려오라고 소리를 치지만, 그는 어떻게 두 발이 서로를 앞질러 달려갈 수 있는가를 생각하기 시작했다. 다이너마이트는 터지고 건물이 무너지면서 그는 건물더미에 깔려죽었다."

 사람들이 생각을 한다는 것은 국가철학으로 사유하는 것이다. 국가철학으로 사유한다는 것은 또 나의 몸과 삶을 끊임없이 기관들로 가득 찬 몸으로 만드는 것이다. 국가철학은 사람들이 스스로 영토와 전제군주 그리고 국가와 자본을 자신의 주인으로 섬기도록 만드는 '주인-노예의 관계'로 사유할 것을 강제한다. 그래서 노자가 말하고 있듯이, 국가철학의 교육이 지배하고 국가장치에 의하여 국가철학이 강요되고 있는 전제군주 기계나 자본주의 기계의 사회체 속에서 "**배움을 끊으면 근심이 없다.**"

 배움은 아무런 생각 없이 삶과 사랑을 위하여 달려야 하는 젊은이로

하여금 그 자리에 서서 "내가 왜, 달려야 하는가?" 생각하게 만든다. 새로운 삶과 사랑은 탈주 이후에 만들어지는 새로운 미래의 영토이지 탈주도 이루어지지 않은 어제와 오늘의 영토가 아니다. 어제와 오늘의 사건은 마치 지하실에 다이너마이트를 설치하고 건물 밖으로 달려나오는 젊은이가 그 자리에 서서 "어떻게 달릴 수 있는가?" 하고 생각하는 사건처럼 아무런 의미가 없다. 플라톤의 이데아-현실이나 공자의 도-덕이라는 이분법 속에서 현실과 삶은 항상 가짜와 복사품만 판치는 영원한 현재라는 크로노스의 시간이다.

노자는 말한다. "'예'와 '아니오'가 서로 다른 것이 얼마인가/선과 악이 서로 다른 것이 얼마인가." '예'와 '아니오'나 '선'과 '악'이 서로 다른 것은 하나도 없다. 절대적인 '예'와 절대적인 '선'은 이 세상에 존재하지 않는 허구적 환상의 '이데아'와 '도'일 뿐이다. 가짜와 복사품만 판을 치는 현실 속에서 '예'는 '아니오'의 조금 덜한 '아니오'이고, '아니오'는 '예'의 조금 덜한 '예'이다. '선'은 '악'보다 조금 덜한 '악'이고, '악'은 '선'보다 조금 덜한 '선'일 뿐이다. '예'와 '아니오' 그리고 '선'과 '악'의 차이는 근원적으로 존재하는 것이 아니라 국가철학이 지배하고 있는 전제군주 기계와 자본주의 기계가 법이나 도덕으로 규정하는 것일 뿐이다.

현실의 삶과 사랑을 끊임없는 가짜와 복사품으로 만드는 국가철학은 그에 대한 배움을 끊고 탈영토화와 재영토화의 과정을 겪으면서 자연스러움의 생명성을 따르는 노마돌로지를 처세술 혹은 도피의 철학이라고 비난한다. 그러나 노마돌로지는 처세술이나 도피의 철학이 아니다. 매순간, 매일 혁명을 하는 자연의 생명체들과 마찬가지로 스스로 혁명을 하는 노마드의 사유방식이다. 이런 면에서 예술가들은, 프로이트나 라캉의 국가철학이 규정하듯이 백일몽환자 혹은 몽상가가 아니라 자신부터 혁명을 하는 혁명가들이다.

현실의 삶과 사랑을 가짜와 복사품으로 만드는 국가철학의 전제군주 기계나 자본주의 기계 속에서 주인이면서 동시에 노예가 아닌 각료나 국회의원, 교수나 의사가 존재하는가? 전제군주나 자본주의 국가라는 제1의 가짜와 복사품을 기준으로 제2, 제3, 제4의 가짜와 복사품이 되고자 하는 전제군주·자본주의 기계라는 사회체의 욕망이 그들로 하여금 각료나 국회의원, 교수나 의사를 욕망하게 한다. 따라서 그들이 가장 두려워하는 것은 제5, 제6, 제7, 제8의 가짜와 복사품이 되고자 욕망하는 사람들이라기보다 현실의 수많은 가짜와 복사품을 진짜라고 생각하는 사람들이다. 현실의 수많은 가짜와 복사품들이 진짜가 되어 각각의 의미를 생산하는 순간, 전제군주 혹은 자본주의 국가라는 제1의 가짜와 복사품을 기준으로 만들어진 제2, 제3, 제4…의 서열관계는 깨어진다.

전제군주 기계나 자본주의 기계 그리고 그러한 사회체의 서열관계를 따르는 국가철학자들이 가장 두려워하는 것은 가짜와 복사품을 기준으로 끊임없는 주인-노예의 서열관계를 근본적으로 부정하는 노마드들이다. 그들은 노마돌로지를 처세술 혹은 도피의 철학이라고 비난하며, 국가철학을 통하여 자유로운 삶과 사랑을 좇아서 탈주하는 노마드들에게 새로움과 미래에 대한 두려움을 심어준다.

노자는 가짜나 복사품이 되고자 하는 국가철학자가 아니다. 그의 노마돌로지적 사유에는 주인-노예관계가 존재하지 않는다. 그는 우리와 같은 가짜와 복사품이 재생산되는 사회체 속에서 우리의 몸에 각인되어 있는 사회체의 욕망에서 벗어나 자유로운 삶과 사랑을 좇아 탈주하는 것을 두려워한다. 그래서 "사람들이 두려워하는 것을/두렵지 않다고 할 수 없다"고 말한다.

아직 도래하지 않은 미래에 대한 두려움 혹은 삶이나 몸이 국가철학으로 각인되어 있는 기관들로 가득 찬 몸으로부터 벗어나 기관들 없는 몸이 되는 두려움은 거의 공포에 가깝다고 할 수 있다. 전제군주 기계나 자본주의 기계는 이러한 탈주의 두려움을 공포로 가두기 위하여 2중, 3중의 포획장치를 마련하고 있다. 이런 국가철학의 포획장치로부터 아무런 두려움 없이 벗어나는 길은 영화 〈비브르 사 비〉에 나오는 '우화'의 '아무런 생각 없이 사는 건강한 젊은이'처럼 자연스럽게 사는 것이거나, 아니면 국가철학으로부터 벗어나 노마돌로지의 사유를 하는 것이다. 그러나 '아무런 생각 없이 사는 건강한 젊은이'에겐 항상 위험이 도사리고 있다. 무조건적인 절대적 탈영토화는 곧장 죽음으로 치닫거나, 국가철학이 만든 제2·제3의 포획장치에 걸려들어 전제군주 기계 또는 자본주의 기계에 의하여 재영토화된다. 그래서 들뢰즈가 "절대적 탈영토화는 죽음이다"고 말하고 있듯이, 노자는 무조건적인 절대적 탈영토화를 감행하는 노마드들의 **"거칠음이여/그 생애를 다하지 못하는구나"** 하고 절규한다.

  죽음으로 치닫는 절대적 탈영토화의 '거칠음'으로부터 벗어나 자연스러운 탈영토화와 재영토화의 과정으로 새롭게 생성하는 길은 무엇일까? 그 길은 국가철학이라는 배움의 지식으로부터 벗어나 노마돌로지라는 스스로 사유하는 자식을 습득하는 것이다. 노마돌로지의 지식은 문학과 같은 예술이다. 흔히 우리네 보통사람들이 삶이나 자본주의적 인간관계에 대한 절망이나 아직 도래하지 않은 깜깜한 미래에 대한 두려움으로부터 벗어나고자 할 때, 우연히 부닥치는 시나 소설이나 영화가 그 길을 제시하듯이 국가철학이 만든 탈주의 두려움과 공포로부터 벗어나 자연스러운 탈영토화와 재영토화의 탈주선을 타는 길은 스스로 예술가가 되는 것이다.

우리와 같은 일상적 노마드들처럼 "사람들이 두려워하는 것을/두렵지 않다고 할 수 없다"고 말하는 노자는 스스로 시인이 되어 "뭇사람들은 희희낙락하여/큰 잔치를 즐기는 듯하고/봄날 누각에 오르는 듯 하네/나 홀로 멍하여/그 조짐이 아직 나타나지 않으니/아직 웃음 터지지 않은 갓난 아이 같네" 하고 노래한다. 예술가는 국가철학자들처럼 계몽적으로 가르치거나 전제군주나 자본주의적 국가에 가깝게 다가가기 위하여 시와 소설을 쓰지 않는다. 그들은 스스로 창조와 생성의 기쁨을 맛보기 위하여 기관들로 가득 찬 몸의 사회체에 거리를 두고 스스로 기관들 없는 몸이 되어 생성의 미래를 준비한다. 시인이 된 노자는 "뭇사람들은 희희낙락하여/큰 잔치를 즐기는 듯하고/봄날 누각에 오르는 듯 하네"라며 세상과 거리두기를 하며, "나 홀로 멍하여/그[탈영토화 혹은 생성의] 조짐이 아직 나타나지 않으니/아직 [생성의] 웃음 터지지 않은 갓난아이 같네"라며 기관들 없는 몸 되기를 수행한다. 국가철학의 관점에서 '갓난아이'의 생성은 가짜와 복사품이 우글거리는 세상으로 나오는 고통의 울음이지만, 노마돌로지의 관점에서 '갓난아이'의 생성은 독자적인 다름을 창조하는 기쁨의 '웃음'이다.

기관들로 가득 찬 몸의 사회체와 거리두기를 하고 있는 노자는 이제 스스로 기관들 없는 몸이 되어 자신과의 거리두기를 시작한다. "높은 곳에 서성거리며/돌아갈 곳이 없음과 같네/뭇 삶들이 모두 여유로운데/나만 홀로 잃어버린 것 같은가." 이렇게 노래하면서 노자는 자신이 '돌아갈 곳이 없음'과 '잃어버림'의 상태에 있음을 발견하고 두려움에 휩싸인다. 어쩌면 그는 '돌아갈 곳이 없음'과 '잃어버림'의 상태에 다소 공포를 느꼈을 수도 있었을 터이다. 그러나 노마돌로지의 사유에 익숙하고 기관들 없는 몸 되기를 수행한 노자는 '돌아갈 곳이 없음'과 '잃어버림'의 상태에 있음을 사건과 욕망의 근원적인 의미 없음으로 받아들이기 때문에, 이와 같은 생각이 단지 '나'라는 허구적 주체 혹은 '마음'이라는 헛것의 작용이라는 것을 안다.

전제군주 기계의 사회체, 자본주의 기계의 사회체 속에서 전제군주나 자본으로 각인되어 있는 '나'라는 허구적 주체와 '마음'이라는 사회체의 기관들로부터 벗어나 기관들 없는 몸으로 사유한다는 것이 그렇게 쉬운 일인가? 노자는 "나, 어리석은 사람의 마음이여"라며 국가철학으로 각인되어 있는 '나'라는 허구적 주체와 '마음'이라는 기관들을 한탄하면서도 "혼돈스럽구나/세상사람들은 밝은데/나만 홀로 어둡고 어둡다/세상사람들은 살피고 살피는데/나만 홀로 답답하고 답답하다"고 슬프게 운다. 그러나 이 슬픔이 어찌 노자뿐이겠는가? 주위사람들을 좀더 주의 깊게 살펴보면, 그들이 매일매일 내뱉는 노자의 한탄과 슬픔을 들을 수 있지 않을까? 이 한탄과 슬픔의 노래에서 우리는 노자가 현실세계를 떠나 이상세계에 살고 있는 저세상 사람이 아니라 우리와 같이 두려움과 공포, 아픔과 고통을 느끼는 아주 평범한 노마드라는 사실을 발견할 수 있다.

"평범은 비범이외다"고 했듯이, 평범한 노마드인 노자가 비범한 깨달음으로 나아갈 수 있음은 노마돌로지의 사유를 통하여 사건과 욕망이 현실이라는 물리적 표면으로 솟아올랐다가 다시 내재성의 심연으로 침잠하는 순환과정의 생성을 살피기 때문이다. 그러한 생성을 노자는 "운동이여/바다와 같고/바람이여/그침이 없음과 같다"고 말한다.

이처럼 생성의 운동은 '바다'와 같이 크고 '바람'과 같이 끊임이 없다. 매순간 해변을 부딪는 파도처럼 끊임없이 반복되는 사건과 욕망의 생성과정은 또한 단 한번도 동일한 의미나 생성이 될 수 없다.

물리적 표면과 심연을 들락거리는 사건과 욕망은 삶과 사회라는 기관들 없는 몸 위에 생성의 차이를 생산하면서 생성의 운동을 반복한다. 그래서 노자는 "뭇사람들이 모두 쓰임이 있는데/나 홀로 완고하고 인색하다"고 현실을 한탄하고 노마드적 삶의 외로움과 고독을 이야기하면서도, "나 홀로 사람들과 다름은/생명의 어미를 귀중하게 여김이다"며 생성의 즐거움을 홀로 즐긴다. 끊임없는 생성과 창조로 나아가는 영원한 '생명의 어미를 귀중하게 여김'의 즐거움과 기쁨을 어찌 단 한 순간의 쓰임으로 끝나는 국가철학의 어리석음에 비유할 수 있겠는가?

21. 대지의 길(The Way of Earth)

비어 있음의 삶(德)이란
오직 길을 따르는 것
길의 생성이여
오로지 황홀하고 황홀하다

황홀함이여
그 가운데 형상이 있고
그윽함과 어두움이여
그 가운데 정기가 있다
그 정기가 참으로 진실하니
그 가운데 믿음이 있다

예부터 지금까지
그 이름 사라지지 아니하니
이것으로 만물의 시작을 살필 수 있다
내가 어찌 대지의 모습을 알겠는가
오직 길을 따라서 알 뿐이다

The nomadic life keeps her mind
Always at one with the way;
That is what lets her body become something,
Which is radiant and radiant!

The way of radiance is ungraspable.
How can her mind be at one with it?
Because she doesn't cling to ideas.
The way is dark and unfathomable.
How can it make her radiant?
Because she becomes it.

Since before time and space were,
The way of earth is.
It is beyond "is" and "is not".
How do I know this is true?
I live by the way and see.

대지, 내재성의 장, 기관들 없는 몸은 기억을 통해서가 아니라 망각을 통하여 알 수 있게 된다. 프로이트가 바라보는 것처럼, 인간은 기억의 동물이 아니라 망각의 동물이다. 인간이 망각의 동물이라 함은 인간이 이야기를 만들고 창조하는 동물이라는 의미이다. 이야기는 항상 과거와 연결되어 있는 것이 아니고 미래와 연결되어 있으며, 이야기를 만들고 창조하는 저자나 작가와 연결되어 있는 것이 아니고 그 이야기와 끊임없이 만나는 미래의 독자나 관객들과 연결되어 있다.

미래지향적인 이야기는 기억의 조각들을 선택하여 창조적으로 배치한다. 이것은 마치 매순간 일어나는 사건이 창조적으로 선택되어 배치됨으로써 의미가 생성되는 것과 같다. 따라서 우리가 기억이라고 말하는 것은 사건에 대한 기억이고, 우리가 '무엇을 기억한다'고 말하는 것은 이미 어떤 의미로 계열화되어 있는 사건이기 때문에 그것은 순수한 기억이 아니라 우리의 몸에 각인되어 있는 기관들이다. 사건이 근원적으로 의미가 없는 것처럼, 기억은 존재하지 않고 오직 망각만이 존재한다.

크리스토퍼 놀란 감독의 〈메멘토〉(2000)에 나오는 주인공 레너드는 3분의 기억력을 지닌 인물이다. 그러나 그는 3분의 기억력을 가지고 끊임없이 판단하려고 한다. 레너드는 3분 동안 유지되는 기억을 통하여 사람과 사물이라는 물질적 대상을 찍은 폴라로이드 사진 밑에 기록을 한다. 그리고 그는 사진으로 찍을 수 없는 추상적 사실들을 자신의 몸에 문신으로 기록한다. 그는 자신의 몸에 문신으로 기록한 사실과 폴라로이드 사진 밑에 있는 기록을 가지고 자신을 도와준 경찰을 살해한다. 마치 우리가 순간적으로 사실이라고 판단하는 사건이나 사물에 대한 인식을 바탕으로 그 누구를 비난하거나 종이를 찢어버리고, 벌레나 곤충을 잡아 죽이듯이 그는 사람을 살해했을 뿐이다.

〈메멘토〉에 등장하는 레너드와 달리 우리는 3시간 혹은 3개월, 아니면 3년의 기억력을 지니고 있다고 말할 수 있다. 3분과 3시간 혹은 3개월, 3년의 차이는 무엇일까? 차이는 없다. 사건이나 언어의 소리가 근원적으로 의미가 없듯이 기억하는 모든 사건과 사물들은 어떤 하나의 의미로 이미 계열화되어 있는 사건과 사물들이다. 이미 계열화되어 있지 않은 사건과 사물을 우리는 기억할 수 없다. 마치 정신이 몸과 분리되어 따로 존재한다고 믿는 것처럼 기억과 분리된 객관적 사실이 존재한다고 믿는 국가철학적 지식이 미래를 창조하고자 하는 현재를 자꾸 과거로 향하도록 만들고 있는 것이다.

그러므로 이미 계열화되어 있는 사건과 사물을 기억하는 것이 아니라 망각하는 것은 미래의 생성으로 나아가는 길이다. 셰익스피어의 『햄릿』에서 햄릿은 성곽의 망루에서 본 아버지의 유령에 대한 기억 때문에 미래의 생성으로 나아가지 못하고, "사느냐 죽느냐, 그것이 문제로다!"라는 두 가지의 판단 사이에 놓이게 된다. 『리어왕』에서 리어는 왕이었고 부귀영화를 누렸던 기억으로부터 벗어나 광야에서 헤맬 때 비로소 모든 사물과 사건들에 대한 새로운 이치를 깨닫게 된다.

국가철학이 강요하는 기억으로부터 벗어나 망각을 통하여 현재의 사건이 미래로 생성되는 것을 노자는 '비어 있음의 삶'이라고 이야기한다. 끊임없이 채우려고 하는 것은 기억에 대한 욕망이고, 끊임없이 비우려고 하는 것은 망각에 대한 욕망이다. 노자는 욕망이 지닌 기억과 망각이라는 이중성을 이미 1장에서 '유욕'과 '무욕'으로 표현한 바 있다. 기억을 통하여 현실의 삶을 과거로 채우려고 하는 유욕은 현실을 구성하는 가장자리를 볼 수 있지만, 망각을 통하여 현실의 삶을 미래의 생성으로 비우고자 하는 무욕은 생성의 심연을 볼 수 있다. 유욕이 현실의 영토를 보여주는 데 비해, 무욕은 그 어떤 기관들로도 영토화되지 않는 대지, 즉 기관들 없는 몸이 지니는 근원적 생성의 길을 보여준다. "비어 있음의 삶[德]이란/오직 길을 따르는 것"이고, 이 길은 미래로 뻗어 있는 길이다. 비어 있음이라는 망각을 통하여 현재에 일어나는 모든 사건들은 무한수 n으로부터 기억으로 고정된 하나를 뺀 $(n-1)$개의 생성적 가능성을 지닌다.

노자는 "길의 생성이여/오로지 황홀하고 황홀하다"고 노래한다. 기억의 욕망은 고통이지만, 망각의 욕망은 생성의 황홀함이다. 셰익스피어는 중세에 대한 고통스런 기억에서 벗어나 망각이라는 비어 있음의 길을 따라, 마침내 수많은 불후의 작품을 생성시키는 황홀함을 경험한다. 그러나 오늘날의 국가철학적 비평가나 교수들은 셰익스피어가 『햄릿』과 『오델로』와 『리어왕』과 『맥베스』 등을 생성하는 창조의 고통을 이야기하지 그러한 작품들을 생성시키는 황홀함에 대하여는 말하지 않는다.

그러나 노자는 마치 첫날밤의 황홀함과 그윽함을 이야기하듯, 미래로 나아가는 길의 생성이 지닌 황홀함과 그윽함을 **"황홀함이여/그 가운데 형상이 있고/그윽함과 어두움이여/그 가운데 정기가 있다"**고 이야기한다. '길의 생성'이 '오로지 황홀하고 황홀한' 이유는 생성의 한 가운데에 '형상이 있기' 때문이다. 셰익스피어가 창조한 햄릿이라는 형상은 셰익스피어를 생성의 길로 나아가게 하였으며, 셰익스피어의 동시대인들뿐 아니라 그 이후로 끊임없이 망각을 통한 '비어 있음의 삶'을 사는 사람들과 만나 길의 생성으로 이어졌다. 하나의 형상이 만남의 사건들에 따라 (n-1)개의 형상으로 변화·생성하는 황홀함을 어찌 말로 할 수 있겠는가!

노자는 '길의 생성'이 지니는 황홀함과 더불어 '그윽함과 어두움'을 '그 가운데 정기가 있기 때문이라고 이야기한다. '길의 생성'을 '황홀함'이라고 말하는 것은 사건의 물질적 표면과 마찬가지로 길이 지니고 있는 물질적 표면에서 이루어지는 생성의 황홀함을 이야기하는 것이요, '길의 생성'을 '그윽함과 어두움'이라고 말하는 것은 사건의 형이상학적 심연과 마찬가지로 길의 형이상학적 심연이 지니는 눈에 보이지도 않고 만져지지도 않는 근원적 욕망의 '그윽함과 어두움'을 이야기하는 것이다.

모든 생명체가 지니는 이같은 근원적 욕망을 노자는 "그 가운데 정기가 있다"고 표현한다. 그리고 들뢰즈는 이 '정기'를 '본질'(essence)이라고 표현한다. 노자와 들뢰즈가 말하는 정기나 본질은 기독교의 신이나 플라톤의 이데아처럼 욕망의 외재적 힘이 아니라 사건이나 길 혹은 욕망의 내재적 힘이다. 다시 말하여 정기나 본질은 길의 생성이 지니는 황홀함이 아니거니와 사건의 계열화된 의미도 아니며, 일 대 일의 관계맺음을 통하여 현실에 드러난 욕망의 생산 또한 아니다. 그것은 길이 생성으로 나아가려고 하는 근원적 힘, 사건이 계열화되어 의미를 창조하고자 하는 심층적 힘, 관계맺음을 통하여 생산으로 나아가고자 하는 욕망의 내재적 힘을 일컫는다.

노자는 길의 근원적 힘, 사건의 심층적 힘, 욕망의 내재적 힘이라고 하는 "그 정기가 참으로 진실하니/그 가운데 믿음이 있다"고 말한다. 히브리민족이 출애굽을 하여 길(탈주선)을 따라간 까닭, 석가모니가 왕궁을 떠나는 사건을 일으킨 까닭, 달마가 동쪽으로 가고자 하는 욕망을 지속한 까닭 그리고 원효가 의상과 함께 당나라로 유학을 가려다가 신라로 되돌아오는 길을 선택한 까닭은 그 길이 생성의 길이라는 믿음이요, 그 사건이 깨달음이라는 의미를 창조할 것이라는 믿음이고, 그 욕망이 생산적으로 관계 맺으리라는 믿음 때문이라고 할 것이다.

히브리민족의 믿음, 석가모니의 믿음 그리고 달마와 원효의 믿음은 곧 노마드가 지니고 있는 노마드적 욕망에 대한 믿음의 바탕이다. 지식도 마찬가지이다. 지식이 노마드적인 믿음이 아니라 과학이라고 말하는 것은 근대 과학주의나 합리주의가 만든 국가철학의 믿음이다. 노마돌로지의 믿음과 국가철학의 믿음이 지니고 있는 차이는, 전자는 길의 근원적 힘, 사건의 심층적 힘, 욕망의 내재적 힘 같은 내재적 힘에 대한 믿음인 데 반하여 후자는 기독교적 신이나 플라톤의 이데아 혹은 데카르트나 헤겔의 절대정신 같은 외재적 힘에 대한 믿음이라는 것이다. 국가철학의 외재적 힘에 대한 믿음은 전제군주나 국가 혹은 전제군주제나 자본주의 같은 서열구조를 내재화하여 절대적인 것으로 치환함으로써, 길의 근원적 힘이나 사건의 심층적 힘, 욕망의 내재적 힘을 외재적인 것으로 탈바꿈시켜 철학이나 비평적 사유로부터 추방하거나 폭력을 가하며 억압한다.

그러나 "예부터 지금까지/그 이름[길의 근원적 힘, 사건의 심층적 힘, 욕망의 내재적 힘이라는 대지나 기관들 없는 몸, 신성이나 깨달음 등] 사라지지 아니하니/이것으로 만물의 시작을 살필 수 있다." 노자는 『도덕경』 1장에서 이미 "없음은 천지의 시작이요/있음은 만물의 어미이다"고 말하였다. 그리고 여기서는 사라지지 아니하는 비어 있음이라는 대지를 통하여 "만물의 시작을 살필 수 있다"고 말한다. 들뢰즈나 노자의 노마돌로지가 말하는 '비어 있음'이라는 대지나 기관들 없는 몸 혹은 내재성의 장은 없음을 이야기하는 것도 아니거니와 있음을 이야기하는 것도 아니다. 노마돌로지가 이야기하는 '비어 있음'이라는 길이나 사건, 욕망에 내재하는 정기나 본질은 물질적 표면의 없음과 형이상학적 심연의 있음을 모두 포용하는 것이다. 그래서 노자는 비어 있음이라는 기관들 없는 몸이나 대지를 천지의 시작과 만물의 어미 모두를 포용하는 '만물의 시작'이라고 이야기한다. 노자의 노마돌로지가 지니고 있는 이같은 포용성은, 들뢰즈의 노마돌로지가 주체의 있음을 주장하는 데카르트와 칸트, 오이디푸스라는 욕망의 있음을 주장하는 프로이트를 부정하면서 포용하고 또한 주체의 없음을 강조하는 하이데거나 데리다 혹은 결여라는 욕망의 없음을 주장하는 라캉을 부정하면서 포용하는 것과 같다.

프랑스의 철학자와 비평가들이 들뢰즈에게 "기관들 없는 몸이 무엇인가?" 하고 질문하자 들뢰즈가 "내가 어찌 기관들 없는 몸이 무엇인지 말할 수 있겠는가!" 하고 대답한 것처럼, 노자는 "내가 어찌 대지의 모습을 알겠는가"라고 말한다. "대지란 무엇인가?" "기관들 없는 몸이 무엇인가" 하는 질문에 우리는 답할 수가 없다. 있음의 없음이나 없음의 있음이라는 비어 있음을 우리는 무엇이라고 말할 수 있겠는가? 억지로 이름 붙여 '길' '대지' '기관들 없는 몸' 혹은 공(空)이나 블랙홀 등으로 말할 수 있을 따름이다.

그래서 들뢰즈는 이렇게 말한다. "그것[기관들 없는 몸]은 욕망일 뿐만 아니라 비욕망이다. 그것은 어떤 인식이나 개념이 아니라 실천, 즉 실천들의 집합이다. 당신은 결코 기관들 없는 몸에 도달하지 못한다. 당신은 영원히 그것에 도달하려는 중이다. 그것은 하나의 극한이다. 사람들은 '그럼 도대체 기관들 없는 몸이 무엇이오?'라고 묻는다. 그러나 당신은 이미 기관들 없는 몸 위에서 벼룩처럼 뛰어다니고, 장님처럼 더듬거리며, 미치광이처럼 질주한다. 기관들 없는 몸은 사막의 여행자이거나 스텝의 노마드이다. 기관들 없는 몸 위에서 우리는 잠자고, 삶을 영위하고, 싸우며[싸움을 하고 싸움을 당하며], 우리의 자리를 추구하고, 굉장한 행복과 엄청난 좌절을 경험한다. 기관들 없는 몸이 우리에게 스며들고, 우리는 그것에 스며든다. 그리고 기관들 없는 몸 위에서 우리는 사랑을 한다." 들뢰즈가 기관들 없는 몸이 "어떤 인식이나 개념이 아니라 실천, 즉 실천들의 집합"이라고 말하고 있듯이 노자 또한 [나는] 오직 길을 따라서 [대지를] 알 뿐이다"고 말한다.

22. 영원회귀(1): 절대적 탈영토화(The Eternal Return(1): The Absolute Deterritorialization)

굽으면 온전하게 되고
구부리면 펴진다
패여 텅 비어있으면
가득 차게 되고
낡아지면
새로워진다
적으면 얻게 되고
많으면 미혹하다

그러므로 지식은
하나를 포용하고
천하의 모범이 된다
스스로 드러내지 않음이 밝음이고
스스로 옳다고 하지 않음이 빛남이고
스스로 뽐내지 않음이 공이고

스스로 자만하지 않음이 으뜸이다

오직 다투지 않으니
천하에 그와 다툴 자가 없다
"굽으면 온전하게 된다"라는 옛 말이
어찌 헛말일 수 있으랴
온전함을 이룩하는 것은
다시 돌아감이다

If you want to become straight,
Let yourself be crooked.
If you want to become full,
Let yourself be empty.
If you want to be reborn,
Let yourself die.
If you want to be given everything,
Give everything up.

The nomadic intellectual, by residing
In the plane of immanence,
Sets an example for all beings.
Because she doesn't display herself,
People can see her light.
Because she has nothing to prove,
People can trust her words.
Because she doesn't know who she is,
People recognize themselves in her.
Because she has no goal in mind,
Everything she does succeeds.

When the ancient nomads said,
"If you want to become straight,
Let yourself be crooked,"
They weren't using empty phrases.
Only in being lived by the Immanence
Can you be truly yourself.

아이들이 주사위놀이를 하고 있다. 한 아이가 주사위를 던진다. 3이라는 숫자가 나왔다. 그 아이는 다시 주사위를 던진다. 이 주사위 던지기에서 3이라는 숫자와 4, 5, 6이라는 숫자가 나올 확률은 얼마나 될까? 우리는 일상적으로 첫번째의 주사위 던지기에서 3이라는 숫자가 나왔으니, 두번째 주사위 던지기에서 3이라는 숫자가 나올 확률은 4나 5, 6이라는 숫자가 나올 확률보다 낮다고 생각한다. 이와 반대로 첫번째의 주사위 던지기에서 4, 5, 6이라는 숫자가 아니라 3이라는 숫자가 나왔으니, 두번째 주사위 던지기에서도 다른 숫자보다 3이 나올 확률이 더 많다고 생각할 수도 있다. 그러나 그 아이가 매번 주사위 던지기를 할 때, 아이가 던지는 각각의 주사위에서 1, 2, 3, 4, 5, 6의 숫자가 나올 확률은 항상 똑같다.

우리의 삶이나 삶을 구성하고 있는 사회에서 물질적 표면에 드러난 사건이나 대상을 만나서 만들어지는 욕망의 성격 역시 각각의 무한한 개별적 의미나 성격이 나올 확률은 똑같다. 그러나 주사위 던지기에서 나올 수 있는 여섯 가지 숫자의 확률과 달리, 삶의 사건이 물질적 표면으로 드러나는 시간과 생산하는 욕망기계가 욕망의 대상으로 만나는 에너지 원천기계는 무한하다. 따라서 매순간 사건이 드러내는 의미와 욕망의 대상을 통하여 드러나는 욕망의 성격은 무한하다고 할 것이다. 매번 주사위 던지기에서 모든 숫자가 나올 수 있는 확률을 지닌 또 다른 주사위 던지기로 되돌아가는 것, 역사 이래로 일어났거나 일어나지 않은 사건의 의미를 모두 지닐 수 있는 의미 없는 사건으로 되돌아가는 것 혹은 우리가 기억하거나 기억하지 못하는 모든 욕망의 성격을 드러낼 수 있는 생산하는 욕망기계의 흐름으로 되돌아가는 것을 우리는 **영원회귀**라고 말할 수 있다.

인간이 태어나면 언젠가 죽는 것처럼, 사건이 의미를 지녔다가 무의미로 되돌아가고 하나의 욕망이 어떤 성격을 지녔다가 아무런 성격이 없는 욕망의 흐름으로 되돌아가는 것은 자연의 법칙이다. 그러나 아침·정오·저녁·밤, 봄·여름·가을·겨울의 반복 같은 자연의 법칙이 지니는 영원회귀를 동일성의 회귀로 인식하면 안된다. 인류역사 이래로 아침과 저녁, 봄과 가을은 수없이 반복하였지만 동일한 아침과 저녁, 봄과 가을은 존재하지 않는다. 어제의 아침과 오늘의 아침이 다르듯이 작년의 봄과 올해의 봄은 다르다. 따라서 내일의 아침과 내년의 봄을 우리는 알 수 없다.

우리가 알 수 있는 것은 비가 오나 눈이 오나, 아니면 해가 쨍쨍 내리쬐든 내일의 아침은 다시 날이 훤해진다는 가능성이고, 내년의 봄은 새로운 생명의 싹이 다시 움틀 것이라는 가능성의 사실이다. 이처럼 날이 훤해지거나 생명이 움트는 힘을 니체는 총괄적으로 '권력의지'라고 부르지만, 들뢰즈는 각각의 개별적인 노마돌로지의 사유방식에 따라서 '사건의 형이상학적 심연' '기관들 없는 몸' '내재성의 장' '욕망의 흐름' 등으로 부른다.

니체의 영원회귀가 이야기하는 권력의지라든가 들뢰즈가 이야기하는 형이상학적 심연이나 기관들 없는 몸, 욕망의 흐름 등을 노자는

'온전함' '길' 혹은 '대지' '자연' 등이라 명명한다. 들뢰즈와 노자의 노마돌로지에서 시간과 공간, 사건과 사건의 '가로지르기' 사유가 중요한 위치를 차지하는 이유가 바로 이것이다. 그들의 언어나 개념은 우리의 사유가 단일한 계열이나 성격으로 고착되는 것을 허락하지 않는다. "**굽으면 온전하게 되고/구부리면 펴진다/패어 텅 비어 있으면/가득 차게 되고/낡아지면 새로워진다**"는 것은 공자의 국가철학적 입장에서 바라본 노자의 교훈적인 훈시나 설교가 아니라 가로지르기의 사유를 통하여 자연의 법칙이 개별적인 삶이나 사회, 사유의 형식을 관통하는 이치를 드러내어 밝히고 있는 노마돌로지의 지식이다.

우리는 팔이 굽어야만 온전하게 펴지게 되고, 허리를 구부릴 줄 알아야만 허리를 곧게 펼 수 있음을 안다. 그리고 길이 패어 텅 비어 있어야만 도로공사에서 그 길을 돌이나 흙으로 가득 채워 평평하게 하고, 건물이나 물건이 낡아지면 새롭게 고치거나 새것으로 대체하는 것을 알고 있다. 이와 마찬가지로 어떤 사건이나 사물 혹은 욕망이 '굽어 있거나' '구부러져 있고' 혹은 '[홈이] 패어 텅 비어 있거나' '낡아 있다'는 것은 무한의 시간이나 대상 속에서 어떤 단일한 시간이나 대상에 의하여 의미와 성격이 규정된 것이다. 따라서 무한의 시간과 무한한 욕망의 대상 속에서 그것들은 다시 영원회귀의 온전성을 획득한다.

지식의 이치 또한 사건과 사물의 이치와 똑같다. "**[지식이] 적으면 얻게 되고/[지식이] 많으면 미혹하다**"고 노자는 말한다. 언어를 배우는 어린아이에게 어머니나 아버지 혹은 언어를 구사하는 주변사람들의 말이 모두 지식이다. 그래서 아무런 지식이 없는 어린아이의 지식습득에서 그들 모두는 천재적인 능력을 발휘한다. 그러나 어머니나 아버지, 주변사람들의 말을 너무 많이 받아들여 지식으로 가득 차게 되면, 학교에서 배우는 지식이 들어갈 곳이 없다. 이와 마찬가지로 고등학교를 졸업하고 대학교에서 배우는 인문학적 지식은 초등학교와 중·고등학교 혹은 가정에서 의식적이든 무의식적이든 교사와 부모에게 배운 국가철학적 지식을 버리는 작업이다. 그래서 대학교에 들어와서 하는 공부는 부모나 중·고등학교 교사로부터 독립하여 온전한 고아가 되어야 한다. 고아의 삶은 이미 만들어진 언어로 습득된 국가철학적 지식의 삶이 아니고 끊임없이 미래를 창조하는 노마드적 지식으로 구성된다. 국가철학적 지식이 끊임없이 자신의 몸을 국가나 가정의 기관들로 기관화하는 것과는 달리 노마드적 지식은 끊임없이 미래의 창조적인 기관들로 생성되었다가 다시 그 기관들로부터 탈영토화하여 기관들 없는 몸, 대지, 내재성의 장으로 되돌아가서 다시 생성을 준비하는 지식이다.

"그러므로 [노마돌로지의] 지식은/하나를 포용하고/천하의 모범이 된다." 이 말이 의미하는 바는, 현실의 물질적 표면에 드러난 사건의 의미와 사물의 이름, 국가철학으로 기관화된 몸 그리고 욕망의 대상에 달라붙어 현실적으로 신비한 기적을 일으키는 욕망기계라는 뚜렷한 존재들은 물론 미래의 생성을 위하여 형이상학적 심연으로 침잠하는 아무런 의미도 없는 사건, 도저히 이름을 지을 수 없는 변화과정의 사물, 끊임없이 탈영토화하는 기관들 없는 몸 그리고 어떠한 욕망의 대상도 없이 지속적으로 흐르기만 하는 욕망의 흐름이라는 비존재들까지 포용하는 둘이면서 하나이고 하나이면서 둘인 온전함 혹은 비어 있음의 '하나'이다. 이 하나는 추상적인 사건, 물질적인 사물, 정신적인 욕망, 이론적인 지식을 모두 감싸안는 탈영토화와 재영토화의 과정을 내포하기 때문에 "천하의 모범이 된다"고 말할 수 있다. 자연, 사회, 인간, 정신 등이 서로 고립적으로 존재하는 개별적인 것이 아니라 서로 관계를 맺으면서 상호 탈영토화와 재영토화의 영향을 주기도 하고 받기도 한다.

따라서 "스스로 드러내지 않음이 밝음이고/스스로 옳다고 하지 않음이 빛남이고/스스로 뽐내지 않음이 공이고/스스로 자만하지 않음이 으뜸이다"는 노자의 말은 둘이면서 하나이고 하나이면서 둘인 온전함이나 비어 있음의 하나(탈영토화와 재영토화의 과정)를 포용하는 노마돌로지 지식의 이치를 일컫는 것이다. 끊임없이 탈영토화와 재영토화의 과정에 있을 뿐만 아니라 자연과 사회, 인간과 정신의 끊임없는 탈영토화와 재영토화의 절대적인 원칙을 알고 있는 사람은 누구나, 국가철학적 지식인처럼 스스로 드러내고 싶은데 억지로 드러내지 않음이 아니라 기관들 없는 몸이기 때문에 스스로 드러내지 않는 것이다. 스스로 옳다고 하고 싶은데 억지로 옳다고 하지 않음이 아니라 기관화되거나 의미화된 것이 진짜가 아니라 탈영토화와 재영토화의 과정에 있는 순간의 허상이라는 것을 알기 때문에 스스로 옳다고 하지 않는 것이다. 그럼에도 불구하고 노마드적인 사람들은 누구보다도 먼저 탈영토화하여 누구보다도 먼저 재영토화하기 때문에 "스스로 드러내지 않음이 밝음이고/스스로 옳다고 하지 않음이 빛남이" 된다. 마찬가지로 인간과 인간의 관계나 그 관계를 아우르고 있는 사회 속에서 관계와 사회의 탈영토화와 재영토화를 알고 "스스로 뽐내지 않음이 [항상 현실과 미래의] 공이고/[현실의 공이 다시 비어 있음이나 기관들 없는 몸으로 영원회귀할 것을 알기 때문에] 스스로 자만하지 않음이 [항상 현실과 미래의] 으뜸이" 된다.

자연과 사회, 인간과 정신의 탈영토화와 재영토화 과정에 있는 존재와 비존재 모두를 아우르는 영원회귀라는 노마돌로지의 지식은 국가철학이 지향하는 다툼과 대립을 지향하지 않고 자연과 사회,

인간과 정신의 끊임없는 생성을 지향한다. "오직 다투지 않으니/천하에 그와 다툴 자가 없다/'굽으면 온전하게 된다'라는 옛말이/어찌 헛말일 수 있으랴"라고 노자가 말하고 있듯이, 노마돌로지의 지식인은 국가철학에서 바라보는 그런 단순히 처세술이나 정치적 힘이나 권력에 순응하는 순응주의자가 아니다. 다투거나 경쟁하고 싶은데 힘이나 권력 관계로 판단하여 그것을 피하는 것은 국가철학의 입장이다.

　노마돌로지의 지식인은 다툴 일이 없다. 각각의 사건과 사물, 욕망과 정신의 현실적인 존재 속에서 비존재를 보거나 혹은 아직 생성되지 않은 현실적인 비존재 속에서 생성과정의 존재를 보는데 어찌 존재와 비존재의 이분법 속에서 이루어지는 다툼의 세계에 머물겠는가? 따라서 노마돌로지의 지식인이 **오직 다투지 않는다**는 것은 대상을 부정하는 것이 아니라 다투고자 하는 대상을 긍정함으로써 대상 스스로 존재에서 비존재로 혹은 비존재에서 존재로 탈영토화하도록 보완하고 도와주는 것이다. 자신의 존재 속에서 또 다른 생성적 요인의 비존재를 보게 만들고, 자신의 비존재 속에서 생성적 존재를 보게 도와주는 대상과 어찌 다툴 수가 있는가? 그래서 노자는 "천하에 **그와 다툴 자가 없다**"고 말하는 것이다.

　그런데 노자는 "'**굽으면 온전하게 된다**'는 옛말이/어찌 헛말일 수 있으랴" 하고 덧붙인다. 이것은 마치 소크라테스의 노마돌로지가 소크라테스에 의하여 새롭게 창안된 것이라기보다 고대그리스 세계의 생성부터 이어진 것이듯이, 노자의 노마돌로지가 노자에 의하여 창안된 것이 아니라 중국이나 동아시아 세계의 생성부터 이어진 근원적인 인간의 지식임을 암시한다. 그러므로 우리는 인류의 생성으로부터 시작된 최초의 지식이 동양과 서양의 구분이 전혀 없는 노마돌로지의 지식임을 확인할 수 있다. 이러한 근원적인 인간의 지식을 우리가 보거나 듣지 못하게 된 것은, 폭력과 억압을 지배와 통치의 수단으로 해서 서열관계를 만들고, 그 서열관계를 기반으로 국가철학적 지식인들이 자연과 사회, 인간과 정신의 은밀한 작용을 살피는 대신 자연과 사회, 인간과 정신을 그 무엇으로 규정하려고 하였기 때문이다.

고대그리스의 플라톤이 그러하였고, 고대중국의 공자가 그러하였다. 이런 면에서 서양문명의 역사는 끊임없이 새로운 플라톤이 등장하여 새로운 지배와 통치를 합법화한 역사이고, 동양의 역사는 새로운 공자가 등장하여 새로운 지배와 통치를 합법화한 역사라고 할 수 있다. 그러나 오늘날 전지구적 근대라는 새로운 국면은 동서양의 대립과 갈등 속에서 새로운 플라톤으로 등장한 서양적 국가철학의 지식인들과 새로운 공자로 등장한 동양적 국가철학의 지식인들이 서로 드러내어 자신이 옳다고 하거나 자신의 지식을 뽐내고 있다.

그러나 노자가 "온전함을 이룩하는 것은/다시 돌아감이다"고 말했듯이, 오늘날의 국가철학이 당면한 대립과 갈등으로부터 벗어나 상호 생성의 '온전함을 이룩하는 것은' 다툼과 대립이 아니라 인류의 근원적인 노마돌로지의 지식이나 자연과 사회, 인간과 정신의 순환적인 영원회귀의 비어 있음으로 '다시 돌아감이다.' 결국 회귀해야 할 동양, 회귀해야 할 서양은 '영원회귀'를 토대로 형성된 노마돌로지의 지식이라고 할 것이다.

23. 자연의 길(The Way of Nature)

말없음이 자연이다
회오리바람이 아침을 마칠 수 없고
소나기는 하루를 마칠 수 없다
이렇게 만든 것은 하늘과 땅이다
하늘과 땅도 영원할 수 없거늘
하물며 사람이야

일이 이루어지는 길을 따르는 자여
길을 찾는 자는 길과 같아지고
실천을 하는 자는 실천과 같아지고
벗어버림을 구하는 자는 벗어버림과 같다
길과 같아지는 것
길 또한 즐거움을 얻는 것이고
실천과 같아지는 것
실천 또한 즐거움을 얻는 것이며
벗어버림과 같아지는 것
벗어버림 또한 즐거움을 얻는 것이다

믿음이 부족한 곳
오직 불신이 있는 곳이다

Express yourself completely,
Then keep quiet.
Be like the forces of nature:
When it blows, there is only wind;
When it rains, there is only rain;
When the clouds pass, the sun shines through.

If you open yourself to the way,
You are at one with the way
And you can become it completely.
If you open yourself to the nomadic life,
You are at one with it
And you can become nomad completely.
If you open yourself to loss,
You are at one with it
And you can become the body without organs completely.

Open yourself to the way,
Then trust your natural responses;
And everything will fall into place.

　자연과 사회 그리고 인간과 정신 중에서 우리가 탈영토화와 재영토화의 과정이라는 영원회귀를 항상 관찰할 수 있는 것은 자연이다.

그래서 우리는 대지와 영토의 관계에서 자연을 항상 대지의 세계라고 부른다. 이러한 대지의 세계라는 자연과 대립되게 영토의 세계로 인식하는 것이 사회와 인간과 정신의 세계이다. 그러나 자연과 마찬가지로 사회와 인간과 정신의 세계 역시 내재성의 장이나 기관들 없는 몸 혹은 노마돌로지의 세계이지, 절대불변의 영토이거나 기관들로 가득 찬 몸이거나 국가철학의 세계가 아니다. 자연과 사회, 인간과 정신이 모두 근원적인 대지의 세계임에도 불구하고 우리가 자연은 대지의 세계이고 사회와 인간과 정신은 영토의 세계라고 인식하는 것은, 자연은 언어를 지니고 있지 않고 사회와 인간과 정신은 언어로 규정되기 때문이다.

그러나 앞의 19장 "기호체제와 추상기계"에서 살펴보았듯이 언어는 이중적 의미를 지니고 있지만, 언어라는 기호체제가 추상기계를 결정하는 것이 아니라 자연과 사회, 인간과 정신에 대한 인식의 추상기계가 언어라는 기호체제를 결정한다. 이러한 측면 때문에 현실의 세상과 인간관계에 대한 인식의 추상기계 각각에 따라서 어떤 사람은 '사랑'이라는 언어의 기호체제를 아가페적 사랑으로 받아들이기도 하고 또 어떤 사람은 에로스적 사랑으로 받아들이기도 한다. 마찬가지로 프로이트는 사랑이라는 욕망의 오이디푸스적 '있음'을 강조하지만, 그의 제자 라캉은 사랑이라는 욕망의 오이디푸스적 '있음'을 언어의 상징적 질서로 받아들임으로 해서 사랑이라는 욕망의 실제적 '없음'(결여)을 강조한다.

언어라는 이중성의 어느 단면만 받아들이는 프로이트와 라캉은 자본주의 사회체의 추상기계를 절대적인 인식의 척도로 삼는 공통점을 가지고 있다. 프로이트와 라캉의 이같은 인식론적 한계는 자본주의라는 사회체의 추상기계에 의하여 현실적으로 결정된 언어 기호체제의 감옥에 갇힌 꼴이라는 점이다. 그러나 오늘날 역사의 저편으로 사라졌지만 자본주의 기계라는 영토에 의하여 그 구성요소들이 재코드화되어 언뜻언뜻 되살아나는 원시영토 기계나 전제군주 기계처럼, 자본주의 기계라는 사회체 또한 근원적으로 기관들 없는 몸일 뿐만 아니라 사랑이나 진리, 정의, 시민정신 등과 같은 추상기계들 역시 근원적으로 기관들 없는 몸이다.

우리가 프로이트와 라캉이나 근대 국가철학자들이 처한 언어의 감옥이라는 덫으로부터 벗어나는 길은 근원적으로 언어를 지니고 있지 않은 자연을 사유의 중심에 놓는 것이다. 들뢰즈와 노자의 노마돌로지는 자연을 사유의 중심에 놓기 때문에, "**말없음이 자연이다**"는 노자의 말처럼 근대나 고대 국가철학자들이 갇혀 있는 언어의 감옥으로부터 벗어난다. 우리가 비록 언어를 지니고 있지만 우리의 언어는 인간에게 한정된 것이기 때문에 원숭이나 꿀벌, 기러기나 늑대를 자연의 일부로 인식한다. 오늘날의 많은 언어학자들이 지적하고 있듯이, 원숭이나 꿀벌 또한 자신들의 언어를 가지고 있다. 그러나 그들 또한 인간과 마찬가지로 주변에 있는 인간을 자연의 일부로 인식하지 자연과 구별되는 별개의 존재로 인식하지 않을 것이다. 오직 인간만이 스스로를 자연과 구별되는 별개의 존재로 인식할 뿐이다. 따라서 노자가 자연의 속성으로 이야기하는 '말없음'은 언어의 이중성, 즉 언어적 대상에 속성을 부여하여 영토화하는 특성과 언어적 대상의 기존 속성을 강탈하는 탈영토화의 특성을 자동적으로 수행하고 있음을 의미한다. 그래서 자연(自然)이란 "스스로 그렇게 탈영토화하고 재영토화하여 있는 존재"이다.

자연이 "스스로 그렇게 탈영토화하고 재영토화하는" 아침·정오·저녁·밤의 과정과 봄·여름·가을·겨울의 과정은 유년기·청년기・장년기・노년기라는 우리네 삶의 과정의 근원적 모델이다. 그래서 우리는 "회오리바람이 아침을 마칠 수 없고/소나기는 하루를 마칠 수 없다"는 노자의 글귀를 시적으로 인식한다. '회오리바람'이나 '소나기'가 순간적으로 질풍노도처럼 고요한 '아침'이나 '하루'를 탈영토화하지만 그 '아침'과 '하루'가 다하기 전에 다시 고요한 아침과 하루로 재영토화될 것을 우리는 알고 있다. 이미 우리가 알고 있는 사실이 시적으로 낯설게 우리에게 다가오는 이유는 '아침'과 '하루'라는 일상적 속성의 영토적 언어와 '회오리바람'과 '소나기' 같은 일상적 속성으로부터 일탈하는 탈영토화의 언어가 동일한 공간에 함께 배치(가로지르기)되어 있기 때문이다. 자연 혹은 시적이라는 것은 이처럼 영토화와 탈영토화 그리고 재영토화가 동일한 공간에 혼재되어 있으면서 상호 이질적인 속성들이 서로 가로지르기를 통하여 상호 균등한 생명성을 유지하는 것을 의미한다.

　노자의 자연에 대한 이야기를 우리가 시적으로 인식한다는 것은 '시가 곧 자연'이기 때문이다. 시만이 아니라 음악과 미술을 포함한 모든 예술이 곧 자연이다. 미술은 순간의 자연을 포착하여 화폭에 그리는 것이고, 음악은 자연의 소리를 질서정연하게 리듬으로 배치하여 탈영토화와 재영토화의 과정을 감각으로 포착하는 것이다. 그래서 들뢰즈는 "자연이 곧 최고의 예술이다"고 말한다.

　자연과 인간, 자연과 예술에 대한 인식체계를 분리시킨 것은 플라톤주의의 국가철학을 재생시킨 근대의 낭만주의적 예술관이다. 플라톤이 절대적인 이데아를 예술이 모방한다고 이야기하였듯이, 많은 국가철학적 지식인들은 오늘날의 예술이 자연과 분리되어 사회와 인간과 정신의 추상세계를 표현한다고 말한다. 그러나 사회와 인간과 정신의 세계가 자연세계와 분리되어 있는 것이 아니듯이 오늘날의 예술이 표현하는 추상세계 또한 자연의 세계와 분리되어 있지 않다. 근대 이전의 자연과 근대 이후의 자연이 지닌 생성적 과정의 차이는, 전자는 예측 가능한 사실주의적 자연인 데 반하여 후자는 인간의 문명이 강하게 내포되어 있음으로 해서 예측 불가능한 추상적 자연이라는 점이다.

추상적 자연은 나무와 돌, 바람과 물은 물론이고 시멘트로 된 아파트와 보도블록, 아스팔트와 비닐을 포함한다. 따라서 근대 이전의 사람들은 나무와 돌과 숲과 개울의 자연과 관계를 맺으면서 성장하지만, 오늘날의 사람들은 시멘트와 보도블록과 아스팔트와 쇠파이프의 철제난간이나 지하철로 만들어진 자연과 관계를 맺으면서 성장한다. 근대 이전의 사람들은 한 가구, 한 마을의 단위로 자연을 배치하였지만, 근대 이후의 사람들은 도시나 국가 단위로 자연을 배치한다. 그래서 근대 이전의 예술가들은 시를 쓰거나 그림을 그리거나 소리를 채취하기 위하여 숲과 들판으로 나아갔다면, 근대 이후의 예술가들은 이 숲과 들판을 도시로 끌고 오거나 그 숲과 들판과 강과 산이 도시에서 사라짐으로 해서 죽어가는 사회와 인간과 정신의 황무지를 서글퍼한다. 이처럼 숲과 들판을 도시로 끌고 오는 것은 근대 이후에 예측 불가능하게 추상적으로 변한 자연을 예측 가능한 사실주의적 자연으로 만들기 위한 노마드 예술가들의 처절한 몸부림이다.

사회와 인간과 정신의 세계를 포함한 자연이 예측 가능하다는 것은 아침·정오·저녁·밤 혹은 봄·여름·가을·겨울처럼 끊임없는 탈영토화와 재영토화 과정을 자연 속에 있는 인간이 예측하여 그 과정에 참여할 수 있음을 의미한다. 이런 예측 가능한 사실주의적 자연 속에서 사회와 인간과 정신의 세계는 자연의 탈영토화와 재영토화의 과정으로 자연스럽게 투여된다. 이를 노자는 "이렇게('회오리바람이 아침을 마칠 수 없고/소나기가 하루를 마칠 수 없다'는 탈영토화와 재영토화의 과정으로] 만든 것은 하늘과 땅이다"라고 말한다. '하늘과 땅'을 일컬어 우리는 '대지'라고 부르고, 대지는 곧 자연이다. 하늘 아래와 땅 위에 있는 모든 개인과 사회 그리고 국가의 영토는 일시적이고 우연적으로 형성된 것이다. 따라서 하늘과 땅, 즉 대지와 자연은 결코 인간에 의해서 영토화될 수 없다. 우리가 개인·사회·국가의 영토라고 주장하는 하늘 위에 있는 더 큰 하늘과 땅속에 있는 더 큰 땅이 여전히 대지와 자연으로 머물러 있고, 우리의 국가철학적 인식과 과학으로 측정할 수 있는 하늘과 땅은 더 큰 하늘과 땅이라는 대지와 자연의 탈영토화와 재영토화 과정에 포함되어 있다.

우리가 개별적으로 부르는 하늘과 땅은 탈영토화와 재영토화라는 변화의 과정에 있다. "10년이면 강산(땅)이 변하지만, 20년이면 하늘이 변한다." 그래서 노자는 "**하늘과 땅도 영원할 수 없거늘/하물며 사람이야**"하고 말한다. 물이 흐르지 않고 고여 있으면 썩듯이 대지와 자연의 탈영토화와 재영토화 과정에 들어가지 않고 마치 '영원한' 것처럼 고착되어 있는 사회와 인간과 정신의 세계는 서서히 썩어가는 것이다. 이렇게 해서 완전히 썩거나 죽음에 도달해서 비로소 대지와 자연의 탈영토화와 재영토화의 과정으로 들어간다. 국가철학은 서서히 썩어가거나 죽어가는 사회와 인간을 대표하는 정신의 세계를 의미한다. 영토화되지 않은 하늘과 땅은 끊임없이 생성한다. 노자는 끊임없이 지속하는 자연이나 대지의 탈영토화와 재영토화 과정을 "**일이 이루어지는 길**"이라고 부르고, 정신이 썩거나 죽어가는 것을 대표하는 국가철학이 아니라 탈영토화와 재영토화의 과정을 통하여 끊임없이 생성하는 노마돌로지의 지식을 추구하는 사람들을 "**일이 이루어지는 길을 따르는 자**"라고 말한다.

근대 초기의 국가철학자들이 말하는 '주체'(the subject)나 근대 후기 국가철학자들의 '타자'(the other)는 존재하지 않는다. 주체와 타자는 썩거나 죽어가는 국가철학적 정신을 지칭하는 의미 없는 기표일 뿐이다. 나무나 돌 혹은 흐르는 강물이나 바람처럼 자연의 '일이 이루어지는 길을 따르는' 노마드만이 있을 뿐이다. 노자는 이렇게 말한다. "일이 이루어지는 길을 따르는 자여/길을 찾는 자는 길과 같아지고/실천을 하는 자는 실천과 같아지고/벗어버림을 구하는 자는 벗어버림과 같다."

근대 초기의 주체나 후기의 타자는 '동일시'(identification)를 기반으로 해서 타자를 죽이거나 주체를 죽이는 유아론적 정신의 세계이다. 주체와 타자를 이분법으로 구분하여 말하는 유아론적 정신세계는 동일시를 통하여 소유하거나 소유당하는 국가철학적 허구의 세계이다. 소유하거나 소유당하는 것을 허구의 세계라 함은, 그 자체가 탈영토화와 재영토화라는 생성의 길이 아니라 고여 있는 물처럼 썩거나 죽은 것을 지칭하기 때문이다. 그러나 노자가 말하는 '같아진다'는 것은 동일시가 아니라 '되기'(becoming)를 통하여 서로 균등해지는 것이다. 민중을 찾는 자는 민중과 같아지고, 여성을 사랑하는 자는 여성과 같아지고, 노마돌로지를 구하는 자는 노마드가 된다. 따라서 노자와 들뢰즈는 노마드이고, 마르크스와 엥겔스는 노동자이며, 석가모니와 예수는 중생 혹은 민중이다. 노자와 들뢰즈보다 더 노마드적인 사람이 어디 있으며, 마르크스와 엥겔스보다 더 노동자적인 사람이 어디에 있고, 석가모니와 예수보다 더 중생 혹은 민중의 정신을 지닌 사람이 어디에 있는가?

동일시를 통하여 소유하거나 소유당하는 것이 주체나 타자의 입장에서 모두 고통과 죽음을 의미한다면, 되기를 통하여 서로 균등해짐은 서로서로 즐거움을 만끽하는 주이상스(Jouissance, Sexual Pleasure)의 상태에 도달하는 것이다. 그래서 노자는 "길과 같아지는 것/길 또한 즐거움을 얻는 것이고/실천과 같아지는 것/실천 또한 즐거움을 얻는 것이며/벗어버림과 같아지는 것/벗어버림 또한 즐거움을 얻는 것이다"고 말한다. 여기서는 이미 '길을 찾는 자'가 '길과 같아지는' 생성의 즐거움, '실천을 하는 자'가 '실천과 같아지는' 생성의 즐거움 그리고 '벗어버림을 구하는 자'가 '벗어버림과 같아지는' 생성의 즐거움을 전제하고 있다. 이는 마치 계란이 알에서 깨어나 병아리가 되는 즐거움과 같다. 계란이 병아리가 되는 즐거움은 계란의 즐거움인 동시에 병아리의 즐거움인 것이다. 그러므로 길을 추구하는 자가 길이 되는 생성의 즐거움은 "길 또한 즐거움을 얻는 것이고", 실천을 구하는 자가 실천이 되는 생성의 즐거움은 "실천 또한 즐거움을 얻는 것이며", 벗어버림을 구하는 자가 벗어버림이 되는 생성의 즐거움은 "벗어버림 또한 즐거움을 얻는 것이다."

그러나 이러한 생성의 즐거움을 고통으로 인식하는 사람들이 있다. 그것은 플라톤이나 공자의 이분법에 토대를 둔 국가철학의 '호명체계'(interpellation)에 길들여져서 이 세상의 모든 것들을 '나와 너'(I and You)라는 균등한 세계로 인식하지 않고 '나와 그것들'(I and It, or Them)로 인식하기 때문이다. 학생, 교수, 의사, 변호사, 노동자, 남성, 여성 등 일시적인 호명을 절대적인 나(I)로 인식하는 것은, 나 이외의 모든 것들을 생명이 없는 것으로 치환함으로써 '나'가 그/그녀 혹은 그것이 되는 즐거움을 고통으로 인식하거나 아니면 그/그녀 혹은 그것이 '나'가 되는 즐거움을 어리석음으로 받아들이는 것이다. 주위를 돌아보면 쉽게 발견할 수 있는 나무와 돌과 바람과 물이 어제의 그것이 아님에도 불구하고 단지 언어로 호명되고 '나'를 절대적인 것으로 인식하는 것은, 오직 '나'라는 허구의 호명체계에 대한 믿음만 있을 뿐 노자나 들뢰즈가 말하는 생성의 즐거움을 믿지 않기 때문이다. "믿음이 부족한 곳/오직 불신이 있는 곳이다"고 노자가 말했듯이, 불신은 고통과 죽음만 제공할 따름이다. 불신은 고통과 죽음을 통과한 이후에 비로소 탈영토화와 재영토화의 과정이라는 자연의 길을 따른다.

24. 탈주의 예술가(The Artist of Flight)

발돋움을 하면 서지 못하고
가랑이를 벌리면 가지 못한다
스스로 드러내는 것은 밝음이 아니고
스스로 옳다고 하는 것은 빛남이 아니고
스스로 뽐내는 것은 공이 없음이며
스스로 긍지를 지니는 것은 오래 가지 못한다

길이 말하기를
그것은 찌꺼기 음식이요 군더더기 행동이다
만물이 이것을 혐오한다

그러므로 길을 아는 자는
머무르지 않는다

He who stands on tiptoe doesn't stand firm.
He who rushes ahead doesn't go far.
He who tries to shine dims his own light.

He who defines himself can't know who he really is.
He who has power over others can't empower himself.
He who clings to his work will create nothing that endures.

The nomadic intellectual says they are
Poisonous stuffs and dirty behaviors
Which are despised by everything.

If you want to accord with the way,
Just do your job, then let go.

철학과 과학, 예술은 서구근대의 형성과 더불어 대학이라는 국가장치와 함께 만들어진 근대의 가장 기본적인 분과학문 체계이다. 중세의 기독교적 유럽의 전제군주 기계 사회체는 르네상스시대에 발흥한 예술의 자유로운 탈주와 생성의 세계에 의하여 서서히 기관들 없는 몸이 되어 새롭게 근대 자본주의 기계의 사회체로 변화·생성되었다. 그리고 유럽에서 탄생한 근대 자본주의 기계라는 새로운 사회체는 국가를 매개로 폭력과 전쟁을 국가장치로 만듦으로써 전세계를 구성하는 사회체로 확대 재생산되었다. 영국·프랑스·독일의 자본주의 국가는 자본을 통하여 과학을 전유하였고, 르네상스의 노마돌로지에서 국가철학으로 변한 철학은 과학을 추구함으로써 중세유럽에서 종교의 시녀 역할을 하던 국가철학자들을 이제 과학의 시녀 역할을 하는 국가철학자로 변신시킨다.

논리학과 변증법을 통하여 과학의 시녀 역할을 하는 근대의 국가철학자들은 비평이라는 이름으로 문학과 역사학마저 과학의 통제 아래 두려고 시도했다. 문화라는 이름으로 종교를 문학으로 대체한 매튜 아놀드의 '공평무사함'(disinterestedness)이라는 과학적 객관성을 토대로 한 문학의 척도나 언어를 하나의 물질로 인식하여 언어의 과학적 분석을 토대로 문학텍스트를 재단한 미국의 '신비평'(New Criticism)은 문학을 과학의 시녀로 전락시키려는 국가철학의 참으로 어리석은 시도라 아니할 수 없다. 그러나 철학이 과학의 시녀 역할을 하고, 문학비평조차 과학의 통제 아래 두려는 시도의 와중에 근대 예술가들은 근대적 현실을 지배하는 국가철학과 과학으로부터 탈주하기 시작했다.

근대 초기에 등장한 자본주의 기계의 국가철학과 과학으로부터 탈주한 최초의 예술가는 서구 낭만주의 시인들이다. 워즈워스(W. Wordsworth)와 콜리지(S. T. Coleridge), 셸리(P. B. Shelley)와 키츠(John Keats)는 근대 이전의 전제군주 기계가 작동하던 지방의 영주나 기사에 의해 영토화된 자연적 전원이 근대 자본주의의 도시화와 산업화에 의하여 탈영토화하자 자연의 대지로 탈주한다. 따라서 이들의 자연은 18세기 이성의 모델로 작용한 합리적 자연이나 '존재의 대연쇄'(The Great Chain of Being)라는 서열화된 자연이 아니라, 국가철학과 과학으로부터 탈영토화하여 국가철학과 과학으로 전혀 설명할 수 없는 신비하거나 초월적인 자연이다.

워즈워스와 콜리지를 비롯한 낭만주의 시인들은 근대 자본주의 기계에 의하여 영토화되지 않은 자연으로 탈주함으로써 바람이나 물, 돌이나 나무가 될 수 있었고, 국가철학과 과학을 토대로 한 자본주의 기계로부터 배제됨으로써 자연의 탈영토화와 재영토화 과정에 포함되어 있는 퇴역군인이나 시골 어린이, 시골 여자나 농부, 산속의 은둔자나 민중 속의 설화가 되는 생성의 쾌락을 만끽할 수 있었다. 자본주의 기계의 문명이 만든 도시의 국가적 사건과 허영으로부터 농촌과 시골로 탈영토화하는 낭만주의의 노마드적 예술이론은 워즈워스의 『서정담시집』(*Lyrical Ballads*, 1802) '서문'에서 잘 드러난다.

그러나 19세기 중반부터 오늘날의 모습을 갖추기 시작한 근대의 대학은 낭만주의 문학을 국가철학의 문학(영국문학, 프랑스문학, 독일문학, 러시아문학…)으로 영토화하고, 도시의 팽창으로 전제군주 기계의 전원적 자연을 국가적 자연으로 재코드화하였다. 과학의 시녀 역할을 하는 국가철학자들은 문학을 대학으로 끌고 들어오고, 문학을 비롯한 예술은 과학으로 재단되기 시작한다. 그렇지만 그들은 예술가들을 영토화할 수는 없었다. 그러자 그들은 예술가들에게 '천재'라는 이름을 부여하여 플라톤적인 이데아의 세계나 기독교적인 천상의 세계에 가두어놓고 자본주의 기계의 하인과 노예 역할에 충실한 민중들에게서 예술가들을 분리시킴으로써, 법철학을 토대로 한 국가와 과학의 이름으로 그들을 박해하기 시작했다.

이렇게 19세기의 전원적 자연에 머물러 있는 시인과 예술가들은 국가와 국가철학의 포획장치에 의하여 영토화되기 시작한다. 서구의 20세기 시인과 예술가들은 낭만주의 시인과 예술가들이 도시에서 전원적 자연으로 탈주한 것과 달리, 전원적 자연에서 도시로 탈주하게 된다. 조이스, 파운드, 로렌스, 헤밍웨이 같은 도시유목민의 탄생이 그것이다. 이와 더불어 20세기 초의 시인과 예술가들은 국가철학의 문학으로 영토화된 국가간의 경계도 허물어버린다.

근대 국가철학이 과학과 결합하여 노마돌로지 문학에 가한 인식론적 폭력으로 말미암아, 문학과 예술이 독자나 관객이라는 현실적인 만남 혹은 관계를 통하여 만드는 미래적 생성의 세계나 독자와 관객이 주인-노예의 자본주의적 서열관계로부터 탈영토화하여 만드는 친구들의 세계는 환상과 허구 세계로 치환됨으로써 시인과 예술가의 환상적인 이데아 혹은 백일몽으로 치부되었고, 텍스트와 독자의 만남은 과학적 방법을 통한 현실적 기능의 관찰로 바뀌어버렸다. 이러한 역할이 근대 국가철학의 독특한 창조물은 아니다. 고대 그리스나 중국에 국가라는 전제군주를 정점으로 한 서열구조가 생겨나면서, 플라톤과 공자는 소크라테스와 노자의 미래적 생성인 '이데아'와 '길'을 현실 초월적인 형이상학적 절대 개념으로 바꾸어놓음으로써 시인과 예술가들을 국가로부터 추방하였고 이전의 시와 예술을 영토화하여 국가철학자의 개인 소장품으로 전락시켰다. 수백 년 동안 플라톤과 공자가 근대의 국가철학자들에 의하여 마치 신처럼 추앙되고 존경받는 이유가 바로 여기에 있다.

그러나 고대의 국가철학이 탄생하면서 시인과 예술가들을 백일몽 환자로 치부하고 예술텍스트들을 현실적 기능에 대한 과학적 관찰대상으로 전락시키는 것을 보고, 노자는 당시의 국가철학에 현혹되는 노마드 예술가들을 향해 "**발돋움을 하면 서지 못하고/가랑이를 벌리면 가지 못한다**"고 말한다. '발돋움을 하는' 것은 내가 살고 있는 현실의 땅 위에 서 있는 것이 아니라 현실을 초월하거나 현실 너머에 존재하는 미래의 세계를 관찰하는 것이다. 그렇지만 현실을 초월한 이상세계는 존재하지도 않거니와 현실 너머의 미래세계는 새로운 생성의 세계이기 때문에, 현실의 안목으로 관찰할 수도 측정할 수도 없다.

국가철학자들이 노마드 예술가를 '천재' 혹은 '백일몽환자'라는 명명하는 것에 현혹되어, 노마드 예술가들은 '발돋움을 하여' 현실을 초월하거나 현실 너머에 존재하는 미래세계를 관찰하는 바로 그 순간 현실의 땅 위에 '서지 못하고' 주저 앉아버린다. 그리고 '천재' '교수' '비평가' 등의 국가철학적 현실의 영토에 주저앉아 이것만이 나의 영토라고 확신하고 '가랑이를 벌리면', 노마드의 특성인 새로운 삶과 사랑의 생성으로 나아가는 미래로 '가지 못한다.' 그들은 더 이상 노마드 예술가가 아니다. 비록 그들이 지금까지는 노마드 예술가였다 하더라도 자신도 모르는 사이에 국가철학에 포획되어 현실의 주인-노예관계 속에 정착하는 정착민이 되어버리고, 전제군주나 국가·국가철학자들의 노예가 되어 주인의 권력에 봉사하는 국가철학적 글을 쓰고 그림을 그리고 노래를 부르는 전문적 기능인이 되어버린다. 19세기의 워즈워스가 그랬고, 20세기의 에즈라 파운드가 그랬다.

자신을 천재라고 불러주는 국가철학자들의 감언이설에 현혹되어 정착민이 되거나 그들의 노예가 되어 버린 예술가, 교수·비평가라는 국가장치의 명명법에 안주하여 전문적 기능인이 되어버린 지식인들은 스스로 드러내어 천재나 교수, 비평가라고 부르거나, 모든 생성적 대상들을 현실적 기능으로 재단하고 판단하고 자신이 옳다고 강변하거나, 그것을 스스로 뽐내거나 자부심을 갖는다. 노자는 이렇게 말한다. "스스로 드러내는 것은 밝음이 아니고/스스로 옳다고 하는 것은 빛남이 아니고/스스로 뽐내는 것은 공이 없음이며/스스로 긍지를 지니는 것은 오래 가지 못한다."

과학적 관찰을 통하여 발견한 대상의 현실적 기능은 모든 존재가 지니고 있는 생성의 잠재적 가능성이 순간적인 관계에 의하여 어느 하나로 계열화된 의미이거나 이미 일어난 과거의 생성이다. '밝음'과 '빛남' 그리고 '공이 있음'은 '오래 가는' 지속성을 나타내는 것이며, 지속성이란 미래의 생성에 대한 일컬음이다. 그래서 이것들은 스스로 드러내거나 스스로 옳다고 하거나, 스스로 뽐내지 않고 관계에 의하여 생성된다. 오늘의 학생이 내일의 선생이 될 수 있고, 오늘의 남자가 내일의 여자가 될 수 있고, 오늘의 나무가 내일의 책상이 될 수 있는 가능성을 보기 때문에 학생과 선생, 남자와 여자, 나무와 책상을 분리시켜 서열구조를 만들지 않고 서로를 친구관계로 사유하는 것이 노마돌로지이다.

노자는 "길이 말하기를/그것은 찌꺼기 음식이요 군더더기 행동이다/만물이 이것을 혐오한다"고 말한다. 우리는 길이 지니고 있는 미래의 성격을 알지 못한다. 그래서 마치 글이 글을 쓰는 것처럼 미래로 나아가는 길은 스스로 말한다. 그리고 길이 말하는 길이 아닌 것은 끊임없이 미래로 나아가는 길이 만드는 관계의 의하여 규정된다. 이렇듯 길이란 물과 같다고 할 수 있다. 서로 어울려 함께 흐르는 것, 그래서 개울에서 강이 되고 강이 다시 바다가 되는 끊임없는 탈영토화와 재영토화의 과정으로 존재한다. 이 과정에서 어느 한곳에 머물러 스스로 드러내거나 스스로 옳다고 하거나 스스로 뽐내거나 스스로 긍지를 지니는 것은, 곧 끊임없이 흘러서 탈영토화와 재영토화 과정을 겪고자 하는 관계의 대상들을 멈추어 세우거나 그것들의 소매나 가랑이를 붙잡고 울부짖거나 폭력을 휘둘러서 가지 못하게 하는 것이다. 이를 일컬어 노자는 "찌꺼기 음식이요 군더더기 행동이"라고 말한다. 찌꺼기 음식이요 군더더기 행동이라고 말하는 것은 그것에 의하여 관계를 맺고 있는 모든 만물의 생성이 방해되기 때문이다. 그래서 "만물이 이것을 혐오한다."

"그러므로/길을 아는 자는 머무르지 않는다." 탈주하라! 탈주하라! 그리고 누구의 아들, 누구의 딸로 머물러 있지 말고 고아가 되어라. 가출(家出)과 출가(出家)는 다르지 않다. 국가철학이 지배하고 있는 크로노스의 시간에서 모든 출가는 가출이 된다. 그러나 노마돌로지라는 에이온의 시간에서 오늘의 가출은 내일의 출가가 된다. 예술가란 오늘의 가출을 내일의 출가로 만드는 사람들이다. 따라서 진정한 예술가들은 끊임없이 탈주한다. 끊임없이 탈주하는 자만이 진정한 예술가이다.

25. 영원회귀(2): 물질의 운동과 극한(The Eternal Return(2): Movement and Limit of Matter)

물질이 있어 혼합하여 이루니
하늘과 땅보다도 먼저 생겼다
소리도 없고 모습도 없다
홀로 서서 바뀌지 않고
두루 어디에나 가서 멈추지 않으니
천하의 어미라고 할 수 있다

나는 그 이름을 알지 못한다
억지로 별명을 지어 길이라 하고
억지로 이름을 붙여 극한이라 한다

극한은 뻗어나가고
뻗어나감은 무한히 멀고
끝없이 멀리 가면 원점으로 되돌아온다

그러므로 길도 극한이고
하늘도 극한이며
땅도 극한이고
사람 또한 극한이다
세상에는 네 개의 극한이 있는데
사람도 그중의 하나이다

사람은 땅을 따르고
땅은 하늘을 따르고
하늘은 길을 따르고
길은 자연을 따른다

There was a matter formless and perfect
Before the universe was born.
It is serene. Empty.
Solitary. Unchanging.
Infinite. Eternally present.
It is the mother of the universe.

For lack of a better name,
I call it the way,
Or the limit.

It flows through all things,
Inside and outside, and returns
To the origin of all things.

The way is the limit.
The universe is the limit.

The earth is the limit.
The human is the limit.
These are the four limits.
Human is one of them.

Human follows the earth.
Earth follows the universe.
The universe follows the way.
The way follows the nature.

이데아-현실, 신-인간 혹은 정신-물질의 이원론 국가철학이 지니는 영원한 환원주의와 달리, 노마돌로지가 말하는 '영원회귀'는 모든 원시공동체로의 회귀나 '자연으로 돌아가라'는 생명체와 존재의 동일성으로의 회귀가 아니라 자연과 사회, 인간과 정신의 생성적 가능성, 즉 모든 생명체의 근원적 평등세계로의 회귀를 의미한다. 따라서 오늘날 영원회귀는 서구의 근대 국가철학이 만든 서구·백인·남성 중심으로 서열화된 자연과 사회 그리고 인간과 정신의 의미구조나 생산구조를 친구들의 세계이면서 평등의 세계로 재배치하는 미래를 준비하는 것이다. 근대 국가철학에 의하여 서열화된 서구와 비서구, 백인과 유색인, 남성과 여성, 인간과 비인간은 국가철학의 관념적 허구의 상상물일 뿐, 지리적·물질적으로 명명백백하게 존재하는 것은 아니다. 그렇기 때문에 이와 같은 구분을 극복하는 일은 곧 모든 생명체의 근원적 평등의 세계로 회귀하는 것을 의미한다.

노자와 들뢰즈는 모든 생명체의 근원이나 본질을 정신 혹은 이데아로 보지 않고 물질이나 몸으로 인식한다. 이미 말한 바와 같이 물질이나 몸은 생명이나 생명의 상호관계로 이루어진 세계를 구성하는 기계이다. 흔히 근대 자본주의 국가철학의 경제학자들이 말하는 것처럼 노동과 기계는 분리되어 있는 것이 아니다. 단지 몸이라는 욕망기계의 생산활동이 생산체라는 기술기계의 생산활동으로 대체되었을 뿐이다. 결국 기계의 발명과 더불어 노동이 분화되었다고 말하는 것은, 이데아-현실, 신-인간처럼 인간과 기계를 이분법적으로 구분함으로써 영토기계라는 사회체가 작동하던 고대 국가철학의 이데아나 전제군주 기계 사회체가 작동하던 중세 국가철학의 신의 개념에 대응하는 자본주의 기계의 사회체가 작동하는 근대 자본주의 국가철학이라는 인간중심의 관념적 허구의 상상물을 생산하는 방식이다.

인간-기계의 이분법은, 영토기계라는 사회체에서 이데아 철학자들이 현실을 지배하는 것처럼 그리고 전제군주 기계의 사회체에서 신을 사칭하여 신을 대신한 사제들이 인간을 지배하였던 것처럼, 자본주의 기계의 사회체에서 기계를 소유한 부르주아 서구·백인 남성이 기계를 소유하지 못한 대다수 인간을 지배할 수 있다는 허구적 논리를 생산한다. 여기서 문제는 이데아를 모방하는 현실을 탈영토화하고 신을 추종하는 인간의 세계를 탈영토화하기 위하여 이데아-현실, 신-인간의 이분법을 벗어나야 하는 것과 마찬가지로, 고상한(숭고한) 인간이라는 정신-몸의 이분법을 탈영토화해서 인간-기계의 이분법을 벗어나야 한다는 것이다.

들뢰즈가 생명이라는 물질기계의 작동방식을 탈영토화와 재영토화 과정으로 분석하고 있듯이, 노자는 생명체의 근원이나 본질이라고 할 수 있는 물질의 작동방식을 물질적 관계의 혼합으로 설명한다. 노자가 말하는 "물질이 있어 혼합하여 이루니/하늘과 땅보다도 먼저 생겼다"에서, '물질이 있어 혼합하여 이룬다' 함은 물질이라는 욕망기계의 생명체가 '혼합'이라는 상호관계를 통하여 무엇이 되는 생성을 이야기하는 것이다. 그런데 국가철학의 가장 기본적인 논리와 달리 '혼합하여 (생성을) 이루는' 물질이라는 생명체의 욕망기계는 '하늘과 땅보다도 먼저 생겼다'고 한다.

바로 이것이 들뢰즈와 노자의 노마돌로지가 지닌 인식론적 특성이다. 흔히 이데아-현실, 신-인간, 도-덕, 정신-몸이라는 이분법에 근거한 국가철학의 인식론은 하늘과 땅이 먼저 생기고, 그후에 인간을 비롯하여 생명의 물질이 생겼다고 본다. 그러나 이러한 인식론은 하늘과 땅을 물질이라는 욕망기계의 작동방식에서 벗어나게 함으로써 이데아나 신 혹은 도나 정신의 허구적 상징물로 하늘과 땅을 인식하게 만드는 허구적 장치이다. 그렇지만 노자와 들뢰즈의 노마돌로지에서 하늘과 땅은 욕망기계라는 물질의 상호관계의 혼합으로 이루어진 생성물이다. 그에 따라 국가철학의 이분법은 깨어지고 욕망기계가 작동하는 현실의 부분집합으로 존재하는 이데아, 인간이라는 욕망기계의 부분집합으로 존재하는 신, 몸의 부분집합인 정신 그리고 현실적 삶이라는 덕(德)의 부분집합으로 존재하는 도(道)라는 노마돌로지의 인식론이 확립된다.

욕망기계라는 생명체의 물질은 "소리도 없고/모습도 없다/홀로 서서 바뀌지 않고/두루 어디에나 가서 멈추지 않으니/천하의 어미라고 할 수 있다." 여기서 '소리도 없고 모습도 없다'는 것은 무한한 소리와 무한한 모습이 있다는 것과 마찬가지이다. 음악가가 아무리 많은 소리를 채취하고 화가가 아무리 많은 모습을 그려도, 생명체의 물질 속에는 항상 (n-1)개의 무한한 소리와 형상의 모습이 남아 있다. 이렇게 물질이라는 생명체가 무한한 소리와 형상의 모습을

지니고 있는 이유는 그것 자체가 무한한 관계를 추구하는 욕망기계임
으로 해서 욕망하는 기계의 속성은 '홀로 서서 바뀌지 않고' 또한
'두루 어디에나 가서 멈추지 않고' 끊임없이 탈영토화와 재영토화의
과정을 통하여 새로운 생명으로 거듭 생성되기 때문이다. 그래서
노자는 "소리도 없고/모습도 없다/홀로 서서 바뀌지 않고/두루 어디
에나 가서 멈추지 않"는 욕망기계라는 생명체의 물질을 "천하의 어미
라고 할 수 있다"고 말한다.

    노자가 무한한 소리와 무한한 모습을 지닌 생명체의 물질을 '천하의
어미'라고 하는 것은 들뢰즈가 그것을 '생산하는 욕망기계'라고 말하는
것과 마찬가지로 생명체의 물질을 언어로 드러내는 노마돌로지적
내용의 형식이다. 그러나 노자는 '천하의 어미'이면서 '생산하는 욕망
기계'라는 생명체의 물질에 대한 절대적 표현형식을 "**나는 그 이름을
알지 못한다**"고 말한다. 단지 상대적 표현의 형식을 빌려서 "**억지로
별명을 지어 길이라 하고/억지로 이름을 붙여 극한이라 한다**"고 고백
한다.

    노자와 마찬가지로 고대그리스의 소크라테스와 스토아학파는 생
명체의 물질에 대하여 억지로 별명을 지어 '이데아'라 하고, 억지로
이름을 붙여 '철학'(philos+sophia=앎에 대한 사랑)이라고 했을 것
이다. 고대히브리인들은 아마도 억지로 별명을 지어 '엘리'(Elli=
God)라 하고, 억지로 이름을 붙여 '나는 스스로 존재하는 자'(I am
who I am)라고 했을 것이다. 그리고 고대인도의 석가모니와 그 제자
들은 아마도 억지로 별명을 지어 '깨달음'이라 하고, 억지로 이름을
붙여 '큰 깨달음'[大乘]이라고 했을 것이다.

    플라톤과 공자 같은 국가철학자들에게 내용과 표현은 절대적으로
구분된다. 그러나 노자와 들뢰즈 같은 노마드 지식인들에게 내용과

표현은 항상 상호 보완적이다. 마치 예술작품의 내용과 표현처럼 노마돌로지의 지식은 표현의 다양성을 통하여 내용의 생명성을 파악할 수 있고, 내용의 생명성을 통하여 표현의 다양성으로 뻗어나갈 수 있다. 들뢰즈와 노자가 생산하는 욕망기계의 표현방식은 길과 탈주선 그리고 극한(大, limit)이다. 노자와 들뢰즈가 말하는 길과 탈주선이 탈영토화와 재영토화의 과정을 통하여 만들어지는 욕망기계의 무한한 생명성을 표현한다면, 그들이 말하는 극한은 탈영토화와 재영토화의 생성과정이 어느 하나의 생성물에 고착되어 또 다른 생명체에 대한 억압으로 작용하는 현실의 생성이 지니는 이중적 기능을 표현한다. 그래서 노자는 탈영토화와 재영토화의 과정을 통한 현실의 생성이 지니는 이중적 기능을 "극한은 뻗어나가고/뻗어나감은 무한히 멀고/끝없이 멀리 가면 원점으로 되돌아온다"는 영원회귀라는 생명체의 근원적 평등의 세계로 드러내고 있다.

마치 고무줄을 늘이면 끝없이 늘어나는 것처럼 욕망기계는 끝없이 뻗어나간다. 그리고 고무줄과 마찬가지로 욕망기계는 끝없이 뻗어나가는 동시에 '소리도 없고 모습도 없는' 근원적 상태로 되돌아가려는 이중적 특성을 지닌다. 그러므로 노자가 이야기하는 '크다'[大]는 특성과 들뢰즈가 강조하는 '끝'(limit)이라는 특성을 모두 지닌 극한은 서구적 근대가 만든 서구·백인·남성인 동시에 변호사·교수·노동자·시인·농민 등의 현실적 표현을 지닌다. 현실적으로 드러나서 어떤 표현의 형식을 지닌 모든 것들은 노자와 들뢰즈가 말하는 극한이다.

극한을 드러내는 것들은 마치 고무줄이 늘어나서 극에 다다르면 고무줄과 고무줄 아닌 것을 드러내듯이 변호사·교수·시인·노동자·농민 등과 같은 극한은 변호사이면서 변호사 아닌 것, 교수이면서 교수 아닌 것, 시인이면서 시인 아닌 것, 노동자나 농민이면서 노동자나 농민이 아닌 것을 드러낸다. 따라서 변호사와 교수는 변호사나 교수가 아니고 죄수와 학생이 되어야 비로소 변호사와 교수가 될 수 있고, 노동자·시인·농민 등은 그것이 주인이나 기계, 돌 혹은 바람과 흙이 되어야 비로소 노동자·시인·농민 등이 될 수 있다. 이것이 바로 모든 물질의 생명체가 지니고 있는 욕망기계의 생성과 힘이 동시에 존재하게 되는 것이며, 욕망기계의 심층적 내용과 물질적 표면에 드러나는 현실적 표현이 일치하는 것이다.

"그러므로 길도 극한이고/하늘도 극한이며/땅도 극한이고/사람 또한 극한이다." 여기서 노자가 '길이 극한'이라고 하는 이유는 사랑·우정·정의·이치 등과 같은 추상기계를 대표하여 "길을 길이라고 부르면 이미 길이 아니다"는 내용과 표현의 일치를 말하고자 함이다. 길과 마찬가지로 사랑·우정·정의·이치 등을 사랑·우정·정의·이치 등으로 부르면 이미 사랑·우정·정의·이치 등이 아니다.

노자가 '하늘도 극한이며'라고 말한 것은 시간성을 대표하는 하늘의 팽창 또한 하늘이면서 하늘 아닌 것, 즉 영원한 현재라는 크로노스의 시간과 영원한 생성으로 과거와 미래로 무한히 뻗어나가는 에이온의 시간이 절대적으로 공존함을 일컫는다. 노자가 '땅도 극한이고'라고 말한 것은 공간성을 대표하는 땅의 영토성, 즉 끊임없는 탈영토화와 재영토화 과정의 공존을 일컫는 것이다. 노자가 마지막으로 '사람 또한 극한이다'라고 말하는 것은 모든 생명체를 대표하는 사람의 생명성, 즉 아메바나 나무, 늑대나 기러기 같은 동물성과 식물성뿐 아니라 돌이나 바위 같은 광물성을 사람이 동시에 지니고 있음을 일컫는다. 우리가 늑대 같은 사람, 미꾸라지 같은 사람, 여우같은 사람을 비롯하여 나무 같은 사람이나 돌 같은 사람, 다이아몬드 같은 사람을 발견하는 이유는 여기에 있다.

그런데 중요한 것은 노자도 들뢰즈와 마찬가지로 "세상에는 네 개의 극한이 있는데/사람도 그중의 하나이다"고 말한다. 길, 하늘, 땅 그리고 사람이 세상에서 뚜렷하게 드러나는 영원회귀의 양가성을 지닌 극한들이면서 사람이 그 극한 속에 포함된다는 것은, 오직 사람만이 노마돌로지의 사유 속에서 길이라는 언어로 표현된 추상기계와 하늘이라는 시간성 그리고 땅이라는 공간성을 가로질러 무한한 생성과 무한한 힘이 공존하는 영원회귀의 원칙에 따라 언어와 시간과 공간을 배치할 수 있기 때문이다.

인간역사 이래로 만들어진 이같은 배치의 노력이 바로 인간의 '이야기 만들기', 즉 문학이라는 예술활동이다. 근대 자본주의를 만든 서구의 역사 속에서 고대그리스의 시와 드라마를 중심으로 한 예술활동은 플라톤과 아리스토텔레스의 철학에 의하여 영토화됨으로써 언어와 시간과 공간의 배치활동을 중단할 수밖에 없었다. 마찬가지로 중세의 서사시와 로망스는 전제군주 기계와 결합된 종교에 의하여 영토화됨으로써 생성적 배치활동을 중단할 수밖에 없었으며, 후기근대라고 불리는 오늘날의 서정시와 소설은 과학을 중심으로 한 근대 자본주의의 국가철학에 의하여 영토화됨으로써 탈영토화와 재영토화 과정으로 구성된 언어와 시간과 공간의 배치활동을 중단해야 하는 위험에 놓여 있다고 할 수 있다.

그러나 생명체라는 물질의 욕망기계가 지닌 영원회귀라는 극한의 원칙이 곧 탈영토화와 재영토화 과정의 흐름이라는 생명의 원칙이듯이, 인간의 역사에서 이루어진 예술활동이라는 언어와 시간과 공간의 배치활동은 곧 탈영토화와 재영토화 과정의 흐름이라는 생명의 원칙이다. 노자는 "사람은 땅을 따르고/땅은 하늘을 따르고/하늘은 길을 따르고/길은 자연을 따른다"는 생성과 힘이 공존하는 배치활동의 기준을 세운다. '사람은 땅을 따른다'는 것은 식물성과 동물성·광물성을 대표하는 사람의 욕망기계와 삶의 공간성을 대표하는 땅이라는 지층활동의 기본원칙인 탈영토화와 재영토화 과정을 따른다는 것이며, 이렇게 노자가 '땅은 하늘을 따르고'라고 말한 것은, 땅이라는 공간성은 시간성을 대표하는 하늘이 영원한 현재라는 시뮬라크르의 심층적 힘과 과거의 재구성과 미래의 생성이라는 시뮬라크르의 물리적 표면에 드러나는 생성적 힘을 영원회귀의 원칙에 따라서 반복적으로 재구성함을 의미하기 때문이다. 이와 더불어 '하늘은 길을 따르고'라고 덧붙이는 이유는, 들뢰즈가 '의미의 논리'라고 규정하고 있는 시간성을 대표하는 하늘은 시간과 공간을 가로지르는 길이라는 생성적 탈주선을 따르고 있음을 의미하기 때문이다.

노자는 궁극적으로 땅과 하늘과 길을 따르는 사람이라는 욕망기계의 작동원칙을 들뢰즈와 마찬가지로 자연을 따르는 것이라고 말한다. 따라서 노자가 "길은 자연을 따른다"고 말하는 것은 자연에 내재해 있는 식물성과 동물성과 광물성이 사람이라는 생명체의 극한 속에서 드러나듯이 땅의 탈영토화와 재영토화의 과정, 하늘의 크로노스적 시간과 에이온적 시간 그리고 길의 생성적 탈주선이 모두 자연 속에 내재해 있음을 의미한다. 이러한 이유로, 역사 이래로 언어와 시간과 공간의 배치활동으로 이루어진 인간의 예술활동은 자연을 모방하는 것이 아니라 자연을 따라 자연이 되는 행위이고, 예술작품 중에서 최고의 기념비적인 예술작품은 곧 자연이며, 훌륭한 예술가들은 자연을 따르고 스스로 자연이 되는 사람들이다.

26. 벡터의 힘(The Force of Vector)

진중함은 가벼움의 뿌리가 되고
고요함은 움직임을 다스린다

그러므로 지식인은
하루 종일 걸어도
고요함과 진중함에서 벗어나지 않는다
비록 화려한 경치를 즐겨도
편안하게 초연해 있다

하물며 큰 나라의 주인이
천하에 몸을 가벼이 하겠는가
가벼우면
뿌리를 잃고
조급하면
자리를 잃는다

The heavy is the root of the light.

The unmoved is the source of all movement.

Thus the nomadic intellectual travels all day
Without leaving the original forces.
However splendid the views,
She stays serenely in herself.

Why should the subject of the country
Flit about like a fool?
If you let yourself be blown to and for,
You lose touch with your root.
If you let restlessness move you,
You lose touch with who you are.

 우리가 생산하려는 욕망의 흐름을 그 특징으로 하는 욕망기계를 사유한다는 것은 모든 존재의 생명성이 지니고 있는 평등성을 사유한다는 것이다. 모든 존재의 생명성은 '그 무엇이 될 수 있는'(becoming something) 벡터의 힘을 지니고 있다. 벡터의 힘이란 '그 무엇이 될 수 있는' 가능성의 힘이기 때문에 현실적으로 '강도 제로'(intensity zero)의 다이어그램으로 표시된다. 굳이 언어로 표현하자면, 강도 제로라는 벡터의 힘은 비어 있음(空, void)이나 빅뱅이라고 말할 수 있을 것이다. 비어 있음이나 빅뱅은 현실이나 사건의 물리적 표면에 드러나 있는 모든 것들을 토해 내는 동시에 그 모든 것들을 삼켜버리기도 한다. 현실적으로 보이는 욕망 있음이면서도 현실적으로 보이지 않는 욕망 없음이기도 하다. 노자는 이러한 욕망기계가 지닌 벡터의 힘을 진중함과 고요함으로 설명하고 있다. 마치 99.9%가 물 속에 잠겨 있고 나머지 0.1%가 물위에 떠올라 있는 얼음덩어리처럼, 모든 존재의 진중함과 고요함은 존재의 생명성을 암시하는 벡터의 힘이다.

노자는 존재의 생명성을 암시하는 벡터의 힘이 작용하는 원칙을 "진중함은 가벼움의 뿌리가 되고/고요함은 움직임을 다스린다"고 말한다. 현실적으로 우리가 언어의 지시기능에 의하여 표현하는 대상, 즉 교수·학생·자본가·노동자·남성·여성·백인·유색인 등은 금방이라도 언어의 지시기능이 뒤바뀌어버릴 수 있는 가벼움의 표현이며, 국가·자본주의·사랑·우정·정의 등의 표현 또한 금방이라도 국왕·파시즘·이데올로기·가족주의·지배·억압 등의 다른 지시기능을 지니는 현실적 작동시스템이다. 교수·학생·자본가·노동자·남성·여성 등과 같은 언어의 지시기능과 국가·자본주의·사랑·우정 등과 같은 언어의 추상기계에 고착되어 그것을 절대적인 것으로 받아들이는 사람들은 단지 주인-노예, 전제군주-신하, 국가-백성이라는 국가철학적 서열체계에 길들여져서 자신을 주인 혹은 노예, 전제군주 혹은 신하, 국가 혹은 백성이라는 하나의 지시기능으로 계열화하여 세계를 받아들이게 된다. 그들은 주인 혹은 노예, 전제군주 혹은 신하, 국가 혹은 백성이라는 모든 현실적 존재들을 토해 내는 동시에 삼켜버리기도 하는 진중함과 고요함 같은 비어 있음이나 빅뱅의 세계를 알지 못한다.

앞에서 서술하였듯이 주인-노예, 전제군주-신하, 국가-백성이라는 국가철학적 서열체계를 공고히 하면서 그러한 서열체계에 의하여 현실적으로 드러난 가벼움과 움직임만을 관찰하는 사람들이 국가철학적 지식인이다. 그들은 현실적으로 드러난 0.1%로 구성되어 있는 언어의 지시기능이나 언어의 표현형식만 관찰할 수 있을 뿐, 심연에 가라앉아 현실로 드러나지 않은 99.9%의 가능성으로 구성되어 있는 진중함과 고요함이라는 벡터의 힘은 사유할 줄 모른다. 그들은 현실적으로 드러난 가벼움과 움직임만 관찰하기 때문에 상황에 따라서 주인, 전제군주 혹은 국가의 입장에서 노예, 신하, 백성이 하여야 할 바를 가르치거나 지시하기도 하고, 때로는 노예·신하·백성의 입장에서 주인이나 전제군주나 국가에 저항하여 지배원칙을 바꾸어야 한다고 주장한다. 그러나 그들은 현실적으로 드러난 가벼움과 움직임만을 관찰하고 심연에 가라앉아 있는 진중함과 고요함을 보지 못하기 때문에 또 다른 주인-노예, 전제군주-신하, 국가-백성의 서열체계를 만든다.

진중함과 고요함이라는 비어 있음과 빅뱅이라는 심층적 벡터의 힘을 사유하는 사람은 노마드 지식인들뿐이다. 왕의 자리를 박차고 깨달음의 세계로 달려간 석가모니, 케사르의 것은 케사르에게 주고 스스로 노마드의 삶을 살라고 가르친 예수, 황제의 스승으로 모셔가겠다고 온 알렉산더 대왕에게 햇빛을 가리지 말라고 부탁한 스토아학파의 디오게네스 그리고 선진국 당나라의 학문을 배우겠다고 떠난 유학길에서 "모든 것이 다 마음에 달려 있다"고 생각하고 스스로의 공부길에 오른 원효 같은 사람들은 모두 노마드 지식인이다.

고대중국의 노마드 지식인이라고 할 수 있는 노자는 "그러므로 **지식인은/하루 종일 걸어도/고요함과 진중함에서 벗어나지 않는다**"고 말한다. 노마드 지식인에게 현실적으로 존재하는 주인-노예, 전제군주-신하, 국가-백성이라는 서열체계는 무한한 가능성이 어느 하나의 기능으로 존재하게 되는 가벼움이거나 순간적으로 모습을 드러내는 움직임이기 때문에 자그마한 바람이 불면 날아가거나 눈 깜짝할 사이에 사라져 버리는 존재들이다. 그러니 어떻게 주인이나 전제군주 혹은 국가의 편을 들거나 아니면 일방적으로 노예나 신하 혹은 백성의 편을 들 수가 있겠는가? 따라서 노마드 지식인은 주인의 노예 되기, 전제군주의 신하 되기, 국가의 백성 되기나 노예의 주인 되기, 신하의 전제군주 되기 혹은 백성 하나하나가 스스로 국가 되기 등과 같은 모든 생명체가 지니고 있는 진중함과 고요함이라는 벡터의 힘만을 사유한다.

노마드 지식인은 자신의 삶이나 역사의 삶 속에서 국가철학적 서열체계에 길들여진 사람들과 더불어 살아가며 수많은 역사와 삶의 사건들이 어떠한 지시기능과 표현기능을 얻거나 잃는 광경을 목격하더라도 놀라지 않는다. 이러한 노마드 지식인의 삶을 노자는 "하루 종일 걸어도/고요함과 진중함에서 벗어나지 않는다"고 표현한다. 따라서 노마드 지식인은 역사와 삶으로 이어지는 '하루 종일 (길을) 걸으면서' 어떤 주인·전제군주·국가가 또 다른 주인·전제군주·국가로 바뀌는 화려한 국가철학적 서열구조의 변화를 본다 하더라도 놀라거나 두려워하지 않는다.

노자는 이러한 현실의 어느 편에도 소속해 있지 않는 노마드 지식인의 삶을 구성하는 경계를 "비록 화려한 경치를 즐겨도/편안하게 초연해 있다"고 표현한다. 길을 가면서 순간순간 나타나는 '화려한 경치'는 주인-노예, 전제군주-신하, 국가-백성의 서열체계가 주를 이루는 인간의 삶과 역사에 나타나는 뛰어나고 화려한 주인이나 전제군주, 국가의 순간적인 국가철학을 초월하는 기념비적 움직임이다. 그러나 길을 가는 나그네나 끊임없이 흐르는 물처럼 탈주와 흐름을 지속하지 않는다면, 아무리 국가철학의 서열관계를 초월하는 뛰어나고 화려한 기념비적 움직임이라 할지라도 그것은 다시 주인-노예, 전제군주-신하, 국가-백성의 서열체계를 이루게 된다.

주인과 전제군주와 국가의 편에 서지도 않을 뿐더러 노예·신하·백성의 편에도 서지 않는다는 것은 역으로 주인과 전제군주와 국가의 친구가 될 수 있을 뿐 아니라 노예·신하·백성의 친구도 될 수 있음을 의미한다. 이것은 노마드 지식인이 현실정치라는 국가철학의 서열체계의 영토로부터 탈영토화함으로써 현실정치의 영토에 갇혀 있는 주인과 노예, 전제군주와 신하, 국가와 백성으로 하여금 스스로 탈영토화하도록 추동하는 힘이다. 그러므로 지식인이 국가철학의 서열체계라는 현실정치로부터 벗어나 초연하게 생성의 심연에 있는 진중함과 고요함의 가능성을 사유하고 노래할 때, 주인과 전제군주와 국가 스스로 진중함과 고요함으로 침잠하여 노예 되기, 신하 되기, 백성 되기 등의 생성으로 나아갈 수 있으며, 노예와 신하와 백성 또한 국가철학의 서열체계에 의하여 영토화된 주인·전제군주·국가를 해바라기하지 않고 스스로 진중함과 고요함으로 침잠하여 노마드적 동물 되기와 암컷 되기를 수행할 수 있게 된다.

노자는 노마드 지식인의 노마드적 사유와 실천이 이루어지는 노마돌로지의 세계 속에서 주인, 전제군주, 국가가 스스로 노마드가 되는 과정을 "하물며 큰 나라의 주인이/천하에 몸을 가벼이 하겠는가/가벼우면 뿌리를 잃고/조급하면 자리를 잃는다"고 말하고 있다. 『도덕경』 3장의 첫 구절에 등장하는 '현인을 숭상하지 말라'처럼 노마드 지식인들이 주인이나 전제군주 혹은 국가의 대리인 역할을 하는 국가철학자를 우러르지 않고 현실의 물리적 표면에 언뜻 솟아오른 국가철학적 서열체계로부터 초연하게 노마드적 생성의 진중함과 고요함을 사유하고 노래할 때, 그로 말미암아 노예와 신하와 백성이 주인·전제군주·국가나 그들을 대리하는 국가철학자를 숭상하거나 해바라기하지 않고 스스로 동물 되기와 암컷 되기를 수행하는 노마드적 사유와 실천이 이루어질 때, "하물며 큰 나라의 주인이/천하에 몸을 가벼이 하겠는가/가벼우면 뿌리를 잃고/조급하면 자리를 잃는" 것은 너무나도 당연하지 않겠는가? 이와 반대로 주인이나 전제군주, 국가나 그 대리인들이 '천하에 몸을 가벼이 하여' 국가철학의 서열체계라는 가벼움에 고착되거나 조급하게 현실적인 움직임에 따라 움직이게 되면, 주인에 고착되어 있는 영토기계, 전제군주에 고착되어 있는 전제군주기계, 국가에 고착되어 있는 근대국가의 자본주의 기계는 그것들이 지니고 있는 사회적 존재의 뿌리를 잃거나 자리를 잃게 된다.

어떠한 사회체가 그 뿌리를 잃거나 자리를 잃게 되는 것을 우리는 혁명이라고 부른다. 혁명이란 국가철학적 지식인이 노예나 신하, 국민의 편에 서서 그들을 계몽하거나 의식화하여 일어나는 것이 아니라 노마드 지식인들의 탈영토화와 더불어 민중들 스스로 노마드가 되어 탈영토화하는 과정에서 발생한다. 노마드 지식인들과 노마드가 된 민중들의 진중함과 고요함이라는 욕망기계가 각각의 탈주선을 따라 흩어져서 어느 하나의 고원에서 서로 생성의 집을 짓는 순간에 혁명은 발생한다. 그 순간 모든 국가철학적 서열체계는 무너지고 각각의 진중함과 고요함만이 있어 새로운 재영토화, 즉 새로운 생성의 아침을 맞이하게 된다. 우리는 미국의 독립전쟁과 프랑스혁명, 러시아 볼셰비키혁명과 근대중국의 대장정에서 진중함과 고요함이 솟아오르는 새로운 재영토화, 즉 기관들로 가득 찬 사회체가 탈영토화하여 새로운 사회체로 거듭나는 생성의 아침을 맞이하는 순간을 목도하게 된다.

27. 지식과 실천: 밝음과 오묘함(Knowledge and Practice: Light and Secret)

올바른 행동은 흔적을 남기지 않고
올바른 말은 허물이 없고
올바른 계산은 계산기를 사용하지 않는다

올바로 잠그는 것은
자물쇠가 없어서 열 수가 없고
올바로 묶는 것은
밧줄이 없어서 풀 수가 없다

그러므로 지식인은 항상
사람을 올바로 구하고
사람을 버리지 않는다
항상 올바른 물건을 구하고
물건을 버리지 않는다
이것을 밝음의 습득이라 한다

그러므로 올바른 자는
올바르지 않은 사람의 스승이고
올바르지 않은 자는
올바른 자의 밑천이다
스승을 귀하게 여기지 않고
밑천을 사랑하지 않으면
비록 총명하다고 하더라도
크게 미혹하다
이것을 오묘함의 이치라 한다

A good traveler leaves no track behind it;
A good speecher leaves no mark to be picked at;
A good calculator makes no use of counting-slips.

A good philosopher has freed himself of concepts
And keeps his knowledge open to new concepts.
A good scientist has freed himself of propositions
And keeps his observation open to what is.

Thus the nomadic intellectual is available to all people
And doesn't reject anyone.
He is ready to use all situations
And doesn't waste anything.
This is called embodying the light.

What is a good man but a bad man's teacher?
What is a bad man but a good man's job?
If you don't understand this, you will get lost,
However intelligent you are.

It is called understanding the secret.

흔히 일컫는 지식인의 이중성은 비단 오늘날의 문제만은 아니다. 더욱이 노마돌로지적 사유의 근간인 도가적 사유와 불가적 사유를 억압하고 그 위에 세워진 유교적 지식이 도래하면서 혹은 서양의 국가철학적 지식이 도래하면서 국가철학적 사유만이 지식으로 간주되는 시대에, 지식인의 이중성은 당연한 듯이 받아들여지고 있다. 지식인의 이중성은 국가철학의 기본구조인 주인-노예, 전제군주-신하, 국가-백성의 서열구조에서 주인·전제군주·국가의 편에 서서 판단하느냐, 아니면 노예·신하·백성의 편에 서서 판단하느냐의 문제이다.

국가철학적 지식인이 어느 편에 서서 판단하든 그의 지식적 판단은 모든 관계를 지배와 피지배라는 서열관계로 바라본다. 그에 따라 주인이나 전제군주, 국가의 편에 서서 지배와 억압의 이데올로그 역할을 담당하는 지배적 지식인은 항상 자신이 지닌 욕망기계의 생산적 에너지라고 할 수 있는 근원적 벡터의 힘에서 벗어나 주인과 전제군주와 국가라는 기관의 거대한 몸에 달라붙어 영토기계, 전제군주 기계 혹은 자본주의 기계의 하수인 역할을 할 수밖에 없다. 이와 달리 노예나 신하, 백성의 편에 서서 저항과 항거의 이데올로그 역할을 담당하는 저항적 지식인 역시 자신이 지닌 욕망기계의 생산적 에너지라고 할 수 있는 근원적 벡터의 힘에서 벗어나 추상적 개념의 노예와 신하와 백성이라는 군집적 욕망기계에 달라붙어 있기 때문에 영토기계나 전제군주 기계 혹은 자본주의 기계의 하수인 역할을 할 수밖에 없다.

국가철학적 지식인의 이중성은 곧 주인·전제군주·국가가 주장하는 정의와 공공성, 충성이나 시민정신을 주장·실천하고자 하는 지식인이 어쩔 수 없이 현실의 지배와 억압의 사회체제로 작동하고 있는 주인과 전제군주와 국가의 기관들이 될 수밖에 없는 현실의 한계이다. 이와 같은 한계는 파시즘의 내용과 표현의 형식으로 드러난다. 지배적 지식인과 저항적 지식인의 차이는 단지 역사적 현재의 주인이나 전제군주, 국가와 동일시되는 지배적 지식인이 지니고 있는 거시적 파시즘과 역사적 현재의 주인이나 전제군주, 국가의 파시즘에 저항하면서도 자신의 이데올로기를 아직 도래하지 않은 미래의 주인이나 전제군주, 국가와 동일시하면서 나타나는 미시적 파시즘이라는 것일 뿐이다.

영토기계나 전제군주 기계의 시대와 달리 자본주의 기계가 작동하고 있는 오늘날의 지식인에게 국가라는 추상기계는 주인이나 전제군주의 전유물이 아니다. 따라서 오늘날의 자본주의 기계를 작동하고 있는 국가철학은 다양한 형태의 저항적 지식인을 끊임없이 재생산하면서 자본주의 기계를 유지시키고 있다. 루이 알튀세르가 '억압적 국가장치'(RSA)와 '이데올로기적 국가장치'(ISA)를 구분하여 공공기관이나 대학교, 연구소, 교회, 가족 등의 이데올로기적 국가장치에서 이루어지는 미시적 파시즘이 군대나 경찰기관이 지니는 거시적 파시즘과 닮았다는 것을 밝혀낸 것은 지배적 지식인과 저항적 지식인이 지닌 국가철학의 동일성을 드러낸 것이라고 할 수 있다.

이들 국가철학적 지식인들이 노마돌로지의 지식 혹은 노마드적 욕망의 생산양식을 바라보는 방식은 두 가지이다. 하나는 노마돌로지 혹은 노마드적 욕망의 생산양식을 신비주의로 몰아붙여 노마돌로지를 신비화하는 방식이고, 또 하나는 노마돌로지나 노마드적 욕망의 생산양식이 지니고 있는 탈영토화의 혁명적 에너지를 두려워 한 나머지 그것들을 파시즘으로 몰아붙이는 것이다. 노마돌로지를 신비화하는 방식은 지배-피지배의 서열관계에 근거해서 현실을 관찰하는 국가철학자나 과학자세계로 도저히 편입시킬 수 없는 예술가들을 천재로 지칭함으로써 노마돌로지의 예술세계를 끊임없이 국가장치화하는 방식이다. 19세기 영국의 계관시인이나 노벨문학상을 비롯하여 최근의 갖가지 영화상 등 모든 예술에 대한 평가는 예술가와 예술을 신비화시킴으로써 노마돌로지와 노마드적 욕망의 생산양식을 국가장치화하는 방식이다.

그러나 국가나 자본주의 기계의 통제가 아무리 강하다 하더라도 자본과 시장은 예술가와 예술세계와 마찬가지로 기관들 없는 몸이다. 자본의 유통과 시장의 형성을 통하여 노예, 신하, 백성들은 끊임없이 예술이나 노마드 지식인과 관계맺음으로써 스스로 지배-피지배의 서열구조에서 벗어나 노마드와 노마드적 욕망의 생산양식에 친숙해진다.

지배적 지식인과 저항적 지식인으로 구분되어 있는 국가철학적 지식인들이 노마돌로지와 노마드적 욕망의 생산양식을 파시즘으로 몰아붙이는 것은 자신들이 지닌 지식의 이중성, 즉 입으로는 끊임없이 노마드적인 자유와 정의와 진리를 부르짖으면서도 그 지식근원에 있는 주인-노예, 전제군주-신하, 국가-백성이라는 파시즘적 서열구조를 보지 못하기 때문에 발생하는 것이다. 즉 국가철학적 지식인들은 주인·전제군주·국가를 다른 주인이나 전제군주·국가로 대체하는 방식에 대하여 고민하지만 근원적으로 주인-노예, 전제군주-신하, 국가-백성의 서열구조가 존재하지 않는다는 것을 알지 못한다.

따라서 그들은 자신들이 알 수 없는 지식, 자신들이 경험하지 못한 노예·신하·백성의 노마드적 생산양식의 힘을 파시즘으로 치부하는 것이다. "도둑의 눈에는 도둑만 보이고, 성자의 눈에는 성자만 보인다"는 말처럼 파시즘으로 구성되어 있는 그들의 지식 속에서 서양-비서양, 백인-유색인, 남성-여성, 교수(선생)-학생, 아버지-자식, 자본가-노동자, 지식인-민중의 관계로 드러나는 자신들의 파시즘을 파악하지 못할 때, 지배-피지배 관계에서 벗어나 있는 미래적 생성의 욕망이 표현되는 노마드적 욕망의 생산양식을 파시즘으로 몰아붙이는 것이다.

노자는 국가나 전제군주의 녹을 먹고사는 지배적인 지식인도 아니거니와, 그러한 국가나 전제군주를 다른 국가나 전제군주로 바꾸려고 하는 비판적 지식인도 아니다. 그의 지식은 순간적인 지배-피지배 구조에서 드러나는 지식의 이중성에서 벗어나 근원적인 지식과 삶의 동일성을 이야기한다. "올바른 행동은 흔적을 남기지 않고/올바른 말은 허물이 없고/올바른 계산은 계산기를 사용하지 않는다"고 했듯이, 노자가 바라보는 지식은 '행동' '말' '계산'으로 구성되어 있다. 행동과 말과 계산은 그 자체로 존재하는 것이 아니며 행위자와 화자 그리고 계산하는 자와 동일한 것이다. 마치 춤과 춤꾼, 노동과 노동자, 예술과 예술가를 구분할 수 없는 것처럼 지식과 지식인을 구분하지 않고 바라보기 위하여 노자는 행동과 말과 계산을 지식을 구성하는 요소로 보는 것이다. 따라서 춤을 추지 않는 자는 춤꾼이 아니고, 노동하지 않는 자는 노동자가 아니고, 예술을 하지 않는 자는 예술가가 아닌 것처럼 행동이나 말, 계산을 하지 않는 자는 지식인이 아니라고 말할 수 있다.

그런데 "올바른 행동은 흔적을 남기지 않고/올바른 말은 허물이 없고/올바른 계산은 계산기를 사용하지 않는다"고 말하고 있듯이 지식인의 '행동'은 '흔적'이라는 현실적 기능으로 작동하지 않고, 지식인의 '말'은 지배자나 피지배자의 어느 한편을 들어 다른 편에서 바라보는 허물로 작동하지도 않고, 자식인의 '계산'은 현실적인 교환가치로 판단되는 '계산기'를 사용하지도 않는다.

이와 반대로 어느 지식인의 행동이 흔적으로 남아 있거나 혹은 그의 말이 허물이 되어 지배자의 편에 있거나 피지배자의 편에 있게 되는 것은 이미 지식인이 아니라 지배자, 즉 주인이나 전제군주·국가의 편에서 노예와 신하와 백성을 억압하는 지배자임을 의미한다. 오늘날 남한과 북한을 동일하게 바라보지 않고 남한의 편에 있거나 북한의 편에 있는 행동과 말 혹은 일본과 미국을 동일하게 바라보지 않고 일본의 편에 있거나 미국의 편에 있는 행동과 말은 이미 지식인의 행동이나 말이 아니라 지배적 정치가나 저항적 정치가의 행동이나 말이다.

이런 국가철학적 지식인과 달리 노마드적 지식인은 지배-피지배관계에서 벗어나 지배자와 피지배자 모두와 친구관계를 형성하여 그들로 하여금 지배-피지배관계에서 벗어나게 하여 상호 생성적 관계의 계기를 만드는 사람들이다. 노마드적 지식인들이 맺는 관계는 현실적인 교환가치에 의한 '계산기'로 평가되는 것이 아니라 지배자와 피지배자 모두가 노마드적 생산양식으로 나아갈 수 있는 절대적 가치로 평가되는 생산관계이다. 이러한 생산관계를 노자는 "올바로 잠그는 것은/자물쇠가 없어서 열 수가 없고/올바로 묶는 것은/밧줄이 없어서 풀 수가 없다"고 말한다. 지배-피지배관계의 끈은 그것이 아무리 단단한 자물쇠나 밧줄로 묶여 있다 하더라도 반드시 풀려서 또 다른 지배-피지배의 관계로 엮인다. 그러나 노마드 지식인이 맺는 상호생성의 관계는 현실적인 교환가치로 재단될 수 없는 절대적 가치라는 미래의 생성이기 때문에 관계의 끈이 깨어지거나 풀어지지 않는다.

"그러므로 지식인은 항상/사람을 올바로 구하고/사람을 버리지 않는다/항상 올바른 물건을 구하고/물건을 버리지 않는다." "지식인은 항상 사람을 올바로 구하고/사람을 버리지 않는다"는 것은 노마드 지식인이 비록 현실적인 지배-피지배관계에서 벗어나 있지만 사람의 무리로 존재하는 사회체의 관계를 형성한다는 것을 의미한다. 그렇지만 노마드 지식인이 추구하는 관계는 지배-피지배관계가 아니라 남녀노소를 막론한 친구들의 세계이기 때문에 "항상 사람을 올바로 구하고/사람을 버리지 않는다." 따라서 노마드 지식인이 맺는 관계의 사회체는 비록 영토기계나 전제군주 기계, 자본주의 기계라는 기관들로 가득 찬 몸이 작동하고 있는 사회체 속에 포함되어 있다 하더라도, 항상 기관들 없는 몸의 사회체로 존속함으로써 기관들로 가득 찬 몸으로부터 탈영토화할 수 있는 벡터의 힘을 내재하게 된다.

이와 더불어 노마드 지식인은 "항상 올바른 물건을 구하고/물건을 버리지 않는다"는 것은 노마드 지식인이 인간관계에서 지배-피지배관계를 벗어나 있듯이 모든 물적 관계에서도 현실적인 교환가치로 맺어지는 소유-피소유관계를 벗어나 있음을 의미한다. 나와 관계 맺는 모든 물건이 그 자체의 절대적 가치를 끊임없이 생산해야지, 순간적인 교환가치의 의미를 지니는 것은 '올바른 물건'이라고 말할 수 없다.

노자는 노마드 지식인이 사람과 물건을 막론하고 모든 물적 대상과 더불어 형성되는 친구들의 관계를 지칭하여 "**이것을 밝음의 습득이라 한다**"고 말한다. 여기서 '밝음의 습득'은 지배적 지식인이거나 저항적 지식인이라는 양자택일의 이중성에서 벗어나 지식인이라는 하나의 단일성으로 존재할 수 있는 노마돌로지의 지식 습득을 의미한다. 노마돌로지의 지식 습득을 통하여 노마드 지식인이 되었을 때 비로소 지식인은 집단적으로 표현되는 노마드적 욕망의 생산관계를 신비주의나 파시즘으로 몰아붙이지 않고 영토기계나 전제군주 기계, 자본주의 기계로부터 탈영토화하여 새로운 친구관계를 형성하는 미래적 생성의 벡터로 인식할 수 있게 된다. 그러나 미래라는 에이온의 시간은 항상 현재라는 크로노스 시간과 공존하듯이 미래적 생성의 벡터는 항상 지배-피지배관계뿐 아니라 교환가치의 의미를 생산하는 현재의 기관들로 가득 찬 몸에 내재해 있는 근원적인 기관들 없는 몸의 의미 없음 속에 있다. 노자가 '밝음의 습득'이라고 말하는 노마돌로지의 지식을 습득하고 있는 노마드 지식인은 이러한 기관들 없는 몸의 의미 없음 속에서 미래적 생성의 벡터를 인식하는 사람들이다.

지배-피지배의 교환가치만 인식하는 국가철학적 지식인들과 달리 기관들 없는 몸의 현재적인 의미 없음 속에서 미래적 생성의 벡터를 인식하는 노마돌로지 경제학을 노자는 "그러므로 올바른 자는/올바르지 않은 사람의 스승이고/올바르지 않은 자는/올바른 자의 밑천이다"고 말한다. 국가철학적 지식인이 세계를 인식하는 기본적인 토대인 현실적인 아버지-자식관계와 스승-제자관계 속에는 이미 친구관계가 내재해 있다. 자식의 진정한 친구가 되지 못하는 아버지나 제자의 진정한 친구가 못되는 스승은 자식이나 제자의 진정한 아버지 혹은 스승으로 존재하지 못하게 마련이다. 영원한 관계는 친구들의 세계이다. 친구세계가 아버지-자식관계와 스승-제자의 관계를 생산하는 것이지, 그 반대로 아버지-자식이나 스승-제자의 관계가 친구세계를 잉태하는 것은 아니다.

그러므로 영토기계와 전제군주 기계, 자본주의 기계를 유지시키고 있는 가장 근본적인 아버지-자식관계와 스승-제자관계의 생산성을 통찰하고자 하는 국가철학적 지식인은 자신이 신봉하는 국가철학이 노마돌로지에 내재하는 것이지 양자가 상호 대립하고 투쟁하는 것이 아님을 파악하게 된다. 플라톤과 공자가 소크라테스와 노자의 노마돌로지에서 국가철학에 필요한 개념을 도용하여 고대 그리스와 중국의 국가철학을 형성한 것이 바로 노마돌로지에 내재하는 국가철학을 드러낸 사건이라고 할 수 있다. 이러한 지식인의 관계 속에서 노마돌로지를 인식하는 '올바른 자는' 항상 국가철학의 개념에서 벗어나지 못하는 '올바르지 않은 사람의 스승이고', 국가철학을 따르는 '올바르지 않은 자'는 항상 노마돌로지를 인식하고 따르는 '올바른 자의 밑천이다.'

 이와 같은 노마돌로지의 경제학을 따르지 않는 사람은 현실적인 이익을 추구하여 노예와 신하와 백성을 억압하고 폭력을 행사하는 주인과 전제군주와 국가일 따름이다. 그래서 노자는 "**스승을 귀하게 여기지 않고/밑천을 사랑하지 않으면/비록 총명하다고 하더라도/크게 미혹하다**"고 말한다. 이처럼 노마드 지식인을 '귀하게 여기지 않고', 국가철학적 지식인이라는 현실적 '밑천을 사랑하지 않으면' 이미 지식인이 아니다. 노마드 지식인을 귀하게 여기지 않는 국가철학적 지식인은 이미 지식인임을 포기하고 주인이나 전제군주·국가의 지배자가 되어 그 흥망성쇠와 함께한다. 그리고 국가철학적 지식인이라는 밑천을 사랑하지 않는 노마드 지식인은 이미 아버지 혹은 스승 됨을 포기하고 친구세계와 멀리 떨어져 있는 신을 모시는 사제나 무당이 되어버린다. 이것을 노자는 "비록 총명하다고 하더라도/크게 미혹하다"면서, 결코 현실로 규정되지 않는 노마돌로지 경제학에 대하여 "**이것을 오묘함의 이치라 한다**"고 말한다.

28. 욕망의 흐름(The Flowing of Desire)

남성성을 알고
여성성을 지키면
천하의 골짜기가 된다
천하의 골짜기가 되고
일상적 실천이 분리되지 않으면
다시 갓난아기가 된다

밝음을 알고
어둠을 지키면
천하의 모범이 된다
천하의 모범이 되어
일상적 실천을 어기지 않으면
다시 끝없음이 된다

영예를 알고
욕됨을 간직하면
천하의 계곡이 된다

천하의 계곡이 되어
일상적 실천이 족하면
다시 나무의 소박함이 된다

나무의 소박함이 흩어져서
그릇이 되고
성인이 그 그릇을 사용하면
곧 만사를 관장한다
그러므로 큰 제도는
나누지 않는다

Know the male,
Yet keep to the female:
Receive the world in your arms.
If you receive the world,
The way will never leave you
And you will be like a little child.

Know the white,
Yet keep to the black:
Be a model for the world.
If you are a model for the world,
The way will be strong inside you
And there will be nothing you can't do.

Know the personal,
Yet keep to the impersonal:
Accept the world as it is.
If you accept the world,

The way will be luminous inside you
And you will return to your pure immanence.

The world is formed from the void,
Like utensils from a block of wood.
The nomadic intellectual knows the utensils,
Yet keeps to the block:
Thus she can use all things.
The great system can't be divided.

들뢰즈가 "욕망은 흐름이다"(『안티 오이디푸스』, 1장 1절)고 말하는 것이나 노자가 "최고의 지식은 물과 같다"(『도덕경』, 8장)고 말하는 것은 욕망과 지식에 대한 우리의 사유와 실천이 물의 흐름과 같다는 말이다. 물은 흐르는 것이 그 본성이다. 지속적인 흐름을 통하여 물은 수많은 사물과 관계를 맺고, 그 관계를 통하여 깨끗함을 유지한다. 이와 반대로 물이 관계를 잃고 고여 있으면, 물은 본래의 성격을 잃고 썩는다. 물이 썩는다는 것은 관계의 상실을 의미한다. 따라서 욕망의 본질은 흐름이라는 속성이고, 모든 존재의 욕망을 사유하고자 하는 지식은 흐름의 속성을 지닌 물을 사유하는 것과 같다. 그래서 들뢰즈는 '욕망은 흐름'이라고 말했고, 노자는 "최고의 지식은 물과 같다"고 했다.

"욕망은 흐름이다"는 말이나 "최고의 지식은 물과 같다"는 욕망의 특성이나 지식의 특성이 결코 그 자체로 드러나지 않음을 의미한다. 욕망은 욕망이 흐르는 시간과 공간 속에서 만나는 대상에 의하여 그 특성이 드러난다. 이러한 시간과 공간 속에서 순간적으로 드러나는 욕망의 특성을 밝히는 것이 지식이다. 동서양을 막론하고 잠재적인 욕망이 현실적으로 드러나서 하나의 특성으로 형성되는 것을 남성성이라고 하고, 아직 현실적으로 드러나지 않고 잠재되어 있는 것을 여성성이라고 한다. 즉 본질적인 남성과 여성이 존재한다기보다 대상과의 만남을 통하여 남성성과 여성성으로 규정되는 것이다. 이는 마치 대지가 남성성의 하늘과 여성성의 땅으로 구성되어 있는 것처럼 모든 존재가 지니고 있는 욕망의 본질이 남성성과 여성성의 혼합이라는 것을 암시한다. 그래서 욕망에 대한 지식을 이야기하는 노자는 "남성성을 알고/여성성을 지키면/천하의 골짜기가 된다"고 말한다.

남성성은 '생성되는 것'이고 여성성은 '생성시키는 것'이다. 다시 말해 남성성은 욕망의 대상과 이루어지는 만남을 통하여 그 무엇으로 생성되는 것(becoming something)이 되어 기관화되는 것이고, 여성성은 욕망의 대상과의 만남을 통하여 그 대상을 그 무엇으로 생성시키는 기관들 없는 몸이 되는 것이다. 남성성의 이같은 영토화는 여성성의 탈영토화에 의하여 보완되며, 여성성의 탈영토화는 남성성의 재영토화에 의하여 그 의미를 획득하게 된다. 존재의 욕망이 대상을 만나서 그 무엇으로 생성되는 것이라는 '남성성을 알고', 스스로 대상의 생성을 보완하는 욕망 자체의 '여성성을 지키면', 끊임없는 탈영토화와 재영토화 과정 속으로 들어가서 모든 생성의 블랙홀이라는 '천하의 골짜기가 된다'고 노자는 말한 것이다. 이것이 들뢰즈와 노자가 말하는 만물의 원칙, 즉 노마돌로지의 원칙이다.

노자는 이러한 욕망에 대한 지식의 기본원칙에 삶의 원칙을 첨가한다. "남성성을 알고/여성성을 지켜"서 형성되는 지식의 생성적 원천인 '천하의 골짜기'를 삶의 실천적 요소와 결합시키는 것이다. 그래서

"천하의 골짜기가 되고/일상적 실천이 분리되지 않으면/다시 갓난아기가 된다"고 말한다. '천하의 골짜기'가 지식의 생성적 원천이라면, '갓난아기가 되는 것'은 삶의 실천이 지니는 생성적 원천이다. 들뢰즈는 이러한 삶의 생성적 원천을 '어린이 되기'(becoming child) 혹은 '어린 소녀 되기'(becoming little girl)로 표현한다. 갓난아기나 어린이, 어린 소녀는 남성성이나 여성성으로 규정되지 않고 모든 잠재성으로 존재함으로써, 오직 무한의 가능성을 담고 있는 존재이다. 노자는 '남성성을 알고/여성성을 지키면' 달성할 수 있는 '천하의 골짜기'라는 최고의 지식을 모든 가능성으로 생성할 수 있는 '갓난아기'의 세계와 동일시하는 것이다.

지식과 실천이 '천하의 골짜기'와 '갓난아기'로 통합되듯이, "밝음을 알고/어둠을 지키면/천하의 모범이 된다"는 '천하의 모범'이라는 사회체의 모델은 "천하의 모범이 되어/일상적 실천을 어기지 않으면/다시 끝없음이 된다"는 '끝없음'의 '일관성의 장'(the plane of consistency)과 통합된다. 이처럼 전제군주 사회나 자본주의 사회를 '끝없음'의 일관성을 지닌 내재성으로 파악하는 것이 들뢰즈와 노자의 노마돌로지가 지니고 있는 정치학의 특성이다. 전제군주 사회나 자본주의 사회에서 사회나 정치의 모델로 등장하는 '천하의 모범'은 그 사회의 특성을 지니는 것이 아니라 몰사회적이고 몰정치적인 "밝음을 알고/어둠을 지키"는, 그래서 홈 파인 공간으로 나아갔다가 다시 사막이나 스텝의 무한한 내재성의 공간으로 떠나는 자인 것이다.

이러한 노마드의 특성을 노자는 '성인'(지식인)이라 칭하고, 들뢰즈는 '예술가'라고 말한다. 국가철학의 관료나 기능적 지식인인 "현인을 숭상하지 말"고(『도덕경』, 3장) 노마드의 전형이라고 할 수 있는 예술가적 지식인이 '천하의 모범'이 될 때, 전제군주 사회나 자본주의 사회는 관계적 생성의 잠재성을 지닌 기관들 없는 몸으로 다시 태어난다.

노자가 『도덕경』 1장에서 밝히고 있듯이, 예술가적 지식의 원천은 "길을 길이라고 부르면 이미 길이 아니다"는 관계적 선분의 원칙과 "이름을 이름으로 부르면 이미 이름이 아니다"의 사물의 본질적 원칙이다. 무한적 생성의 힘을 지니고 있는 점과 점을 잇는 선분을 '길이라고 부르면' 이미 점과 점의 무한한 내재적 속성은 어느 하나로 규정되어 그 길이 다시 점과 점을 억압하는 기능을 한다. 어느 하나의 기능 때문에 (n-1)개의 가능성을 잠식당하는 것이다. 마찬가지로 어떤 사물이나 존재의 본질적 속성은 현실로 드러나지 않는 무한한 잠재성을 지니고 있다. 그러한 사물이나 존재의 잠재성을 어느 하나의 '이름으로 부르면' 이미 그 이름이 그 사물이나 존재의 내재적 잠재성을 억압하는 기능을 한다. 하나의 이름으로 규정된 현실적 기능 때문에 미래를 구성하는 (n-1)개의 가능성을 잠식당하는 것이다.

그래서 노자는 "영예를 알고/욕됨을 간직하면/천하의 계곡이 된다"고 말한다. 여기서 '영예'는 어느 하나의 점이 현실적인 기능으로 선분화되는 것이거나 어느 하나의 사물이나 존재가 어떤 이름으로 불리어지는 것이다. 현실적이고 순간적인 선분이나 이름의 '영예'에서 벗어나는 것은 그 선분이나 이름에 길들여진 사람들로부터 손가락질을 받아야 하는 '욕됨'이다. 그러나 현실과 순간으로부터 벗어나 '욕됨을 간직하는' 것은 그러한 선분이나 이름으로부터 벗어나 (n-1)개의 가능성으로 존재하는 내재적이고 잠재적인 상태를 일컫는다. 이것을 노자는 만물을 생성시키는 '천하의 계곡'이라고 말한다.

노자는 다시 "천하의 계곡이 되어/일상적 실천이 족하면/다시 나무의 소박함이 된다"고 말하면서 '천하의 계곡'과 '나무의 소박함'을 통합시킨다. '나무의 소박함'을 통하여 우리는 '갓난아기'와 '끝없음'이 지니고 있는 생성의 측면을 구체적으로 받아들일 수 있다. 지속적으로 미래의 시간으로 나아가는 생성의 측면은 "**나무의 소박함이 흩어져서/곧 그릇이 되고**"라 했듯이 욕망의 흐름과 흐르는 물을 담을 수 있는 '그릇'으로 생성됨을 의미하며, "**성인이 그 그릇을 사용하면/곧 만사를 관장한다**" 했듯이 관료나 기능적 지식인이 아닌 "남성성을 알고/여성성을 지키"는 성인(예술가적 지식인)의 생성적 정치를 의미한다. 그러므로 끝없는 미래의 생성으로 나아가는 기관들 없는 몸의 사회체가 지니고 있는 **큰 제도는** 남성성-여성성, 밝음-어둠, 영예-욕됨이라는 이분법으로 세상을 **나누지 않는다**. 나눔이나 분리는 억압과 폭력의 제도이지 포용과 생성의 제도가 아니다.

29. 추상기계(The Abstract Machine)

천하를 취해서 무엇인가를 하려고 한다
나는 그것이 이루어지지 않는다고 본다

천하는 신비한 기계이다
집착하는 자는 잃는다
따라서 지식인은
행함이 없기 때문에 패하지 않고
집착이 없기 때문에 잃음이 없다

무릇 물(物)은
가기도 하고 뒤쫓기도 한다
서서히 숨을 내쉬기도 하고
급하게 토해내기도 한다
강하기도 하고
약하기도 하다
안정되어 있기도 하고
위태롭기도 하다

그러므로 지식인은
지나침을 버리고
향락을 버리고
편안함을 버린다

Do you want to improve the world?
I don't think it can be done.

The world is an abstract machine.
If you tamper with it, you'll ruin it.
If you impose your will on it, you'll be defeated.
If you treat it like an object, you'll lose it.

In the abstract machine of the world,
There is a time for being ahead,
A time for being behind;
A time for being in motion,
A time for being at rest;
A time for being vigorous,
A time for being exhausted;
A time for being safe,
A time for being in danger.

The nomadic intellectual sees things as they are,
Without trying to control them.
She lets them go their own way,
And resides at the center of the circle.

노마돌로지의 정치학은 지배나 억압을 내포한 권력의 획득을 의미하지 않는다. 오히려 노마돌로지의 정치학은 지배나 억압의 구조를 파괴하고 권력의 분산을 배치한다. 각각의 선분을 공간적으로 배치함에 따라 각각의 생성을 보완하는 조건을 만드는 것을 의미한다. 따라서 노마돌로지의 정치학은 성취나 달성의 정치학이 아니라 '하지 않음'[不爲]의 정치학이다. 여기서 하지 않음의 대상은 정의, 진리, 사랑, 자유, 평등 같은 추상적인 개념이다. 노마돌로지의 정치학에서 이러한 추상적인 개념들은 이미 존재하는 것이라기보다 항상 새롭게 생성되는 것이다. 절대적인 정의, 진리, 사랑, 자유, 평등은 존재하지 않는다. 어제의 정의가 오늘의 추악함이 될 수 있고, 오늘의 사랑이 내일의 억압과 폭력이 될 수도 있다. 플라톤과 공자처럼 이데아나 길[道] 같은 추상적 개념을 절대적인 개념으로 포장하는 것은 국가철학의 필수적인 요소이다.

노마돌로지의 정치학을 배제하고 지배와 억압을 내포한 권력의 독점을 추구하는 국가철학의 이분법, 다시 말해 플라톤의 이데아-현실의 이분법 속에서 자유·정의·평등 같은 추상적 개념은 이데아에 존재하는 것이지 현실적으로 존재하는 것이 아니다. 그리하여 국가철학의 사유에 갇혀 있는 사람들은 자유·정의·평등 같은 추상적 개념이 '존재한다/존재하지 않는다'는 자체의 모순에 빠진다. 이러한 모순에 빠지는 이유는 이데아라는 저 너머의 세계와 대립되는 현실의 세계를 '영원한 현재'라는 크로노스의 시간으로 인식하기 때문이다. 그들은 새로운 선분과 이름에 따라서 과거와 미래로 끊임없이 흩어지는, 그래서 끊임없이 새롭게 생성되는 에이온의 시간을 인식하지 못한다.

노마돌로지의 정치학은 크로노스의 시간에 갇혀 있는 추상적 개념들을 해방시켜 관계의 선분에 따라 생성적으로 배치하는 정치학이다. 들뢰즈는 이러한 추상적 개념들의 생성적 의미를 '추상기계'(abstract machines)라고 부른다. 따라서 노마돌로지의 정치학에서 추상기계들은 '(이미) 존재한다/존재하지 않는다'는 이분법을 넘어서 기존의 지배・억압의 구조를 파괴하고 새로운 생성을 위하여 권력을 분산시킨다. 노자는 들뢰즈의 추상기계를 '신비한 기계'라고 부른다.

전제군주 기계라는 기관들로 가득 찬 사회체가 작동하고 있는 크로노스의 시간 속에서 사람들은 "천하를 취해서 무엇인가를 하려고 한다." 그러나 노자는 "나는 그것이 이루어지지 않는다고 본다"고 말한다. "천하를 취해서 무엇인가를 하려고 한다"는 것은 국가철학의 세계관 속에서 크로노스의 시간으로 세상을 판단하여 에이온의 시간을 크로노스의 시간으로 흡수하려는 방식이고, "나는 그것이 이루어지지 않는다고 본다"는 노자의 말은 생성적으로 과거와 미래로 흩어지는 에이온의 시간 속에서 크로노스의 시간에 갇혀 있는 현실에 대한 판단이다.

노마돌로지의 정치학은 에이온의 시간을 크로노스의 시간으로 흡수하는 것이 아니라 에이온의 시간 속에서 크로노스의 시간을 판단하는 것이다. 크로노스의 시간 속에 있는 사람들이 '천하를 취한다'는 것은 권력을 쟁취한다는 것이고, 권력쟁취란 기존의 권력에 대항하는 저항권력의 획득을 의미한다. 지배권력이나 저항권력은 선분화에 따라 생성되는 자유・정의・평등과 마찬가지로 추상기계, 즉 기관들 없는 몸이다. 다시 말해 권력이란 권력-저항권력이라는 선분의 배치에 따라서 기능하는 것이지 절대적으로 존재하는 것이 아니다. 그리고 지배권력의 획득은 또 다른 저항권력을 생성시키는 크로노스의 시간 속에 있는 선분이지 자유・정의・평등 같은 추상기계를 작동시키는 에이온의 시간 속에 있는 배치의 선분이 아니다. '천하를 취하는' 선분과 '무엇인가를 하려고 하는' 선분은 전혀 다른 시간과 공간에 존재하는 전혀 다른 이물질들인 것이다.

들뢰즈가 이야기하는 추상기계는 노자의 신비한 기계이다. 자유와 정의와 평등 개념이 추상적인 이유는 크로노스의 시간에 의하여 코드화된 의미를 끊임없이 초코드화하기 때문이고, 신비한 이유는 크로노스의 시간에 의하여 코드화되지 않은 (n-1)개의 선분들에 의하여 끊임없이 분열적인 새로운 생성으로 나아가는 탈영토화와 재영토화를 수행하기 때문이다. 이것은 마치 '갓난아기' '끝없음' '나무의 소박함'이 지니고 있는 추상성과 신비함과 같다.

그러므로 노마돌로지의 정치학을 이야기하는 노자의 시선 속에서 에이온의 시간으로 구성되어 있는 "**천하는 신비한 기계이다**." 그 신비한 기계 속에 존재하고 있는 사람들이 '천하를 취하려고' 하거나 '무엇인가를 하려고 하는' 것은 생성의 신비함을 못 보고 크로노스의 시간 속의 주인-노예(왕-신하, 아버지-아들, 국가-백성)라는 하나의 선분을 편집증적으로 집착하는 것이다. 이를 두고 노자는 "**집착하는 자는 잃는다**"고 말한다. 집착하는 것, 편집증이 되는 것은 크로노스의 시간에 있는 정의·자유·평등 등의 추상기계를 추구하는 것이 아니라 정의와 자유와 평등 등의 신비한 생성의 선분을 차단 혹은 파괴하는 것이기 때문에 죽음의 선분으로 나아간다. 집착과 편집증은 오직 죽음을 통해서만 탈영토화를 달성할 수 있다.

"따라서 성인[노마드적 지식인 혹은 노마드적 정치인]은/행함이 없기 때문에 패하지 않고/집착이 없기 때문에 잃음이 없다." 삶이나 관계를 만드는 것은 정치이다. 삶은 관계를 형성하는 것이고, 관계에는 상호 생성적 관계와 파괴적 관계가 있다. 서구근대의 인식론에 의하여 형성된 '사적인 것-정치적인 것'의 이분법은 존재하지 않는다. 이러한 이분법은 세계를 주인-노예의 관계로 파악하여 노예의 사적인 삶이 끊임없이 주인의 정치적인 삶에 종속되게 만드는 인식체계이다. 노마드는 주인-노예의 관계를 원하지 않는다. 노마드는 오직 친구와 연인, 동맹관계와 연인관계를 추구한다.

우리의 삶과 관계는 '사적인 것-정치적인 것'의 이분법으로 존재하는 것이 아니라 국가철학적 정치와 노마드적 정치로 구분된다. 전자는 지배권력이나 저항권력을 추구한다. 그래서 국가철학적 정치를 추구하는 사람들은 끊임없이 계몽주의나 관료주의 혹은 파시즘의 형태로 주인-노예의 관계를 재생산한다. 그러나 노마드적 정치는 친구나 연인 관계를 형성하여 스스로 생성의 힘을 전유하게 만든다. 그래서 노마드적 정치를 추구하는 사람들은 끊임없이 지배권력이나 저항권력으로부터 탈영토화하여 새로운 친구관계와 연인관계의 고원을 만든다. 노예가 없는 주인, 백성이 없는 국가, 자식이 없는 아버지는 존재할 수가 없다. 그들은 이제 자신들이 주인이나 국가, 아버지라는 정착민이 아니라 하나의 노마드라는 사실을 발견하게 될 것이다. 이 때문에 노자는 노마드적 지식인이나 노마드적 정치인은 권력을 추구하는 어떠한 "행함이 없기 때문에 패하지 않고" 지배권력이나 저항권력에 대한 어떠한 "집착이 없기 때문에 잃음이 없다"고 말한다.

국가철학적 권력의 관계는 주인이거나 노예라는 정착민을 생산한다. 그러나 노마돌로지의 정치학에 의한 친구관계나 연인관계가 만드는 노마드는 주인 혹은 노예라는 어느 하나를 제외한 (n-1)개의 가능성으로 생성된다. 이 (n-1)개의 가능성을 지닌 노마드는 물질의 순수상태로 돌아가는 것이다. 그래서 노자는 "무릇 물(物)은/가기도 하고 뒤쫓기도 한다/서서히 숨을 내쉬기도 하고/급하게 토해 내기도 한다/강하기도 하고/약하기도 하다/안정되어 있기도 하고/위태롭기도 하다"고 말한다.

이처럼 물질의 순수상태에 도달한 노마드들은 스스로 생성의 길을 '가기도 하고', 새롭게 형성된 재영토화의 권력을 '뒤쫓기도 한다.' 또한 그들은 출발선에 있는 달리기 선수처럼 '서서히 숨을 내쉬면서' 새로운 생성의 즐거움을 만끽하는 준비를 하기도 하지만, 이미 달리기를 마친 선수처럼 '급하게 숨(영토적 기관화의 찌꺼기)을 토해 내기도 하면서' 기관들 없는 몸이 되기도 한다. 그들은 죽음을 불사하면서 권력과 폭력에 맞서 싸울 만큼 '강하기도 하지만', 조그마한 채찍에도 엄살을 부리며 권력을 좇을 만큼 '약하기도 하다.' 모든 질서를 존중하면서 '안정되어 있기도 하지만', 마치 폭풍우나 눈보라처럼 모든 질서를 어지럽혀 무질서를 만드는 혼돈의 상황으로 치닫는 '위태로움'을 보여주기도 한다.

"그러므로 성인[노마드적 지식인]은/지나침을 버리고/향락을 버리고/편안함을 버린다"고 노자는 말한다. 들뢰즈와 노자가 말하는 노마드적 지식인은 예술가적 지식인이다. 어떤 예술가가 어떤 시나 소설 혹은 어떤 음악이나 그림을 창조하였을 때, 창조 이후의 그 시나 소설, 음악이나 그림은 이미 그의 작품이 아니다. 그는 자신의 작품을 떠나서 새로운 시나 소설, 음악이나 그림을 창조하기 위하여 새로운 탈주선을 타야 한다. 그의 작품은 그의 손을 떠나서 또 다른 노마드들과 만나서 새로운 생성의 선분을 만들고, 그러한 탈주선을 따라 시나 소설, 음악이나 그림의 영토를 만든다. 이러한 선분과 영토는 그 선분을 긋고 영토를 만든 개별적인 노마드들의 몫이지 노마드적 지식인이나 예술가의 몫이 아니다. '그러므로 노마드적 지식인은' 자신이 만든 노마드의 세계나 예술작품에 대한 집착의 '지나침을 버리고', 그것과 더불어 만들어지는 순간의 '향락을 버리고', 각각의 노마드들이 만든 영토의 '편안함을 버려야' 한다. 지나침이나 향락, 편안함을 버렸을 때 비로소 그는 지속적인 예술가나 노마드적 지식인이 될 수 있다.

30. 노마드의 정치학(The Nomadic Politics)

길을 따르는 것을 제일로 삼는 사람은
무력으로 천하에 강자로 나오지 않는다
그의 몫은 자연을 따르는 일이다

군사가 있는 곳
가시덤불만 자라고
큰 전쟁 다음에는
반드시 흉년이 있다

올바른 자는 열매를 맺게 하되
감히 강함을 취하려고 하지 않는다
열매를 맺게 하되
교만하지 않고 자랑하지 않으며
자신을 내세우지 않고
이득을 얻으려고 하지 않으며
강해지려고 하지 않는다

물질은 장성하면
곧 노쇠하게 된다
강함은 길이 아니고
길이 아니면 멸망한다

Whoever knows the way in governing men
Doesn't try to force issues
Or defeat enemies by force of arms.
The best thing is flowing as waters.

Wherever armies are stationed,
Thorny bushes grow.
After great war,
Bad years invariably follow.

The nomadic intellectual does her job
And then stops.
She understands that the universe
Is forever out of control,
And that trying to dominate events
Goes against the current of the way.
Because she believes in her immanence,
She doesn't try to convince others.

Because she is content with her immanence,
She doesn't need others' approval.
Because she accepts herself,
The whole world accepts her.

노마드의 정치학은 지배와 폭력의 정치학이 아니라 생산적 관계의 배치와 생성의 정치학이다. 흔히 지도력을 갖춘 훌륭한 정치인으로 존경받는 사람은 지배를 정당화하거나 거대한 폭력을 지닌 사람이 아닌 다양한 능력을 지닌 사람들을 생산적 관계의 적재적소에 배치하여 새로운 생성의 선분으로 나아가도록 상황과 조건을 만들어주는 사람이다. 이같은 생산적 관계의 배치와 생성은 결코 폭력이나 강요로 이루어지지 않는다. 군사적 폭력이나 정치적 강요가 행사된 베트남전쟁에서 미국이 패배한 것처럼, 미국의 군사적 폭력과 정치적 강요에 의한 이라크전쟁은 미국의 패권을 절대로 용납하지 않을 것이다. 이라크전쟁은 결코 이라크를 생산적 관계로 배치하거나 생성시키고자 하는 전쟁이 아니다. 전제군주 시대의 노마돌로지를 실천했던 노자는 이러한 생산적 관계의 배치와 생성이라는 노마드의 정치학을 실천하고자 하였을 것이다.

생산적 관계의 배치와 생성의 정치학은 『도덕경』 1장 1절에 나오는 "길을 길이라고 부르면 이미 길이 아니다"라고 한 길의 선분을 따르는 정치학이다. 배치와 생성의 선분은 지배와 피지배라는 협의의 정치가 아니라 끊임없이 생성으로 나아가는 탈주의 선분을 따르는 광의의 정치인 것이다. 협의의 정치는 '사제-신도' '전제군주-신하' '국가-국민'이라는 지배와 피지배 관계를 끊임없이 재생산하는 정치=지배(정치가)나 비정치=피지배(국민)의 인위적이고 폭력적인 서열·계급 관계의 선분이다. 그러나 광의의 정치는 남녀노소는 물론이고 인간과 비인간의 구별도 없는 친구나 연인의 관계를 생산하는 다중적인 선분이다. 오늘날의 협의의 정치가 대통령이나 국회의원을 뽑는 현실정치라면, 광의의 정치는 도시에 숲과 늪을 만들고 여성과 외국인노동자의 삶을 생성시키기 위하여 그들과 친구가 되고 연인이 되는 것이다.

도시가 자연에 속해 있듯이 협의의 정치는 광의의 정치에 포함되어 있다.

노자는 이러한 생산적 관계의 배치와 생성의 "길을 따르는 것을 제일로 삼는 사람", 즉 노마돌로지의 정치가는 "무력으로 천하에 강자로 나오지 않는다"고 말한다. 무력이나 폭력에 의한 대립이나 투쟁은 하나의 사제에서 또 다른 사제로, 하나의 전제군주에서 또 다른 전제군주로, 하나의 국가에서 또 다른 국가로 대체하는 것일 뿐이다. 어떠한 사제나 전제군주, 국가와 맺는 관계이든 무리 속에 존재하는 '나'는 항상 절대 변하지 않는 신도나 신하, 국민일 뿐이다.

그러나 협의의 정치가 아닌 광의의 정치 그리고 도시가 아닌 자연 속에서 신도나 신하, 국민이라는 정착민은 존재하지 않는다. 무리 속에 존재하는 각각의 나는 새로운 삶과 사랑을 찾아서 끊임없이 떠나는 노마드이다. 협의의 정치가 광의의 정치에 포함되어 있듯이 그리고 도시가 자연에 속해 있듯이, 사제나 전제군주나 국가도 노마드의 무리 속에 존재하는 각각의 '나'일 뿐이다. 따라서 노마돌로지의 정치가는 노마드의 무리 속에 존재하는 각각의 '나'가 끊임없이 탈주하여 개별적으로 사제-신도, 전제군주-신하, 국가-국민의 관계에서 벗어나 소수자가 되는 선분을 만든다.

'사제-신도'라는 정착민의 관계에서 벗어난 소수자는 이방인이다. '전제군주-신하'라는 전제군주 기계의 정착민의 관계에서 벗어난 소수자는 농민·노동자·장인·노예 들이다. 그리고 오늘날 '국가-국민'이라는 자본주의 기계의 정착민 관계에서 벗어난 소수자는 어린이·여성·외국인노동자 들이다. 그리고 이방인을 비롯하여 노동자와 농민, 어린이와 여성 등은 모두 자연의 일부분이다.

자연을 광의의 정치나 노마드의 정치로 바라보는 노자는 소수자 되기의 배치와 생성의 "그 [길을 따르는 것을 제일로 삼는 사람]의 몫은 자연을 따르는 일이다"라고 말한다. 그렇기 때문에 사제-신도나 전제군주-신하, 국가-국민이라는 협의(정착민)의 정치를 수행하는 국가철학적 정치가들은 자연을 절대적 타자(the Other) 혹은 신(God)으로 배척하거나 숭상한다. 무리 속에 존재하는 개별적인 '나'가 정착민이 되어 물(자연) 속에 비추어진 '나'(노마드 혹은 자연의 나)를 숭상하거나 배척하는 이야기는 나르시스의 신화에 고스란히 드러나 있다. 결국 나르시시즘은 무리 속에 존재하는 노마드가 자신을 정착민으로 오해하기 때문에 만들어진 이야기이며 정신병이다.

자연의 힘은 탈영토화와 재영토화의 과정을 끊임없이 반복하면서 이전과 다른 차이를 생성하는 새로운 배치의 선분을 만드는 힘이다. 이러한 탈영토화와 재영토화 과정에서 '사제-신도' '전제군주-신하' '국가-국민'이라는 정착민들의 영토가 예외일 수는 없다. 정착민들은 자신들이 소수자로 배척하거나 숭상하는 이방인·농민·노동자·장인·노예·어린이·여성·외국인노동자 들이 스스로 노마드로 인식하여 자연의 힘이 지니고 있는 탈영토화와 재영토화의 과정에 휩쓸려 들어가는 것을 막기 위하여, 항상 국가철학으로 그들을 계몽하거나 심지어 폭력과 무력의 군사적 힘에 의존한다.

그러나 노자는 "군사가 있는 곳/가시덤불만 자라고/큰 전쟁 다음에는/반드시 흉년이 있다"고 말한다. 땅이 '가시덤불만 자라거나' '흉년이 있는' 것은 대지의 자연이 지닌 탈영토화의 힘이다. 이러한 대지의 탈영토화와 재영토화 과정에서 자연을 구성하는 일부분으로 존재하는 이방인과 농민·노동자·장인·어린이·여성·외국인노동자 들은 노마드가 되어 대지와 더불어 탈영토화와 재영토화의 과정으로 들어간다.

이러한 탈영토화와 재영토화 과정 속에 노마드 정치학을 수행하는 노마드 지식인이 있다. 그러나 노마드 정치학을 수행하는 "올바른 자는 열매를 맺게 하되/감히 강함을 취하려고 하지 않는다." 모세는 가시덤불이 자라고 흉년이 반복되는 이집트의 영토로부터 탈영토화하여 열두 지파로 구성되어 있는 히브리인들로 하여금 젖과 꿀이 흐르는 가나안땅으로 재영토화하는 과정에 참여하였지만, '감히 강함을 취하려고 하였기' 때문에 40년 동안 광야에서 헤매다가 죽어야 했다. 크롬웰 장군은 영국 르네상스의 노마돌로지를 통하여 수많은 노동자·농민·장인·여성 들과 더불어 전제군주제로부터 탈영토화하였지만, '감히 강함을 취하려고 하였기' 때문에 다시 전제군주를 불러들여야 했다.

인도의 간디나 우리의 백범 김구 같은 노마드 정치인은 '감히 강함을 취하려고' 하지 않고 아름다운 노마드의 나라를 추구하기 때문에 "열매를 맺게 하되/교만하지 않고/자랑하지 않으며/자신을 내세우지 않고/이득을 얻으려고 하지 않으며/강해지려고 하지 않는다." '교만' 하거나 '자랑'하거나 자신을 내세우거나, 이득을 얻으려고 하여 마침내 '강해지려고' 하는 그 순간, 그는 노마드 정치인이 아니라 국가철학을 통하여 수많은 노마드들을 지배하여 주인-노예의 관계를 추구하는 정착민이 되는 것이다.

정착민의 특성은 수많은 노마드들의 차이를 무시하고 오직 동질성만 추구하는 것이다. 아버지가 아들딸이 지닌 차이를 인정하지 않거나 선생이 학생들 각각이 지닌 차이를 인정하지 않고 오직 자신과의 동질성만 추구할 때, 그는 아들 딸 혹은 학생들의 친구가 아니라 가정과 교실의 왕이 되거나 국가가 된다. 스스로 정착민이라고 착각하고 있는 수많은 왕이나 국가가 가정과 교실을 작은 공화국으로 만드는 것이다.

그러나 노마드처럼 끊임없이 탈영토화와 재영토화의 과정 속에 있는 대지와 자연은 동질성으로 존재하지 않고 차이로 존재한다. 차이는 곧 각각의 선분(길)의 관계에 의하여 만들어지는 생성이다. '나'는 내가 맺는 관계의 선분에 따라서 매순간 노동자·농민·장인·여성·어린이·이방인을 비롯하여 나무·돌·바람·물·공기가 된다. 이러한 끊임없는 차이의 생성을 우리는 물질의 '성장'이라고 부른다. 왕이나 신하, 국가나 국민, 아버지나 아들이라는 이름은 차이의 생성을 통한 물질의 성장을 중지시키고 동질성만 강요하여 오직 '좀비'만 재생산하게 만든다. 좀비는 매순간 차이의 생성을 일으키는 살과 피로 존재하는 것이 아니라, 오직 정착민의 땅 위에 서 있도록 만드는 뼈대만 지니고 있는 존재이다.

인간을 비롯하여 자연을 구성하고 있는 모든 **"물질은 장성하면/곧 노쇠하게 된다."** 물질의 '성장'(成長)이 차이의 생성을 통하여 노동자·농민·장인·여성·어린이·이방인을 비롯하여 나무·돌·바람·물·공기가 되는 데 반해, '장성'(長成)은 노동자·농민·장인·여성·어린·이방인이 다시 아버지나 왕으로 되는 것이기 때문에 차이의 생성이 단절된다. 차이의 생성이 단절되어 노동자나 농민 혹은 여성이 왕이나 아버지가 되면, 그것은 이미 노동자나 농민·여성이 아니라 하나의 정착민이 되어 그들이 관계 맺고 있는 가정이나 교실을 다시 작은 공화국으로 만드는 것이다.

따라서 차이의 생성을 통하여 노동자·농민·여성·어린이·이방인을 비롯하여 나무·돌·바람·공기가 됨을 순환하는 '독신기계'가 되어야지 노동자나 농민·여성이라는 하나의 물질에 고착하면 안 된다. 노동자나 농민·여성이라는 하나의 물질에 고착하여 그것이 강해지기를 원한다면, 그것은 이미 성장을 포기하고 커다랗게 장성한 상태에 도달한 것이기 때문에 노동자나 농민·여성 되기의 힘을 상실하고 아버지나 왕이 되어, '곧 노쇠하게 된다.'

　노마드의 정치학을 설파하는 노자는 "**강함은 길이 아니고/길이 아니면 멸망한다**"고 말한다. 노동자·농민·장인·여성·어린이·이방인이 지니고 있는 힘은 그들이 '강'하기 때문이 아니라 "길을 길이라고 부르면 이미 길이 아니다"의 새로운 '길을 따르는' 유연함을 지녔기 때문이다. 바람이나 돌 혹은 물이나 공기가 되는 유연함이 바로 노동자나 농민 혹은 여성의 힘이다. 노동자나 농민·여성이 그들의 힘의 원천이라고 할 수 있는 유연함을 상실했을 때, 그것은 이미 그들 자신이 아니라 아버지나 여왕이 되어 군림하는 것이다. 따라서 "강함은 길이 아니고/길이 아니면 멸망한다."

31. 힘과 권력(Force and Power)

무릇 무력(으로 이루어진 권력)이란
상서롭지 못한 그릇이다
물질은 그것을 싫어한다
고로 길을 아는 자는
무력에 머무르지 않는다

군자는 평상시에 왼 쪽을 귀하게 여기지만
무력을 사용할 때에는 오른 쪽을 귀하게 여긴다
무력은 상서롭지 않은 그릇이니
군자의 그릇이 아니다

부득이 무력을 사용하는 것은
측은하고 담담한 것이 가장 좋다
이기는 것은 아름다움이 아니나니
이기는 것을 아름답다고 하는 자는
살인을 즐기는 자이다
무릇 살인을 즐기는 자는

천하에서 그 뜻을 이룰 수 없다

즐거운 일에는 왼 쪽을 높이고
흉한 일에는 오른 쪽을 높여야 하는데
부관이 왼 쪽에 있고
장군이 오른 쪽에 있으니
흉한 일이 있다고 말하는 것이다
살인이 많이 이루어지니
비통한 마음으로 통곡을 하라

Weapons are the tools of violence;
All things detest them.
Therefore, whoever knows the way
Does not set his heart upon them.

In ordinary life, whoever knows the way regards the left side
As the place of honour:
In war, the right side is the place of honour.
As weapons are instruments of violence,
They are not properly a good leader's tools;
Except in the direct necessity
And, if compelled, will use them
Only with the utmost restraint.
Peace is his highest value.
A man who rejoices over the slaughter of men
Cannot expect to thrive in the world of men.

On happy occasions the left side is preferred:
On sad occasions the right side.

The Lieutenant Commander stands on the left,
While the Commander-in-Chief stands on the right.
This means there is a par with a funeral service in war.
He enters a battle gravely,
With sorrow and great compassion.

　　노마드의 정치적 관계를 형성하는 노마드의 무리 속에서 어느 누구에게 아버지나 선생이라는 '힘을 부여하거나'(overpowering) 혹은 어느 누가 그러한 '힘을 부여받는'(overpowered) 사회적 권력(勸力, power)의 의미는 각각의 노마드들이 지니고 있는 힘(力, force)에서 나온다. 선생과 학생, 의사와 환자, 아버지와 아들은 권력을 부여하거나 권력을 부여받는 노마드적 관계의 선분을 나타내는 것이지, 주인-노예라는 지배와 피지배의 선분을 나타내는 것이 아니다. 현실 속에서 선생과 학생, 의사와 환자, 남성과 여성, 아버지와 아들로 존재하는 현상은 프로이트가 분석하는 것처럼 하나의 상징도 아니고, 라캉이 이야기하는 것처럼 하나의 환상도 아니다. 하나의 현실적인 현상은 항상 현존하는 힘 속에서 사회적·정치적·역사적·자연적인 의미를 도출할 수 있는 징후(symptom)나 기호(sign)이다.
　　하나의 현상을 하나의 기호라고 말하는 이유는 그것이 시간으로 제약되어 있는 약속을 의미하기 때문이다. 그리고 하나의 현상을 하나의 징후라고 말하는 이유는 그것이 과거의 약속을 드러내는 기호인 동시에 잠재적인 미래를 지칭하는 지표 역할을 하기 때문이다. 그러므로 하나의 현상이 지니고 있는 의미, 즉 기호의 존재는 어떤 동질성을 표현하는 것이라기보다 차이들, 즉 수많은 행위나 질료나 층위들의 봉합을 나타낸다. 광범위한 면에서 의미는 아직 취해지지 않은 수많은 길들을 내포하고 있다. 그래서 우리는 선생과 학생, 의사와 환자, 남성과 여성, 아버지와 아들이 단지 노마드를 지칭하는 과거의 약속인 동시에 미래를 지칭하는 지표 역할을 하는 기호이자 징후라고 말하는 것이다.

이러한 노마드의 기호이자 징후를 영원한 상징 혹은 전혀 존재하지 않는 환상이라고 말하는 것은 힘의 현상적 기호이자 징후인 권력을 왕이나 전제군주나 국가의 절대적인 구성요소로 환원시키기 위한 국가철학의 지배장치이다. 이 지배장치는 권력을 부여하거나 권력을 부여받는 약속으로 이루어지지도 않거니와 미래의 생성을 지칭하는 지표 역할을 담당하지도 않는다. 그 권력은 오직 무력으로만 존재한다.

노자는 "무릇 무력[으로 이루어진 권력]이란/상서롭지 못한 그릇이다/물질은 그것을 싫어한다"고 말한다. 들뢰즈가 내재적 힘이 현실의 물리적 표면에 드러난 현상을 기호나 징후라고 이야기하듯이, 노자는 내재적 힘이 현실의 물리적 표면에 드러난 현상을 의미나 내용을 담는 그릇이라고 말한다. 들뢰즈가 이야기하는 현상으로 드러나는 의사와 환자, 선생과 학생, 남성과 여성, 아버지와 아들이라는 기호나 징후가 억압적 관계와 생성적 관계 모두를 포함하는 이중성을 내포하고 있듯이, 노자가 이야기하는 권력이라는 그릇은 내재적 힘들의 관계에 따라서 힘을 부여하거나 부여받는 권력관계와 외재적 강요에 의한 권력관계, 즉 상서로운 그릇과 상서롭지 못한 그릇의 이중성을 내포하고 있다. 좋고 경사스러운 그릇은 힘을 부여하거나 부여받는 노마드가 환자가 아닌 의사로, 학생이 아닌 선생으로, 여성이 아닌 남성으로, 아들이 아닌 아버지로 생성되는 잠재적인 미래를 지칭하는 지표로 작용하는 그릇이다. 잠재적인 미래의 생성은 '길을 길이라고 부르는' 과거의 약속이 아니라 환자, 학생, 여성, 아들이 의사, 선생, 남성, 아버지가 되어 새로운 환자, 학생, 여성, 아들을 생성시키는 권력관계, 다시 말해 지금까지 전혀 존재하지 않은 길(생성적 관계의 선분)의 창조이다. 따라서 끊임없는 생성을 추구하는 "물질은 그것(생성을 가로막는 그릇)을 싫어한다."

전제군주 시대의 노마드 정치학을 이야기하는 노자는 "고로 길을 아는 자는/무력에 머무르지 않는다"고 말한다. 국가철학이 아닌 노마돌로지의 지식으로 무장되어 있는 노마드 정치가인 **군자는 평상시에 무력**(외재적인 강제적 힘)이 아닌 생성적인 내재적 힘이 있는 **왼쪽을 귀하게 여긴다**고 노자는 말한다. 그러나 노자는 노마드 정치가인 군자가 어쩔 수 없이 무력을 사용할 때에 대하여도 이야기한다. 노자가 어쩔 수 없는 무력의 사용을 용인하는 것일까? 아니다. 노자는 "무력을 사용할 때에는 [군자가] 오른쪽을 귀하게 여긴다"고 말한다. '평상시에 왼쪽을 귀하게 여기는' 군자가 갑자기 '오른을 귀하게 여긴다'는 것은 무력을 사용하는 의사, 선생, 남성, 아버지가 이미 의사, 선생, 남성, 아버지가 아니듯이 그는 이미 군자가 아니라 폭군이 되었다는 것을 의미한다. 그래서 노자는 "**무력[으로 이루어진 권력]은 상서롭지 않은 그릇이니/군자의 그릇이 아니다**"고 반복하여 강조한다.

그러나 생성의 길을 따르는 자연에도 자연재해가 있듯이 노마드적 생성의 길을 따르는 노마드의 무리 속에서도 무력은 끊임없이 반복된다. 자연재해가 발생할 때, 자연은 뿌리를 찾아간다. 뿌리가 없거나 약한 자연은 자연재해 속에서 살아남지 못한다. 무력충돌이 발생할 때, 노마드들은 의사나 선생 혹은 남성이나 아버지를 찾는다. 노마드의 무리 속에서 무력충돌이 발생하는 때는 과거의 약속으로 지속하는 의사나 선생 혹은 남성이나 아버지라는 기호가 두 개 이상의 선분으로 포개져 있을 때이다. 둘 이상의 왕이나 전제군주 혹은 둘 이상의 아버지나 국가가 포개져 있을 때, 왕이나 전제군주 혹은 국가는 자신들이 진정한 아버지라고 서로 싸운다.

이라크의 후세인과 미국의 부시는 이라크와 미국이라는 국가의 이름으로 서로가 진정한 이라크국민(그들은 이라크국민이 아니라 환자, 학생, 여성이라는 노마드들이다)의 아버지라고 싸운다. 북한의 김정일과 미국의 부시는 북한과 미국이라는 국가의 이름으로 서로가 북한에 있는 노마드들의 진정한 아버지라고 싸운다. 그러나 노마드의 무리를 구성하는 친구나 연인들의 세계를 창출하는 친구나 연인 같은 아버지라는 권력은 노마드의 무리를 구성하는 노마드들이 '힘을 부여하기' 때문에 그 '힘을 부여받는' 권력이다. 남한과 북한의 노마드들은 이러한 자연스러운 노마드들의 권력관계를 창출해야 한다. 무력과 전쟁은 이러한 '힘을 부여하고' '힘을 부여받는' 권력관계의 구성을 저해한다.

그러나 노자는 '부득이 무력을 사용하는 것'에 대하여 이야기한다. "부득이 무력을 사용하는 것은/측은하고 담담한 것이 가장 좋다"고 말한다. '부득이 무력을 사용하는 것'은 노마드적 관계의 상실이다. 노마드적 관계의 상실은 자신이 이미 노마드가 아니라는 것이다. 따라서 노마드적 관계의 상실에 대하여 '측은하고 담담한 것이 가장 좋다.' '부득이 무력을 사용하는 것'이 노마드적 관계의 상실임을 잃어버리고 의사나 선생 혹은 남성이나 아버지라는 권력을 행사하여 싸움에 "이기는 것은 아름다움이 아니다".

친구를 이기는 것이 아름다움인가? 연인을 이기는 것이 아름다움인가? "이기는 것을 아름답다고 하는 자는/살인을 즐기는 자이다."

그래서 노자는 "무릇 살인을 즐기는 자는/천하에서 그 뜻을 이룰 수 없다"고 말한다. 여기서 '뜻'은 의미이다. 앞에서 의사-환자, 선생-학생, 남성-여성, 아버지-아들의 권력관계로 드러나는 '하나의 현상'이 지니고 있는 의미, 다시 말해 기호의 존재는 어떤 동질성을 표현하는 것이라기보다 차이들, 즉 수많은 행위나 질료들 그리고 층위들의 봉합을 나타낸다고 말했다. 무력이나 전쟁은 하나의 아버지가 또 다른 아버지와 무력투쟁이나 전쟁을 하는 것이다. 이러한 무력투쟁이나 전쟁은 수많은 행위나 질료, 층위 들이 지니고 있는 차이를 표현하는 것이 아니라 수많은 환자, 학생, 여성, 아들 들을 하나의 아버지라는 이름의 동질성으로 표현하는 것이다. 이러한 관계는 잠재적인 미래의 생성을 차단한다.

노마드들의 무리를 형성하는 원칙은 "즐거운 일에는 왼쪽을 높이고/흉한 일에는 오른쪽을 높여야 하는" 것이다. 이러한 노마드 무리의 형성원칙을 추구하고 있는 노자는 '부득이 무력을 사용하는' 전쟁이나 무력의 상황을 "부관이 왼쪽에 있고/장군이 오른쪽에 있으니/흉한 일이 있다고 말하는 것이다." 이러한 상황은 노마드들 무리의 형성원칙이 사라진 상황이다. 노마드 지식인이나 노마드 정치가는 노마드들 무리의 형성원칙이 사라진 곳에서 더 이상 노마드 지식인이나 정치인으로 존재할 수가 없다.

누가 당신을 아버지나 선생이라고 부르면, 그의 곁을 떠나라. 누가 당신의 부관이 되거나 장군이 되려고 하면, 그들의 영토로부터 탈영토화하라. 탈주하라. 끊임없이 탈주하라. 그래서 노마드들의 무리를 형성하는 친구들의 세계와 연인들의 세계를 구성하라. 노마드의 원칙이 살아 숨쉬고 있는 재영토화의 공간을 창출하라. 단 하나의 연인, 단 하나의 친구와 짝을 이루어 사막과 바다, 초원과 산맥을 가로지르는 탈주선을 타라. 그곳에 젖과 꿀이 흐르는 새로운 친구와 연인들의 세계를 창출하라. 그리고 친구나 연인의 손을 잡고 고원의 저 너머, 전쟁이나 무력의 상황 속에서 "살인이 많이 이루어지니" "측은하고 담담한" "비통한 마음으로 통곡을 하라."

32. 노마드의 고원: 계곡의 물(The Nomadic Plateau: Water of the Valley)

길은 항상 이름 없음이고
나무의 소박함이다
비록 작지만
천하의 누구도 신하로 부릴 수 없다

왕이 그 길을 능히 지킬 수 있다면
만물이 스스로 순종할 것이다
하늘과 땅이 서로 합하여
단 이슬을 내리니
사람이 지시하지 않아도
스스로 균등하다

시작은 이름 있음을 만들고
일단 이름이 있게 되면
무릇 머무름을 알게 되나니
머무름을 알면 위태롭지 않다

천하를 길에 비유하면
계곡의 물이 강과 바다에 도달하는 것과 같다

The way is always non-naming,
And it can't be perceived.
Smaller than an electron,
It contains uncountable galaxies.

If powerful men could remain in the way,
All things would be harmony.
The world would become an utopia.
All people would be at peace,
And the law would be written in their hearts.

When you have names and forms,
Know that they are provisional.
When you have institutions,
Know where their functions should end.
Knowing when to stop,
You can avoid any danger.
All things end in the way
As rivers flow into the sea.

노자가 이야기하는 "길을 길이라고 부르면 이미 길이 아니다"에서 길은 탈주선인 동시에 생성의 선분이다. 탈주선과 생성의 선분은 모든 물질이 지니는 몸의 힘을 과거의 약속이 아닌 잠재적인 미래로 창출하는 선분이다. 탈주선이나 생성의 선분은 의사-환자, 선생-학생, 남성-여성, 아버지-아들이라는 과거의 약속으로 고정된 길이 아니라 몸이 지니고 있는 내재적 힘의 모든 잠재성을 표현하는 친구나 연인, 즉 아직까지 길이라고 불려지지 않은 친구나 연인의 세계를 가로지르는 선분이다. 이러한 "길은 항상 이름 없음이고/나무의 소박함이다."

'길은 항상 이름 없음'인 이유는 "이름을 이름으로 부르면 이미 이름이 아니다"고 했듯이 잠재적인 힘을 하나의 권력관계로 고정시키는 과거의 약속으로 이루어진 이름, 즉 의사, 환자, 선생, 학생, 남성, 여성 그리고 아버지와 아들이라는 이름들이 사라진 상태이기 때문이다. 이러한 '이름 없음'의 상태는 친구나 연인이라는 '우리'의 '이름 없음'의 선분으로 이루어지기 때문에 항상 '나무의 소박함'으로 존재한다.

수많은 생성적 선분으로 이어지는 '나무의 소박함'은 "비록 작지만/천하의 누구도 신하로 부릴 수 없다." 노자가 이야기하는 '나무의 소박함'은 항상 점으로 존재하는 노마드가 길(탈주선)을 찾기 위하여 만드는 선분의 힘, 즉 사랑과 우정의 힘이다. 사랑과 우정의 힘은 '비록 작지만', 탈주와 생성의 힘이기 때문에 '천하의 누구도 신하로 부릴 수 없다.' 사랑과 우정의 힘은 항상 이름 없음으로 존재하는 나무의 소박함을 가지고 스스로 생성되는 미래를, 탈주의 선분이 만들어지는 또 다른 사랑과 우정의 힘을 지닌 대상에게 위임한다.

이것은 마치 나무가 그 무엇으로 생성되는 미래를 목수에게 전적으로 위임하는 것과 같다. 그리하여 목수는 나무에게 위임받은 권력(부여받은 힘)을 행사하여 나무를 책상, 밥그릇, 집, 책꽂이 등으로 만든다. 그러나 목수가 행사하는 힘은 전적으로 나무에게서 부여받은 힘이기 때문에 그의 톱질이나 대패질은 나무의 힘이 지니고 있는 작용점, 힘의 방향(나무의 결), 힘의 크기(나무의 무늬)에 따라서 다르게 행해져야 한다. 나무의 힘이 지니고 있는 작용점, 크기, 방향이 각각 다르듯이 노마드의 힘이 지니고 있는 작용점, 크기, 방향 또한 다르다.

노마드의 힘이 지니고 있는 작용점, 크기, 방향의 차이들이 순간적으로 무리를 이루어 형성된 곳이 노마드의 고원, 즉 사회체이다. 따라서 사회체는 각각의 노마드들이 짝을 이루어 형성된 사랑과 우정의 힘이 지니는 거대한 힘의 작용점, 크기, 방향을 가진다. 거대한 점으로 구성되어 있는 이러한 힘은 원시영토 기계에서 생성의 힘을 부여할 대상으로 추장이나 족장을 필요로 하고, 전제군주 기계에서 왕을, 그리고 자본주의 기계에서 국가를 필요로 한다. 아프리카와 태평양의 섬들, 라틴아메리카 아마존 유역에 남아 있는 추장이나 족장들은 자신들이 노마드 종족들로부터 힘을 부여받았다는 사실을 알고 있다. 그러나 전제군주 기계의 왕이나 자본주의 기계의 국가는 노마드들로부터 힘을 부여받았다는 사실을 망각하고 스스로 황제가, 제국이 되려고 한다. 그리고 그를 위하여 국가철학을 창안한다. 그러나 전제군주 기계와 자본주의 기계가 작동하는 힘의 작용점은 황제나 제국에게 있는 것이 아니라 노마드들에게 있다. 그래서 노자는 "**왕이 그 길을 능히 지킬 수 있다면/만물이 스스로 순종할 것이다**"고 말한다. 노자가 이야기하는 왕이 따르는 길은 노마돌로지이다.

노자의 전제군주 기계와 들뢰즈의 자본주의 기계가 작동하는 노마드의 고원이 지니고 있는 특질은 노마드의 짝들이 지닌 힘의 균등성이다. 짝 혹은 연인이나 친구의 결합이 만드는 세계는 하늘과 땅이 결합하는 대지의 세계이다. 즉 의사와 환자, 선생과 학생, 아버지와 아들, 남성과 여성이 결합하는 세상은 의사나 환자, 선생이나 학생, 아버지와 아들, 남성과 여성의 구별이 없는 대지의 세계이다. 대지의 세계 속에서 의사, 선생, 아버지, 남성은 스스로 노마드의 점이라는 것을 알고 있고 또한 친구나 연인의 선분을 따라서 자신들에게 하늘 (의사, 선생, 아버지, 남성)이라는 권위를 부여한 힘의 원천이 환자, 학생, 아들, 여성이라는 것을 알기 때문에 끊임없이 환자 되기, 학생 되기, 어린이 되기, 여성 되기를 수행한다. 노마드의 고원에서 친구나 연인의 선분은 다양한 선분들로 겹쳐져 있다. 따라서 의사이며, 아버지이며, 남성인 노마드는 환자 되기, 어린이 되기, 여성 되기를 동시에 수행한다. 노마드의 고원에서 이루어지는 중첩의 생성을 들뢰즈는 '소수자 되기'라고 말한다.

 이러한 생성을 노자는 "**하늘과 땅이 서로 합하여/ 단 이슬을 내리니/ 사람이 지시하지 않아도/ 스스로 균등하다**"고 말한다. 노마드의 고원에서 이루어지는 '소수자 되기'를 통하여 "'하늘과 땅이 서로 합하여' 대지(大地)가 되고, 서로 땅의 극한(大 혹은 끝)이 된 '하늘과 땅'은 서로를 생성시키는 '단 이슬을 내리니', 국가철학을 통하여 "사람이 지시하지 않아도/ 스스로 균등하다"고 말할 수 있다. 의사와 환자, 선생과 학생, 아버지와 아들, 남성과 여성은 순간적으로 '길을 길이라고 부르거나' 혹은 '이름을 이름으로 부르는' 단순한 이미지일 뿐이다.

 마찬가지로 하늘과 땅은 대지의 서로 다른 이미지일 뿐이다. 땅의 끝은 하늘이고 하늘의 끝은 땅이다. 하늘의 극한이 땅인 것과 마찬가지로 의사의 극한은 환자이고, 선생의 극한은 학생이고, 아버지의 극한은 아들이고, 남성의 극한은 여성이다. 히포크라테스는 의사들에게 끊임없이 환자 되기를 권하고, 소크라테스는 철학자들에게 끊임없이 학생 되기를 권한다. 오늘날 의사의 환자 되기나 선생의 학생 되기를 불가능하게 만든 것은 의사와 선생을 '아버지의 이름'으로 대체시킨 정신분석학의 가족주의와 국가라는 남성적 상징체계를 만든 가부장적 남성중심의 지배체제이다. 그러나 '아버지의 이름'은 프로이트와 라캉도 인정하듯이 단순한 생성의 이미지이며 상징일 뿐이다. 이처럼 노마드의 고원에서 이루어지는 소수자 되기는 수많은 생성의 이미지들, 즉 하늘과 땅의 극한이 만나서 이루어지는 순간의 생성의 이미지들(신기루)을 만든다.

생성의 이미지와 상징들은 봄, 여름, 가을, 겨울을 구성하는 만물의 시작이다. 친구나 연인의 짝을 이루어 만물을 생성시키는 **시작은 [다시] 이름 있음**을 만든다. 따라서 노마드의 고원에서 의사, 선생, 아버지, 남성이라는 생성의 이미지나 상징에 **일단 이름이 있게 되면**, 친구나 연인의 짝으로 이루어진 환자, 학생, 아들, 여성이 '부여하는 힘'에 의하여 생성된 이미지나 상징임을 알기 때문에 환자 되기, 학생 되기, 어린이 되기, 여성되기를 통하여 "**무릇 머무름을 알게 되나니/머무름을 알면 위태롭지 않다**"고 노자는 말하는 것이다. 환자 되기를 하지 않는 의사, 학생 되기를 하지 않는 선생, 어린이 되기를 하지 않는 아버지, 여성되기를 하지 않는 남성을 우리는 '돌팔이' '가짜' 혹은 '사이비'라고 부른다. 이런 '돌팔이' 등의 이미지나 상징이 생성의 이미지나 상징과 다른 점은 노마돌로지의 원칙을 따르느냐 아니면 가족주의와 가부장주의의 국가철학을 따르느냐에 달려 있다.

노마돌로지의 원칙은 자연이 지니고 있는 생성의 원칙이다. 인간은 자연과 대립하는 것이 아니라 자연을 구성하는 하나의 힘이다. 자연 속에서 호랑이와 토끼, 원숭이와 코끼리가 나무나 돌 혹은 물이나 바람과 마찬가지로 생성으로 나아가는 다양한 힘이듯이 인간은 호랑이 되기나 원숭이 되기 혹은 나무되기나 바람 되기를 통하여 다양한 생성의 힘으로 작용한다. 따라서 자연 속에 존재하는 모든 존재(a thing)는 노마드이다. 자연 속에 있는 노마드들은 돌을 만나면 돌 되기를 수행하고, 나무를 만나면 나무되기를 수행하며, 또한 바람을 만나면 바람 되기를 수행한다. 돌 되기, 나무되기, 바람 되기를 통하여 노마드는 그 무엇으로 생성된다. 노마드가 지니고 있는 자연의 생성적 힘은 부여하는 힘을 통하여 부여받는 힘이 되는 생성의 과정, 즉 탈영토화와 재영토화의 과정으로 존재하는 힘이다. 그래서 노자는 "최상의 길은 물과 같다"고 말하였고, 들뢰즈는 "모든 욕망기계는 흐름을 생산한다"고 말했다. 물과 같이 흐름을 생산하는 것이 자연이다.

스피노자가 이야기하는 능산적 자연은 '생성을 부여하는 힘'이고 소산적 자연은 '생성을 부여받는 힘'이다. 니체가 이야기하는 '권력에 대한 의지'(will to power)는 '생성을 부여하고 부여받는 힘', 즉 능산적이고 소산적인 자연의 탈영토화와 재영토화의 과정을 일컫는 것이다. 노자는 "천하의 [자연에] 길을 비유하면/계곡의 물이 강과 바다에 도달하는 것과 같다"고 말한다. 자연은 능산적이고 소산적인, 즉 탈영토화와 재영토화의 과정이다. 자연은 곧 탈영토화와 재영토화의 과정을 추적하는 길(탈주선)이고, '계곡의 물'은 곧 '강과 바다'의 물이다. 이와 마찬가지로 의사와 환자, 선생과 학생, 아버지와 아들, 남성과 여성은 모두 자연이고 노마드이다.

그런데 굳이 의사와 환자, 선생과 학생, 아버지와 아들, 남성과 여성을 구분하는 것은 자연과 길을 구분하거나 계곡의 물과 강과 바다의 물을 구분하는 것과 마찬가지로 능산적 자연과 소산적 자연을 구분하는 것이다. 계곡의 물과 강과 바다의 물을 구분하는 것처럼 노마드의 고원에 있는 노마드들을 구분한다면, 계곡의 물과 같은 능산적 자연은 환자, 학생, 어린이, 여성이고 강과 바다의 물과 같은 소산적 자연은 의사, 선생, 아버지, 남성이다. 소산적 자연은 능산적 자연이라는 거대한 기계에 달라붙어 있는 기생물이다. 능산적 자연이라는 거대한 기계에 달라붙지 않고 스스로 생성되는 기생물은 존재하지 않는다. 따라서 의사 되기, 선생 되기, 아버지 되기, 남성 되기는 존재하지 않는다. 계곡의 물이 나무 되기, 돌 되기 혹은 바람 되기로 존재하는 것과 마찬가지로 노마드의 고원에는 오직 환자 되기, 학생 되기, 어린이 되기, 여성 되기만이 존재한다. 자연은 끊임없는 능산적 자연의 소수자 되기를 통하여 나무, 돌, 바람, 흙이라는 소산적 자연으로 존재한다.

33. 과학과 예술(Science and Art)

사람을 아는 것을 슬기라 하고
자신을 아는 것을 밝음이라 한다
사람을 이기는 것을 힘 있음이라 하고
자신을 이기는 것을 강함이라고 한다

족함을 아는 것을
부유함이라 하고
강하게 밀고 나가는 것은 뜻이 있음이니
자신의 자리를 잃지 않는 자가 영원하다
죽어도 잃어버리지 않음이 오래 산다

Knowing others is intelligence;
Knowing yourself is true wisdom.
Mastering others is strength;
Mastering yourself is true power.

If you realize that you have enough,

You are truly rich.
If you stay in a center of the nomadic way
And embrace death with your whole heart,
You will endure forever.

　　리비도의 욕망을 프로이트가 창조한 것이 아니듯이 과학은 근대의 창조물이 아니다. 르네상스의 노마돌로지가 발흥하여 중세 전제군주 기계의 국가철학이 위기를 맞이했을 때, 국가철학은 전제군주 기계를 작동시키는 종교를 버리고 과학과 새로운 제휴를 맺는다. 그러나 과학이 근본적으로 국가철학은 아니다. 과학은 근본적으로 노마돌로지의 철학과 결합하여 끊임없이 근원적 노마돌로지가 지닌 예술적 창조의 길을 뒤따른다. 하지만 위기에 처한 근대의 국가철학은 과학을 국가과학으로 전유하여 과학과 노마돌로지의 관계를 단절시켰다.
　　이러한 단절은 데카르트의 '코기토에 의한 정신과 몸의 분리'이고, 칸트의 선험적 초월성에 의한 인간과 자연의 분리이며, 프로이트의 오이디푸스에 의한 의식과 무의식의 분리로 나타난다. 또 이 분리는 정신에 의한 몸의 억압, 인간에 의한 자연의 억압, 의식에 의한 무의식의 억압으로 이어졌다. 이러한 억압은 근원적으로 과학에 의한 예술의 억압이다. 그럼에도 불구하고 근대 국가과학은 뉴턴의 영토화 혹은 재영토화 기능을 하는 과학과 아인슈타인의 탈영토화 기능을 하는 과학의 상반된 탈영토화와 재영토화의 과정을 이해하지 못한다.
　　근대 국가철학의 과학에 의한 예술의 억압은 철학을 논리학으로 변형시켰다. 논리학은 필연적으로 이분법적 대립과 절충이라는 환원주의의 길을 걷는다. 정신과 몸, 인간과 자연, 남성과 여성, 이성과 감성, 의식과 무의식, 과학과 예술의 이분법은 몸, 자연, 여성, 감성, 무의식, 예술의 반란을 통한 대립 그리고 이러한 대립과 투쟁에 대한 국가철학의 새로운 정신, 새로운 인간, 새로운 남성, 새로운 이성, 새로운 의식, 새로운 과학을 통한 정신과 몸, 인간과 자연, 남성과 여성, 이성과 감성, 의식과 무의식, 과학과 예술의 새로운 절충. 서구적 근대의 역사는 법철학, 정치학, 경제학, 사회학, 정신분석학의 영역에서 논리학이 지니는 대립과 절충의 환원주의가 반복된 역사이다. 오늘날 이러한 대립과 절충의 환원주의라는 서구근대의 역사는 문화학의 영역에서 반복되고 있다.

이러한 대립과 절충의 환원주의는 순수사건이 보여주고 있는 현상의 기호와 징후의 생성적인 철학적 개념들을 논리학에 의한 과학의 기능적인 존재론적 명제로 대체하였기 때문에 발생하는 것이다. 현상의 기호적 표현에서 개념을 명제로 대체하는 과학적(논리적) 사유는 동사를 명사로, 즉 표현의 형식인 '~이다'(be 동사)를 내용의 형식인 '~임'(being)이라는 내용과 형식으로 파악하여 '~임'을 '되기'(becoming)가 아니라 절대적 존재(Being)의 모사물로 인식하게 만든다. 그러나 '나무는 푸름이다'(a tree is green)는 표현에서 '~이다'(is)는 '나무=푸름'이라는 두 개의 명사를 결합하는 것이 아니라 '푸르러지다'(to green, becomes green, or is greening)는 과정과 생성의 동사이다. 이러한 생성적 개념을 논리적 명제로 대체하는 국가철학의 매개과학은 정신-몸의 이분법처럼 내용-형식의 이분법을 통하여 내용의 형식이 표현의 형식으로 드러나는 물리적 표면의 수많은 관계맺음을 제거한다.

우리가 영어를 배우면서 획득하는 것처럼 동사는 자동사와 타동사로 구별되는 것이 아니라 모든 동사는 타동사이다. 즉 '나무는 푸르러지다'는 표현은 '(오월의 자연과 관계맺음에 의하여) 나무는 푸르러진다'는 '오월의 자연과 관계맺음'이라는 내용의 형식이 생략된 것이다. 따라서 은유와 환유, 상징은 존재하지 않는다. '노무현은 (노마드 민중에 의하여) 대통령이 된다'와 마찬가지로 '그는 (환자에 의하여) 의사가 된다'이거나 '그는 (여성에 의하여) 남성이 된다.' 따라서 'A=B'라는 과학적 명제는 '새옹지마'(塞翁之馬)에서 '노인의 말이 도망치다' '도망친 말이 돌아오다' 혹은 '말을 탄 아들이 말에서 떨어지다'와 마찬가지로 현상이라는 물리적 표면에 드러난 순수사건에 대한 하나의 표현형식이다. 따라서 과학이 추구하는 절대적 명제나 절대적 존재는 존재하지 않는다. 절대적 명제나 절대적 존재를 추구한다는 점에서 과학은 종교와 가깝다. 그래서 국가철학은 중세의 전제군주 기계에서 종교와 결합하였다가, 다시 근대의 자본주의 기계에서 과학과 결합한 것이다.

노마돌로지의 철학적 사유를 추구하는 노자는 과학적 명제가 지니고 있는 기능적 관찰과 예술적 형상이 지니고 있는 생성적 창조를 명확히 구분하고 있다. 노자가 인식하고 있는 과학은 "사람을 아는 것을 슬기라 하고"의 '슬기'이고, 예술은 "자신을 아는 것을 밝음이라 한다"의 '밝음'이다. 사람은 내재성의 평면 위에서 뛰어다니는 노마드들에 대한 일반명칭이다. 그들은 이리 뛰기도 하고 저리 뛰기도 한다. 때때로 산을 기어오르기도 하고 강물 속으로 뛰어들어 헤엄치기도 한다.

그러나 그들은 항상 친구와 연인의 관계 속에서 의사나 환자, 선생이나 학생, 아버지나 아들 혹은 남성이나 여성으로 존재한다. 이러한 '그는 선생이다'라는 순수사건의 기능적 측면을 아는 것을 노자는

'슬기'라고 하고 들뢰즈는 과학이라고 부른다. 다만 슬기는 순산적인 것이지 지속적이거나 영속적인 것이 아니다. '그는 선생이다'라는 순수사건은 학생과의 관계라는 물리적 표면이 만든 하나의 현상(물리적 표면효과)일 뿐이다. 또 다른 물리적 표면에서 "그는 환자이며, 학생이며, 아버지이며, 여성이다"로 존재할 수도 있다.

따라서 '그는 선생이다'나 '그는 학생이다'는 '사람을 아는 것'은 물리적 표면효과로 드러나는, 다시 말해 물리적 표면에서 하나의 관계로 만들어지는 변수(variables)를 아는 것이다. 여기서 하나의 변수는 항상 (n-1)개의 독립변수를 갖는다. (n-1)개의 독립변수가 지니는 가능성은 미래를 구성하는 다양성(varieties)이다. 멀리 있는 길이나 미래를 밝혀주는 '밝음'은 '나는 학생이다'라는 하나의 변수를 아는 것을 뛰어넘어 '나는 학생이며, 선생이며, 남성이며, 여성이고…'라는 (n-1)개의 독립변수가 지닌 다양성을 아는 것이다. 이러한 다양성은 어떤 사건이 지니고 있는 물체의 심층적 힘과 물리적 표면의 상호작용으로 만들어지는 생성적 의미이다. 그래서 과학자는 '그것은 무엇인가?'(What it is?) 하고 묻지만, 예술가는 '그것은 어떻게 작동하는가?'(How it does work?)라고 질문한다.

이를 일러 노자는 "사람을 이기는 것을 힘 있음이라 하고/자신을 이기는 것을 강함이라고 한다." '힘 있음'은 물리적 표면효과로 드러나는 '그는 선생이다'의 '선생'이 지니고 있는 변수가 얼마나 많은 심층적 힘을 지니고 있는가 하는 척도의 기준이다. 심층적 힘이란 물체가 지니고 있는 리비도의 생성적 힘이다. 의사의 힘 있음은 환자를 생성시키는 힘이고 선생, 아버지, 남성의 힘 있음은 학생, 어린이, 여성을 생성시키는 힘이다. 그러나 의사, 선생, 아버지, 남성의 힘은 항상 환자, 학생, 어린이, 여성에 의하여 부여받는 힘이기 때문에 상대적 힘이라고 말할 수 있다. '사람을 이기는 것'은 항상 상대적이다. 대문자 'I'의 '나'는 존재하지 않는다. '나'는 항상 상대적으로 존재하는 소문자 'i'(i am sam)이다.

노자가 '힘 있음'이라는 상대적 힘과 대비하여 '자신을 이기는 것'을 '강함'이라고 말하는 것은 부여하는 힘이 지니고 있는 절대적 힘을 나타내기 위함이다. 마치 나무가 자신의 모든 힘을 목수에게 위임하는 것처럼 그 누군가에게 의사, 선생, 아버지, 남성이라는 권력을 위임하는 환자, 학생, 어린이, 여성은 절대적인 무한의 힘에서 물리적 표면효과로 드러난 순수사건의 어느 하나라는 변수를 뺀 (n-1)개의 가능성을 지닌다. 나무를 의자나 책상 혹은 그릇으로 만드는 목수처럼 의사, 선생, 아버지, 남성은 오직 관계의 선분으로 이어진 하나의 힘만을 지닌다. '힘 있음'이라는 순간의 상대적 힘은 '강함'이라는 무한의 절대적 힘에 의하여 구성되고 해체된다. 결국 노자가 말하는 '자신을 이기는 것'은 '나'라는 소문자 'i'가 의사, 선생, 아버지, 남성이라는 절대적 '나'라는 대문자 'I'로 드러나는 것에서 벗어나 끊임없이 환자 되기, 학생 되기, 어린이 되기, 여성 되기를 통하여 물리적 표면으로 아직 드러나지 않은 (n-1)개의 가능성으로 존재하는, 그래서 끊임없이 권력을 부여하는 힘이다. 이것이 노자가 말하는 '강함'이라는 절대적 힘이다.

'강함'이라는 절대적 힘을 지니고 있는 예술적 지식(자신을 아는 것 혹은 심층적 힘과 물리적 표면의 상호작용을 아는 것)은 미래를 구성하는 힘이다. 그래서 예술가는 항상 하나의 그림, 하나의 선율, 하나의 소설이나 시, 하나의 영화를 만든 다음에 또 다른 그림이나 선율, 또 다른 소설이나 시, 또 다른 영화나 삶을 만들기 위하여 이전의 작품으로부터 탈영토화한다. 하나의 예술작품을 만들고 그것에 집착하여 그곳에 머물러 있는 사람은 더 이상 예술가가 아니다. 예술가는 지속적으로 예술가가 되기 위하여 작품을 놓고 떠난다. 신이 인간을 만들고 떠난 것처럼 예수와 석가모니가 신을 만들고 떠난 것처럼. 그래서 예술작품은 스스로 존속한다. 국가철학이 규정하는 것과 같은 근본적인 희극과 비극은 존재하지 않는다. 예술작품이 만나는 독자나 관객의 선분에 따라서 텍스트는 희극도 되고, 비극도 된다. 예술작품과 만나는 생성의 선분을 포착하지 못하고, 그것을 상징과 은유로 해석하는 사람들은 국가철학의 지식으로 인하여 스스로 생성을 저당잡힌 대학교수들뿐이다.

예술작품이나 예술가처럼 스스로 존속하는 것, 그것은 노마드로 존재하는 것이다. 노마드는 끊임없이 탈영토화하므로 무한정으로 솟아오르는 부여하는 힘의 절대적 '강함'으로 존재한다. 노자는 노마드로 존재하는 "족함을 아는 것을 부유함이라 하고/강하게 밀고 나가는 것은 뜻이 있음이니/자신의 자리를 잃지 않는 자가 영원하다"고 말한다. 노마드로 존재하는 것이 '족하다'는 의미는 노마드로 존재하는 자신이 정착민으로 존재하고자 하는 '자신을 이기는' 절대적인 '강함'이 항상 순간적인 정착민으로 존재하는 '사람들을 이기는' 상대적인 '힘 있음'을 만든다는 것, 즉 예술적인 영원성의 지식이 순수사건의 물리적 표면효과라는 과학적인 지식을 포용하고 있다는 노마드 지식인이 지니는 마음의 풍요로움이다. '깨달음이 중생에게 있다'고 말하는 석가모니의 말은 너무나 실존적이다. 중생은 '부여하는 힘'을 지닌 노마드이다. 어찌 노마드로 존재하는 '족함을 아는 것을 부유함이라'고 말하지 않겠는가?

그러므로 '뜻이 있음'은 마치 나그네가 항상 떠날 준비를 하는 것처럼 노마드로 존재하고자 하는 무한한 심층적 힘을 '강하게 밀고 나가는 것'이다. 노마돌로지의 지식으로 뜻을 지니는 것은 정착민이 되어 의사-환자, 선생-학생, 아버지-아들, 남성-여성의 선분을 주인-노예의 선분으로 환원시키는 것이 아니라 모든 선분이 지니고 있는 영토로부터 탈영토화하여 내재성의 장이라는 대지로 영원회귀하는 것이다. 진정한 '자신의 자리'는 정착민으로 영토화된 의사, 선생, 아버지, 남성이라는 정착민의 자리가 아니라 소수자 되기를 통하여 대지 위에서 마냥 뛰어노는 노마드의 자리이다. "인생은 짧고 예술은 영원하다"고 했듯이, 이러한 노마드가 지니고 있는 '자신의 자리를 잃지 않는 자가 영원하다.' 의사이며 환자이고, 선생이며 학생이고, 아버지이며 아들이고, 남성이 여성으로 존재하는 예술가적인 노마드 지식인의 다양성은 자연과 마찬가지로 시간과 공간을 가로지르는 무한한 생성의 다양성이다. 예술은 자연을 모방하는 것이 아니라 최고의 예술이 곧 자연인 것이다.

    자연 속에서 죽음은 하나의 인식적 범주(category) 위에서 존재하는 하나의 변수가 지니는 죽음의 모델이지 영원한 끝이 아니다. 나무의 범주에서 소나무의 죽음은 소나무라는 이름을 지니는 하나의 변수가 지니는 죽음의 모델이다. 소나무는 죽음의 모델을 통하여 흙이나 물이라는 또 다른 변수들(variations) 속에서 억새나 들꽃 혹은 대나무나 참나무라는 물리적 표면의 순수사건이라는 또 다른 변수로 생성한다. 인간의 삶은 자연이다. 따라서 '죽어야 산다'라는 말은 '탈영토화해야지 재영토화할 수 있다'는 말과 동일하다.

    로렌스(D. H. Lawrence)의 『아들과 연인』에서 폴은 어머니의 죽음과 더불어 스스로 죽는다. 그러므로 그는 예술가로 다시 생성한다. 제임스 조이스(James Joyce)의 『젊은 예술가의 초상』에서 스티븐 데달루스는 하나의 죽음의 모델을 통과하기 위하여 가족, 교회, 국가로부터 탈영토화한다. 가족, 국가, 교회의 범주에서 스티븐 데달루스는 죽었다. 그러나 예술가라는 노마드 지식인의 범주에서 스티븐 데달루스는 탄생한다. 역설적이게도 스티븐 데달루스의 노마드적 탄생은 가족과 국가, 교회의 노마드적 탄생을 예고할 수도 있다. 따라서 노자가 "죽어도 잃어버리지 않음이 오래 산다"고 말하는 것은 '죽어도' 자신이 노마드라는 사실을 '잃어버리지 않음이 오래 산다'고 말하는 것이다.

34. 욕망기계의 생태학적 배치(The Ecological Arrangement of Desiring Machines)

큰 길은 어디에나 넘쳐흐르고
좌와 우, 어느 쪽으로도 가능하다
만물이 길을 따라서 생기지만
스스로 말하지 않는다
공을 이루지만
소유하지 않고
만물에 옷을 입혀 양육하지만
주인이 되지 않는다
항상 욕망 없음이면
작다고 명명할 수 있어서
만물이 귀속할 수 있지만
스스로 주인이 되지 않으므로
크다고 명명할 수 있다

마지막까지 스스로 커지려고 하지 않으니
능히 극한을 이룬다

The great way flows everywhere.
All things are born from it,
Yet it doesn't create them.
It pours itself into its work,
Yet it makes no claim.
It nourishes infinite worlds,
Yet it doesn't hold on to them.
Since it is merged with all things
And hidden in their immanence,
It can be called humble.
Since all things vanish into it
And it alone endures,
It can be called great.

It isn't aware of its greatness;
Thus it is truly great.

우리들의 몸은 기관들 없는 몸과 기관들로 가득 찬 몸을 끊임없이 순환하면서 새로운 그 무엇으로 끊임없이 생성한다. 기관들 없는 몸은 본질적으로 눈에 보이지 않는 추상기계이고 내재성의 장이며 그리고 자연의 대지이다. 따라서 기관들 없는 몸이 생성적 관계로 나아가기 위한 선분은 눈에 보이는 기관들로 가득 찬 몸의 물리적 표면에 드러나는 순수사건이고 의미의 이미지이며, '그 무엇 되기'(becoming something)의 끝없는 생성이다. 몸은 자연의 영토에서 자연의 대지로, 사회의 영토에서 사회의 대지로, 정신의 영토에서 정신의 대지로 끊임없이 탈영토화하고, 그러한 탈영토화는 자연과 사회, 정신의 새로운 영토를 생성시킨다. 이러한 자연(대지와 생성)과 사회(추상기계와 의미의 이미지), 정신(몸의 내재성과 순수사건)을 가로질러 사유하고자 함은 생성적 자연을 모델로 하여 무리를 구성하는 사회체와 분자적 몸을 생성적으로 배치하기 위한 노마돌로지의 지적 도구이다.

모든 생명을 지니고 있는 욕망기계는 이미 배치되어 있다. 예를 들어 종종 간호사의 실수로 일어나는 사건처럼 새로 태어난 신생아가 각각 부모의 이름이 색인되어 있는 유아용 침대에 배치되지 않는다면 신생아들은 자신들의 부모가 지니고 있는 환경과 전혀 다른 환경에서 전혀 다른 사람으로 성장하게 된다. 어떤 상황에서도 새로 탄생한 신생아는 어떤 삶의 환경에 배치된다. 이러한 환경은 유아가 성장하면서 변화된다. 즉 유아는 어떤 부부로 이루어진 가족의 환경에 배치되지만, 그 가족은 새로운 유아의 배치에 의해서 새로운 환경이 만들어지는 것이다. 부부는 새로운 아이의 가족적인 공간배치에 따라서 그 이전에 부부가 유지하던 삶의 영토들로부터 탈영토화해야 한다. 이와 반대로 새로운 배치에 의하여 만들어진 환경은 그 배치물의 생명성을 유지시키기 위하여 끊임없이 탈영토화와 재영토화의 과정이 지속되는 환경을 만들어야 한다. 이처럼 몸이 거처하고 있는 자연, 사회, 정신의 변화하는 환경을 우리는 문화적 풍경이라고 부른다. 변화하는 문화적 환경을 만드는 근본적인 동인은 가족의 아버지와 어머니, 전제군주기계나 자본주의 기계 같은 사회체의 지배적인 구조 혹은 노마드의 탈주를 가로막는 영토기계가 아니라 생명을 지니고 있는 노마드의 몸, 즉 신생아와 같은 새로운 몸(욕망기계)의 배치이다.

가족주의는 '아버지-어머니-아들(나)'이라는 오이디푸스적 삼각형의 구조로 노마드를 배치한다. 자본주의는 '자본-상품-인간(나)'이라는 자본기계의 삼각형 구조로 노마드를 배치한다. 국가주의는 '국가-지배자(정치인 혹은 국가철학자)-국민(나)'라는 국가지배적인 삼각형 구조로 노마드를 배치한다. 그러나 가족은 친구관계나 연인관계를 대표하는 노마드와 노마드의 연맹이나 결연이지 삼각형 구조가 아니다. 가족을 오이디푸스적 삼각형 구조로 인식하는 것은 '나와 너'의 약속이나 결연에 의하여 끊임없이 만들어지는 가족의 현재적인 순수사건을 이미 가족주의로 영토화된 과거의 '아버지-어머니-나'라는 하나의 영토화된 계열에 종속시키는 것이다.

자본도 마찬가지이다. 노마드와 노마드의 관계에서 서로가 서로를 매료시키거나 매료당하는 몸의 새로운 상품(기관)들이 자본을 만드는 것이지, 자본이 상품을 만들고 상품이 인간을 규정하는 것은 아니다. 자본은 몸과 마찬가지로 근원적인 기관들 없는 몸이다. 국가나 민족 또한 초월적이거나 절대적인 사회구성체가 아니라 노마드의 동물 되기에 의하여 만들어지는 노마드의 무리나 떼를 지칭하는 것이다. 국가나 민족은 국가철학자에 의하여 지배되는 것이 아니라 노마드의 삶, 즉 노마돌로지에 의하여 끊임없이 탈영토화와 재영토화를 순환한다.

몸의 생태학적 배치는 이미 만들어진 가족주의이고 자본주의적이며 국가주의적인 기관들로 가득 찬 몸의 배치에서 벗어나 노마드적이고 자연적인 삶의 배치를 의미한다. 노자는 몸의 생태학적 배치로 나아가는 **"큰길은 어디에나 넘쳐흐르고/좌와 우, 어느 쪽으로도 가능하다"**고 이야기한다. 가족으로 살되, '아버지-어머니-아들(나)'이라는 오이디푸스적 삼각형의 구조 속에 사는 것이 아니라 일 대 일의 친구나 연인 관계 속에서 사유하고 실천하는 것이 몸의 생태학적 배치로 나아가는 '큰길'이다. 자본을 이용하며 살되, '자본-상품-인간'이라는 자본주의적 구조 속에서 사는 것이 아니라 기관들 없는 몸이 되어 새로운 상품(영토)을 끊임없이 생산하는 것이 몸의 생태학적 배치로 나아가는 '큰길'이다. 그리고 국가 속에서 살되, '국가-지배자(국가철학자)-국민'이라는 국가지배적 삼각형의 구조 속에서 사는 것이 아니라 기관들 없는 몸 되기를 통하여 노마드의 무리가 새로운 국가와 민족을 끊임없이 재구성하는 것이 몸의 생태학적 배치로 나아가는 '큰길'이다.

인간은 근원적으로 노마드이다. 노마드로 생성하는 '큰길은 어디에나 넘쳐흐른다.' 그러나 인간을 누구의 아들이나 딸이라고 생각하거나, 인간을 상품으로 규정하여 이러저러한 자본적 가치로 규정하는 것 혹은 인간을 어떤 국가나 민족의 국민으로 인식하는 것은 각각의 노마드가 현재의 생성적 순간에 만드는 새로운 가족, 새로운 자본, 새로운 국가를 끊임없이 과거의 가족이나 자본 혹은 국가로 환원시키려는 가족주의, 자본주의, 국가주의의 지배장치이다. 인간은 근원적으로 노마드이기 때문에, 이러한 가족주의, 자본주의, 국가주의의 지배장치로부터 벗어나서 몸의 생태학적 배치로 나아가는 '큰 길'은 노마드적 선분의 '좌와 우', 즉 아버지나 어머니, 자본이나 상품, 국가나 지식인의 '어느 쪽으로도 가능하다.' 우리가 지배장치로 사유하거나 실천하는 것으로부터 벗어나서 기관들 없는 몸으로 사유하거나 실천하기 시작했을 때, 아버지나 어머니, 자본이나 상품, 국가나 지식인은 각각의 노마드이거나 기관들 없는 몸 혹은 노마드의 무리이거나 노마돌로지이다. 그래서 노자는 몸의 생태학적 배치로 나아가는 '큰길'은 '좌와 우, 어느 쪽으로도 가능하다'고 이야기한다.

이러한 몸의 생태학적 배치 속에서 아버지나 어머니, 자본이나 상품, 국가나 지식인과 같은 "만물이(은) 길을 따라서 생기지만" 아버지나 어머니, 자본이나 상품, 국가나 지식인이라고 "스스로 말하지 않는다." 수많은 생성적 벡터의 힘을 지닌 노마드의 점이 순수사건에 의하여 연결된 관계의 선분이 만든 의미를 아버지나 어머니, 자본이나 상품, 국가나 지식인이라고 '스스로 말하는' 순간에 노마드의 몸이 지니는 (n-1)개의 생성적 가능성은 사라지고, 각각의 노마드는 가족주의, 자본주의, 국가주의의 지배장치가 된다. 그러므로 몸이 생태학적 배치로 끊임없이 나아가는 '길'은 노마드의 일 대 일 관계로 생산되는 상징적 의미를 아버지나 어머니로 고착시키는 것이 아니라 끊임없이 노마드의 무리 속에서 겹쳐지는 친구와 연인의 관계를 확대시키는 것이다. 노마드의 일 대 일 관계로 생산되는 기관들을 자본이나 상품으로 고착시키는 것이 아니라 관계의 생성적 가치를 끊임없이 생성시키기 위하여 기관들 없는 몸이 되는 것이다. 또한 노마드의 무리들 속에서 이루어지는 수없이 겹쳐지는 선분들을 국가나 국가철학으로 고착시키는 것이 아니라 또 다른 노마드의 무리들 속으로 끊임없이 재배치하거나 새로운 선분을 생성시키는 노마돌로지로 재무장하는 것이다.

몸의 생태학적 배치는 지속적인 기관들 없는 몸 되기의 배치 속으로 들어가는 것이다. 불교의 선(禪)이나 힌두교의 요가, 기독교와 이슬람교의 금욕주의는 지속적인 기관들 없는 몸 되기, 즉 몸의 생태학적 배치로 나아가는 다양한 문화적 형식의 차이라고 말할 수 있다. 이러한 기관들 없는 몸 되기는 매순간 몸의 물질적 표면 위에서 이루어지는 순수사건의 생성을 정신적·물질적으로 소유하는 것이 아니라 미래의 또 다른 생성을 위하여 끊임없이 현재의 생성을 버리거나 포기하는 것이다. 이것을 일컬어 노자는 "공을 이루지만/소유하지 않고/만물에 옷을 입혀 양육하지만/주인이 되지 않는다"고 말한다. 따라서 '과거-현재-미래'라는 일직선의 시간관은 과거의 아버지나 자본 혹은 국가를 현재와 미래까지 지속시키고자 하는 국가철학적 지배장치의 시간관일 뿐이다. 몸의 생태학적 배치를 이루는 노마돌로지의 시간은 끊임없이 순수사건으로 구성되는 영원한 현재라는 크로노스의 시간과 순수사건이 과거와 미래로 흩어져서 끊임없이 새로움을 생성하는 에이온의 시간으로 구성되어 있다. "공을 이루지만/소유하지 않고/[관계를 맺는] 만물에 옷을 입혀 양육하지만/주인이 되지 않는다"는 말은 영원한 현재라는 크로노스의 시간과 생성의 미래와 과거라는 에이온의 시간이 지속적으로 순환하는 것, 즉 순수사건으로 존재하는 것을 의미한다.

순수사건은 욕망의 흐름, 욕망 없음과 욕망 있음의 끊임없는 순환의 운동, 탈영토화와 재영토화의 과정을 일컫는 말이다. "없음은 만물의 시작이고/있음은 만물의 어미이다"고 했듯이 욕망 없음은 욕망 있음을 수반하고, 탈영토화는 항상 재영토화를 수반한다. 노자는 "**항상 욕망 없음이면/작다고 명명할 수 있어서/만물이 귀속할 수 있지만/스스로 주인이 되지 않으므로/크다고 명명할 수 있다**"고 말한다. 욕망 없음은 기관들 없는 몸이다. 기관들 없는 몸은 그 어떤 기관으로 명명할 수 없다. 따라서 "항상 욕망 없음이면/작다고 명명할 수 있"다.

그러나 순수사건은 항상 일 대 일이라는 관계의 선분으로 의미를 생성하기 때문에 기관들 없는 몸은 '만물이 (관계를 맺기 위하여) 귀속할 수 있다.' 이처럼 만물이 귀속하는 기관들 없는 몸은 '스스로 주인이 되(려고 하)지 않기' 때문에 그것은 관계를 맺는 모든 만물을 주인으로 만든다. 현재라는 물리적 표면 위에서 이루어지는 순수사건에 의하여 관계를 맺는 모든 만물을 주인으로 만드는 기관들 없는 몸이나 탈영토화를 우리가 어찌 '크다고 명명할 수' 없겠는가? 그리고 '작아지다'와 마찬가지로 '커지다'는 어떠한 물질이나 존재가 지니고 있는 몸의 극한을 의미한다. 욕망 없음이나 탈영토화를 이루는 몸의 생태학적 배치, 즉 기관들 없는 몸 되기는 몸의 극한적 배치를 의미하는 것이기도 하다.

 작아지면 커지고, 커지면 작아지는 노마드의 존재론적인 역설, 즉 탈영토화와 재영토화의 과정이 바로 몸의 생태학적 배치가 지니는 생명성의 역설이다. 자연의 수많은 몸들과 마찬가지로 끝없는 생성적 관계의 메커니즘 속에 자신의 몸을 배치하고자 하는 노마드의 욕망을 노자는 "마지막까지 스스로 커지려고 하지 않으니/능히 극한을 이룬다"고 말한다. 극한은 눈에 보이는 것과 눈에 보이지 않는 것의 경계가 없는 것, 즉 몸에 대한 인식 불가능성 지대를 의미한다. 그러나 이러한 인식불가능성 지대는 초월적인 것이 아니다. 그것은 이미 몸의 내재성이다. 몸의 생태학적 배치는 내재성의 장 위에 몸을 배치하는 것이다.

35. 우주와 자연(Universe and Nature)

큰 우주를 파악하면
천하가 순종한다
천하가 순종해도
나누어지지 않으니
안락하고 태평하다

좋은 음악과 음식은
지나가는 손님을 멈추게 한다
그러나 길이 입으로 나오면
담담하고 맛이 없다

눈으로 보아도 완전히 보지 못하고
귀로 들어도 완전히 듣지 못하지만
아무리 써도 부족함이 없다

She who is centered in the way
Can attract all things to her.

She perceives the universal harmony,
Even amid great pain,
Because she has found peace in her immanence.

Music or the smell of good cooking
May make people stop and enjoy.
But words that point to the way
Seem monotonous and without flavor.
When you look for it, there is nothing to see.
When you listen for it, there is nothing to hear.
When you use it, it is inexhaustible.

우주는 끊임없이 팽창하고 생성하고 있다. 매순간 우주는 우리의 지구가 속해 있는 은하계와 같은 별들을 끊임없이 생성시킨다. 이러한 우주의 팽창은 양(quantity)적인 동시에 질(quality)적인 팽창이다. 양적인 변화는 질적 변화를 수반한다. 그리고 질적인 변화 또한 양적인 변화를 수반한다. 우리는 매순간 모든 사물과 존재의 양적 변화와 질적 변화를 목격할 수 있다. 이 세상에 있는 그 무엇도 양적인 변화나 질적인 변화가 없이 그대로 존재하는 것은 없다. 모든 사물과 존재가 지니고 있는 양적인 변화와 질적인 변화, 즉 일반적으로 '모든 것은 변화한다'고 말하는 변화는 양적인 생성과 질적인 생성을 의미하는 것이다.

그러므로 지식은 우주의 모든 존재들이 지니고 있는 양적인 생성과 질적 생성 과정을 추적하는 것이다. 이러한 지식의 추적과정에서 어느 하나의 변화에 고착하게 되면, 즉 A에서 B로 변화하는 단일한 변화에 몰두하게 되면, 우리는 B가 C로, C가 D로 끊임없이 변화하는 과정을 놓치게 된다. 모든 지식이 지니고 있는 이러한 오류의 특질, 즉 규정하고 고착되는 그 순간 노마돌로지의 지식이 국가철학적 지식이 되는 오류를 벗어나기 위하여, 노마드 지식인은 항상 우주의 생성과정을 파악하기 위하여 끊임없이 생성하는 자연을 지식인의 삶과 이론의 모델로 설정한다.

  서구근대와 더불어 분화된 철학·과학·예술 학문분야 가운데 예술은 노마돌로지의 전통을 가장 잘 계승하고 있다. 한 편의 시와 영화는 과학적 시각과 철학적 인식, 예술적 생성이 혼합되어 있다. 이와 마찬가지로 자연은 과학적 관찰이나 철학적 인식의 대상이며 예술적 생성의 장이다. 그래서 과학자는 자연을 관찰하고 철학자는 자연을 사유하지만, 예술가는 스스로 자연이 된다. 예술이 근원적으로 노마돌로지이듯이, 최고의 노마드 지식인이 자연과 더불어 사는 사람이듯이, 최고의 예술은 곧 자연이다. 자연이 최고의 예술이 되는 까닭은 자연이 끊임없는 질적 변화와 양적 변화를 통하여 팽창하고 생성하는 우주의 축소판이기 때문이다.

  노자가 노마드 지식인이 "큰 우주를 파악하면/천하가 순종한다"고 말하는 것은 우주의 생성과정을 자연이 뒤따르듯이, 과학적 관찰과 철학적 인식이 지배하는 현실적인 인간세상의 천하도 자연과 우주의 생성과정을 뒤따른다는 것을 의미한다. 국가철학의 등장과 더불어 고대·중세·근대에 이르기까지의 철학·종교·과학의 지배에서 벗어나 철학과 과학(종교)이 스스로 노마돌로지의 예술에 봉사하는 것이 곧 '천하가' 큰 우주의 생성과정인 노마돌로지의 예술에 순종하는 것이라고 말할 수 있을 것이다.

과학적 관찰을 통한 현실적 판단과 철학적 인식을 통한 과거에 대한 사색이 예술적인 미래의 생성에 순종한다는 것은 과학적 판단의 이분법이나 철학적 사색의 원시(혹은 초월적) 근본주의에서 벗어나 각각의 존재와 사물이 큰 우주의 생성적 궤도에 진입함을 의미한다. 이를 노자는 "천하가 순종해도/나누어지지 않으니/안락하고 태평하다"고 말한다. 미래의 생성에 순종한다는 것은 주인-노예의 이분법이 없다는 것이고, 현실의 이분법에 의하여 선-악의 어느 하나로 규정된 과거조차 깨끗이 지워져서 선이 악이 되거나 악이 선이 되는 불안감이 존재하지 않는 것이다.

다시 말해 현실적으로 존재하는 주인과 노예(국가와 국민, 부르주아와 프롤레타리아, 남성과 여성, 인간과 동물)의 천하가 순종하는 것은 큰 우주의 노마드적 생성이기 때문에 주인과 노예는 다시 국가와 국민이나 부르주아와 프롤레타리아로 재구성되거나 재코드화되는 것이 아니라 각각의 존재와 사물이 자연의 돌이나 나무가 되어 흐르는 물과 바람과 더불어 영원한 음악의 화음을 가지는 것이다. 음악, 미술, 문학이라는 구별 속에서 최고의 예술은 음악이고, 음악 중에서 최고의 음악은 인공의 소리가 없는 음악, 즉 자연의 소리인 것이다.

자연의 소리, 즉 음악을 구성하는 것은 차이와 반복이다. 이러한 차이의 반복을 들뢰즈는 '리트로넬로'(반복구)라고 말한다. 숲속의 바람이나 물소리, 새의 지저귐이나 나뭇잎 흔들리는 소리처럼 음악은 차이를 반복하는 리듬이다. 이러한 리듬은 자연의 리듬이고, 우주가 생성하는 소리이다. 그래서 노자는 각각의 존재와 사물이 큰 우주의 생성적 궤도에 진입하여 생성적 리듬을 타고 흐르는 **"좋은 음악과 음식은/지나가는 손님을 멈추게 한다"**고 이야기한다. 차이를 생성시키는 끊임없는 반복으로 이루어지는 좋은 음악과 생성적 삶의 궤도를 반복하여 삶의 리듬을 생성시키는 음식은 사랑과 우정의 풍요로움을 찾아서 끊임없이 유목하는 노마드, 즉 '지나가는 손님을 멈추게 한다.' 노마드가 지니고 있는 탈영토화의 반복에서 '좋은 음악과 음식'이라는 새로운 영토에 정주하는 차이를 생산하는 것이다.

그러나 이 차이는 궁극적으로 지속적인 반복을 위한 것이다. 노자는 이렇게 말한다. "그러나 길이 입으로 나오면/담담하고 맛이 없다." '길이 입으로 나오는' 것은 영토화의 체계이다. 영토화의 체계는 음악이 지니고 있는 우주적 힘을 빼앗아 영토의 체계 속에 가두어놓는다. 문학이나 미술에 비하여 음악에 대한 근대적 비평행위가 부재한 이유는 음악의 본질이 영토화가 아니라 탈영토화이기 때문이다. 자연의 소리, 즉 음악의 궁극적인 목적은 차이를 만드는 반복, 즉 '탈영토화된 리트로넬로'를 거대한 우주의 생성적 궤도 속에 풀어놓는 것이지 새로운 재영토화의 체계를 만드는 것이 아니다.

우주적 힘을 향하여 생성적으로 배치되어 있는 음악은 모든 것을 생성시킨다. 음악은 항상 미래에 대하여 열려 있다. 음악은 그 무엇보다도 무정부적이고, 그 무엇보다도 지배와 폭력에 대하여 저항적이다. 음악이 지니고 있는 이같은 힘은 눈에 보이지 않고 역사적으로 드러나지 않은 욕망을 끊임없이 생성시키기 때문이다. 음악은 사디즘도 생성시키고 마조히즘도 생성시키고 히스테리나 우울증도 생성시킨다. 음악은 마치 마약과 같다. 그러나 사디즘, 마조히즘, 히스테리, 우울증 등의 생성 때문에 음악을 비난하면 안 된다. 음악은 생성시키는 힘이지 사디즘이나 마조히즘, 우울증이나 히스테리가 아니다. 우주에 주인이 없듯이 음악에도 주인이 없다. 노자가 "큰 우주를 파악하면 천하가 순종한다"고 말하듯이 음악은 단지 모든 것을 순종시킬 뿐이다. 그래서 음악은 기관들로 가득 찬 몸의 기관들을 더욱더 강력한 기관들로 기관화한다. 따라서 사디즘, 마조히즘, 히스테리, 우울증은 음악이 아니라 음악으로 생성된 기관들의 모습이다.

　음악을 통한 노마드적 생성의 길은 기관들 없는 몸 위에서 이루어진다. 기관들 없는 몸 위에서 음악은 마침내 '음악가의 어린이 되기, 어린이의 우주적인 것 되기'를 달성한다. 노자는 음악과 같은 대우주의 생성적 궤도를 "눈으로 보아도 완전히 보지 못하고/귀로 들어도 완전히 듣지 못하지만/아무리 써도 부족함이 없다"고 말한다. 음악의 힘은 우주의 생성적 궤도의 법칙처럼 눈으로 볼 수 없는 것이고, 과거나 현재의 것이 아닌 미래의 생성이기 때문에 귀로 들을 수 있는 것이 아니다. 음악의 힘은 끊임없이 미래의 생성으로 나가는 '아무리 써도 부족함이 없는' 벡터의 힘이다. 음악은 우주와 자연이 지니고 있는 생성의 힘을 끊임없이 분출하는 흐름의 욕망일 뿐이다.

36. 리비도의 욕망(Desire of Libido)

움츠리고자 욕망하면
반드시 먼저 펴야 하고
약하고자 욕망하면
반드시 먼저 강해져야 하며
없애고자 욕망하면
반드시 먼저 흥성해져야 하고
탈취하고자 욕망하면
반드시 먼저 주어야 한다
이것을 일컬어 삶의
'아주 작은 이치(微明)'라 한다

유연하고 약함이
단단하고 강함을 이기고
물고기가 깊은 연못에서
탈주할 수 없듯이
나라의 이로운 그릇은
사람들에게 드러나지 않는다

If you want to shrink something,
You must first allow it to expand.
If you want to be the body without organs.
You must first become the body with organs.
If you want to get rid of something,
You must first allow it to flourish.
If you want to take something,
You must first allow it to be given.
This is called the subtle perception
Of the way things are.

The soft overcomes the hard.
The slow overcomes the fast.
Just as the fish must not leave the deep pond,
Let your workings remain a mystery.
Just show people the results.

　
삶은 생명이 작동하는 과정을 일컫는 말이다. 이러한 생명이 작동하는 과정은 들뢰즈가 말하는 탈영토화와 재영토화의 과정이다. 그리고 탈영토화와 재영토화의 과정은 삶이나 생명이 지니고 있는 욕망의 근원적인 특성일 뿐 아니라 새로운 삶이나 생명의 생성이다. 들뢰즈와 노자의 노마돌로지는 삶이나 생명이 지닌 욕망을 긍정하고, 그러한 욕망의 긍정을 토대로 삶이나 생명의 지속적인 생성을 이야기한다. 삶이나 생명이 지닌 욕망의 흐름, 즉 탈영토화와 재영토화의 과정은 삶의 내재적 특성이라고 일컬을 수 있다. 그리고 그러한 욕망의 흐름이 지니는 탈영토화와 재영토화의 과정이 만드는 삶이나 생명의 지속적인 생성은 삶의 외연적 특성이라고 말할 수 있다. 그러나 삶의 내재성과 외연성은 결코 상호 분리되어 있지 않다. 삶의 내재성 없이 삶의 외연성은 존재할 수 없으며, 삶의 외연성 없이 삶의 내재성은 존재할 수 없다.

욕망의 작용이라고 일컬어지는 삶의 내재적 특성, 즉 탈영토화와 재영토화의 과정은 표면적으로 드러나지 않는다. 표면적으로 드러나는 것은 오직 지속적인 영토화의 속성일 뿐이다. 탈영토화에 의하여 만들어지는 재영토화의 욕망, 즉 탈영토화와 재영토화의 과정은 항상 은폐되어 있거나 잠재되어 있을 뿐이다. 이와 마찬가지로 지속적으로 새로운 삶을 생성시키는 삶의 외연적 특성도 표면적으로 드러나지 않는다. 표면적으로 드러나는 것은 오직 영토화되어 있는 존재의 영역이기 때문에 삶의 생성이 일컫는 탈영토화와 재영토화의 과정은 항상 은폐되어 있거나 잠재되어 있을 뿐이다. 삶의 내재적 특성은 삶의 외연적 특성으로 표현되며, 삶의 외연적 특성은 삶의 내재적 특성으로 표현된다. 이와 같은 삶의 내재적 특성과 외연적 특성이 상호 작용하는 미묘한 이치를 노자는 '삶의 아주 작은 이치'라고 말하고 있다.

노자는 먼저 삶의 내재적 특성, 즉 욕망의 작용에 대하여 말한다. 욕망은 "움츠리고자 욕망하면/반드시 먼저 펴야 하고//약하고자 욕망하면/반드시 먼저 강해져야 하며//없애고자 욕망하면/반드시 먼저 흥성해져야 하고//탈취하고자 욕망하면/반드시 먼저 주어야 한다." 여기서 삶의 내재적 특성, 즉 삶의 욕망이 욕망하는 것은 '움츠리고자' 하는 것이고, '약하고자' 하는 것이며, '없애고자' 하는 것이며, '탈취하고자' 하는 것이다. 그러나 표면적으로 드러나는 것은 '펴지는' 것이고,

'강해지는' 것이며, '흥성해지는' 것이며, 그리고 '주는' 것이다. 이처럼 표면적인 욕망과 내면적인 욕망 서로 다른 이유는 삶을 구성하고 있는 욕망의 특성이 근원적으로 물처럼 흐르는 것이거나 사물처럼 변화하는 것이고 혹은 바람처럼 떠돌아다니는 것이기 때문이다.

이러한 삶의 흐름이나 변화 혹은 유동성은 과학적으로 해석하거나 철학적으로 이해할 수 있는 대상이 아니다. 그러한 흐름이나 변화·유동성에 예술(수행)적으로 참여하는 것, 즉 탈영토화와 재영토화 과정에 동참하여 생성의 길로 나아가는 창조의 행위이다. 이러한 삶의 창조적 행위를 과학적으로 해석하려고 할 때, 우리는 프로이트처럼 욕망이 표면적으로 드러나는 '펴지는' 것, '강해지는' 것, '흥성해지는' 것, '주는' 것이 지니는 욕망이라는 기호의 상징적 의미(기의, signified)만 추적하게 된다. 이때 상징적 의미는 삶의 욕망을 구성하는 사회적 구조의 해석이고, 이 해석을 통하여 삶의 욕망을 억압함으로써 죽음을 긍정적으로 욕망하게 만든다. 따라서 프로이트의 정신분석학은 노자의 노마돌로지가 간파한 유교의 가족주의가 중국·화교·남성 중심의 이데올로기를 끊임없이 재생산하듯이 서구근대의 사회적 구조를 지탱시키고 있는 서구·백인·남성 중심의 이데올로기를 끊임없이 재생산한다.

근대적인 삶과 사유의 지배적인 도구인 과학적 정신분석학을 가지고 욕망을 해석하는 프로이트와 달리 라캉은 욕망이 지니고 있는 삶의 흐름이나 변화 혹은 유동성의 심층요소를 파악하기 위하여 욕망이라는 기호의 상징적 의미가 아니라 언어적 지표(기표, signifier)를 통하여 욕망에 잠재·은폐되어 있는 상상적인 것들에 도달하고자 한다. 이러한 상상적인 것들은 노자가 이야기하고 있는 것처럼 삶의 욕망이 표면적으로 드러나는 상징적인 것들의 존재를 모두 부정하는 것이다. 따라서 이와 같은 부정은 노마드적인 삶의 욕망이 지니고 있는 탈영토화와 재영토화 과정을 통한 생성으로 나아가는 것이 아니라 상징적인 것들의 존재를 은폐시켜 새로운 상징의 가능성, 즉 재영토화의 가능성을 제거한다. 프로이트의 과학적 정신분석학이 삶의 욕망이 지닌 사회적 구조를 해석함으로써 삶의 욕망을 억압하여 궁극적으로 절대적 탈영토화를 통한 죽음을 욕망하도록 치닫게 하는 것처럼, 라캉의 철학적 정신분석학 또한 삶의 욕망이 지닌 사회적 구조의 정신적 해체를 통하여 삶의 욕망 자체를 부정함으로써 궁극적으로 절대적 탈영토화를 통한 죽음을 욕망하게 만드는 것이다.

들뢰즈나 노자의 노마돌로지가 이야기하는 탈영토화와 재영토화의 과정이라는 예술적 생성이 없다면, 과학적 해석이나 철학적 이해는 사회구조의 지배적 이데올로기를 끊임없이 재생산하는 유기체적 메커니즘에 빠지거나 아니면 그러한 지배이데올로기의 억압에 질식당해서 마약이나 히스테리, 파시즘이나 마조히즘의 절대적 탈영토화를 통한 죽음만 있을 뿐이다. 따라서 생성적 삶은 들뢰즈가 말하는 텍스트와 마찬가지로 삶을 해석하거나 이해하려고 하는 것이 아니라 삶을 생성시키는 전원, 즉 끊임없이 탈영토화와 재영토화의 과정을 순환하는 욕망의 생성에 접속시키는 길만이 있을 뿐이다. "이것을 일컬어" 노자는 삶의 "아주 작은 이치(微明)"라고 말한다. 우리가 나무나 돌을 해석하거나 이해하려고 하지 않고 나무나 돌을 책상이나 그릇 혹은 조각품이나 주춧돌로 생성시키듯이 삶의 오묘한 이치는 탈영토화와 재영토화의 과정을 통하여 끊임없이 스스로 생성되고 있다는 것이다. 그러한 삶의 생성을 통하여 어제의 나는 오늘의 나로 변화하였고, 오늘의 나는 다시 내일의 또 다른 나로 생성될 것이다.

삶의 욕망이 지니고 있는 내재적 특성과 마찬가지로 삶의 욕망이 상호 작용하는 삶의 외연적 특성, 즉 삶의 욕망을 구성하는 사회적 구조 또한 표면적으로 드러나는 것은 오직 영토화의 힘뿐이다. 그러나 삶의 욕망을 통하여 만들어지는 사회적 구조의 심층적인 작동은 노자가 말하는 것처럼 "**유연하고 약함이/단단하고 강함을 이기**"는 것이다. 삶의 욕망이 지니고 있는 내재적 특성이 보여주듯이 표면적으로 드러난 '유연하고 약함'은 이미 '단단하고 강함'으로부터 탈영토화한 힘이기 때문에 '유연하고 약함' 속에는 '더 단단하고 더 강함'이라는 새로운 생성의 내재적 속성을 지니고 있다. 이러한 삶의 외연성이 삶의 내재적 특성과 상호 작용하고 있는 탈영토화와 재영토화 과정을 파악하지 못하고, 오직 과학적인 해석에 토대를 둔 프로이트의 정신분석학은 사회구조의 지배이데올로기가 지닌 과거가 지속하고 있는 현재의 '단단하고 강함'을 절대적인 것으로 상정하여 '유연하고 약함'이 지니고 있는 내재적 힘을 빼앗는다. 이러한 프로이트의 정신분석학을 계승하면서도 삶의 외재적 특성을 부정하고 오직 삶의 내재적 특성만 이해하려고 하는 라캉은 삶의 외재성으로 드러나는 '단단하고 강함'이 욕망하고 있는 '유연하고 약함'만을 절대적인 것으로 상정하여 '유연하고 약함'이 현실적으로 드러내는 '더 단단하고 더 강함'을 부정한다. 이러한 부정도 '유연하고 약함'이 지니고 있는 내재적 힘을 빼앗는 것이다.

들뢰즈와 노자의 노마돌로지는 프로이드와 라캉의 정신분석학이 제시하는 상징적 질서와 상상적 질서를 부정하는 것이 아니다. 그들이 부정하는 것은 플라톤과 아리스토텔레스, 공자와 맹자, 이율곡과 이황, 프로이드와 라캉이 지니고 있는 국가철학의 끊임없는 환원주의이다. 고대의 국가철학이 플라톤과 아리스토텔레스, 공자와 맹자의 상호보완에 의하여 완성되었듯이, 그리고 조선의 유교철학이 이율곡과 이황의 상호보완으로 완성되고, 서구근대의 국가철학이 데카르트와 칸트의 주관적 관념론과 객관적 관념론의 상호보완으로 완성되었듯이, 근대의 정신분석학은 프로이트와 라캉의 상호보완에 의하여 완성되었다. 이러한 있음-없음의 이분법이 만드는 끝없는 환원주의는 국가철학이 존속하는 한 형식과 내용을 달리하면서 지속적으로 존재하게 된다. 이러한 환원주의는 오직 노마돌로지의 삶과 사유를 통해서만 극복될 수 있을 것이다. 노마돌로지 속에서 국가철학은 노마돌로지의 어느 한 분야로 다시 살아날 수 있다.

노마돌로지의 삶, 즉 생명의 내재성과 외연성이 지니고 있는 탈영토화와 재영토화의 과정이라는 '아주 작은 이치'를 파악하고 있는 노자는 아리스토텔레스와 맹자, 이황과 칸트, 라캉이 지닌 '유연하고 약함'이나 플라톤과 공자, 이율곡과 데카르트, 프로이트가 지닌 '단단하고 강함을 이기는' 삶의 법칙을 "물고기가 깊은 연못에서/탈주할 수 없듯이//나라의 이로운 그릇은/사람들에게 드러나지 않는다"는 우주적이고 자연적인 삶의 노마돌로지로 표방하고 있다. 인간의 무리가 자연이나 우주와 다른 독자적인 무리의 특질을 지닐 때, 그 사회적 현상은 항상 표면적으로 나타나는 욕망의 상징적 의미로 드러나다가 다시 욕망의 심층에서 작용하는 언어적 지표로 드러나게 된다. 이와 같은 현상은 삶에 관한 해석과 이해의 지식을 바탕으로 해서 항상 고대 전기와 후기, 중세 전기와 후기, 근대 전기와 후기의 국가철학으로 나타났다. 이러한 각 시대의 전기와 후기가 지니고 있는 인간의 삶에 대한 국가철학적 해석과 이해는 자연적이고 우주적인 노마돌로지의 지식이 지니고 있는 삶으로 향한 무차별적인 참여, 즉 탈영토화와 재영토화 과정에 참여했을 때만 오직 새로운 삶의 생성으로 나아갈 수 있을 것이다.

37. 노마드적 욕망의 미학(Ascetics of Nomadic Desire)

길은 항상 하지 않음으로
하지 못함이 없다

군왕이 능히 이것을 지키면
만물은 스스로 생성한다
만물이 생성하면
욕망이 만들어진다
나는 이름 없음의 순박함으로
욕망을 진정시킨다
이름 없음의 순박함이 이루어지면
만물 또한 욕망 없음으로 나아간다

욕망하지 않아서 고요함을 이루면
천하가 스스로 안정하게 된다

The way never does anything,
Yet through it all things are done.

If powerful men and women
Could center themselves in it,
The whole world would be transformed
By itself, in its natural rhythms.
People would be content
With their simple, everyday lives,
In harmony, and free of desire.

When there is no desire,
All things are at peace.

　노마드적 욕망의 미학은 노자가 지속적으로 이야기하는 것처럼 '하지 않음으로 하지 못함이 없는' 탈영토화와 재영토화의 과정이 지니고 있는 생성의 아름다움이다. 노마드적 욕망의 미학은 점과 점을 잇는 길, 즉 선분이 만드는 오묘한 생성의 아름다움이다. 이것이 오묘한 이유는 선분은 각각의 점이 지니고 있는 내재성과 그 점들이 선분으로 맺어짐으로써 발생시키는 외재성의 결합이 내재적 초월이라는 신비함을 생성시키기 때문이다. '하지 않음'은 영토화 속에서 사유하고 판단할 수밖에 없는 현재라는 시간과 공간 속에서 이루어지는 노마드의 탈영토화이고, '하지 못함이 없음'은 탈영토화를 통하여 달성한 노마드의 선분(길)이 새롭게 만드는 미래의 시간과 공간 속에서 사유하고 판단하는 재영토화의 생성이다. 노마드의 미학은 철학이 과학과 결합하여 만든 과학적 비판이거나 철학과 종교가 결합하여 만든 도덕적 판단의 미학이 아니라 과거에서 지금까지 인류를 지탱시키고 생성시킨 사랑의 미학인 것이다.

들뢰즈의 노마돌로지가 이야기하는 탈주선은 노마드적 관계의 선분이고, 노자의 노마돌로지가 이야기하는 길 또한 노마드적 관계의 선분이다. 이 세상에 있는 모든 관계, 즉 국가와 국민, 남성과 여성, 아버지와 아들, 교수와 학생, 의사와 환자, 인간과 자연 등의 관계는 주인과 노예의 관계가 아니라 끊임없이 생성되고 있는 노마드적 사랑의 관계이다. '사랑한다'는 것은 '친구가 된다'는 것이고, '친구가 된다'는 것은 상호생성을 보완한다는 것이다. 노자가 『도덕경』 1장 1절에서 말하는 "길을 길이라고 말하면, 그것은 이미 생성적인 길이 아니다"(道可道 非常道)는 "사랑을 사랑이라고 말하면, 그것은 이미 생성적인 사랑이 아니다"(愛可愛 非常愛)와 같다고 할 수 있다. 길이나 사랑은 자연스러운 것이다. 스스로 길이라고 하거나 스스로 사랑이라고 하는 것은 자연스럽지 않은 것이다. 노자는 스스로 길이라고 하거나 스스로 사랑이라고 하지 않는 것을 '하지 않음'이라고 이야기한다. 그리고 자연스러운 생성을 '하지 못함이 없음'이라고 말한다. 따라서 노마드라는 각각의 생명체가 지니고 있는 생성적 욕망이 '하지 않음'의 관계를 맺는 노마드의 내재성이고, 관계를 통하여 만들어진 무리의 자연이 만드는 '하지 못함이 없음'이 노마드의 외재성이다.

노마드의 내재성과 외재성의 결합이 내재적 초월성이라는 미래의 생성을 구축한다. 이러한 생성적 미래를 노자는 "길은 항상 하지 않음으로/하지 못함이 없다"고 말한다. 노마드는 '하지 않음'으로 수많은 길과 선분을 만들 수 있다. 노마드는 주인과 노예, 남성과 여성, 인간과 자연이라는 이분법이 만드는 단일체가 아니라 수많은 노마드적 무리 속으로 들어갈 수 있는 다양체인 것이다. 이러한 다양체의 노마드적 무리가 만드는 추상적 자연이 가족과 사회, 국가와 세계라는 사회체이다. 그래서 전제군주의 사회체가 작동되던 시대에 "**군왕이 능히 이것[무리의 자연이 지니고 있는 노마드의 내재성과 외재성의 결합]을 지키면/만물은 스스로 생성한다**"고 노자는 말하는 것이다. 전제군주기계가 작동하던 시대에 '군왕'이 노마드적 관계가 지니고 있는 노마드의 내재성과 외재성의 결합이라는 자연의 법칙, 즉 노마돌로지를 지키면 전제군주 기계를 작동시키는 주인과 노예는 스스로 노마드가 되어 노마드적 생성의 무리를 형성하고, 전제군주 기계라는 사회체는 스스로 탈영토화하는 내재적 초월의 힘을 지니게 된다. 내재적 초월의 힘은 '만물이 스스로 생성하는 힘'이다.

그러나 문제는 "**만물이 생성하면/욕망이 만들어진다**"는 자연의 법칙, 즉 노마돌로지의 원칙이다. 노마드적 선분이 만드는 내재적 초월의 힘이 또 다른 각각의 노마드가 지니는 내재적 욕망을 생성시키는 것이다. 만물은 스스로 주인이 되고자 하고, 군왕이 되고자 하며, 또한 스스로 아버지가 되고자 한다. 이러한 내재적 욕망이 바로 영토기계를 탈영토화시켜 전제군주 기계를 만들고 전제군주 기계를 탈영토화시켜 자본주의 기계를 만든 원동력이다. 그러나 이러한 욕망은 영토기계나 전제군주 기계 혹은 자본주의 기계 속에서 작동되고 있는 수많은 관계의 선분을 재코드화하거나 초코드화하여 자본주의 기계 속에서 작동하는 전제군주 기계나 전제군주 기계 속에서 작동하는 영토기계를 재생시킨다.

이렇듯 사회체를 기관화하는 모든 욕망의 생성은 주인-노예, 군왕-신민, 국가-국민, 남성-여성, 아버지-아들이라는 이원대립(binary opposition)을 필요로 한다. 이러한 이원대립으로부터 벗어나는 길은 스스로 노마드가 되는 길이다. 노마드는 주인이나 군왕 혹은 남성이나 아버지가 아니라 스스로 '이름 없음'이 되는 것이다. 이것이 바로 노마드적 지식인의 여성 되기이며 동물 되기이다. 그래서 노자는 "내[노마드적 지식인]는 이름 없음의 순박함으로/욕망을 진정시킨다"고 말한다. 노마드 지식인이 지니는 '이름 없음의 순박함'으로 스스로 생성하고자 하는 '욕망을 진정시킨다'는 것이다.

노자가 군왕이나 일반인들을 지칭하지 않고 '나'라고 이야기하는 하는 것은 영토기계나 전제군주 기계, 자본주의 기계라는 사회체 속에서 지식인이 지니고 있는 특이성을 이야기하는 것이다. 영토기계 속에서 사람들은 영토를 매개로 주인과 노예로 구분되고, 전제군주 기계 속에서 사람들은 전제군주를 매개로 지배자와 피지배자로 구분된다. 그리고 자본주의 기계 속에서 사람들은 자본을 매개로 부르주아와 프롤레타리아로 구분된다.

일반인들과 달리 지식인은 영토나 전제군주, 자본을 매개로 하는 것이 아니라 지식을 매개로 존재한다. 지식인의 지식이 국가철학일 때, 그는 주인이거나 노예, 지배자이거나 피지배자, 부르주아이거나 프롤레타리아의 어느 한쪽을 선택하여 이데올로기 생산자가 되어 지배하거나 저항하게 된다. 그러나 노자의 지식은 국가철학이 아니라 노마돌로지이다. 따라서 그는 지배나 저항의 이데올로기를 생산하는 것이 아니라 노마드의 쾌락을 생산한다. 노마드의 쾌락은 노마드적 관계의 선분을 통하여 관계의 대상을 생성시키는 쾌락이다. 시인과 소설가는 시와 소설을 써서 독자들의 쾌락을 생성시킨다. 독자들의 쾌락을 생성시키는 동시에 시인과 소설가는 사라진다. 텍스트가 생산되는 과정은 시인과 소설가라는 저자와 관계를 맺는 탈영토화와 재영토화의 과정이지만, 텍스트가 소비되는 과정은 독자와 관계를 맺는 탈영토화와 재영토화의 과정이다. 바르트(Roland Barthes)의 말처럼 독자의 생산은 저자의 죽음을 의미한다. 바르트가 말하는 저자의 죽음은 저자가 텍스트를 통하여 독자를 지배하려고 하는 것이 아니라 다시 노마드가 되어 또 다른 텍스트의 생산을 준비한다는 것을 의미한다. 독자를 끊임없이 생성시키는 즐거움, 그것이 바로 지식인의 즐거움이다.

노마드 지식인의 지속적인 즐거움, 즉 끊임없는 텍스트의 생산을 통한 "이름 없음의 순박함이 이루어지면/만물 또한 욕망 없음으로 나아간다"고 노자는 말한다. 저자, 즉 노마드의 지식인이 지속적인 텍스트의 생산을 통하여 끊임없이 죽고 다시 살아나는 것처럼, 독자는 지속적인 텍스트의 소비를 통하여 끊임없이 죽고 다시 살아난다. 이러한 탈영토화와 재영토화 과정 속에서 독자는 주인과 노예, 지배자와 피지배자, 부르주아와 프롤레타리아의 이원대립이 구성하는 정착민을 욕망하는 것이 아니라 생산과 소비를 순환하는 노마드가 되고자 욕망한다. 노마드가 되고자 하는 것은 노자가 말하는 '욕망 없음으로 나아가는' 것이다. 군왕이 "하지 않음으로 하지 못함이 없음"을 이룩하여 "만물이 생성하면/욕망이 만들어진다"의 욕망은 군왕으로 대표되는 주인이나 지배자 혹은 부르주아가 되고자 하는 욕망이지만, 노마드 지식인이 생산하는 텍스트의 쾌락 속에서 "만물이 생성하면/욕망이 만들어진다"의 욕망은 노마드 지식인으로 대표되는 스스로 쾌락을 생산하는 노마드가 되고자 하는 욕망이다.

동일한 욕망이면서 그 내용이 이렇게 서로 다른 이유는 사회체 속에서 노마드적 실천이라고 할 수 있는 '이름 없음의 순박함'을 누가 담당하느냐의 차이일 것이다. 군왕은 "하지 않음으로 하지 못함이 없음"을 수행할 수 있지만, 그는 이미 '군왕'이라는 이름을 지니고 있기 때문에 '이름 없음의 순박함'을 이룰 수가 없다. 욕망은 근원적으로 사회적인 것이다. 그래서 군왕의 통치하에서 이루어지는 만물의 생성은 모두 군왕이 되고자 하는 욕망이다. 영토기계와 전제군주기계, 자본주의 기계가 작동하는 사회체 속에서 이루어지는 만물의 생성은 영토, 전제군주, 자본이 되고자 하는 욕망이다. 국가철학은 이러한 욕망을 고양시키기 때문에 국가철학적 지식인들 또한 영토, 전제군주, 자본이 되고자 한다. 그러므로 '이름 없음의 순박함'을 이룰 수 있는 것은 오직 영토와 전제군주·자본의 매개로부터 벗어나 있는 동시에 노마돌로지로 무장되어 있는 노마드 지식인들뿐이다. 지식인들이 만드는 텍스트의 쾌락 속에서 이루어지는 만물의 생성은 모두 노마드가 되고자 하는 욕망인 것이다.

주인-노예, 지배자-피지배자, 부르주아-프롤레타리아의 이원대립으로부터 벗어나는 길은 새로운 주인이나 새로운 지배자, 새로운 부르주아의 등장으로 이루어지는 것이 아니다. 이원대립의 다른 한쪽에 있는 노예, 피지배자, 프롤레타리아가 스스로 주인, 지배자, 부르주아가 되려고 욕망하지 않고 노마드가 되려고 욕망할 때 비로소 주인, 지배자, 부르주아도 노마드가 될 수밖에 없으며, 기관들로 가득 찬 사회체가 만드는 이원대립은 스스로 무너진다. 노자는 노마드가 만드는 세상을 '욕망하지 않아서 고요함을 이루는' 세상이라고 말한다. "욕망하지 않아서 고요함을 이루면/천하가 스스로 안정하게 된다." '욕망하지 않아서 고요함을 이루는' 것은 '하지 않음으로 하지 못함이 없는' 길이 만물에게 존재하고 있음을 의미한다. 만물이 길을 통하여 '천하가 스스로 안정하게 된다'는 것은 만물이 스스로 생성하되 서로 지배하려고 하지 않음을 의미한다. 자연의 만물은 이미 스스로 생성하되 서로 지배하려고 하지 않는다. 스스로 생성하되 서로 지배하려고 하지 않는 만물의 관계는 얼마나 아름다운가?

# Ⅲ. 영화예술의 노마돌로지

1. 들뢰즈의 영화

국가철학은 사진처럼 사유하고 실천하지만, 노마돌로지는 영화처럼 사유하고 실천한다. 바로 이러한 이유에서 들뢰즈(Gilles Deleuze)는 〈영화(Cinema) 1, 2〉에서 서구적 근대의 국가철학에서 벗어나 전지구적 탈근대의 노마돌로지를 습득하는 길을 제시한다. 수많은 이미지들로 가득한 시와 소설을 읽고 사유하는 것과 마찬가지로 영화를 보는 방식은 영화텍스트를 근대적으로 이해하거나 해석하는 또 하나의 새로운 영화이론을 만드는 것이 아니다. 텍스트를 이해하거나 해석하는 방식은 근대적 국가철학이 독자를 국가철학의 그물망 속에 가두어놓는 방식이다. 들뢰즈가 영화를 보고 사유하는 목적은 미학적·철학적·과학적인 노마돌로지의 양식들이 인간과 세계를 상상하고 이미지화하는 문화적 전략들 속에서 어떻게 서로서로 노마드적 관계의 길(선분)들로 수렴하는가를 살펴보기 위한 것이다. 들뢰즈의 영화에 대한 관심은 영화가 제시하는 '이미지와 사유의 관계', 즉 탈영토화와 재영토화의 과정으로 구성된 노마돌로지를 사유하기 위한 것이다. 들뢰즈는 "영화의 발전은 철학적이거나 과학적인 사유뿐만 아니라 미학적 사유에도 진실한 기호화, 이해, 믿음의 지적인 전략들에서 발생하는 하나의 결정적인 변화를 살펴볼 수 있는 특권적인 측면을 제공한다"[12]고 주장한다. 이것이 바로 들뢰즈의 노마돌로지가 주장하는 '번복할 수 없는 생성(Becoming)의 이미지'인 '시간의 이미지'이다. 베르그송은 이미 '내재적 운동'으로 사유의 이미지를 제시하고, '복잡한 지속'(complex duration)으로 기억의 이미지를 제시한 바 있다. 이러한 면에서 영화는 시간과 운동에 연관되어 있는 사유의 시각적이고 청각적인 능력, 즉 사유의 이미지와 동일한 것을 제공한다.

들뢰즈에게 '그 무엇을 통한 사유' 이외의 사유란 존재하지 않는다. 이런 측면에서 들뢰즈는 볼로시노프(V. N. Volosinov)가 『마르크시즘과 언어철학』(Marxism and the Philosophy of Language)에서 이야기하는 "의식은 기호들의 물적 내포 속에서만 단지 스스로 생겨나서 존재하는 사실이 된다"는 사유방식을 따르는 것이다. 이러한 들뢰즈의 사유는 또한 '사유를 운동과 변화의 산물'로 보는 베르그송(Henri Bergson)의 시간에 대한 견해와 '이미지를 지속적인 변형의 상태에 있는 앙상블이나 일련의 논리적 관계들'로 인식하는 퍼스(Charles Sanders Peirce)의 기호에 대한 인식을 결합시킨 것이다. 따라서 들뢰즈가 영화를 통하여 '운동이미지'와 '시간이미지'를 언급하는 것은 내재성이 지니고 있는 '생성적 요소들의 유동적인 계열화'를 지칭한다. 운동이미지와 시간이미지를 동시에 내포하고 있는 영화는 이미지들의 내재성이 지니고 있는 '생성적 요소들의 유동적인 계열화'를 통하여 이미지의 구획과 재결합에 토대를 둔 논리, 즉 다양한 유형의 기호들을 생산한

---

12) D. N. Rodowick, *Gilles Deleuze's Time Machine*, Durham and London: Duke University Press, 1977, pp. 5~6.

다. 영화가 생산하는 기호들을 통하여 사유하는 두 개의 순수한 '기호학'(semiotics)을 들뢰즈는 운동의 기호학과 시간의 기호학으로 인식한다.

문제는 국가철학이 '이데아-현실'이거나 '이론[道]-실천[(德]의 이분법으로 탈영토화와 재영토화의 과정을 사유할 수 없게 만들고 있듯이 운동이미지와 시간이미지를 상호 분리시켜서 영화이미지들이 지니는 운동과 생성의 과정을 단절시키는 것이다. 운동이미지의 가장 단적인 예는 박찬욱 감독의 〈올드 보이〉(2003)에서 주인공 오대수가 15년 동안 감금되어 있는 상태이다. 15년 동안의 감금상태에서 시간이미지는 운동이미지에 종속되어 있다. 시간이미지가 종속되어 있는 운동이미지는 수많은 힘들만이 존재하는, 즉 〈올드 보이〉의 오대수처럼 네댓 권의 노트에 깨알 같은 글씨로 '악행의 자서전'을 기록하는 힘들만이 존재한다. 이러한 운동이미지의 벡터적 힘들은 시간이미지에 의하여 그 무엇으로 생성된다. 변화의 생성이라고 말할 수 있는 시간이미지는 오대수를 미도의 연인으로 만들기도 하고, 또한 이 세상의 모든 것이 될 수 있는 가능성의 생성이다. 그러나 오대수는 가족주의와 국가주의가 작동하는 국가철학의 세계에서 벗어나지 못하기 때문에 스스로 개가 되어 멍멍 짖거나 자신의 혀를 잘라버린다. 결국 문제는 운동이미지와 시간이미지를 상호 분리하여 고착시키는 것이다. 노마돌로지는 운동이미지와 시간이미지의 순환과정을 사유하지만, 국가철학은 둘을 상호 분리시켜 운동이미지로만 드러난 단일한 그 무엇으로 규정하거나 시간이미지로 드러난 규정할 수 없음의 존재 자체를 부정한다.

2. 근대적 영화와 탈근대적 영화

중세의 전제군주제가 종말을 고하는 르네상스의 노마돌로지와 근대적 국가에 의하여 부활된 국가철학(과학의 국가적 전유와 과학에 대한 철학의 종속)으로 촉발된 서구의 근대화는 과학의 지속적인 발전과 일치한다. 영화는 근본적으로 서구적 근대화의 과정에서 만들어진 과학기술들 중의 하나이다. 1895년 뤼미에르 형제에 의하여 최초로 상영된 영화는 사진을 지속적으로 연결시켜 놓은 것에 불과했다. 그러나 프레드릭 제임슨(Fredric Jameson)이 서구근대의 절정기라고 말하는 1924년에 서구의 '고전적인 영화'는 '영화형식의 지리학' '시공간적 설치' 그리고 '몽타주를 통한 행동들의 연결법칙'이라는 고전적인 영화문법을 완성한다. 이러한 고전적 영화문법은 '변화하는 배경에 대한 안전한 전경'의 제시로 요약할 수 있다. 즉 하나의 쇼트에서 다음 쇼트로 이동하는 카메라 렌즈가 영화감독의 합리적 구분으로 만들어진 측정할 수 없는 공간들을 연결시킨다. 두 개의 공간을 구분하는 '틈새'(interval)는 한 쇼트의 끝인 동시에 다음 쇼트의 시작을 의미한다. 따라서 고전적 영화들에서 만들어지는 쇼트와 쇼트의 구분 혹은 공간과 공간의 구분은 영화가 제시하는 사물의 운동과 행동을 동일시하는 근대적 국가철학의 합리성에 의하여 이룩되는 것이다. 이러한 '운동과 행동의 동일시'[13]가 만든 결과는 노마돌로지의 핵심인 변화의 '시간을 운동에 종속시키는 것'이다. 시간은 변화와 생성의 요인이 아니라 단지 작용과 반작용의 과정으로 측정될 수 있을 뿐이다.

그러나 1962년, 새로운 흐름의 미국영화와 마찬가지로 탈근대적인 유럽영화가 영화의 고전적 근대의 시대를 규정하는 스크린의 공간에 대한 뉴턴적인 개념작용을 아인슈타인적 개념으로 대체했다. 운동은 시간의 척도를 담당했던 역할을 포기했다. '시간의 이미지'는 더 이상 현재, 과거, 그리고 미래가 하나의 연속체로 수렴하는 연대기의 실타래로 수렴하지 않는다. 시간은 더 이상 운동으로부터 발생하지 않는다. 이와 반대로 '일탈적'이거나 기이한 운동이 시간으로부터 도출된다. 이러한 근대의 고전적인 영화에서 탈근대적인 영화로 이동하는 과정에 나타나는 운동이미지에서 시간이미지로의 변화는 영화의 발전이나 진보로 나타나는 것이 아니다. 이러한 변화는 영화가 보여주는 카메라나 감독의 시선이 영화관의 스크린과 관객 사이에 있는 '틈새'를 관찰하고 사유할 수 있는 관객의 시선으로 변화하였기 때문에 발생하

---

13) 들뢰즈는 고전적인 영화들이 제시하는 '운동과 행동의 동일시'는 선적인(linear) 발전뿐만 아니라 수평적인 발전을 달성한다고 이야기한다. 모든 영화는 사진들이 쇼트로 스며드는 것처럼 하나의 쇼트에서 다음 쇼트로 지속적인 연결이 되고, 쇼트는 연속된 사건(sequence)으로, 연속된 사건은 영화의 부분들로, 부분들은 영화의 움직이는 전체로 연결된다. 따라서 영화는 하나의 거대한 규칙적인 메커니즘을 보여준다. 이러한 고전적 영화의 역동성은 사물이 지니는 운동의 법칙이 시간과 독립해서 기능하는 뉴턴의 세계관을 보여준다. 이러한 사물의 운동에 대한 시간의 종속화가 지니는 철학적 결과들이 핵심적인 서구의 근대성이다. 이에 관해서는 D. N. Rodowick, *Gilles Deleuze's Time Machine*(Durham and London: Duke University Press, 1977, p. 4) 참조.

는 현상이다. 이러한 현상으로 인하여 스크린에 나타나는 두 개의 공간을 연결하는 '틈새'는 이제 자율적이며 환원할 수 없는 자신만의 독특한 역할을 담당한다. 하나의 공간이미지와 다른 공간이미지 사이에 또 다른 자율적인 가물가물한 내재성의 이미지가 존재하는 것이다. 따라서 영화 전체의 유기체적 이미지 속에는 공간의 총체화도 존재하지 않고 운동에 대한 시간의 종속도 존재하지 않는다. "안과 밖, 정신과 몸, 정신적인 것과 물질적인 것, 그리고 상상적인 것과 실제적인 것은 더 이상 이성적으로 결정하거나 구분할 수 있는 자질들이 아니다."

소설이나 시와 마찬가지로 영화는 삶의 구조와 너무나도 닮아 있다. 영화의 이미지가 보여주는 운동의 기호학과 시간의 기호학은, 각각의 시대가 그 시대가 지니는 특수한 사유의 이미지를 생산하면서 스스로 사유하는 사회적이고 기술적인 자동기계장치가 영화라는 것을 암시한다. 비록 영화비평이나 철학은 노마돌로지를 인식하지 않는다고 하더라도 영화의 이미지들이 제공하는 인지기호들(noosigns)을 통하여 그 시대의 정신적 지도(mental cartographies)를 그릴 수 있다. 철학자 들뢰즈가 제공하는 노마돌로지의 정신적 지도가 바로 내재적인 전선이나 연결, 연상, 기능의 망들을 지니고 있는 두뇌의 함축적 이미지이다.

이러한 의미에서 영화와 두뇌는 영혼의 자동기계장치이고 사유기계들이 뛰노는 철학극장이다. 19세기에 소설이 그러했듯이 영화는 그 시대의 두뇌를 보여주는 인공지능이라고 말할 수 있다. 스스로 움직이는 인공지능은 복잡하게 지속적으로 움직이는 그림을 제공한다. 운동이미지를 시간이미지로부터 분리하는 것은 시간을 개별적인 공간으로 활용하는 것이다. 영화의 "이미지 그 자체는 인공지능의 요소들 사이에 있는 관계체계이고, 다양한 현재가 흘러나오는 시간의 관계들이 내포하는 하나의 집합이다. 이미지의 특수성은… 재현된 대상에서 나타나지 않고 현재로 환원되는 것을 허락하지 않는 시간의 관계들을 지각하거나 볼 수 있게 만드는 것이다."[14]

운동이미지는 시간의 간접적 이미지를 제공하고 시간이미지는 시간의 직접적 이미지를 제공한다. 이것은 영화의 이미지들이 지니고 있는 사진들이나 쇼트들, 시퀀스들 사이에 존재하는 공간이나 구분이 지닌 이미지의 틈새들에 대한 사유로 가능하다. 이러한 틈새는 벤야민 (Walter Benjamin)이 『사진의 짧은 역사』(*Short History of Photography*)에서 이미 "노출의 틈새가 더욱 길면 길수록, 환경의 아우라 (재현된 형상들을 통하여 구성된 복잡한 시간적 관계들)가 이미지 속으로 스며드는 기회는 더욱더 커진다"(Rodowick 8)는 말로 표현하고 있다. 틈새의 시간적 가치가 사진 속에 있는 시간과 공간 사이의 질적 비율을 결정한다는 것이다. 역설적이게도 노출의 틈새가 줄어들면서 사진의 도상적(iconic)이고 공간적인 특징들이 더욱 선명해지고, 이미지는 '아우라'의 매혹적인 애매모호함과 마찬가지로 지속의 경험 속에 있는 시간적 닻을 상실한다. 그리하여 '순간의' 사진 속으로 시간의 틈새를 축소하는 것은 '운동의 재현'이라는 이미지의 새로운 가능성을 열었다. 그러나 사진이 시간을 축소시킴으로써 만드는 운동과 행동의 동일시는 운동을 일련의 지속적인 파편들로 기록하고 지속의 시간을 운동에 종속시킨다. 시간은 순간으로 환원되고, 일련의 행동으로 축소된 운동은 이성적으로 분할된 연속적 운동을 통하여 흐를 뿐이다.

---

14) Gilles Deleuze, trans. by Hugh Tomlinson and Robert Galeta, *Cinema 2*, Minneapolis: University of Minnesota Press, 1989, p. xii.

그러나 영화는 고정된 비율로 이미지를 투사함으로써 운동을 자동화하였다. '운동이미지'의 영화는 기억과 사유의 이미지를 생산하는 '영혼의 자동기계장치'(a spiritual automation)가 된 것이다. 사유에 대한 베르그송의 견해와 마찬가지로 고전적인 근대의 서술영화들이 지니는 사유의 시간적 특성은 두 가지 방향에서 동시에 이루어지는 이미지의 운동이다. 사유는 수평적 축을 따라 드러나는 동시에 수직적 축을 가로질러 확장된다. 전자가 연상의 축이고 후자가 차이의 축이다. 연상은 유사성과 인접성 그리고 대조와 대립을 통하여 일련의 이미지들을 연결시키고, 연상된 이미지들은 차이와 통합의 과정을 통하여 상호 구별되고 집합들로 개념화된다. 궁극적으로 일련의 이미지들은 통합을 통하여 그 운동이 하나의 질적인 변화를 표현하는 하나의 개념적 전체로 내재화된다. 전체는 부분의 총합과 다르다. 모든 층위들을 가로질러 연상에 의한 지속적인 선적 운동이 존재하고, 차이와 통합을 통한 용량적 팽창의 운동이 존재한다.

수평적 운동과 수직적 운동이 운동이미지 전체를 열려진 총체성으로 만든다. 역설적이게도 냉전시대에 소비에트 영화를 대표하는 세르게이 에이젠슈타인(Sergei Eisenstein)의 영화 이론과 실천이 고전적 할리우드 영화를 대표하는 레이몬드 벨러(Raymond Bellour)의 영화 텍스트 조직론과 유사한 이유가 바로 여기에 있다. 들뢰즈는 소비에트와 할리우드 영화를 종류는 다르지만 본질은 동일한 고전적인 근대의 영화들이 지니는 운동이미지의 두 가지 독특한 표현으로 간주한다. 하나는 대상들과 관련이 있고, 또 하나는 전체와 연관되어 있다. 이것들은 모두 스크린 내부의 단일한 총체성을 만든다. 그러나 들뢰즈는 이와 더불어 스크린 밖의 공간에 대한 확대된 개념을 중요하게 여긴다. 왜냐하면 스크린 밖의 공간도 본질적으로 영화의 열려진 집합들을 표현하기 때문이다. 들뢰즈는 소비에트와 할리우드 영화로 대변되는 고전적 영화들의 운동이미지를 다음과 같이 말하고 있다.

> 운동이미지는 두 개의 측면을 지니고 있다. 하나는 그 상대적 입장을 다양하게 변화시키는 대상들과 연관되어 있고, 다른 하나는 어떤 절대적 변화를 표현하는 전체와 연관되어 있다. 입장들은 공간 속에 있지만, 변화하는 전체는 시간 속에 있다. 만일 운동이미지가 쇼트와 동일하다면, 우리는 프레이밍(영화틀짜기)을 대상들로 전환된 쇼트의 첫번째 양상이라고 부르고 몽타주는 전체로 전환된 쇼트의 또 다른 양상이라고 부를 수 있다. …전체를 구성하여 우리에게 시간의 이미지를 제공하는 것은 몽타주이다. …시간은 하나의 운동이미지를 또 다른 운동이미지와 연결시키는 몽타주로부터 흘러나오기 때문에 시간은 필연적으로 간접적 재현이다.(Cinema 2, pp. 34~35)

들뢰즈의 말처럼 운동이미지를 표현하는 고전적 영화들 속에서 시간은 운동이나 몽타주를 통한 운동들의 연결에 의하여 정의된 틈새들로 환원되기 때문에, 운동이미지는 단지 시간의 간접적 이미지만 제공한다. 이러한 측면에서 들뢰즈는 아방가르드 영화와 서술영화를 구별하지 않는다. 미국의 무성영화, 소비에트의 몽타주학파, 프랑스의 인상주의 영화 그리고 독일의 표현주의 영화는 모두 질적으로 다른 몽타주 전략들을 생산하지만, 그것들은 시간의 단위로 수많은 운동의 합리적 파편들을 통제하는 것을 토대로 한다. 부분들이 앙상블로 통합되고 앙상블이 전체로 통합되는 것은 방대한 진리의 이미지를 통하여 이루어지는 이미지와 세계, 관객이 동일시되는 총체성 속에서 절정에 이른다. 들뢰즈는 이러한 이미지를 국가철학이 추구하는 '주인

-노예'의 관계만이 있는 "조화로운 총체성이라는 지식의 이상"(*Cinema 2*, p. 210)으로 정의한다. 영화적 상상력을 통한 헤겔의 변증법적 종합과 마찬가지로 에이젠슈타인은 몽타주로 나타나는 운동이미지의 방대한 종합, 즉 영화를 뛰어난 사색적인 예술로 만든 위대한 국가철학자가 지니고 있는 '두뇌세계의 내부적 독백'의 총체성을 제시했다.

그러나 2차 세계대전 이후, 특히 유럽영화들에서 변화된 상황이 등장한다. 행동의 가능성과 진리의 견고함에 대한 믿음으로부터 유추되는 운동이미지의 인지기호들은 다양한 '상상적 들여다보기'(imaginative beholding)의 형식들을 생산하면서 다양한 이미지로 분산된다. 들뢰즈가 제시하는 대표적인 예가 이탈리아의 네오리얼리즘 영화들이다. 네오리얼리즘 영화들 속에서 서술적 상황들은 실재가 부재하거나 분산되어 있는 곳에서 등장하고, 선적인 행동들은 우연적인 어슬렁거리기로 흩어지고, 사건들은 작용이나 반작용이 더 이상 불가능한 곳에서 발생한다. 따라서 들뢰즈가 노마돌로지의 비유기체적이거나 투명성의 시간이미지 영화라고 부르는 것은 제2차 세계대전 이후의 유럽에 밀어닥친 사회적·역사적·문화적 재구성의 맥락으로부터 등장한다. 이러한 맥락은 1960년대의 프랑스와 홍콩, 1990년대의 대한민국에도 발생한다. 이것은 영화의 진보나 발전이 아니라 삶의 방식에서 나타난 변화 혹은 차이 때문에 발생한다. 따라서 시간이미지는 '비합리적' 구분이라는 개념으로 표시된 틈새의 새로운 지리학을 조직한다. '비합리적'(irrational)이라는 말은 수학적 의미에서 "틈새는 더 이상 어떤 것의 끝이거나 또 다른 것의 시작이라는 이미지나 시퀀스의 부분을 형성하지 않는다"(Rodowick, p. 13)는 말이다.

3. 영화예술의 노마돌로지

　시간이미지의 영화에서 '틈새는 하나의 자율적인 가치가 된다.' 틈새가 제시하는 구역들은 그 무엇으로도 축소될 수 없다. 이러한 의미에서 틈새는 축소할 수 없는 하나의 노마드적 극한으로 기능하기 때문에 이미지나 시퀀스의 흐름은 하나의 선을 지속시키거나 하나의 전체로 통합되는 것이 아니라 연속적인 두 갈래로 갈라져서 발전한다. 시간이미지는 구성의 유기적 형식이 아닌 하나의 연속을 생산한다. 거기에는 차이와 통합 대신 비합리적 구분에 의한 재연결만 있을 뿐이다. 이것은 국가철학이 추구하는 해석이나 이해가 아니라 노마돌로지가 추구하는 재연결을 통한 생성과 창조의 작업을 가능하게 한다. 이러한 의미에서 들뢰즈는 시간이미지의 영화가 지니고 있는 탈근대성을 은유나 환유가 아니라 '문자이미지로 재연결시키는 것'이라고 말하고 있다.

　[시간 이미지의 영화에는] 은유나 환유를 통한 연상이 아니라 오직 문자이미지로 재연결시키는 것만이 존재한다. 거기에는 또한 연상된

이미지들이 아니라 독립적 이미지들의 재연결들만이 존재한다. 하나의 이미지 다음에 오는 또 다른 이미지가 아니라 하나의 이미지에 또 다른 이미지가 겹쳐지고, 그래서 각각의 쇼트는 다음 쇼트의 틀짜기(framing)와 연관하여 '탈틀짜기'(deframing)가 된다. …영화적 이미지는 측정할 수 없는 관계와 비합리적 구분에 따라서 시간의 직접적인 표현이 된다. …시간이미지는 사유를 비사유, 즉 소환시킬 수 없는 것, 설명할 수 없는 것, 결정할 수 없는 것 그리고 측정할 수 없는 것들과 접속시킨다. 마치 틈새나 커트가 연상을 대체하는 것과 마찬가지로 이미지들의 바깥이나 이면이 전체를 대체한다.(*Cinema 2*, pp. 214, 279)

들뢰즈가 인용하고 있는 마거리트 듀라스(Marguerite Duras)의 〈인디아 송〉(India Song)에서 이미지와 사운드의 관계들 사이나 그 내부에는 틈새가 분열하고 재형성되지만, 그것들이 결코 결정할 수 있거나 측정할 수 있는 방식으로 이루어지지는 않는다. 이러한 이유 때문에 시간이미지의 영화들이 보여주는 지리학은 고전적인 근대의 국가철학처럼 진리의 한 이미지로 결코 총체화할 수 없다. 시간이미지에 의하여 생산된 틈새의 자율성은 모든 쇼트를 자율적인 쇼트, 즉 운동이 시간에 종속되는 지속의 한 파편으로 만들 수 있다. 이러한 투명성의 영화는 시간에 대한 증진된 감수성을 생산하고, 영화의 틈새는 관객들로 하여금 불확실성의 상태를 지속하게 만든다. 모든 틈새는 어떤 방향으로 계속해서 변화가 일어나는지 알거나 예견하는 것이 불가능한 '분기점'(bifurcation point)이 된다. 이 분기점에서 운동이미지의 연대기적 시간은 불확실한 '그 무엇 되기'(becoming something)의 이미지로 분산된다. 시간이미지의 영화에서 보여주는 감각질서의 변화는 신념의 본질에 대한 변화를 내포하고 있다. 이와 반대로 근대적인 국가철학의 유기체적 종합의 영화는 아이덴티디, 통합 그리고 총체성을 믿는다.

시간이미지의 영화는 운동이미지의 영화가 지니고 있는 결정론적인 우주의 모습을 개연적인 것으로 대체한다. 시간이미지의 영화에서 영웅은 사라진다. 그러나 그는 비록 불확실한 결과들을 가지고 있지만 황폐한 사회가 스스로 지속시키는 에너지의 원천을 미래로부터 가지고 온다. 시간이미지의 영화를 통하여 과거는 현재로 측정할 수 없는 인식 불가능한 근원으로 느껴지고, 미래의 등장은 현재에 의하여 예측할 수도 없고 결정할 수도 없는 것 같다. 일리야 프리고진(Ilya Progigine)은 "물적 체계의 진화 속에서 분기점들은 동일한 기회를 지닌다"는 것을 제기함으로써 노벨상을 받았다. 즉 분기점들에서 물적 체계는 혼돈으로 분산되기도 하고, 새롭고 더 복잡하며 차별화된 질서로 나아가는 예견이나 예측 불가능한 새로운 도약을 만들기도 한다. 시간이미지 속에서 우리가 보는 것은 "오류이거나 오류의 힘이다. 시간의 내용들이 다양하기 때문이 아니라 수많은 생성의 그 무엇 되기로 규정되는 시간의 형식이 진리의 모든 형식적 모델에 의문을 가하기 때문에 오류의 힘은 인간 속에 있는 시간이다"(*Cinema 2*, p. 21). 진리는 반대나 부정으로 오류에 대립하는 것이 아니다. 이와 반대로 오류의 힘은 그 시간적(연약하고 소용돌이 치고 있는) 형식들 속에서 진리의 척도이다. 진리는 과거가 아니라 미래에 존재하는 것이다.

모든 진리는 이미 만들어진 모든 생각을 오류로 만든다. '진리는 하나의 창조이다'고 말하는 것은, 진리는 그 본질을 형성하는 일련의 과정, 문자 그대로 일련의 오류화과정에 의하여 생산된다는 것을 내포하고 있다.

가타리(Felix Guattari)와 함께 한 작업 속에서 우리 각각은 오류를 생산하는 사람들이었는데, 그것은 각자가 자신의 방식으로 다른 사람의 제안을 이해한다는 것을 의미한다. 결과는 두 개의 용어를 내포하고 있는 서로를 반영하는 일련의 덩어리이다. 일련의 몇몇 용어들이나 분기점들을 지닌 복잡한 연속들을 방해하는 것은 아무것도 없다. 진리를 생산하는 오류의 힘, 그것들이 바로 중재자들이다…. (*Negotiations*, pp. 126, 172)

이전의 진리에 의하여 규정되는 동시대의 한계를 극복하는 진리의 무한궤도는 이미 결정된 출발점이나 끝이 없는 하나의 과정이다. 따라서 진리의 탈극한은 사색적이거나 반성적이 아니라 창조적이다. 이것은 총체화의 과정 속에서 비동질성으로부터 동질성을 날조하는, 즉 더 높은 단계의 통일을 생산하는 부정의 의미 속에 있는 변증법이 아니다. 변증법은 운동이미지에 의하여 생산된 진리의 유기체적 모델일 뿐이다. 진리의 무한궤도가 지니는 과정은 항상 두 개의 용어를 지닌 연속체, 즉 대화나 질문이다. 각각은 사유의 시간화를 분명히 하는 과정 속에서 의심하거나 질문하고 오류를 지적한다. 따라서 시간이미지의 영화는 사유의 이미지를 총체화할 수 없는 하나의 과정으로 생산하고, 역사인식을 예측할 수 없는 하나의 변화로 만든다. 자율적인 틈새는 해석하거나 이해할 수 있는 기호가 아니다. 그것은 스스로를 규정하기 위한 사유를 목적으로 어떤 장소를 규정하지 않는다. 시간이미지에서 틈새의 조직은 이미지의 유동성과 사유의 운동이 서로 연결되어 있지 않을 뿐만 아니라 불연속적이라는 사실을 분명히 한다. 운동이미지가 이상적으로 동질성과 총체성 속에서 이미지와 사유 사이의 관계를 받아들이는 바로 그곳에서 시간이미지는 동일한 관계를 비동질성으로 상상한다. 이러한 창조적 행위는 사유를 탈영토화 된 노마드적 생성으로 받아들이는 것이다. 이러한 사유를 들뢰즈는 '바깥으로부터의 사유'라고 부른다.

시간이미지의 영화들이 보여주는 사유는 이미지를 거주하게 하거나 순환시키려는 시도 속에서 끊임없이 시간의 힘을 잠재성이나 사유에 내재한 틈새로 대면한다. 따라서 시간이미지의 영화들에서 틈새는 더 이상 운동과 행동 사이의 이음새로 사라지지 않는다. 이와 반대로 틈새는 끊임없는 시간의 열림이 되고, 예견하거나 예측할 수 없는 사건들이 발생할 수 있는 생성의 공간이 된다. 들뢰즈는 이러한 시간이미지의 영화들을 노마돌로지의 일상화라는 의미에서 '굿 뉴스'라고 부른다. 이러한 굿 뉴스 속에서 "의미는 결코 원칙이나 근원이 아니라 새롭게 생산되는 것이다. 그것은 발견되거나 복원되거나 혹은 재사용되는 것이 아니다. 그것은 새로운 기계들에 의하여 생산되는 것이다" (*The Logic of Sense*, pp. 72, 89~90). 이러한 기계가 바로 들뢰즈의 영화가 제시하는 '타임머신'이다. 우리는 타임머신을 통하여 일상적으로 노마돌로지가 지니는 탈영토화와 재영토화의 과정을 사유하고 실천할 수 있다.

4. 영화 〈실미도〉의 힘

　영화 〈실미도〉의 성공은 단지 감독이나 배우의 승리만이 아니라 우리의 삶의 방식이 근대에서 벗어나 탈근대적인 노마돌로지의 문화로 구성되어 있다는 것과 그러한 문화를 일상적으로 향유하고 있는 한국영화의 관객이 만든 노마드 문화의 승리이기도 하다. 〈태극기 휘날리며〉가 〈실미도〉의 성공을 능가할 것이라고 이야기하지만, 나는 그것이 '관객의 수'라는 양적 가능성은 있을지언정 영화가 주도하는 삶의 내용에서는 불가능하다고 본다. 물론 〈태극기 휘날리며〉가 기존의 한국전쟁을 다룬 국가철학적 반공영화하고는 상당히 다르지만, 영화의 형식과 내용 면에서 영화적 총체성의 강박증을 지니고 있는 기존 영화와 크게 다를 바가 없다. 〈태극기 휘날리며〉 같은 영화는 2차 세계대전이나 베트남전쟁을 다룬 할리우드 영화보다 그리 나을 것이 없다. 그래서 혹자들은 이 영화를 할리우드의 〈라이언 일병 구하기〉를 패러디하여 '원빈 일병 구하기'라고 부르기도 한다. 이 두 영화는 모두 원시적인 국가주의는 깨어졌지만, 근대적인 국가철학의 가족주의는 살아서 숨쉰다. 이것은 냉전이데올로기를 파괴하고 새로운 생성적 관계를 잉태시키는 것이라기보다 오히려 새로운 방식으로 그것을 은폐시킬 뿐이다.

그러나 〈실미도〉는 다르다. 영화 〈실미도〉는 새로운 형식의 새로운 내용을 지닌 새로운 영화다. 여기에서 '새롭다'는 것은 〈실미도〉가 고전적인 근대의 틀, 즉 할리우드 장르영화들의 특성을 완전히 벗어났음을 의미한다. 아이러니컬하게도 영화 〈실미도〉의 성공은, 숨겨져 있음에도 불구하고 아직까지도 생생하게 살아 있는 우리의 분단의 삶을 다룬 덕택이기도 하다. 이것은 영화가 삶을 흉내내거나 삶이 영화를 흉내낸다는 의미가 아니다. 일상생활에서 감추어져 있지만 영화 〈실미도〉는 우리의 삶이고, 우리의 삶은 〈실미도〉이다. 우리는 〈실미도〉를 통하여 우리의 삶 곳곳에 내재해 있는 삶의 생명성을 더욱 구체적으로 목격할 수 있고, 아직도 지속되고 있는 국가철학이 지배하는 근대적 삶의 억압과 폭력을 통하여 〈실미도〉가 이룩한 탈근대적 성취를 더욱 미학적으로 향유할 수 있게 된다. 이것들은 전지구적으로 우리만이 가지고 있는 역사적 고통이기도 하지만, 우리만이 현실에서 벗어난 새로운 인류의 미래를 내다볼 수 있는 감각적 기쁨이기도 하다.

영화 〈실미도〉가 제공하는 고통과 기쁨을 골고루 느끼기 위해선 성(gender), 가족, 종족 등 근대성으로 구성된 그 어떤 국가철학적 코드나 기호의 입장들에서 벗어나서 영화를 해석하고 이해하려는 노마드가 되어야 한다. 노마드가 되었을 때, 우리는 비로소 영화의 틈새들을 발견하게 된다. 〈실미도〉의 성공은 영화가 지니고 있는 '틈새'(interval)의 활용에 있다. 쇼트와 쇼트의 틈새, 시퀀스와 시퀀스 사이에 있는 틈새. 영화스크린이 보여주는 〈실미도〉의 몽타주와 관객들 사이의 틈새 그리고 영화관 안과 영화관 밖, 즉 영화와 현실 사이의 틈새…. 고전적인 근대영화들 속에서 이러한 틈새는 사진이나 서술을 연결시키는 고리 또는 그것들을 분열시키는 역할만 하지만, 영화 〈실미도〉는 연결고리나 분열의 역할을 뛰어넘어 갑작스런 파열음과 새로운 미래의 생성이라는 순간적인 암흑을 생산한다. 그렇기 때문에 영화 〈실미도〉를 보기 위하여 정말로 필요한 것은 우리의 예술적·사회적 지식이 아니라 영화가 제공하는 감각을 그대로 느낄 수 있는 동물적인 지각과 정서이다.

근대적 지식과 이성으로 바라본 〈실미도〉는 강인찬과 김재현 혹은 조중사를 최고의 휴머니티의 구현으로 찬사하는 길밖에 없다. 그러나 그들이 구현하는 휴머니티는 〈대부〉나 〈친구〉에 등장하는 깡패의 휴머니티이다. 우리가 필요로 하는 것은 휴머니티가 아니라 논휴머니티이다. 영화를 해석하고 분석하려는 근대적 휴머니티의 지식과 이성을 뛰어넘어 순수한 영화보기의 즐거움을 배가시키는 감각을 갖추었을 때, 영화 〈실미도〉가 제공하는 '틈새들'은 캄캄한 암흑이 아니라 미래를 밝히는 환한 등불이 된다.

영화가 제공하는 최초의 틈새는 "박정희의 목을 따겠다"는 남파간첩 김신조 일당의 민첩함을 보여주는 쇼트들의 시퀀스와 깡패조직의 행동대원인 강인찬(설경구 분) 일당의 민첩함을 보여주는 쇼트들의 시퀀스 사이에 있다. 전혀 다른 두 개의 공간 속에서 교차편집되어 이루어지는 두 가지 행동양식, 즉 북한 남파간첩들과 남한 깡패들의 행동양식은 그 어떤 서술구조의 연결이 없음에도 불구하고 너무나도 유사하다. 이것이 휴머니티이다. 그들은 목숨을 걸고 적의 수괴를 죽여야 한다는 목적만을 가지고 있다. 그들의 차이는 목적의 수단으로서 한쪽은 총과 수류탄을 가지고 있고, 또 한쪽은 칼과 주먹을 가졌다는 것뿐이다. 남과 북이라는 전혀 다른 공간에서 만들어진 두 가지 행동양식이 서로 동일하다는 것은 스크린과 관객의 틈새를 통하여 미국의 '9·11테러사건'이나 '아프가니스탄 침공' 그리고 지금 진행중인 미국의 '이라크 침공'을 상상하게 한다. 이러한 상상은 관객들로 하여금 수많은 폭력으로부터 벗어나 그 폭력으로부터 무차별적으로 희생되는 나무나 풀, 허공의 바람이 되게 만든다. 나무나 풀, 바람이나 물의 지각과 정서가 영화를 보는 관객의 지각과 정서가 되는 것이다.

영화의 '틈새'는 무한히 가능한 수없이 많은 쇼트와 시퀀스로 연결되는 가능성을 지닌다. 그러나 영화스크린이 만든 틈새는 김신조와 강인찬이라는 두 인물로 좁혀지는 클로즈업으로 축소되더니, 다시 '서울'이라는 공간에서 '실미도'라는 새로운 공간으로 이동한다. '서울'이라는 공간에서 이루어진 남파간첩과 깡패집단의 상호 동일한 행동양식은 '실미도'에서 북파간첩단 684부대의 '기간병'과 '훈련병'의 상호 동일한 행동양식으로 대체된다. 그리고 실미도를 배경으로 한 영화의 쇼트들과 시퀀스들 사이에 있는 수많은 틈새들은 기간병 대장 김재현(안성기 분)과 훈련병 대장 격인 근재(강신일 분)의 상호 동일한 행동양식, 기간병 대장의 참모들인 조중사(허준호 분)와 박중사(이정현 분)의 행동양식과 훈련병 대장의 참모 격인 강인찬(설경구 분)과 한상필(정재영 분)의 행동양식이 지닌 상호 동일성을 보여준다. 그러나 영화의 틈새들이 인물들의 상호동일성만 보여주는 것은 아니다. 실미도에서 이루어지는 영화의 틈새들은 기간병과 훈련병의 이분법을 훌쩍 뛰어넘어 훈련병 3조 조장 강인찬과 684부대 대장 김재현의 감각적 동일성, 즉 그들의 몸과 정신이 하나로 통합되는 동물적 감각의 상호침투가 일어나고 있음을 보여준다.

강인찬과 김재현의 동물 되기는 기간병과 훈련병이라는 서열구조를 깰 뿐 아니라 군대나 남한정권의 서열구조를 깨트린다. 그리하여 스크린과 관객의 틈새를 통하여 나무나 풀, 바람이나 물의 감각을 획득한 관객은 동물적 감각을 획득한 강인찬이나 김재현과 감각적 상호침투를 한다. 이와 같이 〈실미도〉가 보여주는 자연과 동물의 감각적 상호침투는 영화의 가장 큰 틈새, 즉 1950년 한국전쟁 이후 오늘날까지 이어지는 전쟁과 평화의 틈새를 통하여 '실미도'와 '남한' 그리고 상상적인 '북한'의 동일한 행동양식으로 확대된다.

　남과 북의 대립과 전쟁만이 깡패들과 군대들을 양육시키는 본질이다. 평화는 지루하고 나른하다. 그러나 실미도와 남한 그리고 북한이라는 폐쇄적 공간은 지루하고 나른할 때를 예비하여 내부의 권력투쟁이라는 좀더 온건한(?) 형태의 대립과 전쟁을 만든다. 대립이나 전쟁기간 동안 외부의 적을 향한 총칼과 폭력은 평화기간 동안 내부의 적을 향한 총칼과 폭력으로 전환된다. '5·16박정희쿠데타'가 그렇고, '12·12전두환쿠데타'가 그렇고, 또한 '5·18광주학살'이 그렇다.

　내부의 권력투쟁은 폐쇄된 공간인 '실미도'에서 시작하여 더 큰 폐쇄공간 서울로 확대되고, 다시 한반도로 확대될 것이며 최근의 이라크파병 결정에서 보듯이 지구라는 공간으로 확대될 것이다. '실미도'의 훈련병들은 자신의 존재를 확인하기 위하여 '청와대'까지 죽음을 무릅쓰고 달려가든지, 아니면 자폭하든지 두 가지 길밖에 없다. 그들은 80년대와 90년대 초반 그리고 오늘날까지 이어지고 있는 노동자와 농민·학생들의 수많은 자살과 마찬가지로 자폭하는 길을 선택한다. 실미도나 남한 혹은 북한과 같은 폐쇄된 공간에서 이루어지는 삶은 적이 너무 멀리 있거나 없어진 상황에서 스스로 자폭하는 길밖에 없다. 사회나 국가가 깡패집단이나 군대집단처럼 자살과 자폭을 강권한다. 군대집단이나 깡패집단으로 이루어진 한반도에는 전쟁과 평화가 구분되어 있지 않다. 이러저러한 형태로 죽음을 욕망하도록 만드는 사회다. 서구·백인·남성 중심의 근대 국가철학이 그렇게 만든 것이다.

〈실미도〉가 제공하는 마지막 틈새는 영화와 일상적 삶 사이에 있다. 남과 북이 대립하고 있는 상황에서 '실미도'의 폐쇄적 공간은 감옥이나 법정을 비롯한 군대와 경찰뿐 아니라 대학과 직장 그리고 국가와 가족이 거하는 한반도의 모든 곳에 존재한다. 학교에서 동료교수들과 대화를 하거나 추석이나 설에 가족이 모여 대화를 할 때, 분단의 장벽이나 군대집단과 깡패집단의 서열구조로 이루어진 삶의 문화는 나와 너를 하나의 폐쇄된 공간으로 만든다. 그러나 또 한편으로 이 폐쇄된 공간은 강의실이나 술집, 지하철이나 버스 안에서 쉽사리 깨어진다. 그러한 열린 공간으로 나아가 실미도나 남한 그리고 북한이 존재하는 한반도 전체를 열린 광장으로 만드는 것은 우리 모두가 나무나 풀, 바람이나 물의 노마드적 감각을 획득하여 상호 감각적 전이를 달성할 때 비로소 가능하다. 실미도나 남한, 북한이나 지구의 폐쇄적 공간 속에서 이루어진 지식과 이성은 폐쇄된 공간을 더욱 강화시킬 뿐이다. 필요한 것은 오직 우리가 근대화과정에서 잃어버린 노마돌로지의 동물 되기나 나무와 풀과 바람과 물의 노마드적 감각을 회복하는 것이다.

5. 박찬욱 감독의 〈올드 보이〉: 기억의 과거와 망각의 과거

　박찬욱 감독의 〈공동경비구역〉과 〈복수는 나의 것〉 그리고 〈올드 보이〉는 주제의식이 뚜렷한 서로 다른 영화서술을 보여준다. 그러나 영화가 보여주는 서술이 서로 다름에도 불구하고 그의 영화들은 공통의 그 무엇을 지니고 있는 듯하다. 개인과 사회의 이분법이 불가능한 그 무엇. 그것은 시간에 관한 것이다. 〈공동경비구역〉은 집단의 시간, 즉 민족의 과거라는 집단적 역사의 기억이 현재에 살고 있는 개인들의 관계를 무차별적으로 파괴하는 분단의 역사를 다루고 있다. 그리고 〈복수는 나의 것〉은 가족의 시간, 즉 '나'의 현재를 지배하는 가족의 과거라는 개인의 기억이 현재에 살고 있는 '나'를 무차별적으로 파괴하는 복수의 역사를 다루고 있다. 두 영화의 차이는 〈공동경비구역〉에서 보여주는 집단적 역사의 기억이 〈복수는 나의 것〉에서 개인의 과거에 대한 기억으로 대체되고, 전자에서 보여주는 개인들의 관계를 무차별적으로 파괴하는 민족의 역사가 후자에서 가족의 역사로 대체되었다는 것이다.

분단의 역사에 대한 민족의 기억은 '대한민국'과 '조선민주주의인민공화국'이라는 반쪽짜리 국가주의를 만들고, 가족의 과거에 대한 개인의 기억은 나와 너로 구성된 '우리'의 관계를 상실한 반쪽짜리 가족주의를 만든다. 스피노자의 말처럼 신은 개인의 마음속에 있는 미래를 생성시키는 힘이지만, 종교의 사제는 일신주의를 수단으로 신도의 피를 빨아먹는 흡혈귀이다. 이와 마찬가지로 국가와 가족은 그 구성원들이 성장하고 자라나는 미래를 생성시키는 도구이지만, 국가주의와 가족주의는 민족이나 개인에게 하나의 과거만을 기억하도록 만들면서 그들의 현재와 미래의 피를 빨아먹고 사는 독재자와 아버지의 사탕발림으로 만들어진 채찍이다.

〈공동경비구역〉에서 민족의 분열과 파멸로 이끈 국가를 책임지는 사람은 없다. 무엇이 국가인가? 〈복수는 나의 것〉에서 개인의 분열과 파멸로 이끈 가족을 대표하는 사람은 없다. 무엇이 가족인가? 국가주의와 가족주의에서 국가와 가족은 상상적인 과거의 기억과 허구의 미래를 먹고 자란다. 해방과 분단이라는 민족의 과거, 행복했던 가족의 과거, 그러한 과거는 정말로 존재했는가? 아니다. 그것은 단지 집단과 개인의 기억으로만 존재하는 과거이다. 과거는 아직 형성되지 않은 미래처럼 바닷가의 모래알만큼이나 셀 수 없이 많다. 그래서 우리는 그 수많은 과거를 모두 기억하지 못한다. 단지 기억하고 싶은 것들만 기억한다. 우리가 기억하는 것은 현재와 연결되어 있는 과거일 뿐이다.

박찬욱 감독은 〈올드 보이〉에서 단 하나의 과거와 모래알처럼 수없이 많은 과거, 즉 기억의 과거와 망각의 과거를 다룬다. 기억의 과거와 망각의 과거는 영화의 현재를 살고 있는 '올드 보이' 오대수(최민식 분)라는 인물과 '올드 맨' 이우진(유지태 분)이라는 인물의 관계를 압축적으로 보여주고 있다. 이러한 과거에 대한 관념은 프로이드와 들뢰즈를 생각하게 한다. 프로이드에게 인간은 기억의 동물이지만, 들뢰즈에게 인간은 망각의 동물이다. 프로이드에게 인간은 누구의 아버지나 어머니 혹은 누구의 아들이나 딸이다. 그러나 들뢰즈에게 인간은 고아, 즉 누군가와 관계를 맺어 국가나 가족이라는 영토를 구축하고자 하는 노마드이다. 프로이드의 정신분석학 이론은 현존하는 국가와 가족을 통하여 국가주의와 가족주의를 구성하지만, 들뢰즈의 노마돌로지는 국가주의와 가족주의를 배척하고 새로운 미래의 아름다운 국가와 가족을 구성하도록 도와준다.

"오늘만 대충 수습하며 살자"는 신조를 가지고 사는 '오대수'는 나와 너 그리고 우리와 같은 평범한 샐러리맨이다. 어느 날 술이 거나하게 취하여 집으로 돌아가는 길에 그는 누군가에게 납치되어 사설감방에 갇히게 되면서 영화는 시작된다. 그렇다. 오늘날을 살고 있는 우리는 누군가에게 납치되어 '대한민국'이라는 감방에 갇혀 있고, 혹은 '안동 김씨'니 '반남 박씨'니 하는 '가족'이라는 감방에 갇혀 있다. 오대수보다 더 큰 가족주의의 감옥에 갇혀 있는 이우진처럼 우리는 대부분 가족주의나 국가주의의 감방에 갇혀 있다는 것을 깨닫지 못한다. 그래서 이우진에게 과거는 단순히 하나의 과거인 것처럼 우리의 과거도 하나라고 생각한다. 너와 나 그리고 우리가 감방에 갇혔다는 것을 깨닫는 순간은 모래알같이 많은 과거를 다시 회상하는 순간이다. 그 순간, 하나인 것 같은 과거는 눈덩이처럼 불어나서 오대수처럼 네댓 권의 노트에 깨알같은 '악행의 자서전'을 기록해도 과거는 어느 하나로 수렴하지 않는다. 과거는 현재의 사건으로 만들어지는 어떤 관계를 기다리면서 끝없는 이야기로 흩어질 뿐이다. 그러나 오대수는 고아이고 노마드이다. 가족주의나 국가주의에 의하여 그 어떤 과거로도 규정되지 않는 고아와 노마드에게 존재하는 것은 오직 미래일 뿐이다.

우리의 일상적 삶처럼 오대수의 미래도 어느 날 느닷없이 다가온다. 우리의 미래는 만남으로 이루어진다. 출퇴근의 만원 지하철, 버스정류장, 강의실 혹은 캠퍼스 잔디밭이나 영화관 로비에서 어느 날 느닷없이 '클로즈업'되어 나타나는 그나 그녀와의 만남을 통하여 미래는 갑자기 다가온다. 우리가 하나 이상의 관계를 통해 무리를 구성하고 사는 인간인 한, 우리의 미래 또한 하나의 미래가 아니다. 오대수에게 갑자기 주어진 미래는 두 가지 관계로 요약된다. 하나는 천사 같은 미도와 새로운 미래를 만들면서 사는 관계이고, 또 하나는 악마 같은 이우진과 불행의 과거를 추적하여 가족주의와 국가주의의 의미를 부여하는 관계이다. 오대수와 미도의 관계는 삶(생명)의 욕망이 만드는 관계이고, 오대수와 이우진의 관계는 죽음의 욕망이 만드는 관계이다. 그래서 미도는 오대수에게 이야기한다. 죽음의 욕망이 만드는 관계에서 벗어나 아무도 모르는 세계로 탈주하여 새로운 영토를 만들자고….

그러나 오대수는 죽음의 욕망이 만드는 관계의 실체를 발견하지 못한 채 무작정 도망칠 수는 없다. 영토가 무엇인지 알지 못하면 그 영토로부터 탈영토화할 수 없다. 오대수처럼 평범하게 술 좋아하고 떠들기 좋아하며 살아가는 우리들의 평화로운 일상적인 삶을 죽음으로 몰고 가는 인식적 영토의 실체는 무엇인가? 그래서 오대수는 과거를 추적한다. 오대수는 과거를 추적하면서 자신과 죽음의 관계를 맺고 있는 이우진이 도청이나 청부조직을 통하여 자신의 삶을 지배하고 있다는 사실을 발견한다. 그리고 오대수가 추적하여 발견한 과거는 이우진의 근친상간을 목격하였다는 사실이다. 오대수는 근친상간을 목격하였다는 사실을 모른다. 이우진이 그것을 근친상간이라고 부르는 것일 뿐이다. 이우진의 근친상간은 오대수에게 프로이드의 가족주의 정신분석학에서 말하는 절대로 보지 말아야 할 '아버지의 거시기'이다. 그것은 가부장제 아버지의 법률이고, 오대수를 지배하고 폭력을 행사하는 이우진이 만든 법률이다. 그러나 가족주의나 국가주의가 없는 오대수는 폭력을 휘두르는 독재자 이우진에게 말한다. "누이를 죽인 것은 내가 아니라 너…"라고.

그러나 문제는 지배와 폭력을 휘두르는 집단이나 개인은 항상 자신의 권력을 유지하기 위하여 지배와 폭력의 대상으로 하여금 자신의 죄의식으로 스스로 무너지게 만든다. 이우진은 오대수에게 말한다. "네가 사랑하는 미도는 너의 딸…"이라고. 나뿐만 아니라 너도 근친상간의 범죄자라고…. 가족주의와 국가주의는 모든 관계를 '지배-피지배' 혹은 '아버지-아들'의 관계로 옭아매는 파시즘의 그물망이다. 그래서 오대수는 스스로 이우진의 개가 된다. 죄의식을 불러일으키는 수단은 신이나 이데아와 같은 초월적인 것도 있고 가족이나 국가처럼 절대적인 것도 있다. 초월주의와 절대주의는 '과거-현재-미래'라는 일직선상의 시간 속에서 개인과 집단의 과거를 지배한다. 그러나 신이나 이데아는 초월적인 것이 아니라 현재에 살고 있는 모든 존재의 내부에 있는 보이지 않은 생명의 힘이고, 가족이나 국가는 과거의 역사로 구성된 절대적인 것이 아니라 미래를 구성하는 생성적 관계이다. 국가는 민중이나 대중의 무리에 의해서 구성되는 것이고, 가족은 셋이 아니라 둘에 의하여 만들어지는 것이다. 오대수도 오직 하나로 수렴된 과거의 기억 속에서 이우진이 그의 누이를 죽인 것처럼 미도를 죽여야 하는 것일까? 이우진이 스스로 죽은 것처럼 자신도 스스로 죽음을 선택해야 하는 것일까?

오대수가 15년 감금되었기 때문에 모든 것이 현재인 것처럼, 그래서 '올드 보이'가 된 것처럼 우리는 오직 현재에 살고 있을 뿐이고, 현재는 과거와 미래를 구성하는 힘이다. 이우진처럼 현재가 지배와 폭력을 통한 자기파괴이거나 오대수처럼 현재가 복수와 울분으로 만들어진 죽음의 길이라면, 그의 과거는 항상 가족주의나 국가주의의 틀 속에서 벗어나지 못한다. 그러나 이우진과 달리 오대수에게는 두 가지 길이 열려 있다. 하나는 이우진이 각인시킨 과거의 기억이고 또 하나는 미도를 통한 과거의 망각이다. 그에겐 이제 새로운 삶과 새로운 미래가 필요하다. 새로운 삶과 새로운 미래를 구성하는 자에게 과거는 기억의 과거가 아니라 망각의 과거이다. '사랑'(love, 愛)이나 '친구'(friend, 親)는 과거를 규정하는 명사가 아니라 미래를 구성하는 동사이다. 과거의 명사는 항상 미래의 동사가 만드는 생성에 의해서 재구성되고 재명명된다.